Carmen Hernández
Notas biográficas

Aquilino Cayuela

Carmen Hernández
Notas biográficas

Tradução:
Centro Neocatecumenal de Brasília

Edições Loyola

Título original:
Carmen Hernández – Notas biográficas
© Associação Virgem do Terceiro Milênio para a Evangelização Itinerante

Dados Internacionais de Catalogação na Publicação (CIP)
(Câmara Brasileira do Livro, SP, Brasil)

Cayuela, Aquilino
  Carmen Hernández : notas biográficas / Aquilino Cayuela ; tradução Centro Neocatecumenal de Brasília.-- São Paulo : Edições Loyola, 2022. -- (Testemunhas de Cristo ; 1)

  Título original: Carmen Hernández – Notas biográficas.
  ISBN 978-65-5504-181-1

  1. Hernández, Carmen, 1930-2016 2. Missionárias - Biografia 3. Neocatecumenato (Movimento) I. Título. II. Série.

22-111111   CDD-922.2

Índices para catálogo sistemático:
1. Missionárias : Igreja Católica : Biografia   922.2

Eliete Marques da Silva - Bibliotecária - CRB-8/9380

Capa: BAC
Imagem da capa: Ilustração de Carmen feito por Kiko Argüello (16 de julho de 2017), baseado em uma fotografia de Carmen em Ein Karem.
Diagramação: Sowai Tam
Imagens do miolo: Fotografias do Arquivo do Centro Neocatecumenal de Madri e do Arquivo do Centro Neocatecumenal de Roma. Cortesia de *L'Osservatore Romano* para as fotos da Galeria 4: p. 4, 5, 8, 10, 11, 15 e 16 e Galeria 5: p. 1, 2, 3, 4, 8, 9, 10, 11 e 13.
Revisão: Marta Almeida de Sá

Associação Virgem do Terceiro Milênio para a Evangelização Itinerante

Edições Loyola Jesuítas
Rua 1822 n° 341 – Ipiranga
04216-000 São Paulo, SP
T 55 11 3385 8500/8501, 2063 4275
editorial@loyola.com.br
vendas@loyola.com.br
www.loyola.com.br

Todos os direitos reservados. Nenhuma parte desta obra pode ser reproduzida ou transmitida por qualquer forma e/ou quaisquer meios (eletrônico ou mecânico, incluindo fotocópia e gravação) ou arquivada em qualquer sistema ou banco de dados sem permissão escrita da Editora.

ISBN 978-65-5504-181-1

© EDIÇÕES LOYOLA, São Paulo, Brasil, 2022

104859

Estão rotas minhas ataduras, pagas minhas dívidas
minhas portas de par em par...
Vou a toda parte!
Eles, encolhidos em seu rincão,
seguem tecendo a pálida tela das suas horas;
ou voltam a sentar-se no pó, a contar suas moedas.
E me chamam para que não siga.
Mas minha espada já está forjada,
já vesti a minha armadura,
já meu cavalo se impacienta!...
E eu ganharei meu reino!

RABINDRANATH TAGORE, Poema LXXIV,
em Fruit-Gathering (La cosecha)

Por que choras, minha alma?
Por que choras?
Carmen se foi com o Senhor.
Sim, eu sinto o seu amor
perto do meu coração.
Que mulher extraordinária!
Quanto me amou!

KIKO ARGÜELLO, Anotação 506, último acréscimo em
Anotações (1988-2014) (Vozes, Rio de Janeiro, 2017)

SUMÁRIO

Prefácio da edição brasileira 11

Apresentação 15

Prólogo 19

Agradecimentos 23

Introdução 25

PRIMEIRA PARTE
A PÁLIDA TELA DE SUAS HORAS (1930-1964)

1. Nascimento e família (1930) 31
   No sopé do Moncayo 31
   Ólvega 34
   La Zaranda (A Peneira) 37

2. São Francisco Xavier e a Vocação Missionária (Tudela, 1931-1945) 39
   Tudela 39
   A vocação missionária 43
   São Francisco Xavier 46

3. Uma primeira tentativa (Madri, 1945-1952) 49
   De Tudela a Madri 49
   Uma primeira tentativa 51
   Rezar as matinas 53

4. Um Santo e velho Jesuíta (Madri, 1945-1952) 55
   A Companhia de Jesus 55
   O Pe. Sánchez Ruiz, SJ 58
   O Pe. Moisés Domenzáin, SJ 61

5. A vida religiosa (Xavier, 1953-1957) 65
   As Missionárias de Cristo Jesus 65
   Carmen, aspirante e postulante a missionária 67
   O noviciado em Xavier: Ascensão! 71

6. Os anos de formação teológica (Valência, 1957-1960) 75
   O Servo de Deus D. Marcelino Olaechea y Loizaga, SDB 75
   A Casa de São José, em Valência 79
   Preparação em Ciências Sagradas 81

7.	Preparando-me para ir à Índia (Londres, 1960-1961)	87
	Em Londres	87
	Os exercícios espirituais de 1961	90
	Uma experiência de dor	92
8.	E me chamam… Me chamam para que não siga (Barcelona, 1961-1962)	97
	O desvio a Barcelona	97
	Subida ao monte Moriá	99
	A intercessão de Monsenhor Olaechea	102
9.	Quando vestiste de farrapos meu coração (Barcelona, 1962)	105
	A gota d'água	105
	A saída	107
	Tu, segue-me!	110
10.	Rotas as ataduras (Barcelona, 1962-1963)	115
	O Anjo do Getsêmani	115
	Quitadas todas as minhas contas	117
11.	Com a Bíblia e o coração, e muitíssimo amor (Líbano – Jerusalém, 1963)	125
	Tenho a mochila pronta e a corda dada	125
	À terra do Amado	127
	Se de ti eu me esquecer… Jerusalém	130
12.	Os ciprestes de Ein Karen (Palestina, 1963-1964)	135
	Partículas de Luz	135
	O mistério da Igreja	139
	Pedro volta à Palestina	142
13.	"Senhor, tu sabes que te amo" (Galileia, 1963-1964)	145
	Com os companheiros de Jesus Carpinteiro	145
	Bem-aventurança	147
	Senhor, Tu sabes tudo. Tu sabes que Te amo	149
14.	Meu coração está triste porque não sabe de onde está sendo chamado (Terra Santa – Roma – Assis, 1964)	153
	Em movimento	153
	Peregrina em Roma e Assis	155
	De volta a Madri	157

SEGUNDA PARTE
DIANTE DE MIM SE ABREM TODOS OS CAMINHOS (1964-2016)

15.	Kiko e Carmen (Madri, 1964)	163
	Kiko Argüello	163
	Carmen e Kiko se conhecem	166
16.	Minha espada já está forjada (Madri, 1964-1965)	173
	Palomeras Altas	173
	Para onde estás me chamando?	175
	A demolição	178

17. A comunidade de Palomeras (Madri, 1965-1966) 183
    D. Casimiro Morcillo 183
    A Palavra e a liturgia 185
    As primeiras catequeses e a redescoberta do Batismo 190

18. Meu cavalo se impacienta (Madri, 1966-1968) 195
    Carmen em 1966-1967 195
    Tua terra terá marido 197
    O Instituto de Pastoral León XIII 200

19. Ama a Cristo e te seguirão milhares (Madri – Roma, 1968) 203
    Kiko e Carmen vão a Roma 203
    Roma 1968 205

20. O presbítero da equipe 209
    O Pe. Francesco Cuppini 209
    O Pe. Jesús Blázquez 212
    O Pe. Mario Pezzi 214
    Uma mulher escatológica 216

21. A itinerância (Roma – Madri, 1970) 219
    Uma grande comunhão 219
    Uma vida de evangelização 222

22. Com dores de parto (1970-1971) 227
    Aparecendo Tu..., tudo se faz caminho 227
    Admiro-me de que tão depressa abandoneis aquele que
       vos chamou pela graça de Cristo 230

23. As asas da pomba (Roma – Madri, 1970-1976) 235
    São Paulo VI e o Caminho Neocatecumenal 235
    O Senhor anuncia uma notícia 240

24. Se o Senhor não constrói a casa (1977-1979) 243
    A aclamação dos 12: o sinal dos peixes (os Céfalos) 243
    Graça após Graça 245

25. Gemo como uma pomba (1979-1983) 249
    Choro até o amanhecer 249
    "Oh, chama viva de amor!" 252
    Unges-me com azeite novo 255

26. A Sagrada Família de Nazaré (1984-1990) 259
    As Famílias em Missão 259
    A *Missio ad gentes* 261
    São João Paulo II e o Caminho Neocatecumenal 262

27. Vocações no Caminho Neocatecumenal 267
    Um fruto das famílias: o chamado ao sacerdócio e à vida religiosa
       e missionária 267
    As Jornadas Mundiais da Juventude (JMJ) 269
    Os Seminários *Redemptoris Mater* 270

28. O Diretório Catequético e os Estatutos do Caminho Neocatecumenal 275
    A preparação do Diretório Catequético e os
        Estatutos do Caminho Neocatecumenal 275
    O desenvolvimento do trabalho 277
    A contribuição de Carmen: "Um andaime a serviço da Igreja" 279

29. A liturgia no Caminho Neocatecumenal 281
    O sacramento da reconciliação 281
    A conversão 283
    A Páscoa e a Eucaristia 285

30. Uma mulher vestida de sol 289
    A Palavra de Deus e a Virgem Maria 289
    O lugar da mulher na Igreja 293
    O amor de Carmen à Igreja: Convivências internacionais com bispos 296

31. Teologia e estudo 299
    Uma vida de investigação a serviço da evangelização 299
    Um conceito renovado, evangelizador e verdadeiramente cristão 301
    Um sonho realizado: a Domus Galilaeae 304
    A relação de Carmen Hernández com o Papa Bento XVI 306

32. Vou a toda parte 313
    O tempo de enfermidade 313
    Sempre unida a Jesus 315

33. Carmen partiu 319
    Nosso Senhor Jesus veio levar sua alma 319
    Uma existência marcada por seu amor a Jesus 323

ANEXOS

Anexo I. Breve cronologia da vida de Carmen Hernández Barrera 329

Anexo II. Atividade apostólica como iniciadora do Caminho Neocatecumenal .. 333
    1. Catequeses de Kiko e Carmen em paróquias 333
    2. Convivências com os itinerantes da Itália e da Europa 334
    3. Convivências com os itinerantes da Espanha e de Portugal 336
    4. Convivências mundiais 339

Anexo III. Viagens internacionais fora da Espanha e da Itália 341
    1. Apostolado nas diferentes nações em ordem cronológica 341
    2. Encontros com jovens e encontros vocacionais 346
    3. Convivências com cardeais e bispos e convivências de rabinos 350

Bibliografia 353

PREFÁCIO DA EDIÇÃO BRASILEIRA

Paz! Foi com alegria e muita emoção que recebi o convite para apresentar a edição em português da obra *Carmen Hernández — Notas biográficas*, de Aquilino Cayuela, que certamente será de grande edificação a todos os que com ela tiverem contato, assim como a todo o povo de Deus. O autor é casado e pai de quatro filhos, fazendo parte da *Família em Missão* em Berlim. É membro da equipe responsável de doutores e professores itinerantes do Caminho Neocatecumenal. Além de ser apresentada a vida de Carmen Hernández, aqui é apresentado também o Caminho Neocatecumenal e se descreve como veio à luz essa bela missão na Igreja, procurando colocar em prática o Concílio Vaticano II em unidade com a tradição da Igreja primitiva.

O Papa Francisco afirma que "a santidade é o rosto mais belo da Igreja" (EG nº 9). Esse rosto tem muitos e variados traços, refletindo a diversidade do povo que forma o rebanho do Senhor. Dentro desse rebanho, onde todos somos configurados ao Cristo pelo Batismo, o Espírito Santo suscita para nós modelos que resplandecem a proximidade e a semelhança com o Bom Pastor, nas suas palavras e ações.

Sabemos que o cristianismo não é o seguimento de um mero corpo de doutrinas, mas de uma pessoa — Jesus Cristo. Temos a riqueza de uma fé que não se mantém na abstração das ideias, mas se concretiza na vida humana. Vida assumida pelo próprio Deus, para se comunicar conosco por intermédio de seu Filho, multiplicada por uma incontável multidão de testemunhas que se tornaram autênticos "Cristos" para os irmãos.

O chamado à santidade é a vocação primordial da pessoa humana, pois representa a proposta de Deus à nossa liberdade para que O acolhamos como o significado mais profundo do nosso ser e do nosso existir. Este sentido se define na resposta de Maria ao anúncio do anjo, "*Eis aqui a serva do Senhor*", quando ela se apresenta sem reservas ou limites para assumir seu insubstituível papel na história da salvação.

O ponto fundamental dessa adesão está radicado justamente na consciência de que ninguém se faz santo, pois isso é obra de Deus. Ele pede de nós aquilo que Maria expressou ao anjo: "Faça-se em mim segundo a tua palavra".

Essa docilidade à ação divina não significa uma postura passiva, mas um compromisso maduro com o dinamismo do plano divino para cada um de nós.

Carmen Hernández Barrera foi, junto a Kiko Argüello, iniciadora do itinerário de formação cristã, o Caminho Neocatecumenal, cujo objetivo consiste em abrir um caminho espiritual concreto de iniciação, renovação e valorização do sacramento batismal que permita ao "catecúmeno" descobrir o significado concreto de ser cristão. Todos os que percorrem esse caminho sabem muito bem a importância dessa inspiração nos iniciadores do Caminho. O fato de uma leiga com vocação missionária, Carmen Hernández, estar à frente nos fala sobre a importância da mulher leiga na Igreja.

A originalidade do Caminho é ter encontrado uma síntese catequética no estilo dos evangelizadores dos primeiros séculos do cristianismo, válida tanto para os batizados, praticantes ou não, como para os não-cristãos: a centralidade do *kerigma*, do anúncio de Cristo morto e ressuscitado, e a vivência da fé em pequenas comunidades, cuja finalidade é o amadurecimento na fé e a integração plena de seus membros na paróquia.

O processo se inicia com uma catequização *kerigmática*, por meio da qual se constitui uma comunidade, e se conclui depois de vários anos e várias etapas, com a renovação solene das promessas batismais diante do bispo diocesano, a quem a comunidade se oferece para ajudar nas necessidades pastorais das paróquias.

Carmen nasceu em Ólvega (na província de Sória, Espanha) em 24 de novembro de 1930. Era a quinta de nove irmãos — quatro homens e cinco mulheres — e viveu sua infância em Tudela (Navarra, Espanha).

Em Tudela, estudou na Companhia de Maria e teve contato com a Companhia de Jesus. Por influência do espírito missionário de São Francisco Xavier, desde muito jovem, sentiu a vocação de partir em missão para a Índia. Por vontade de seu pai, em 1948, começou a estudar Química em Madri, onde se licenciou com as qualificações máximas em 1954.

Durante um tempo, trabalhou com o pai na indústria alimentícia, em uma fábrica que a família tinha em Andújar (Jaén), mas decidiu deixá-lo a fim de se mudar para Javier, onde buscou participar de um novo instituto missionário: as Missionárias de Cristo Jesus. Depois do noviciado, estudou Teologia na casa de formação teológica para religiosos em Valência.

Em 1960, foi destinada à Índia. Para esta missão, teve de se preparar em Londres (o país asiático pertencia, naquele tempo, à *Commonwealth*), onde permaneceu durante um ano. Nesse tempo, houve uma mudança de direção das Missionárias de Cristo Jesus, que limitava sua abertura à missão, o que levou Carmen a regressar de Londres para Barcelona. Ali ela conheceu o Pe. Pedro

Farnés Scherer, que acabara de finalizar seus estudos no Instituto de Liturgia de Paris pouco antes do Concílio Vaticano II, e que depois participou ativamente de seu desenvolvimento.

Em suas aulas, Pe. Farnés apresentava as fontes pascais da Eucaristia e uma eclesiologia renovada que mostrava a Igreja como luz das nações. O vivo contato de Carmen com os autores dessa renovação conciliar teve uma grande influência, mais tarde, na formação das catequeses do Caminho Neocatecumenal.

De meados de 1963 até meados de 1964, Carmen percorreu a Terra Santa com a Bíblia, onde passou a conhecer os Lugares Santos. Em seu regresso a Madri, começou a trabalhar nos barracos da periferia, visando a ir como missionária para a Bolívia com outros leigos celibatários. No entanto, ali, conheceu Kiko Argüello, que vivia nos barracos de Palomeras Altas, e decidiu ficar na mesma região. Entre os pobres, ambos descobriram a força do Mistério Pascal e da pregação do Kerigma (a Boa Notícia de Cristo morto e ressuscitado), e veio a nascer a primeira comunidade do Caminho. Graças à confirmação dessa nova realidade pelo então arcebispo de Madri Dom Casimiro Morcillo, Carmen passou a colaborar com Kiko levando às paróquias — primeiro a Madri, depois a Roma, e a partir de então a outras cidades e nações — esta obra de renovação da Igreja.

Carmen Hernández faleceu em 19 de julho de 2016 em Madri. Em seu funeral, presidido pelo cardeal arcebispo de Madri, Dom Carlos Osoro Sierra, e ao qual assistiram milhares de pessoas, o Pe. Mario Pezzi destacou que, com o Caminho, é "a primeira vez na história que uma realidade eclesial é fundada por um homem e uma mulher que estiveram colaborando constantemente juntos durante mais de 50 anos". Além disso, o Papa enviou uma mensagem na qual assegurou receber "com emoção" a notícia da morte de Carmen e destacou sobre ela "uma longa existência marcada por seu amor a Jesus e por um grande entusiasmo missionário"; "dou graças ao Senhor pelo testemunho desta mulher, animada por um sincero amor à Igreja, que gastou sua vida no anúncio da Boa Notícia em cada lugar, também àqueles mais afastados, não se esquecendo das pessoas mais marginalizadas", escreveu o Papa Francisco.

Percebemos que as páginas deste livro manifestam o que disse o profeta e que constatamos no cotidiano de nossas vidas, a respeito do agir de Deus: "Os meus pensamentos não são os vossos pensamentos, e os vossos caminhos não são os meus caminhos" (Is 55,8). Os planos de Deus e a sua pedagogia para conosco são frequentemente inusitados, mas nossa fé se fundamenta na sua infalibilidade.

O mundo de hoje precisa, mais do que nunca, aprender das mulheres e dos homens de Deus o que é ser e viver como cristão, nos tempos e nas situações em que o Senhor nos coloca. A célebre frase de São Paulo VI, na Exortação Apostólica *Evangelii Nuntiandi*, descreve bem o drama de nossa época: "O homem contemporâneo escuta com melhor boa vontade as testemunhas do que os mestres, ou então se escuta os mestres, é porque eles são testemunhas" (nº 41). Carmen, assim como tantas mulheres e tantos homens de Deus, nos inclui nesse mesmo contexto.

Nós somos os discípulos missionários dos tempos de hoje, consagrados ao Senhor pelo Batismo e, portanto, também vocacionados a ser santos. A Constituição *Lumen Gentium*, do Concílio Vaticano II, ensina: "Todos na Igreja, quer pertençam à Hierarquia, quer por ela sejam pastoreados, são chamados à santidade, segundo a palavra do Apóstolo: 'esta é a vontade de Deus, a vossa santificação' (1Ts 4,3; cf. Ef 1,4). Esta santidade da Igreja incessantemente se manifesta, e deve manifestar-se, nos frutos da graça que o Espírito Santo produz nos fiéis" (LG 39).

São esses frutos que o Pai espera de nós, pois nos constituiu filhos no seu Filho Jesus Cristo, pela graça do Espírito Santo. As pessoas também esperam de nós tais frutos, na forma de testemunhos concretos que respondam aos seus anseios de um sentido para a vida.

Carmen Hernández nos deixou um testemunho de vida que merece ser lembrado e seguido pelas futuras gerações. Daí a importância desta biografia, que concretiza justamente a palavra do Papa Francisco na Carta Apostólica para Proclamação do Ano da Vida Consagrada: "A eficácia apostólica da vida consagrada não depende da eficiência e da força dos seus meios. É a vossa vida que deve falar, uma vida da qual transparece a alegria e a beleza de viver o Evangelho e seguir a Cristo."

Acredito que a edição desta obra em português seguirá contribuindo para a sólida formação de seus leitores, principalmente os membros do Caminho Neocatecumenal, mas também a todos os que buscam viver a vida cristã hoje, habilitando-os a cumprir a missão que Jesus nos confiou de testemunhar a nossa fé de forma coerente e fundamentada. Somente assim poderemos refletir a luz do Cristo que deve orientar os caminhos rumo às periferias existenciais que o Papa Francisco nos convida a procurar, para ali também anunciar a misericórdia de Deus por nós, manifestada em seu Filho. A Paz de Cristo esteja com todos.

Orani João Cardeal Tempesta, O. Cist.
Arcebispo Metropolitano de São Sebastião do Rio de Janeiro

APRESENTAÇÃO

Se, após nossa leitura atenta — não poucas vezes, emocionada — da excelente biografia sobre Carmen Hernández Barrera (que esteja na glória), escrita brilhantemente pelo professor Aquilino Cayuela, nos fosse pedido para expressar com poucas palavras qual é a chave fiel — intelectual e existencial — para compreendê-la e valorizá-la em todo o seu significado eclesial, diríamos que nos encontramos com a história cristã de uma alma em que se verificou o que o Concílio Vaticano II ensina em sua Constituição sobre a Igreja (LG 12):

> Além disso, este mesmo Espírito Santo não só santifica e conduz o Povo de Deus por meio dos sacramentos e ministérios e o adorna com virtudes; mas, "distribuindo a cada um os seus dons como lhe apraz" (1Cor 12,11), distribui também graças especiais entre os fiéis de todas as classes, as quais os tornam aptos e dispostos a tomar diversas obras e encargos (*opera et officia*), proveitosos para a renovação e cada vez mais ampla edificação da Igreja, segundo aquelas palavras: "a cada qual se concede a manifestação do Espírito em ordem ao bem comum" (1Cor 12,7).

Carmen Hernández Barrera foi uma mulher de forte e indomável personalidade humana, uma cristã "preparada e disposta", com um desses *charismata clarissima* ("carismas extraordinários", na tradução espanhola do texto conciliar), a contribuir ou renovar e edificar cada vez mais a Igreja no tempo histórico do Vaticano II em continuidade e concordância fiel e obediente à sua doutrina e a seus princípios eclesiológicos, espirituais e pastorais orientados "a uma atualização-renovação" (*aggiornamento*) para uma nova evangelização do homem e do mundo contemporâneo. Ambos, recém-saídos da terrível experiência de dor e morte causada pela Segunda Guerra Mundial, necessitavam de Cristo, o Crucificado e Ressuscitado, o Redentor do homem, o Senhor do perdão e da misericórdia, o Senhor da vida e da glória. Necessitavam d'Ele com urgência tal como nunca antes ocorrera nos dois mil anos de história cristã. À humanidade necessitada de Cristo, "Redentor do homem" (São João Paulo II), a Igreja quer se mostrar "em Cristo como um sacramento ou sinal e o instrumento da união íntima com Deus e da unidade de todo o gênero humano" (LG 1).

Quanto mais fielmente a Igreja fizesse presente "o Cristo que continua vivo" (J. A. Möhler [1796-1838]), o vivesse como seu "Corpo" — como "seu Povo" —, mais perto estaria das feridas da alma e do corpo dos homens de uma sociedade que, culturalmente, virou as costas ao Deus da vida, Deus de amor: Pai, Filho e Espírito Santo.

A contribuição de Carmen Hernández, junto a Kiko Argüello, para alcançar sua presença será "o início" do Caminho Neocatecumenal: um itinerário de iniciação cristã para batizados que se encontram em uma vida de pecado, com a fé morta, a esperança seca e o amor extinto; e, claro, também para os não batizados, tocados pela graça do Espírito Santo, que escutaram e acolheram o *Kerygma*, o anúncio da encarnação, da vida, da paixão, da morte e da ressurreição de nosso Senhor e que quiseram entrar no caminho que conduz à vida, a Igreja. A Igreja, vivendo o Mistério Pascal de Cristo com novo frescor espiritual e pastoral — sua Palavra, seus sacramentos, a Eucaristia, sua fonte e cume (LG 11) —, se renova interiormente na graça e na santidade e se fortalece evangelicamente para sua missão no mundo.

No estudo biográfico da vida de Carmen Hernández, tão minuciosamente investigado e elaborado pelo professor Aquilino Cayuela, descobre-se com nitidez o que a marcou e a determinou no mais íntimo e mais substancial da sua vida interior: a eleição e a vocação para a consagração definitiva de todo o seu ser e sua existência femininos a serviço do Senhor, como instrumento providencial d'Ele para o que será a característica mais típica do tempo pós-conciliar da Igreja em sua dimensão mais decididamente missionária: a nova evangelização. Já visível e vislumbrada no horizonte intelectual da eclesiologia renovada teológica e pastoralmente pelo Concílio Vaticano II, formulada por São Paulo VI sem equívocos em seu conteúdo com relação ao âmbito humano e cultural de sua realização na sociedade da passagem do segundo ao terceiro milênio da era cristã, proclamada e impulsionada com um transbordante ardor apostólico por São João Paulo II, iluminada de modo clarividente e aperfeiçoada teologicamente por Bento XVI e, finalmente, enunciada e apresentada como "a alegria do Evangelho" pelo Papa Francisco.

Carmen sente e aceita esse chamado a partir de um amor apaixonadamente cultivado a Jesus Cristo e praticado no recinto mais secreto de sua vida interior e apenas delicadamente manifesto — como com recato — ao exterior. Um amor *in crescendo* que constitui a alma de sua vida de oração e que explica muito autenticamente todas aquelas decisões que marcaram a trajetória de sua liberdade no processo de sua entrega à vontade do Senhor, incondicionalmente desprendida de todo afeto e estima humanos. Um oferecimento oblativo e total de seu ser a esse "Jesus que ela amou" sempre: desde sua primeira comunhão até sua morte; o amor de seus anos de aluna do Colégio da Companhia de Maria, em Tudela, dos universitários da Universidade Complutense de Madri, inquietos espiritualmente e apostolicamente comprometidos; passando por seu entusiasmo missionário, comprometido na primeira hora da fundação e dos primeiros passos do Instituto Missionárias de Cristo Jesus, em Navarra e em Valência, por suas ânsias de boa formação teológica, de verdadeira qualidade universitária e, sobretudo, pelo período doloroso da crise não somente humana como também espiritual, quando se vê obrigada a abandonar o Instituto, no qual havia entrado com tanta ilusão missionária e que tanto havia amado, e na conseguinte busca mais imediata, mais desprendida dos afetos humanos, do "rosto de Jesus" em sua Palavra meditada na Sagrada Escritura, em sua passagem da história salvífica do Antigo ao Novo Testamento, do tempo da Profecia ao tempo de seu cumprimento transbordante no Mistério Pascal da encarnação e da morte e ressurreição do Filho de Deus, feito homem no seio da Virgem Maria para nossa Salvação. Meditação que é experiência concreta, vista, tocada e sentida na mesma geografia da Terra Santa, na qual viveu e morreu Jesus. E, assim, até chegar ao momento do amadurecer de sua formação litúrgica, iniciada com Pedro Farnés, em Barcelona, e ao seu encontro com Kiko na Madri dos "anos 60", os anos tipicamente conciliares, do descobrimento do que significava a Igreja como comunidade de libertação para os povos e para iniciar um novo tempo de conceber e realizar a missão apostólica da Igreja, na Igreja, e para o mundo como "evangelização". A experiência convertida no nascimento daquela comunidade, tão singular, tão evangelicamente pobre, de Palomeras, em Vallecas, na qual comprovam pouco menos que fisicamente a força transformadora do homem que brotava do anúncio da escuta do *Kerygma*: da Palavra do Crucificado e Ressuscitado. Logo, viria o reconhecimento teórico, posto em prática, de que sua concepção e sua forma de configuração eclesial de comunidade cristã, catequeticamente enraizadas na comunhão da Igreja, não podiam nem queriam confundir-se com uma forma comunitária sociopolítica e cultural de uma libertação existencial, idealizada e praticada de forma intramundana, puramente materialista e temporal. A libertação autenticamente evangélica dos pobres era outra coisa. Nasceriam, então, as inumeráveis comunidades do Caminho Neocatecumenal de norte a sul de toda a geografia universal da Igreja no último terço do século XX e nas duas primeiras décadas do século XXI suscitadas muitas vezes por ela mesma junto a Kiko e Pe. Mario e sustentadas sempre por sua presença, sua palavra e seu testemunho dispensado por meio de uma itinerância fisicamente exaustiva e nunca interrompida, mas animada fervorosamente — e sempre alheia ao desalento interior — pelo sim incondicional à vocação recebida do Senhor, que a chamava a servir a Igreja do Concílio Vaticano II encarnando um carisma singular, extraordinário, claríssimo, impregnado do espírito evangélico próprio do tempo presente da Igreja e fecundo para seu futuro; futuro de salvação e de paz para o novo mundo do terceiro milênio da história cristã.

Carmen iria ao encontro do Pai, que está nos céus, após anos de enfermidade e sofrimentos, com o "eu te amo, Jesus"; como dissera desde criança, adolescente, jovem universitária, religiosa, missionária, com a alma e a coragem de apóstolo do Caminho Neocatecumenal, que é inexplicável sem ela, em sua origem, em seu desenvolvimento e em sua implantação em todos os cantos em que a Igreja está presente hoje.

Não é estranho que os papas, desde São Paulo VI, São João Paulo II (com destaque extraordinariamente significativo para a valorização eclesial e pastoral do Caminho Neocatecumenal), até o Papa Bento XVI e o Papa Francisco, tenham reconhecido o valor do itinerário de iniciação cristã, aberto pelo Caminho Neocatecumenal, para a nova evangelização, e tenham expressado sua estima agradecida a seus iniciadores com um apreço muito sincero a eles e, muito explicitamente, a Carmen Hernández Barrera.

Carmen e a história de sua vida mereciam certamente uma biografia que desse constância escrita, bem fundamentada na ciência da história da Igreja, do que significou para a Igreja do Concílio Vaticano II a trajetória humana, espiritual e apostólica de uma mulher que se entregou a Cristo e à sua Igreja imitando e acolhendo o amor de sua Mãe — de Cristo e da Igreja — até dar sua vida por Ele, consagrada a seu amor para a evangelização do homem de nosso tempo — pós-moderno? —, tão faminto e sedento da graça de Deus. Encontramos esta merecidíssima biografia no livro do professor Aquilino Cayuela, concebida e escrita com o rigor metodológico de um bom universitário e com a cálida "simpatia" pessoal e eclesial de quem a conheceu e estimou direta e pessoalmente. Uma boa e excelente leitura não somente para todos "os que caminham nas comunidades neocatecumenais", mas também para toda a comunidade eclesial, que terá aqui, no livro que apresentamos, uma oportunidade de ouro para conhecer com extraordinária vivacidade um dos capítulos mais vibrantes espiritual e apostolicamente — e, possivelmente, mais fecundos — da história contemporânea da Igreja: o do Concílio Vaticano II!

Laus Deo!

† Antonio M.ª Cardeal Rouco Varela
Arcebispo E. de Madri

PRÓLOGO

Queridos irmãos!

Apresentamos a vocês algumas notas biográficas sobre Carmen Hernández para que possam conhecê-la melhor. Deus escolheu a mim como escolheu a Carmen para fazer uma obra a serviço da Igreja. O Caminho Neocatecumenal deve muito a Carmen, muitíssimo; o Caminho não existiria sem ela, sem sua visão teológica. Como repeti em muitas ocasiões, eu não inventei o Caminho Neocatecumenal, tampouco Carmen; nós não inventamos nada, não pretendíamos fazer nada. O Senhor me levou, por meio do encontro com o sofrimento dos inocentes e por uma série de circunstâncias — como conhecer a Charles de Foucauld —, a viver com os pobres, pensando que, se o Senhor viesse, em sua segunda vinda, eu queria que me encontrasse aos pés de Cristo crucificado, com os últimos da terra, com os inocentes. Fui com este espírito viver nos barracos. Carmen vinha de Israel, pensava em formar um grupo de evangelização para estar com os mineiros de Oruro, na Bolívia. Assim, havia permanecido com algumas das irmãs da Congregação das Missionárias de Cristo Jesus, onde ela estivera.

Por intermédio do Pe. Farnés, Carmen tinha conhecido toda a renovação do Concílio Vaticano II, do Mistério Pascal, da reforma litúrgica; além disso, estudara Teologia em Valência. As Missionárias de Cristo Jesus a enviaram à Inglaterra a fim de que ela se preparasse para ir à Índia, para onde tinha sido destinada. Naquele momento, sua Congregação se encontrava em uma encruzilhada: havia acontecido o Concílio, e tinham de reformar as Constituições do instituto. As primeiras, que partiram às missões para evangelizar na Ásia, no Japão e na Índia — depois de vinte anos que haviam aberto essas missões —, voltaram à Congregação e não queriam fazer nenhuma reforma, enquanto um grupo de irmãs mais jovens, que conheciam a reforma do Concílio, desejava mudar um pouco seu instituto; entre elas estava Carmen. Chamaram-na da Inglaterra, onde se preparava para ir à Índia, porque haviam decidido que era melhor que ela deixasse a Congregação junto às outras. Eram moças muito decididas, muito competentes. Na Congregação, pensavam que Carmen estava com elas e a chamaram para comunicar a decisão. Carmen sofreu muito, porque não queria deixar o instituto. Ela contava que ia ao Museu Frederic Marés, de Barcelona, onde havia muitos crucifixos românicos, e ali chorava vendo Cristo, pois se sentia crucificada. Finalmente prevaleceu a decisão da Congregação, e lhe disseram que ela teria de deixá-la. Em Barcelona, ela experimentou uma verdadeira *kénosis*, porque a expulsaram sem um motivo grave; somente por querer renovar o instituto e fazer com que ele fosse mais de acordo com o Concílio Vaticano II.

O amor tão grande que Carmen teve à liturgia e aos sacramentos lhe veio através do Pe. Farnés, que foi muito importante para ela, pois ela o conheceu quando a impediram de fazer os votos para as Missionárias de Cristo Jesus e estava em um sofrimento enorme; ele esteve muito próximo dela, como um anjo, a consolou e a ajudou a viver esse momento. O Pe. Farnés vinha do Instituto da Pastoral Litúrgica, de Paris, tinha sido discípulo de Bouyer — um dos teólogos mais importantes da renovação litúrgica do Concílio Vaticano II. Foi muito importante para Carmen conhecer Farnés nesse momento de mudança, porque toda a renovação do Concílio tinha sido levada adiante principalmente pelo Movimento Litúrgico e pelo Instituto Bíblico de Paris. Além disso, o sofrimento pelo qual ela passou em Barcelona a preparou para experimentar existencialmente o Mistério Pascal: ela experimentou o dinamismo de passar da morte à vida com uma força enorme em sua própria carne.

Conto essas coisas para dizer como Deus se utilizou de Carmen e de mim para levar adiante uma obra que não é nossa. Quando saiu da Congregação, a primeira coisa que Carmen fez foi dizer ao grupo de suas amigas — que queriam fundar uma nova Congregação de evangelização: "Eu, seguindo os passos de Santo Inácio, vou à Terra Santa durante um ano com a Escritura". Ela encontrou uma amiga irlandesa, que a acompanhou. Foram com uma mochila e uma barraca e viajaram por todo o Israel, a partir da Jordânia. Ela dizia que ali em Israel, às margens do lago de Tiberíades, sentada na pedra do Primado de Pedro, havia perguntado ao Senhor o que ele queria dela e que sentiu que Deus marcaria sua vontade na Igreja; o amor a Cristo presente na missão que tinha de realizar na Igreja seria abrir esta iniciação cristã, por meio do Caminho Neocatecumenal.

Em Israel, conheceu alguns padres franciscanos, Basilio, Delfín... Sem saber, Carmen estava abrindo portas para o Caminho na Terra Santa e, graças a ela, cederam-nos o terreno do Monte das Bem-Aventuranças. Também conheceu o Pe. Gauthier, professor de Teologia, francês; ele havia escrito um livro sobre os pobres e fundado a Les Compagnons de Jésus charpentier (Companheiros de Jesus Carpinteiro), uma congregação de evangelização que estava em Nazaré. Nessa congregação, Carmen viu como colaboravam na evangelização homens e mulheres juntos, com um grande zelo. Isso a impressionou muito porque, antes, pensava-se que as mulheres tinham de estar de um lado e os homens de outro. Deus serviu-se de tudo isso para nos preparar.

Depois de Israel, Carmen e eu nos encontramos graças a uma irmã dela; eu estava nos barracos. Carmen, talvez pensando em me convencer a ir com esse grupo que se formava para evangelizar em Oruro, foi viver com outra companheira em uma região próxima de onde eu estava. Carmen veio morar nos barracos e conheceu este primeiro grupo com José Agudo, com os ciganos. Ali o Senhor começou a fazer esta obra surpreendente: apareceu o Espírito Santo entre esses pobres. Quando Carmen viu aquela comunidade e como aqueles irmãos rezavam, ficou muito impressionada. Os pobres respondiam à Palavra de Deus de uma maneira incrível: não se defendiam, não tinham nada a defender diante da Palavra de Deus; as respostas dos pobres à Palavra de Deus deixaram Carmen muito surpresa. A visita de D. Casimiro Morcillo — o então arcebispo de Madri — aos barracos, um verdadeiro milagre, foi o que determinou definitivamente a colaboração de Carmen comigo.

Na região dos barracos, havia muitos cachorros, e todos me seguiam com amor; eram muito bons; nunca morderam ninguém, só um irmão de Carmen que queria levá-la dali; uma coisa surpreendente. A família e seus irmãos não a entendiam muito. Uma vez, o irmão foi conversar com ela, para tirá-la dos barracos, e um cachorro o mordeu. Nunca um cachorro nos barracos havia mordido alguém. Não sei o que viu neste senhor que chegou e por que o mordeu; e ele teve que tomar a antirrábica e não teve mais vontade de voltar para buscar Carmen. A família não entendia o que ela fazia ali entre os pobres. Que horror! Os irmãos de Carmen eram pessoas muito pragmáticas e tinham muito dinheiro, faziam parte de um grupo dos industriais mais importantes da Espanha.

Não podem imaginar as lutas que tivemos Carmen e eu quando nos conhecemos. Ela pensava que eu era um pretensioso e que usava os pobres para fazer um pedestal para mim, que eu era um "cursilhista". Dizia que precisara de três anos para me convencer de que Cristo tinha ressuscitado, até que compus o canto "Ressuscitou". Dizia-me coisas terríveis a fim de que eu não me envaidecesse. Não tinha nenhuma dependência de mim nem afeição, nada, era completamente livre! Estava comigo porque sentia que era vontade de Deus. Custou-me muito aceitar Carmen, até que o Senhor me disse interiormente que ela era uma graça grandiosíssima para mim, que alguém me dissesse constantemente a verdade, que Deus a trouxera com uma missão. Então aceitei Carmen na fé como enviada por Deus. Sofri, até que me dei conta na fé de que vinha de Deus e, desde esse dia, foi uma graça para mim. Carmen foi estupenda, maravilhosa!

É algo assombroso! Se penso em minha vida, parece-me um sonho! Não sou eu. As situações que vivemos! Como chegamos a Roma, levados por D. Dino Torreggiani, ao Borghetto Latino, e depois à paróquia dos Mártires Canadenses. Vivemos com os idosos em Florença, no hospício de Scandicci. Depois, com os pobres da Curraleira em Lisboa etc. Tudo é obra de Deus! Tudo isso fez o Senhor conosco.

Carmen amava a Igreja e o Papa acima de tudo. A relação entre Carmen e São João Paulo II foi muito afetuosa. São João Paulo II sempre teve uma atenção especial por Carmen, uma grande admiração, reconhecendo a importância dela para o Caminho, sobretudo por "seu gênio feminino" e por seu grande amor ao Concílio e à Igreja. Sempre me lembro de que, como consultor do Pontifício Conselho para os Leigos, depois de uma Assembleia Plenária, nós consultores fomos passando, um por um, para saudar o Santo Padre. Ele já estava muito doente; não sabíamos se ouvia ou não; permanecia sentado, com a cabeça inclinada e os olhos fechados. Quando cheguei diante dele, o cardeal Ryłko, que estava a seu lado, disse-lhe ao ouvido: "É o Kiko". No mesmo instante, o Papa levantou a cabeça, abriu os olhos e, com uma voz fortíssima, disse: "E a Carmen!? Onde está a Carmen!?". E todos os presentes deram-lhe um grande aplauso.

Nestas notas biográficas, verão uma mulher excepcional, importantíssima para a Igreja, apaixonada por Cristo, pela Escritura e pela Eucaristia. Tinha uma clara consciência de que a missão que Deus lhe dera era de apoiar-me, defender-me e corrigir-me, pelo bem do Caminho Neocatecumenal. Dou graças a Deus por Carmen, que sempre me disse a verdade, constantemente. Era uma mulher profunda, autêntica e livre em sua relação com todos. Era muito inteligente. Amava a Cristo, a Igreja e o Papa, acima de tudo. Por amor à Igreja e aos irmãos, permaneceu junto a mim durante cinquenta anos; ainda que às vezes fosse difícil para ela. Só importava a Carmen fazer a vontade de Deus, a qual ela viu que era estar comigo nesta iniciação cristã, que é o Caminho Neocatecumenal.

Cremos que Carmen está com o Senhor, já está na festa. Estas notas biográficas não são apenas para os irmãos do Caminho, mas também para toda a Igreja, para dar a conhecer uma mulher extraordinária, que viveu a fé em grau heroico. Carmen Hernández! A melhor catequista do mundo! Mulher excepcional, verdadeiramente, com uma generosidade enorme, negou-se a si mesma para mostrar a mim, porque via como os irmãos me seguiam; apesar das correções, estava sempre por trás. Uma mulher importantíssima para a Igreja! Viveu sempre apaixonada por Cristo. Se lerem seus *Diários*, verão que ela sempre disse: "Jesus, te amo, te amo!". Em cada página: "Te amo, te amo!". Amar a Cristo é a única verdade: "Ama a Cristo e te seguirão milhares", afirmam os Padres do Deserto. Eu pensava que era a mim que seguiam, mas vejo que milhares de irmãos estão no Caminho graças a Carmen e ao amor que Carmen tinha por Cristo.

Rezem por mim!

Kiko Argüello

AGRADECIMENTOS

Quero dar graças a Deus, sempre providente em minha história, por este longo tempo de missão e trabalho.

Manifesto minha gratidão ao Kiko Argüello e ao Pe. Mario Pezzi pela grande confiança que depositaram em mim e pela proximidade que demonstraram ao longo desta tarefa. Igualmente, à María Ascención Romero, sucessora de Carmen Hernández na equipe internacional do Caminho Neocatecumenal, por seu apoio constante no processo de elaboração destas notas biográficas. Também ao Pe. Ezechiele Pasotti, por suas oportunas indicações, sobretudo na composição da segunda parte da obra.

Mencionarei Charle Metola, que, de modo diligente, coordena a preparação de uma futura causa canônica perante o Arcebispado de Madri. Sem sua colaboração, seria impossível citar com precisão as múltiplas referências aos escritos às intervenções públicas de Carmen Hernández. Do mesmo modo, meu reconhecimento aos responsáveis dos centros neocatecumenais de Madri e de Roma por seu enorme serviço de catalogação e transcrição dos *Documentos Carmen Hernández* — que já somam mais de 16 mil páginas em diversos volumes — e a todas aquelas pessoas que, com suas palavras e memórias, contribuíram para enriquecer o conteúdo deste livro. Não me esqueço do professor Ángel Barahona, por seus conselhos. E, de modo especial, gostaria de registrar o rigor e a dedicação que manifestaram os revisores da BAC para que esta obra chegasse a sua plenitude com um alto grau de qualidade.

Por fim, dou graças a duas mulheres fundamentais em minha vida: a minha esposa, Carmen, pela enorme paciência com a qual me acompanhou durante esses anos de indagações sem fim e de horas de enclausuramento. Sem seu apoio e o apoio de meus filhos — Luis, Andrés, Isabel e Ester —, não poderia ter escrito este livro. E, claro, a Carmen Hernández, pois, não sei bem o porquê, quis que eu fosse o seu primeiro biógrafo. Sem dúvida, inspirou-me neste trabalhoso processo de investigação sobre sua vida. Tudo isso, apesar das múltiplas dificuldades, significou um tempo de graça para mim.

INTRODUÇÃO

Eu não gosto muito de falar em público. Eu tenho meus complexos. Mas talvez hoje, em honra à Ascensão do Senhor, dia glorioso, maravilhoso para a Igreja, em que Jesus Cristo assume o triunfo sobre a morte, abrindo-nos um caminho, como dizia hoje o Papa no Ângelus, um destino ao homem. A esse homem de nosso século, que, entre tantas técnicas e progressos, vive desorientado e sem saber aonde vai. Em sua Pessoa, na pessoa de Jesus Cristo, Ele mesmo já nos marca o destino preparado para cada um de nós, para nossa geração[1].

Causa certo pudor retratar a vida de Carmen Hernández Barrera, por ser alguém cuja marca predominante foi sua timidez e reserva, ainda que, muitas vezes, não parecesse. Quase não sabemos muito sobre ela além de sua abundante pregação, com que, ao longo dos anos, evangelizou tantas pessoas e em tantos lugares, junto a Kiko Argüello, ambos iniciadores do Caminho Neocatecumenal, e, mais tarde, com Mario Pezzi.

Sequer os mais próximos sabiam muito de sua interioridade mesmo depois de sua morte, quando, graças à descoberta de numerosos diários pessoais, cartas, agendas e outros documentos, se percebeu o que Carmen tinha vivido; neles, além disso, revelou-se o dia a dia de uma íntima relação com o Senhor. Estamos diante de alguém que viveu um intenso e próximo amor a Jesus Cristo, que ocupou o centro de sua vida interior.

Este relato biográfico adentra com respeito e discrição sua intimidade para oferecer uma reconstrução biográfica completa e cronológica de seu curso vital. Tive como primeiro e principal fio condutor seu testemunho público e mais conhecido: o testemunho que Carmen dava de si mesma em vá-

---

1. É o começo da experiência de Carmen Hernández Barrera, no Pavilhão Poliesportivo de Zamora, durante o Encontro das Comunidades da Região noroeste da Espanha, junto a Kiko Argüello e Pe. Mario, no Domingo da Ascensão de 15 de maio de 1994. Esta experiência direta supõe uma das fontes principais da presente biografia, junto ao testemunho autobiográfico dado por Carmen na Convivência de Catequistas de 29 de setembro a 2 de outubro de 1994, por ocasião da explicação do canto de Kiko Argüello, *Carmen 63*.

rias ocasiões em que, como catequista, falava sobre sua história pessoal e suas memórias.

Isso me permite ir situando toda a sua vida respeitando sua própria expressão e palavra, que prevalecem sobre a minha, como se verá. Foi um trabalho de quase cinco anos desde que, em agosto de 2016, a um mês de seu falecimento, Kiko Argüello me indicou a possibilidade de que fosse trabalhando sobre sua biografia. Foi uma surpresa para mim que me confirmasse no mês de setembro que isso era sério e me animava a ir desenvolvendo esse trabalho como um serviço à Igreja e ao Caminho Neocatecumenal.

A princípio, contava com pouquíssimos dados, mas, com o passar do tempo, de modo muito providencial, e, logo, com a ajuda de muitos, foi aparecendo uma documentação e uma correspondência muito abundantes, as quais permitiram alcançar progressivamente uma reconstrução precisa de toda a sua vida.

Uma biografia sempre supõe entrar na pessoa de que se trata, adentrar sua alma, seus sentimentos, suas tristezas e alegrias, suas conquistas e seus combates, conhecer seu pensamento, seus propósitos e, nesse caso, sua intimidade com o Senhor. Trata-se também de achar o que conecta o mais externo, conhecido e visível, sua missão como iniciadora do Caminho Neocatecumenal, com sua interioridade e com a experiência própria das coisas que ela viveu, a fim de encontrar o feitio de uma mulher assim: uma pessoa de grande iniciativa, com um imenso espírito renovador, com uma firme vocação de serviço a Jesus Cristo e à Igreja. Uma mulher missionária por antonomásia e evangelizadora até o seu último suspiro. Devia, portanto, tratar de conhecê-la o melhor que pudesse.

Era um trabalho estritamente documental e rigoroso. Além disso, foi uma grande responsabilidade para mim. Por isso, optei, desde o início, por defender sua própria voz, a de Carmen Hernández, em vez da minha, e por buscar mais suas próprias palavras em cada tempo de sua vida, aquelas que melhor a exprimissem; espero pelo menos ter me aproximado disso. Não quis interpretá-la, mas sim apresentar sua personalidade e sua vida com aproximada exatidão. Ao mesmo tempo, minha objetividade almejada na investigação e na documentação de sua vida não devia incorrer em um frio distanciamento do leitor, mas, ao contrário, tratava-se de apresentar Carmen Hernández o mais próximo possível.

Carmen Hernández Barrera, enquanto iniciadora do Caminho Neocatecumenal, deu a este uma contribuição que, para além dos abundantes frutos de conversão que suscitou, supõe um autêntico testemunho de vida cristã; um testemunho que se sobressai no conjunto da Igreja Católica contemporânea, resultando em grande interesse para todo fiel.

O que apresento aqui é uma biografia ágil, rica em matizes, que faz viva a sua figura para todos os interessados em conhecer sua pessoa, sem abandonar o rigor que exige um primeiro trabalho documental. Procurei sempre o respeito, o cuidado, a discrição e a objetividade com a vocação de oferecer um serviço eclesial em memória de uma mulher de nosso tempo que viveu uma intensa e constante intimidade com Jesus Cristo e um profundo e sincero amor à Igreja.

A história de Carmen Hernández é verdadeiramente intensa e atravessa a história da Igreja desde os momentos da preparação do Concílio Vaticano II até o presente. Por isso se cuidou muito da contextualização dos diferentes tempos de sua vida, que, espero, sejam de interesse do leitor. Há, para isso, um necessário e abundante aparato crítico que confirma e enriquece o texto principal.

Este livro se estrutura em duas partes ou seções.

A primeira, reunida sob o título "A pálida tela de suas horas", título retirado do poema de Rabindranath Tagore que tanto a definiu e ao qual Kiko Argüello musicou em sua composição do canto *Carmen 63*, inclui os 14 primeiros capítulos e reconstrói cronologicamente sua história, desde seu nascimento até 1964: desde sua infância, sua vida familiar, os primeiros momentos de sua vocação religiosa e missionária quando garotinha, em Tudela; mais tarde, seus anos de estudos em Madri, sua forja espiritual; o crescimento da vocação missionária em seus anos universitários; também, seu ingresso na vida religiosa e todos os anos de preparação, com as Missionárias de Cristo Jesus, até sua saída dessa instituição, em Barcelona, em agosto de 1962. A seguir, detalha-se sua primeira viagem a Israel, em 1963, até seu regresso a Madri, em 1964, um momento de grande intensidade em sua vida.

A segunda parte, "Diante de mim se abrem todos os caminhos", reconstrói propriamente a história de Carmen como coiniciadora e responsável do Caminho Neocatecumenal com Kiko Argüello, desde os seus primeiros encontros com este, em 1964, e como ambos iniciaram este "itinerário de iniciação cristã" entre os pobres de Palomeras Altas e, mais adiante, em algumas paróquias de Madri até 1968. Conta-se como e por que viajam a Roma e narram-se esses primeiros tempos de missão de Kiko e Carmen entre a Espanha e a Itália. Nesta seção, um pouco mais extensa, ainda que se mantenha a ordem cronológica, prevalecem os aspectos temáticos referentes ao desenvolvimento e ao crescimento do Caminho Neocatecumenal, destacando-se sempre os momentos relevantes e os marcos. Em toda essa seção, centralizamos nossa atenção na evangelização de Carmen e em sua vivência pessoal, ressaltando sua experiência com Kiko Argüello e Pe. Mario Pezzi, com os quais compartilhou uma atividade apostólica muito intensa, uma extraordinária missão, dada a magnitude e a extensão que chega a alcançar esta nova realidade dentro da Igreja contemporânea. Nessa parte, procurei fazer presente a perspectiva de Carmen através de suas próprias palavras, de suas experiências pessoais, tais como ela as expõe em seus diários, em suas cartas e outras manifestações, sem ocultar como foram seus combates e fadigas pelo Evangelho, destacando também suas numerosas alegrias e os abundantes frutos e bênçãos que recebe do Senhor em todos esses anos.

Ao final, adicionam-se uma série de anexos que reúnem informação concreta e dados precisos, os quais completam e ilustram este trabalho documental.

Por último, convido os leitores a ter presentes estas palavras do Papa Francisco sobre o chamado à santidade no mundo atual:

> Deixemo-nos estimular pelos sinais de santidade que o Senhor nos apresenta através dos membros mais humildes deste povo que "participam também da função profética de Cristo, difundindo o seu testemunho vivo, sobretudo pela vida de fé e de caridade"[2].

Pensemos, como nos sugere Santa Teresa Benedita da Cruz, que, por meio de muitos deles, se constrói a verdadeira história:

> Na noite mais escura, surgem os maiores profetas e os santos. Porém, a corrente vivificante da vida mística permanece invisível. Certamente, os eventos decisivos da história do mundo foram essencialmente influenciados por almas sobre as quais nada se diz nos livros de História. E quais são as almas às quais temos de agradecer pelos acontecimentos decisivos de nossa vida pessoal é algo que só saberemos no dia em que tudo oculto será revelado[3].

Páscoa da Ressurreição de 2021

---

2. FRANCISCO, Exortação apostólica *Gaudete et exsultate* (19 de março de 2018), 8.
3. Cf. SANTA TERESA BENEDITA DA CRUZ (Edith Stein), *Vida escondida y epifanía*, em *Obras completas*, V (Monte Carmelo, Burgos, 2007), 637.

PRIMEIRA PARTE
A PÁLIDA TELA DE SUAS HORAS
(1930-1964)

Carmen em Jávea (Cabo da Nau), verão de 1958.

1
NASCIMENTO E FAMÍLIA
(1930)

No sopé do Moncayo

> Eu nasci no sopé do Moncayo, onde faz mais frio que em Zamora. O que acontece é que eu nunca estive ali mais que nos verões com minha avó, porque minha mãe ia lá para dar à luz, pois era a casa dos avós. Todos os filhos tinham de nascer ali. Mas nós vivemos à margem do Elbo, em Tudela[1].

Carmen Hernández Barrera nasceu em Ólvega, província de Sória, em 24 de novembro de 1930, filha de Antonio Hernández Villar e Clementa Barrera Isla. Nasceu exatamente no dia de São João da Cruz, no *vetus ordo*[2], razão pela qual sua mãe, que era muito devota do reformador do Carmelo e estava muito contente com o nascimento dessa menina, decidiu chamá-la Carmen.

Seu pai, Antonio, era filho de Telesforo Hernández e María Villar, e ficara órfão por parte de pai ainda quando menino. Antonio cresceu só com sua mãe, vivendo por um breve tempo com um tio dele que era sacerdote. Por isso alguns disseram que ele estivera no seminário, mas não foi assim. Os Hernández eram uma família modesta; e Antonio, ficando sob os cuidados de sua mãe, María, crescera mais próximo da família desta, os Villar, uma família mais humilde. Clementa Barrera Isla vinha, porém, de uma família de certa linhagem na cidade, uma família castelhana muito religiosa, a qual, por parte da mãe, tinha dois tios jesuítas e também um parentesco com o famoso Pe. Isla, aquele importante intelectual espanhol do século XVIII que também foi sacerdote na Companhia de Jesus[3].

---

1. *Documentos Carmen Hernández*, XVII: Encontro com as Comunidades da Região Noroeste da Espanha, 15 de maio de 1994.
2. São João da Cruz, no calendário de então, era celebrado no dia 24 de novembro; atualmente, no *novus ordus*, é celebrado no dia 14 de dezembro.
3. José Francisco de Isla, SJ (1703-1781), importante professor de Filosofia e Teologia, grande tradutor de seu tempo e escritor. Dentre suas obras, destaca-se sua novela satírica *Historia del famoso predicador fray Gerundio de Campazas, alias Zotes* (1758), grande clássico da literatura espanhola.

Antonio, desde a mais tenra idade, teve que ganhar a vida. Graças a seu espírito empreendedor e à força de trabalho, foi criando gradualmente um negócio de alimentos; primeiro, na mesma cidade, partindo de uma escassa herança recebida do pai. Mais tarde, demonstrando ser hábil no comércio, abriu negócios em Tudela (Navarra) e Tarazona (Aragão), por serem as cidades principais do entorno, e até conseguiu um moinho de arroz em Calahorra (La Rioja). Pouco a pouco, foi prosperando, ao mesmo tempo em que aumentava sua família, que chegou a ser muito numerosa:

> Sou de uma família numerosa, com nove irmãos. Eu sou a do meio. Tenho duas irmãs e dois irmãos adiante e dois rapazes e duas moças atrás[4].

De fato, Carmen era a irmã do meio, exatamente a quinta, entre os nove que viveram: a mais velha, Elisa, depois Félix, Telesforo, Pilar, Carmen, Anunciación, Antonio, Elías e Milagros. Realmente, chegariam a ser doze os irmãos, seis meninas e seis meninos, se dois não tivessem morrido quando pequenos e uma menina também, aos cinco ou seis anos, quando estava prestes começar a escola[5]. Assim, Antonio e Clementa foram, pouco a pouco, formando uma grande família e enchendo a casa de alegria e prosperidade.

Partiram de Ólvega para morar em Tudela, a cidade mais importante da região[6], de onde Antonio podia administrar melhor sua indústria, mas sempre procuravam fazer com que todos os filhos nascessem em Ólvega, junto aos avós. De fato, Clementa deu à luz a todos os filhos ali, com exceção da menor, Milagros, a qual, por ser prematura, teve de nascer em Tudela.

Quando Carmen nasceu, batizaram-na quatro dias após o parto, na paróquia de Santa Maria Maior, em uma pia batismal que hoje se conserva no coro da Igreja. O batismo foi realizado pelo então pároco da localidade, o Pe. Carmelo Morales.

A vila de Ólvega pertencia à diocese de Tarazona naquela época; hoje, porém, pertence à de Osma-Sória. Carmen teve ali, entre Ólvega e Tudela, uma infância muito feliz com seus pais e irmãos. Eles formavam uma família castelhana típica da época, uma família muito unida, na qual era costume rezar

---

4. *Documentos Carmen Hernández*, XVII: Encontro com as Comunidades da Região Noroeste da Espanha, 15 de maio de 1994.
5. Recolhemos a informação relatada sobre a família neste capítulo do testemunho direto de sua irmã Pilar Hernández e de sua sobrinha Mónica Castro, em uma entrevista realizada em sua casa de Madri, em 29 de março de 2017.
6. Tudela é a segunda cidade em importância e a mais povoada da Comunidade de Navarra, é o centro econômico e comercial da Margem de Navarra. Situa-se a apenas 90 quilômetros de Pamplona, a capital.

reunida todos os dias o rosário, por volta das dez da noite, antes de ir dormir. Tanto Carmen como Pilar foram, desde crianças, muito devotas, assíduas ao missal devocional e às orações, e, junto à mãe, iam à missa diariamente, hábito que Carmen nunca abandonou ao longo de sua vida. Essa assiduidade à Eucaristia a levou a amá-la e compreendê-la profundamente.

A infância de Carmen, vivida entre Tudela e Ólvega, foi marcada pelo acontecimento da Guerra Civil Espanhola (1936-1939). Foi um momento verdadeiramente difícil e dramático para toda a Espanha. Aquele foi um tempo de grande carestia e, em boa parte do país, de sangrenta perseguição religiosa aos católicos[7]. Por sorte, para a família Hernández, a província de Sória e as regiões adjacentes, de Navarra e Aragão, ficaram logo na retaguarda da chamada "zona nacional", onde não houve perseguição religiosa, ainda que, no começo desse conflito, muito próximo dessa jurisdição, tenha havido uma brutal perseguição, principalmente na diocese de Barbastro[8], em Huesca (Aragão), onde, no verão de 1936, foram massacrados inúmeros religiosos, inclusive os jovens seminaristas claretianos que moravam ali, seus formadores e o próprio bispo, martirizados pelas mãos de colunas de anarquistas e comunistas, vindas da Cataluña.

Em Tudela, Carmen e seus irmãos puderam continuar estudando e em paz. Apesar de freiras e religiosos pararem de usar seus hábitos por precaução, Carmen pôde estudar desde os 5 anos, sem interrupção, no colégio da Companhia de Maria de Tudela, como se verá no próximo capítulo. A família

---

7. A Igreja Católica espanhola e os católicos sofreram numerosos atos de violência no contexto histórico da Guerra Civil (1936-1939), que alcançaram as dimensões de uma autêntica "perseguição religiosa". Historicamente, constatou-se um total de 6.832 vítimas religiosas assassinadas no território republicano, das quais 13 eram bispos, 4.184 sacerdotes seculares, 2.365 religiosos e 283 religiosas. A essas cifras deveriam ser adicionados os inúmeros fiéis católicos que foram assassinados pelo mero ato de sua confissão. Atualmente, a Igreja confirmou um grande número dessas vítimas como mártires, por morrerem realmente por causa de sua fé. Cf. A. MONTERO MORENO, *Historia de la persecución religiosa en España, 1936-1939* (BAC, Madri, 1961, ²2004); G. S. PAYNE, *El catolicismo español* (Planeta, Barcelona, 1984).

8. Nesta diocese, 80% do clero morreu assassinado, constituindo a taxa mais alta de mártires de toda a Espanha: 18 beneditinos, 9 escolápios, 51 claretianos, 13 cônegos da catedral, 114 sacerdotes diocesanos, 5 seminaristas diocesanos e o bispo foram assassinados por ódio à fé. O martírio dos 51 claretianos, Missionários Filhos do Imaculado Coração de Maria de Barbastro, aconteceu entre os dias 2 e 14 do mês de agosto de 1936. Essa comunidade claretiana de Barbastro (Huesca) era formada por 60 missionários: 9 padres, 12 Irmãos e 39 estudantes prestes a receber a ordenação. Somente 9 eram maiores de 25 anos. Esses mártires claretianos foram beatificados por São João Paulo II em 25 de outubro de 1992. Outros mártires da diocese foram beatificados mais tarde, em 13 de outubro de 2013, pelo Papa Francisco.

Hernández Barrera, portanto, não sofreu, naqueles difíceis momentos, maior perturbação que a escassez e as penúrias próprias de um tempo de guerra e o fato de ter enviado a filha mais velha, Elisa, ao internato do colégio das Irmãs da Caridade de Santa Ana, na localidade de Estella, em Navarra.

Depois da Guerra Civil, Ólvega recuperou uma vida piedosa, frequente em toda a jurisdição, da qual Carmen, sua mãe e seus irmãos participavam durante os verões e as festas.

Ólvega

Ólvega está situada na província de Sória, ao pé do Pico do Alto de Toranzo e dentro da jurisdição do Moncayo. O ponto geográfico é uma encruzilhada em que convergem quatro regiões distintas: La Rioja, Navarra, Aragão e Castilla y León (região à qual pertence)[9].

O povoado está situado a mais de mil metros de altitude, junto à localidade de Muro, e entre os rios Araviana, que desemboca no Duero, e Queiles, que conduz seu fluxo até o Ebro. Essa vila de Ólvega é conhecida como a "Menina do Moncayo", por sua localização estratégica nas partes baixas da serra. Sua história remonta a um pequeno "vicus" [vicus seria uma vila, um povoado] do século V e conta com um feito memorável, do século XV, quando os olveguenhos apresentaram uma forte resistência a se render à vassalagem ao conde de Medinaceli, um conflito que provocou o incêndio do povoado em 1474, pelo que é conhecido como a "Segunda Numância", demonstrando que as pessoas de Ólvega são tenazes, bravas e aguerridas: o brasão da cidade, de fato, é um castelo em chamas. Hoje é um lugar próspero, com importantes indústrias, principalmente do setor agroalimentar, que tem uma taxa de desemprego praticamente inexistente, o que faz com que sua população seja estável por muitas gerações.

A vila e seu entorno têm uma geografia privilegiada: no alto, desde a ermida da Virgem de Olmacedo, há vistas extraordinárias das montanhas. Todo o seu entorno, inclusive, inspirou obras essenciais da literatura castelhana, desde a lírica narrativa, no século XV, do Marquês de Santillana[10] até a poesia, no

---

9. Nestas páginas, descrevi minhas impressões da visita que fiz a Ólvega e à província de Sória, em julho de 2019, acompanhando os jovens do Caminho Neocatecumenal da Alemanha e da Holanda.

10. As "serranillas" são composições em verso de arte menor, típicas e originariamente castelhanas, equivalentes às "pastorelas" na literatura provençal. Destacam-se, no século XV, as do Marquês de Santillana, que compôs umas serranillas que começam assim:

século XX, de Antonio Machado[11], passando, no século XIX, pelo grande autor romântico espanhol Gustavo Adolfo Bécquer. Este último recebeu daquelas paragens, as quais havia conhecido graças à sua esposa[12], a inspiração para grande parte de sua prosa e sua poesia[13]; muito especialmente, teve influência sobre ele o longo tempo que passou no monastério de Veruela, curando-se da tuberculose. Em Veruela, justamente do lado oposto do Moncayo, onde se localiza Ólvega, escreveu suas *Cartas desde mi celda*[14]. Carmen e sua irmã Pilar, durante a infância, no verão, iam até esse monastério de bicicleta, fazendo excursões.

Ólvega é, além disso, uma terra tremendamente fria em seus invernos — como diz Carmen em seu testemunho —; tanto é assim que o produtor britânico David Lean, quando quis filmar a superprodução que adapta o romance de Pasternak, *Doutor Jivago*, escolheu essa região como o cenário natural para a maioria de suas tomadas externas. Dessa forma, entre os meses de janeiro e outubro de 1965, Ólvega e suas imediações do Moncayo se converteram nos arredores dos "montes Urais", e a região passou a ser a distante Rússia.

Por outro lado, o caminhante que viaja por ali vai se encontrar com pessoas abertas, francas, diretas e acolhedoras. Vizinhos simpáticos, mas aparentemente brutos pela franqueza tão pura com que tratam os visitantes. Como testemunha o Pe. Ángel Jiménez, "Boa gente estabelecida no trabalho, na família e na religião"[15]. Um povo de origem celtiberiana com paixão pela liberdade, senso de honra, lealdade, bravura e hospitalidade. Um modo de ser muito impresso no caráter de Carmen. Desde criança, ela passava o tempo entre Tudela, onde a família Hernández Barrera tinha sua residência habitual, e Ólvega, onde sempre passava os verões, as férias de Natal, a Páscoa e algumas curtas temporadas acompanhando os avós.

"Serranillas do Moncayo,
Deus te dê um bom ano inteiro".

11. Das terras do Moncayo, diz Antonio Machado, o poeta:
    "A terra não revive, o campo sonha.
    Ao começar abril está nevada
    a costa do Moncayo"
    (*Campos de Castilla*, CXIII).
12. A esposa de Bécquer, Casta Esteban, nasceu no povoado Soriano de Noviercas.
13. Algumas "lendas" se situam no entorno do Moncayo, outras, na cidade de Sória. Cf. G. A. BÉCQUER, *Rimas y leyendas*, Cátedra, Madri: Pascual Izquierdo, 2006.
14. G. A. BÉCQUER, *Desde mi celda: Cartas literarias*, Madri: Espasa Calpe, 1977.
15. Agradecemos ao sacerdote olveguenho Pe. Ángel Jiménez o seu testemunho sobre a vila de Ólvega e a vida do lugar na década de 1930, que ele conheceu (Testemunho coletado em 16 de janeiro de 2021).

No verão, Carmen percorria todos esses lugares a pé ou de bicicleta. No povoado, ela ia aos diferentes eremitérios da localidade: São Bartolomeu, uma pequena obra do período românico do século XII muito simples e agora em ruínas, onde as pessoas mais velhas de Ólvega ainda se lembram das peregrinações ao santo e das Ladainhas Maiores, que se celebravam às terças-feiras antes da Ascensão do Senhor[16]; São Marcos, que foi o povoado de "São João de Campiserrado", ou "campo rodeado de serras ou montanhas", situado próximo a Sória, onde se fazia a peregrinação do dia de São Marcos e depois da missa se comia "a culeca"[17]; São Roque, cuja cabeceira data dos finais do século XVII e tem influências aragonesas; e a ermida da Virgem de Olmacedo, último templo românico levantado na província de Sória, que foi consagrada em 1270, sob a jurisdição do Real Monastério dos cistercienses da vila de Fitero, no reino de Navarra, que atualmente pertence à paróquia da vila.

No mesmo povoado encontra-se a ermida "dos Mártires", que acolhe o mausoléu e a sepultura dos melhores filhos do lugar, mortos no feito épico, já citado, de 1474[18], sob a legenda:

> Aqui jazem sepultados / os mártires inocentes; / exemplo dos passados, / memória dos presentes.

Por último, em Ólvega, ocupa um lugar central a igreja de Santa Maria Maior, edifício de presença artística do povo, cuidadosamente restaurada em 1990. Destaca-se sua torre com ameias, muito próxima à casa dos Hernández Barrera. Carmen, com sua mãe e suas irmãs, ia à missa ali diariamente. É nessa igreja onde, no coro, acima, se guarda a pia batismal, como dissemos no início, a qual está coberta por uma esfera que representa o mundo como sinal do batismo e fonte da evangelização.

---

16. Esta peregrinação se fazia para suplicar bênçãos para os campos, algo que, na atualidade, se celebra no Domingo da Santíssima Trindade.
17. É o que em outras partes da Espanha se conhece como "mona de Páscoa" (em Catalunha e Valência), "toña" ou "garabazo" (em Múrcia), que consiste em uma massa fina e fofa, tostada e açucarada na superfície, à qual se junta um ovo duro. Representa o fim da abstinência da Quaresma e o advento da ressurreição de Jesus Cristo no tempo Pascal.
18. A inscrição completa diz: "No ano de 1474, em 14 de março, o conde D. Agartón da Cerda, conde de Medinaceli, pôs cerco a este lugar de Ólvega com 5 mil homens a pé e a cavalo e manteve o cerco à torre durante cinco dias, ao fim dos quais, no dia 19 do mesmo mês, ateou fogo à dita torre, depois de ter combatido por cinco dias, causando nesse incêndio a morte de cerca de 430 pessoas, entre elas, 25 noivas. O autor do incêndio foi Carlos de Luna, Marechal de Castilla, [senhor da] Ciria, e Borobia, capitão general do conde de Medinaceli".

La Zaranda (A Peneira)

Em Ólvega, como em todos os povoados pequenos, cada família é conhecida por um apelido, o qual não necessariamente tem sentido pejorativo. Frequentemente, são apelidos de família que se devem à procedência, ao ofício ou a algum feito ou alguma façanha destacada ocorridos a alguém da família e conhecidos por todos do povoado. A família de Antonio Hernández, por parte de sua mãe, Maria Villar, era conhecida como os *Zarandas* em virtude de uma história simples e sem muita transcendência.

Parece que o avô, Marcos Villar, em um verão, durante as festas, participava de um desses dias de férias em que, nos povoados, eram apresentadas comédias acompanhadas de algumas danças e folias, nas quais, no final, se realizava uma rifa para arrecadar algum dinheiro e cobrir os custos da festa. Naqueles tempos de carestia, os prêmios se limitavam a ferramentas agrícolas ou utensílios do campo. Assim, Marcos teve a sorte de ser premiado com uma *peneira*, isto é, um tipo de joeira ou crivo de forma retangular com fundo de rede tonificado, que, segundo seus usos, serve, nas prensas de vinho, para separar os caules das cascas da uva ou, se for menor[19], é utilizada nos moinhos para refinar, separando o mais puro da farinha das outras substâncias e impurezas. Por essa razão, o avô Marcos ficou com o sobrenome de *El Zaranda (O Peneira)*, apelido que herdaram sua filha Maria e seu neto Antonio, chamados por isso de *Zarandas*.

A história não teria muita importância nem valeria a pena ser narrada se não fosse pelo fato de Carmen, em sua vida, ter passado por uma constante experiência de *tamiz*, de *criba*, de *peneira*, em que continuamente o Senhor permitiria a prova e a purificação interior, algo que Carmen viveria desde muito jovem, dando mostras já de sua vocação missionária, até encontrar o *Caminho* que o Senhor almejava para ela.

Ela vai se lembrar de sua avó em ocasiões associadas à devoção que esta tinha à Virgem Maria e concretamente à Virgem do Pilar. Assim, por exemplo, em Saragoça, recordou, quando veio o Papa São João Paulo II à Jornada Mundial da Juventude, em 1989[20], o seguinte:

> Eu estou muito contente por estarmos aqui, à margem do rio Ebro, que para mim é um memorial da presença da Virgem Maria em minha própria

---

19. Seria sinônimo de coador, um utensílio composto de um aro com uma malha ou outro material furado fixado nele que serve para peneirar ou joeirar.
20. Em um encontro vocacional, junto a Kiko e ao Pe. Mario, na praça do Pilar, diante de 20 mil jovens do Caminho, uma vez finalizada a JMJ de 1989, em Santiago de Compostela, com João Paulo II.

história. Eu nasci muito perto daqui e bebi da água deste rio, quando ainda não existia a água mineral, e a água estava bastante turva.

E estou contentíssima porque minha avó, como todos desta região, era muito devota dessa Virgem, cantava um canto que dizia: "A Virgem veio em carne mortal a Saragoça". Ou seja, antes de morrer, a Virgem Maria acompanhou a evangelização, e, diante das dificuldades do Apóstolo São Tiago aqui com os espanhóis, e nesta terra em que muitos são teimosos — os espanhóis já sabem que os aragoneses são muito teimosos —, e considerando que São Tiago estava muito desanimado ao ver tudo isso, a tradição diz que veio a Virgem em carne mortal a Saragoça. Ou seja, a Virgem sempre acompanhou a evangelização dos Apóstolos desde a morte de Jesus Cristo.

Eu os saúdo. Estou muito contente de que aqui a Virgem será para vocês uma pedra, uma coluna em nossa vida[21].

Desenho da pia batismal da igreja de Santa Maria de Ólvega, onde Carmen Hernández foi batizada.

---

21. Palavras de Carmen Hernández em Saragoça depois da JMJ, no dia 21 de agosto de 1989.

2
SÃO FRANCISCO XAVIER E A VOCAÇÃO MISSIONÁRIA
(Tudela, 1931-1945)

Tudela

> Por isso, lembro-me de que, antigamente, em Tudela, estreávamos sempre um traje novo, porque o homem inaugura algo novíssimo, algo que não corresponde ao homem em nada. Em meu caso, a vocação... O homem é uma coisa maravilhosa em si mesmo; mas, desta coisa maravilhosa que é o homem e que se estragou, Deus fez uma coisa maior. Não retornando ao que era antes, mas sim levando-o muito mais além, fez uma superobra nesta Ascensão maravilhosa[1].

Diz o ditado que "a pessoa não é de onde nasce, mas de onde se faz"; e Carmen, que nasceu em Ólvega, se fez e se formou em Tudela. Daí nos determos um pouco nessa cidade, lugar onde ela recebe, em sua infância, um sério chamado do Senhor, uma vocação missionária, *um traje novo*, que vai revesti-la para o resto de sua vida de um profundíssimo amor a Cristo e à evangelização.

Tudela[2] foi fundada na Idade Média e está repleta de história. Assim como Sória, veio a ser a origem da Espanha cristã. Representou, assim mesmo, um crisol de culturas: ali conviveram cristãos, muçulmanos e judeus em três bairros bem delimitados. Do bairro judeu de Tudela são originários dois importantes autores hebreus da época medieval: Yehudah Ha Levi[3], considerado o poeta[4] hispano-judeu mais singular da Idade Média[5], e Benjamín de

---

1. *Documentos Carmen Hernández*, III: Final do Neocatecumenato. Terra Santa, p. 113.
2. Nestas páginas, coleto diversas descrições e detalhes facilitados por Maria Ascensión Romero Antón.
3. Yehudah Ben Samuel Ha Levi de Tudela, nasceu por volta de 1070/1075 e morreu em Jerusalém em 1141. Foi um importante filósofo e médico sefardita. Junto a Avicebrón (Ibn Gabirol), é considerado um dos maiores poetas judeus da literatura hispano-hebreia, na qual foi o criador do gênero das Siônidas, poemas que manifestam a expressão de amor e saudade pela Jerusalém distante. Sua obra poética compreende desde o sagrado até o profano.
4. Carmen tem, em sua biblioteca, a coleção de suas poesias compiladas no livro *Lírica religiosa y Cantos de Sion*. Carmen comentava, às vezes, a relação íntima dos poemas de Yehudah Ha Levi com o Cântico dos Cânticos.
5. Na Conferência de Paz palestino-israelense de Madri, em 1991, Isaac Shamir comentou em seu discurso de 31 de outubro: "Foi na Espanha em que o grande poeta

Tudela[6], famoso por seu *Libro de viajes*, no qual narrou sua jornada até Jerusalém. Carmen, de fato, em alguma ocasião, fez alusão a este último:

> Estava lendo agora um relato de um hebreu espanhol e de Tudela ao qual se dedica hoje uma rua muito centralizada (Binyamin Metudela) em Jerusalém. É um rabino importante. E faz a narração das lutas que muçulmanos e cristãos teriam aqui na Espanha — é para ser lido mais do que dito —, mas diz que chega um rei que vem daquelas terras, além do Curdistão, e tenta descobrir, por todas aquelas vias, a existência de Deus. Por fim, chama o hebreu, que para aquele rei era o mais pobre de todos, e, em vez de começar a fazer demonstrações de que Deus existia, começa dizendo: Creio no Deus de Abraão, de Isaac, de Jacó, que nos tirou da escravidão do Egito, etc., conta-lhe toda a história. E o outro lhe diz: Sim, sim, mas... Então, ele vai lhe relatando ponto por ponto. Ao final, disse-lhe: Que diferença há entre isso e todas as filosofias! Parte de uma experiência histórica, real, de como Deus entrou no coração do homem e se manifestou a si mesmo, e lhe deu sentido a tudo[7].

Em Tudela, também nasceu o grande rei navarro, vencedor das Navas de Tolosa, Sancho VII, o Forte. Nessa batalha, romperam-se as correntes com que os muçulmanos atavam os prisioneiros cristãos, posicionando-os como escudos humanos. Essas correntes passaram a ser, desde então, emblema do escudo do Reino de Navarra e parte componente do escudo da Espanha.

Tudela, na década de 1940, logo após a Guerra Civil, contava com mais de 13 mil habitantes. A capital da ribeira, apesar da dureza do período vivido, dava mostras de uma evolução e uma especialização muito notáveis no setor agrícola, motor essencial de sua economia. Além disso, nesse tempo, a cidade já contava com vários jornais, sucursais bancárias e mais de meia dúzia de colégios públicos e privados que demonstravam seu desenvolvimento crescente.

---

e filósofo judeu Yehudah Ha Levi expressou o anelo de Sião para todos os judeus com estas palavras: 'Meu coração está no Oriente, enquanto eu me encontro no mais extremo do Ocidente'".

6. Seu livro de viagens (*Séfer Masaot*), publicado em hebraico em Constantinopla, em 1543, se baseia nas notas e impressões recolhidas durante uma grande jornada que vai desde Tudela até o Oriente Próximo e está repleto de admiráveis descrições dos lugares por onde passa, entre eles, a Palestina, de onde descreve os Santos Lugares com grande profusão e fornece um documento de grande interesse da época. Cf. *Libro de viajes de Benjamín de Tudela* (Barcelona, Riopiedras Ediciones, 1982). Há uma edição trilíngue mais recente, basco, castelhano, hebraico: BENJAMÍN DE TUDELA, *Libro de viajes* (Pamplona, Gobierno de Navarra. Fondo de Publicaciones, 1994).
7. Cf. *Documentos Carmen Hernández*, V: Convivência de Início de Curso do ano 1985, p. 88.

Rodeada de uma paisagem geralmente árida, Tudela deve grande parte de sua vida e seu florescer às águas do rio Ebro e seus afluentes, o Mediavilla e o Queiles, que regam as terras secas da capital da ribeira, convertendo-as, à sua passagem, em um pequeno oásis. Não em vão, o Ebro era a máquina de lavar de todas as tudelanas, a piscina de todas as crianças da época e a água que aplacava e aplaca a sede dos vizinhos. A horta tudelana, ou "a Mejana" (que significa ilha), é o berço onde nasce uma gastronomia única, com especial destaque para as hortaliças. Nas pequenas hortas, horticultores e agricultores cultivam a terra com tradição e cuidado para produzir frutos deliciosos, como as alfaces romanas, os aspargos ou as alcachofras. Precisamente em 1940, algumas empresas agrícolas locais começam a vender os vegetais a outros pontos da Espanha, exaltando, assim, o produto e dando a conhecer as qualidades das verduras tudelanas além da fronteira da ribeira.

A sociedade tudelana da década de 40 se encontrava articulada, como no restante da Espanha, principalmente em duas classes sociais diferenciadas: a alta e a trabalhadora, que, com o passar dos anos, ganharia cada vez mais protagonismo. A Igreja desempenhava também um papel muito importante, uma vez que a maioria dos vizinhos constituía a base de sua vida ao redor da espiritualidade e da religiosidade. O trabalho dos religiosos — especialmente da comunidade jesuítica — foi fundamental e decisivo para o desenvolvimento de Tudela como cidade, com o Pe. Lasa à frente. Esse jesuíta promovera a construção de um novo bairro em Tudela (o bairro de Lourdes) e impulsionara também a regeneração do entorno da Virgem da Cabeça (um povoado muito empobrecido cujos habitantes viviam em cavernas), graças à ajuda e ao apoio que esse religioso, antigo reitor do colégio dos jesuítas, recebeu dos alunos de sua época, que, naquele momento, ocupavam cargos muito importantes — ministros ou diretores gerais — no Governo da Espanha e, desde sua posição, ajudaram no crescimento da capital ribeira.

No âmbito religioso, cabe destacar que, naquela época, a diocese de Tudela estava unida à de Taraçona; portanto, todas as cidades da ribeira dependiam do bispado turisonense, com o bispo Nicanor Mutiloa à frente (1935-1946). Tudela, por sua vez, contava, naquele momento, com o Seminário Conciliar de Santa Ana — que abrira suas portas em 1825 —, localizado no antigo convento dos Carmelitas Descalços, situado na central rua Gayarre, no qual se preparavam para o sacerdócio uns cinquenta jovens seminaristas.

No que se refere às ordens religiosas, Tudela também contava com um bom número delas na década de 1940. A Ordem de Santa Clara (clarissas), que chegou à cidade no século XII, foi o primeiro convento feminino de vida contemplativa e é o único que existe atualmente na cidade. Juntando-se a estas, em

1854, chegaram as Filhas da Caridade, que se dedicavam ao cuidado para com os idosos e os enfermos e cujo trabalho atualmente se concentra em prestar serviços de apoio na atual Residência de Idosos Nossa Senhora da Graça. Outra ordem prolífica naquele momento era a das Irmãs da Caridade de Santa Ana, cujo convento se localizava na chamada Casa de Misericórdia, que ajudavam os mais desfavorecidos — órfãos, enfermos — e desenvolviam seu trabalho graças à caridade e às esmolas do povo.

Ali estavam também as capuchinhas, a Ordem da Companhia de Maria, as dominicanas, as Servas de Maria e as Oblatas de Cristo Sacerdote — fundadas pelo "fiterano" D. José Maria Garcia Lahiguera, que, mais tarde, seria arcebispo de Valência. Todos esses conventos contavam com numerosas vocações nos anos 1940. Cabe destacar também que, alguns anos antes, em 1928, o beato Pedro Legaria, que fora pároco de Murchante, fundou a Congregação de Escravas de Cristo Rei e criou a Casa de Exercícios Cristo Rei, que permanece aberta na atualidade.

Quanto às ordens sacerdotais, Tudela contava então com a Companhia de Jesus (jesuítas), cujo colégio de ensino médio gozava de grande prestígio: a ele acorriam alunos provenientes da classe alta de Navarra e do País Basco. Também havia os capuchinhos, com um prolífico noviciado, e os filipenses, que mais tarde abriram um colégio para rapazes.

Em 1940, havia principalmente duas grandes instituições educativas privadas em Tudela: a Companhia de Maria (o ensino), para mulheres, e a Companhia de Jesus (jesuítas), para homens. Ambas se encontravam muito vinculadas entre si e se ajudavam na parte espiritual. Os jesuítas, que contavam com grande número de sacerdotes missionários, reuniam de vez em quando alguns desses em Tudela para que compartilhassem com os alunos suas experiências na missão e fizessem os jovens partícipes de sua vida, seguindo o exemplo de São Francisco Xavier. Esses mesmos missionários jesuítas visitavam também o colégio da Companhia de Maria, no qual Carmen Hernández estudou, e colocavam em comum suas vivências com as moças estudantes. Desses encontros nasce em Carmen o chamado missionário que a levaria, mais adiante, a ingressar nas Missionárias de Cristo Jesus, em Xavier, berço do santo.

Conhecida como a cidade das três culturas — em decorrência da convivência de judeus, muçulmanos e cristãos no passado —, Tudela conta com um rico legado patrimonial. As múltiplas igrejas da cidade, como La Magdalena, São Nicolás, Santa Maria (cuja sede localizava-se na capela do Espírito Santo, da Catedral), São Jorge el Real (encravada no antigo convento dos jesuítas), a igreja do Carmo ou as três ermidas da capital ribeira — a Virgem da Cabeça, a da Santa Cruz, conhecida também como do Cristo, e a de Santa Quitéria —, mostram o valor artístico e arquitetônico da localidade. Porém, mais importante que isso é a grande vida espiritual com a qual contavam os templos nos anos 1940, visto que a sociedade tudelana era profunda e declaradamente religiosa e assídua à missa[8]. A Tudela que Carmen conheceu em sua infância era uma cidade tão religiosa que, naquele tempo, se dizia:

> E na França não há padres
> e vivem com grande alegria;
> e aqui, senhores, temos
> em cada rua um convento.

Atualmente, essa realidade mudou muito. Tudela hoje carece daquela grande afluência de instituições religiosas.

Os tudelanos têm fama de ser gente rude, muito franca, e têm um grande senso de humor. Por várias vezes Carmen contou de forma divertida famosas anedotas tudelanas; entre elas, o dito de que "há brutos, muito brutos e os de Tudela". Ela também se gloriava muito dessas características do caráter dos seus conterrâneos, aos quais se atribui o fato de serem teimosos ou, dito mais comumente, de serem "cabeças-duras" e também muito diretos.

A vocação missionária

> Tudela é muito importante para mim. Naqueles tempos, era o maior "empório" de jesuítas no norte da Espanha. Em Tudela, estava o Colégio São Francisco Xavier, que chegou a ter mais de mil alunos e de onde saíram missionários para todas as partes do mundo.
> Eu ia ao colégio das freiras, que ficava ao lado deste, do dos jesuítas, o Colégio da Companhia de Maria. Por aí, passaram missionários da Índia, do Japão, da América, de todo o mundo, e sempre iam até nós para nos mostrar os fotogramas e falarmos das missões[9].

O triângulo geográfico formado entre Tudela, Xavier e Loyola compõe o núcleo originário da Companhia de Jesus. No tempo em que Carmen era pequena, ainda permanecia verdadeiramente forte. A cidade está a 135 quilômetros

---

8. Muitos desses detalhes de Tudela na década de 1940 me foram facilitados pela jornalista e irmã das comunidades neocatecumenais dali Nazaret García Ciria, com informações fornecidas no dia 23 de março de 2021.
9. *Documentos Carmen Hernández*, XVII: Encontro das Comunidades da Região Noroeste da Espanha, 15 de maio de 1994.

do berço de São Francisco Xavier e a uns 180 quilômetros de Loyola, na província de Guipúscoa, onde nasceu Santo Inácio.

Carmen Hernández estudou no Colégio da Companhia de Maria[10], muito irmanado ao dos jesuítas, onde estudavam seus irmãos[11], e mostrava grande talento na aprendizagem e no estudo; era inquieta, travessa e, às vezes, precipitada, por causa de sua mente viva e rápida. Era muito aplicada no trabalho e, desde sua mais tenra infância, se mostrava muito teimosa, cabeça-dura, a ponto de, entre suas irmãs, chamarem-na mesmo de "cabeça-dura", uma teimosia que iria se manifestar, sobretudo e, antes de tudo, em seu empenho para ir às missões.

Na casa em que nasceu havia um ambiente alegre, vivo, aberto e próprio de uma família numerosa que combinava o caráter castelhano, de origem, e o navarro, onde se criaram os irmãos. Por isso, havia muita franqueza, eram e foram muito diretos e claros nas formas uns com os outros e, ao mesmo tempo, muito independentes e de forte personalidade.

Carmen, desde criança, sentia este chamado à vida religiosa, especialmente para ir às missões, uma vocação que teve início no começo da vida escolar, aos 5 anos, e que se confirmou quando ela estava com 10 anos. Com as freiras da Companhia de Maria, cursou a escola primária e logo o ensino fundamental, do 1º ao 4º ano — cursava-se este entre os 10 e os 14 anos. Nesse colégio, ela conheceu muito bem a espiritualidade de Santo Inácio de Loyola, mas se sentiu muito mais apaixonada pela figura de São Francisco Xavier:

> Não sei como estarão agora as coisas, mas ali, em Tudela, não houve nunca nem salesianos, nem dominicanos, nem nada; o de São Francisco

---

10. A Companhia de Maria Nossa Senhora é o primeiro instituto religioso de caráter educativo para a mulher. Foi fundado em Bordeaux, em 1606, por Santa Joana de Lestonnac (1556-1640), sobrinha do filósofo e humanista francês Michel de Montaigne. Seu projeto educativo foi o resultado harmônico das ricas experiências pessoais da fundadora, unidas aos princípios de Montaigne e ao método da *Ratio Studiorum* jesuítica. A casa de Tudela foi fundada por religiosas do convento de Barcelona em 1687.

11. Em outra passagem, falando sobre sua vida, disse em termos muito semelhantes: "Eu vivi em Tudela, da Ribeira de Navarra. Ali é o império dos jesuítas, está o Colégio São Francisco Xavier dos jesuítas e o colégio das freiras ao lado. Eu, desde pequena, vi passar missionários da China, da Índia, que vinham nos mostrar fotogramas, e daí despertou em mim, desde muito pequena, a vocação às missões. Antes de conhecer São Paulo nas Escrituras, eu conheci São Francisco Xavier missionário. Ou seja, para mim, ir às missões evangelizar era uma coisa já desde pequena semeada pelo Senhor, através de São Francisco Xavier". Cf. *Documentos Carmen Hernández*, IV: Outras catequeses não incluídas no Diretório, p. 257.

Xavier era o maior colégio que tinham[12]. Talvez através disso e por graça do Senhor, senti sempre, desde muito pequena, o chamado às missões. Eu digo que, antes de São Paulo, conheci São Francisco Xavier, que para mim era o ideal de cristianismo, e todo o meu ideal era ir às missões e, não sei por que, à Índia[13].

A família tinha a casa na praça de São Francisco, em frente a um convento franciscano[14]. Conta a tradição que São Francisco de Assis, em 1214, passou por Tudela, em sua peregrinação a Santiago de Compostela, e fundou o primeiro convento na praça de Los Fueros, e, durante séculos, os filhos e filhas de São Francisco de Assis fizeram parte da vida espiritual da cidade (franciscanos, capuchinhos, capuchinhas e clarissas). As clarissas são a única ordem contemplativa que permanece hoje na cidade, graças às recentes vocações suscitadas dentro do Caminho Neocatecumenal.

Tudela faz parte do Caminho Jacobeu, uma rota histórica que reuniu os peregrinos procedentes do Mediterrâneo que seguiam o leito do rio Ebro para alcançar o caminho francês.

Carmen, a caminho do colégio, costumava cruzar a Catedral de Santa Maria para visitar o Santíssimo, porque esta ficava na metade do caminho entre sua casa e o colégio das freiras. Ela rezava diariamente ajoelhada diante do Santíssimo Sacramento na capela do Espírito Santo. Essa capela do Espírito Santo é barroca e é decorada, em suas laterais, pelas estátuas dos Apóstolos; está presidida por um belo retábulo do século XVIII com a cena de Pentecostes.

A majestosa Catedral de Tudela é um templo românico tardio, declarado Monumento Nacional desde 1884 e máximo expoente do legado artístico da cidade. Em seu interior, destacam-se o claustro, o coro, a capela barroca de Santa Ana, que tem um talhe gótico da patrona de Tudela, e a capela do Espírito Santo (século XVIII). A proximidade do domicílio de Carmen da Sé tudelana (distantes uns 200 metros) permitia que ela fosse ali para rezar. Ela entrava pela

---

12. Era o segundo colégio, em importância e tamanho, dos que dispunha a Companhia de Jesus na Espanha na época, e sem dúvida hoje continua sendo um colégio de grande importância na região. A Companhia de Jesus, em Tudela, fundou esse colégio em 1600. Depois da supressão da Companhia em fins do século XVIII e da marcha dos jesuítas, ele se fecha e volta em 1891, em sua atual localização. Entre 1900 e 1905, colocam-se as duas figuras mais emblemáticas do colégio: a estátua de São Francisco Xavier, presidindo o edifício, e a da Imaculada Conceição, na Igreja. Recentemente, foi fechado.
13. *Documentos Carmen Hernández*, XVII: Encontro das Comunidades da Região Noroeste da Espanha, 15 de maio de 1994.
14. Os franciscanos estiveram em Tudela desde fins do século XIII até o século XIX. Este convento é do século XV.

porta Sul — também chamada "do Portal" ou porta "da Virgem" —, que é a entrada mais antiga das três que dão acesso à catedral e tem estilo românico, e saía do templo pela porta do Juízo — que é o pórtico principal que representa, como indica seu nome, o Juízo Final, com uma mistura do estilo românico de sua iconografia com o gótico de sua estrutura e escultura.

A referida capela do Espírito Santo se caracteriza pela rica e profusa decoração de trabalho com gesso, cuja policromia, nos anos 1940, permanecia oculta por baixo de uma camada de cal que opacificava o seu aspecto barroco original. Era comum, entre os casais da época que desejavam se casar, realizar o matrimônio nesse espaço da catedral, que, além disso, na década de 1940, era sede da paróquia de Santa Maria Maior. Nessa capela da catedral, Carmen situa a primeira vez que sentiu o chamado à missão, que, segundo ela, foi uma intensa moção da Graça de Deus que ficou impressa nela para sempre:

> A primeira vez que escutei o Evangelho em espanhol foi o da pesca milagrosa, e ainda me lembro do local da Catedral (de Tudela) e das devoções que eu tinha desde pequena, que, para ir ao colégio, para encurtar o caminho, pode-se passar pela catedral, entrando por uma porta e saindo por outra. E eu ali fazia a minha hora de adoração a Jesus sacramentado[15].
>
> Justo na missa de hoje está o Evangelho da pesca milagrosa. Ainda hoje eu tenho fixo em minha mente quando escutei esse evangelho, quando tinha 10 anos — na Catedral de Tudela, na capela do Sacramento. Foi para mim um chamado à evangelização de uma maneira surpreendente[16].

São Francisco Xavier

Este chamado à missão passa a ser o propósito fundamental de sua vida. Sua vontade de criança se abandona a este desejo ardente de partir como missionária à Índia. O chamado de Deus é o horizonte mais determinante ao longo de sua mocidade:

> Eu, desde pequena, senti a evangelização. O primeiro evangelho que eu entendi em minha vida, na capela da Catedral de Tudela, foi o da pesca milagrosa. Em Tudela conheci São Francisco Xavier antes de conhecer São Paulo. Para mim a evangelização era uma coisa congênita com um

---

15. *Documentos Carmen Hernández*, V: Convivência de Início de Curso do ano 1989, p. 187.
16. *Documentos Carmen Hernández*, XIV: Convivência de Bispos da Europa, Viena e Áustria, 13-17 de abril de 1993, p. 20.

chamado do Senhor, que me deu tantas graças. Eu senti isso sempre, não como uma instituição, mas sim como algo que era a Igreja em si mesma[17].

Adicionamos, por seu interesse e sua pertinência, umas breves notas sobre a vida de São Francisco Xavier contadas pela própria Carmen[18]:

> Hoje, que já é dia 3, é o dia de São Francisco Xavier. Nasceu no castelo de Xavier, Navarra, em 1506. Quando estudava em Paris, uniu-se ao grupo de Santo Inácio de Loyola. Foi ordenado sacerdote em Roma e se dedicou a obras de caridade. Em 1541, marchou para o Oriente, evangelizou incansavelmente na Índia e no Japão durante dez anos, e converteu muitos à fé. Morreu em 1552 na ilha de Sanchón, às portas da China. Eu estive ali, onde ele morreu, porque sou muito devota de São Francisco Xavier[19].
>
> São Francisco Xavier fez muitas viagens percorrendo toda esta região. Ele saiu de Lisboa e chegou a Goa, que é onde está hoje seu corpo, na catedral de Goa. Já haviam chegado outros antes que ele, certo?, já havia cristãos.
>
> São Francisco, em uma carta, conta os imensos perigos que passou no mar, as tormentas, as monções, os piratas; e como estiveram toda uma noite, horas e horas, ao som das ondas e já condenados à morte, colidiram com uma rocha, e diz como viu toda a tripulação chorar. E, ainda dentro dessa terrível situação, que tiveram dentro da barca, Deus consolou São Francisco, dizendo-lhe como nem ele nem seus planos valiam nada. O Senhor o colocou em sua realidade, manifestando como é poderoso e onipotente o Deus eterno que os livrou (parecia São Paulo, exatamente igual)[20]. Diz São Francisco Xavier que jamais se esquecerá daquela noite. Ele conta que ela ficou impressa em sua alma, por se ver tão perto da morte e experimentar o que é o poder de Deus, que o livrou da morte assim, de repente.
>
> Ali, ele teve um sonho: numa noite em que não podia dormir, ele saiu pelo jardim, conta ele em suas cartas, e Deus o chamava a evangelizar a

---

17. *Documentos Carmen Hernández*, V: Convivência de Início de Curso do ano 1987, p. 125.
18. Em todo esse seu relato, Carmen segue a biografia do Pe. Guillermo Ubillos sobre São Francisco Xavier, um texto que a acompanha desde criança: "Porque, todas estas coisas, todos estes territórios, eu os vivi (imaginei) desde muito pequena, por meio do livro de São Francisco Xavier que o Pe. Ubillos havia escrito em Tudela". Cf. UBILLOS, SJ, *Vida de san Francisco Javier*, Madri, Ed. Apostolado de la Prensa (há edições desde 1942 até 1978).
19. *Documentos Carmen Hernández*, VII: Anúncios de Advento. Madri, 2 de dezembro de 2012, p. 85.
20. At 27,1-44. Paulo sofre uma situação semelhante em sua travessia desde Cesareia Marítima até Roma, em frente à costa de Malta.

China e todas estas ilhas. Disse São Francisco Xavier que esta gente tem o ouvido aberto para escutar; e ele tinha muita ânsia por isso. Em outra das viagens, chega até o Japão, com poderes do rei Juan III, de Portugal, e também do Papa como representante. E se apresentou ao imperador. Então, estando no Japão, compreendeu o quão importante era a China para a evangelização e que, para poder fazer o que queria no Japão, era muito interessante abrir uma universidade na China, porque a China tem uma das culturas mais antigas da história, com cinco mil anos de história, uma coisa impressionante[21].

---

21. *Documentos Carmen Hernández*, VIII: Anúncios de Quaresma. Madri, 24 de fevereiro de 1995.

3
UMA PRIMEIRA TENTATIVA
(Madri, 1945-1952)

De Tudela a Madri

Este desejo de missão logo encontrará "a peneira" e a prova. Os planos de seu pai não são esses, e a mão da Providência vai intervir, desde essa época, levando-a por um caminho inesperado, a um tempo de preparação, de prova e de descida.

Antonio Hernández mostrava grande determinação e talento para o negócio e, após a Guerra Civil Espanhola, naqueles anos de escassez e dificuldade, trabalhava em um modesto negócio na área de alimentação. Antonio se concentrou em três dos produtos mais básicos de nossa gastronomia: o arroz, o azeite de oliva e o vinho, três produtos essenciais na mesa de qualquer família espanhola do pós-guerra. Virou moleiro de arroz em Calahorra, La Rioja, e, tempos depois, levou a indústria de arroz aos pântanos do Guadalquivir, em Sevilha. Ao mesmo tempo, em Andújar, Jaén, buscou um bom azeite dos lagares de azeite da região, refinando-o para desenvolver uma próspera indústria de azeite. Em Valdepeñas, Ciudad Real, abriu também uma adega, dando início a uma produção de vinhos. Depois de estabelecido todo esse negócio, Antonio planejou como fazer com que todos os seus filhos e filhas se formassem bem e pudessem contribuir, no futuro, para a empresa familiar. De fato, em 1963, ele já havia fundado, com quatro de seus nove filhos (Félix, Telesforo, Antonio e Elias), a "Arrocerías Herba", a qual, desde então, passou a ser uma das grandes empresas de alimentação mais importantes da Espanha.

Por isso, a fim de alcançar esse objetivo, o patriarca da família quis preparar bem o terreno, favorecendo a melhor formação possível para todos os seus filhos, inclusive as meninas. Assim, em 1945, a família Hernández Barrera se muda de Tudela para Madri. Eles moravam na rua Narváez nº 49.

Antonio pensou que morar na capital não só ajudaria a dirigir melhor seus negócios, espalhados por vários pontos da geografia espanhola, como também seria o melhor a fazer para garantir uma boa preparação para seus filhos, visto que muitos estavam na idade universitária ou se aproximavam dela. Antonio também havia pensado em como orientar a formação de cada um de seus filhos e filhas para que contribuíssem nas diferentes partes associadas à empresa familiar: uns em economia e empresa, outros em ciências, como a química, imprescindível para equilibrar a acidez na produção do azeite e do vinho.

Nesse sentido — como nos afirma Pilar Hernández, sua filha —, Antonio era um pai à frente de seu tempo, naquela Espanha dos anos 40 e 50:

> Meu pai era um homem, pode-se dizer, "muito feminista" ou, ao menos, "igualitarista", porque sempre quis que não somente os homens, mas também as mulheres, tivessem estudo. Queria uma total igualdade de condições e oportunidades para todos os filhos. De fato, todas nós temos formação universitária[1].

Quando a família Hernández Barrera chega a Madri, Carmen está cursando os últimos anos da escola secundária e a matriculam no Colégio de Jesus e Maria, situado na rua Juan Bravo com a Núñez de Balboa, em pleno bairro de Salamanca, próximo à rua Narváez. Ali ela estudou do 5º ao 7º ano, junto com suas irmãs mais novas, Anunciación e Milagros.

Além do mais, seus irmãos (os homens) concluiram os estudos no colégio dos jesuítas da Imaculada Conceição e São Pedro Claver, conhecido por sua localização como o colégio "de Areneros"[2]. Pensemos que dois tios deles, por parte materna, são jesuítas e que o vínculo deles com a Companhia de Jesus é muito grande.

Nesse tempo de estudos, em Madri, Carmen vai se destacar entre suas companheiras por seu enorme talento e sua inteligência; ela era muito brilhante nos estudos e se destacava, além disso, por ter uma forte personalidade e independência, motivo pelo qual as freiras de Jesus e Maria se fixaram nela como possível candidata ao noviciado.

"Franca, nobre e direta, dizia o que pensava sem rodeios, sem meias palavras, sempre foi muito verdadeira", segundo o juízo de alguma companheira do colégio de Madri. "Foi muito notável nos estudos, além disso, mas sem nenhuma rivalidade com os outros, sempre mostrava uma grande sensibilidade com quem necessitava dela e era daquelas que saltavam diante de qualquer injustiça"[3].

---

1. Do testemunho de Pilar Hernández em uma entrevista realizada em sua casa, em Madri, no dia 29 de março de 2017.
2. Atualmente, é o nº 23 da Alberto Aguilera, onde fica a ICADE. Na época, a Companhia de Jesus tinha dois colégios em Madri: esse Colégio de Areneros, topônimo pelo qual seria conhecido este centro de ensino secundário, que acolhia alunos externos de classe média e que fora fundado pelo Pe. Ángel Ayala, SJ; e o Colégio de Nuestra Señora del Recuerdo, de Chamartín, que estava constituído como internato, acolhendo um alunato de procedência mais elitista.
3. Cf. V. DRAKE, *Kiko Argüello. El Camino Neocatecumenal: 40 años de apostolado 1968-2008*, Madri, La Esfera de los Libros, 2009, 157-161; *Documentos Carmen*

No que diz respeito a sua aparência, era enormemente modesta, contrária a qualquer ostentação, em claro contraste com muitas de suas companheiras da época, tendo em conta o bairro em que vivia e como era e é o colégio atualmente: um dos mais elitistas de Madri. Nesses anos, dizia a suas amigas, quando falava de roupas: "Bah! Somos o que somos e não o que vestimos".

Uma primeira tentativa

> Tendo o desejo constante de ser missionária, fiz uma tentativa, ao concluir a escola secundária, de ir por conta própria, pois tinha um tio jesuíta, primo de sangue de minha mãe. Tentei ir à Índia e, claro, meu pai me impediu radicalmente. Lembro-me de que nos chamou, a mim e à minha outra irmã (Pilar, que também tinha muita vocação e que mais tarde me apresentara a Kiko), e nos perguntou: Diga-me, o que é isso de vocação? Como você a teve e por quê? Porque o primeiro a dizer-lhe que Deus é seu Pai, que não há outra coisa verdadeira no mundo, fui eu, mas daí a ter de entrar em um convento e ir com uma superiora... Não entendo. Você, com seu pai, fará mais pelas missões do que com as freiras.
>
> Ou seja, ele tinha fé, mas queria que eu fizesse isso com ele e por meio da Ciência; através da Química, das fábricas e essas coisas.
>
> E assim comecei a universidade, porque meu pai tinha seus planos industriais. Ele, que havia sido criador de gado e havia deixado tudo pela indústria, foi a Madri, e a uns de nós nos preparava para ser físicos, a outros, para ser químicos, a outros, engenheiros, a outros, economistas. Ele já tinha sua torre montada[4].

Tal como Carmen nos conta aqui, ao terminar a escola secundária, ela fez uma primeira tentativa de iniciar o noviciado com as freiras de Jesus e Maria, com as quais ela havia estudado, tentando escapar dos projetos de seu pai e sempre com a condição de ir às missões e cumprir essa intensa vocação que a movera desde criança. Um jesuíta missionário no Japão, o Pe. Moisés Domenzáin (de quem falaremos mais tarde), foi dar exercícios espirituais no primeiro ano que Carmen estudou no Colégio Jesus e Maria, quando ainda tinha 15 anos de idade[5]. O que esse sacerdote lhe transmitiu ajudou-a tanto que ela foi falar com ele em Areneros, colégio onde estudavam seus irmãos, para poder partir

---

Hernández, V: Convivência de 1994, Las Mil Palmeras, El Pilar de la Horadada (Espanha).

4. *Documentos Carmen Hernández*, XVII: Encontro com as Comunidades da Região Noroeste da Espanha, 15 de maio de 1994.
5. Conta isso na Convivência de Bispos na África em 1994.

em missão para a Índia. Mais tarde, com as freiras de Jesus e Maria, ela fez sua primeira tentativa de ir às missões:

> Minha ideia não era tanto ser freira como buscar uma maneira de ir às missões.
>
> O que aconteceu é que, visto que eu tirava notas muito boas, uma das freiras de Jesus e Maria me perguntou por que não ficava com elas, e eu lhe disse que não, porque o que eu queria era ir às missões.
>
> Nessa época, acabavam de chegar o Pe. Lombardi[6] e outro jesuíta; então, uma das freiras, minha professora, da qual não me lembro o nome, me disse que ia falar com a madre Dulce Maria, a superiora, e com a madre geral para que eu pudesse ir com elas à Índia. As freiras de Jesus e Maria prometeram me levar ir à Índia, mas meu pai não deixou, então fui estudar Química. Eu continuava a manter contato com as freiras de meu colégio enquanto estudava, porque não descartava a ideia de ir com elas à missão.
>
> [...] conheci uma menina que me contou que sua tia, que era porteira em uma casa da rua Juan Bravo, quis levar sua filha ao colégio de Jesus e Maria, mas lhe disseram que não, porque era pobre. Quando ela me contou isso, eu fiquei muito irritada e fui ao colégio perguntar-lhes por que faziam essas coisas e falei com a porteira, com quem me dava muito bem, e, logo, com a madre provincial. Ela ficou muito chateada com o rebuliço que eu causei; e eu, que estava prestes a entrar para ir com elas à Índia, fugindo de meu pai, que me queria levar a Andújar, à fábrica que tinha ali, recebi uma ligação no dia seguinte e me disseram que não fosse. E eu não parti[7].

Nesse ponto de sua vida, tornaram-se realidade, pela primeira vez, algumas estrofes do poema *La Cosecha*, de Rabindranath Tagore: "Eles, encolhidos em seu rincão, seguem tecendo a pálida tela de suas horas; ou voltam a sentar-se no pó, a contar suas moedas. E me chamam para que não siga".

Essa circunstância vai ser uma constante desse período de sua vida, em sua busca de vocação. Carmen é provada, purificada, joeirada, neste caso, pelo projeto de seu pai, Antonio, que a prepara para ajudar na fábrica de azeite em Andújar. Mas a verdade é que Pilar e Carmen teriam preferido estudar Medicina, em vez de Química. Pilar, de fato, depois da carreira de Química, fez um

---

6. O Pe. Ricardo Lombardi, SJ (1908-1979), foi um jesuíta napolitano muito carismático; era um grande comunicador que, por meio do rádio e pregando pela rua, conseguiu cativar e apaixonar com a mensagem evangélica milhares de pessoas. Foi um precursor do Concílio Vaticano II e chegou a ser conhecido, naquele tempo, como "o microfone de Deus".

7. V. DRAKE, *Kiko Argüello...*, op. cit., 160-161.

doutorado em Bioquímica e estudou Farmácia. Carmen, porém, permaneceu nas Ciências Químicas. Algum tempo depois, Milagros, sua irmã mais nova, esta, sim, estudou Medicina.

Carmen e sua irmã Pilar, naquela época, queriam partir, fugir a todo custo, ambas movidas por uma forte vocação religiosa[8].

Rezar as matinas

Mas nem assim Carmen e Pilar aceitaram sem melindres a vontade de seu pai e iniciaram seus estudos na Universidade Complutense de Madri. Pilar, que era a mais velha e estava dois anos à frente, começou antes, no que outrora foi a Universidade Central. Carmen cursou a licenciatura entre 1948 e 1953 e obteve a graduação em Química em 1954, com bons resultados acadêmicos, momento em que ela solicitou a convalidação de matérias para se matricular no curso de Medicina. Alguns anos mais tarde, em 21 de julho de 1960, recebeu o título oficial de licenciada em Ciências Químicas.

Nesse tempo de universidade, Carmen já se habituara a uma intensa vida espiritual e de oração; fizera da oração e da participação na Eucaristia uma virtude que a acompanhou sempre. Ela se levantava às 6 horas da manhã para rezar as matinas, depois fazia uma hora de meditação, seguindo o modelo de Santo Inácio, e por fim frequentava uma paróquia próxima à sua casa, a dos sacramentinos[9]:

---

8. Numerosos aspectos citados procedem do testemunho de Pilar Hernández, em uma entrevista realizada em sua casa, em Madri, no dia 29 de março de 2017.
9. A paróquia do Santíssimo Sacramento, na rua do Alcalde Sainz de Baranda, próxima da casa de seus pais na rua Narváez: a pedra fundamental da paróquia atual havia sido colocada no dia 19 de março de 1948, mas a bendição da igreja somente ocorreu no dia 19 de março de 1970, muito posteriormente a esse período de que fala Carmen. A comunidade dos sacramentinos já estava em Madri desde 1942, na rua Olivar de Lavapiés, mas este terreno paroquial foi-lhe atribuído nos fins dos anos 1940. Em 1948, começaram construindo a cripta da futura igreja, porque não encontravam "terra firme" e tiveram de cavar muito. Mas, antes ou ao mesmo tempo, fizeram a estrutura da casa paroquial, com salões na planta baixa e moradias no segundo piso para os 22 sacramentinos que havia então na comunidade. Na metade dos anos 1954 ou 1955, consagrou-se a cripta, que serviu, durante muitos anos, de igreja paroquial, até que se terminou a atual, no ano de 1970. Esses salões de planta baixa, que davam para a rua, foram utilizados durante vários anos como capela de culto, onde se celebrava a Eucaristia. Assim, Carmen deve se referir a esses salões adaptados para capela quando diz que ia à missa dos Sacramentinos.

Eu comungava rapidamente nos franciscanos ou nos sacramentinos e saía para a universidade correndo. Para mim, comungar era receber Jesus Cristo e ir com Ele[10].

Acabo de me confessar, nos sacramentinos; os meninos estavam cantando quando entrei. Perdão, oh, meu Deus!, minha negra ingratidão. Estou de verdade disposta a lutar e a amar-vos, venha, ajude-me, as provas estão à minha volta. Venha comigo! Trabalhe comigo. Sigo-vos de perto[11].

Ela mesma diria que chegou a fazer um regime tão estrito de vida de oração e sacramentos, durante o fim de sua etapa escolar e, depois, na universidade, que era quase "nazista" (ela o expressa assim), mas reconhece que lhe fazia muito bem e que foi uma completa *graça de Deus*. Carmen sempre deu um enorme valor à oração e, concretamente, às matinas:

As matinas são sempre consoladoras para os momentos de crise, porque, na noite, a Palavra de Deus ilumina os problemas da noite, da obscuridade e das trevas. As matinas sempre me fazem bem à alma[12].

Junto a todas essas dificuldades e aos obstáculos diante de sua vocação, o Senhor sempre abre caminhos e vai moldando este misterioso e forte chamado à evangelização. Justo no final de seus anos de colégio em Madri, Carmen, graças à sua estreita relação com os jesuítas, conheceu o Pe. Sanchéz, um santo presbítero que lhe deu grande ajuda espiritual desde sua juventude e que a introduziu na Escritura, como veremos no capítulo seguinte.

Nesse tempo, encontramos um segundo momento de forte moção da graça do Senhor em seu chamado à evangelização — depois daquele primeiro chamado que sentiu quando criança na Catedral de Tudela. Um tempo que ela mesma denomina como um "Pentecostes" em sua vida. Assim o descreve:

Quando estava na universidade, Jesus Cristo me perseguiu com uma presença visível e tangível de imenso amor e um grande chamado à evangelização[13].

---

10. *Documentos Carmen Hernández*, VIII: Anúncio de Quaresma do ano 2002, p. 57.
11. *Documentos Carmen Hernández*, XXV: Diário de 1950. Quarta-feira, dia 1º de março de 1950.
12. *Documentos Carmen Hernández*, VI: Convivência de Início de Curso do ano 1989, na Itália, p. 151.
13. *Documentos Carmen Hernández*, XIV: Convivência de Bispos da Europa (13-17 de abril de 1993).

4
UM SANTO E VELHO JESUÍTA
(Madri, 1945-1952)

A Companhia de Jesus

O tempo de Carmen na universidade ficará marcado pela direção espiritual e a ajuda dos jesuítas, com os quais ela se relaciona desde a infância por intermédio de seus tios maternos. Tudo tem sua história, mas o relacionamento de Carmen com a Companhia de Jesus é de sumo interesse para compreender sua forja espiritual em momentos tão decisivos como são a adolescência e a juventude:

> Tive a sorte de que, naquele tempo, no colégio, antes de começar a universidade, o Senhor, por intermédio das freiras, me colocou em contato com um padre jesuíta, que se chama Pe. Sánchez Ruiz, um santo e velho jesuíta. Lembro-me de que tinha o livro do Pe. Ubillos[1].

Já mencionamos o Pe. Guillermo Ubillos por sua biografia de São Francisco Xavier, a qual Carmen já lera e relera em Tudela e levou consigo para Madri. Além disso, encontramos outras referências marcantes entre os jesuítas que ela havia conhecido:

> Depois, há o irmão Gárate[2]; eu estou muito feliz, porque fui muito influenciada, quando criança, pelo livro do irmão Gárate, que é quase contemporâneo nosso. Foi o porteiro da Universidade de Deusto; agora, quando se vai a Deusto, por onde passaram tantos homens ilustres, o que se

---

1. O Pe. Guillermo Ubillos Irigoyen, SJ, nasceu em 1876, em Pamplona, e morreu em 1953, em Tudela.
2. O beato Francisco Gárate (1857-1929) foi porteiro em centros educativos da Companhia de Jesus e é lembrado pela simplicidade e amabilidade com que tratava todos os estudantes ao longo de muitos anos. Primeiro, ocupou o posto das coisas ordinárias em La Guardia e, mais tarde, esteve 41 anos e meio em Deusto, Bilbao, como sacristão e porteiro, onde ficou conhecido como "o santo porteiro de Deusto". O *Decreto de virtudes heroicas* o chama de "Santo da vida ordinária". Em 16 de outubro de 1985, foi beatificado por São João Paulo II. Disponível em: https://www.elpandelospobres.com/francisco-garate-beato; https://www.jesuits.global/es/saint-blessed/beato-francisco-garate/. Acesso em: jun. 2021.

mostra ali é a portaria do irmão Gárate, onde [ele] ensinou a matéria mais difícil de todas, que é a humildade.

E depois também o Pe. Rubio[3], que foi um pároco de Madri. Lembro-me de que desde pequena ia sempre me confessar na rua Almagro, antes de os jesuítas terem a igreja de Maldonado. Após a guerra, estavam separados por casas que as santas viúvas e suas heranças deixavam com o Pe. Valentín Sánchez[4], a quem eu devo o fato de me conduzir à Bíblia. Este santo jesuíta foi o primeiro na Espanha que editou o missal e foi o primeiro que editou a Bíblia[5] em espanhol, muito antes que a de Nácar-

---

3. São José Maria Rubio nasceu em Dalias (Almería), em 22 de julho de 1864. Ordenado sacerdote diocesano em 1887, logo expressou seu desejo de ser jesuíta e realizou seus últimos votos em 1917. Faleceu em 2 de maio de 1929, em Madri. Beatificado por São João Paulo II em 6 de outubro de 1985. Canonizado por São João Paulo II em Madri, em 4 de maio de 2003.
4. O Pe. Valentín María Sánchez Ruiz entrou na Companhia de Jesus em 10 de fevereiro de 1894. Recebeu a ordenação sacerdotal em 21 de junho de 1911. Faleceu em 1º de dezembro de 1963. Foi confessor do fundador da Opus Dei de 1930 a 1940. Também citado por Carmen na Agenda-Diario P 1, em 28 de março de 1961: "Dulcíssimo Jesus, saúde, vida, ressurreição nossa. Jesus. Cristina. Pe. Sánchez". E no Caderno C 21, em 24 de fevereiro de 1962: "Recebi também carta de Carmel Cooling e um cartão do Pe. Sánchez, ainda que não seja sua a letra, mas é dele. Também hoje é sábado" (Seguramente é o documento FCN.CNC 213, que pode ser de 17-2-1962) [Fundo do Centro Neocatecumenal de Madri, Arquivo de cartas pessoais; adiante, citamos pelas siglas]. Também na Agenda-Diario P 3, em 11 de dezembro de 1963: "Carta de Elisa. A avó dela morreu no dia 18 de novembro; e o Pe. Sánchez, em 1º de dezembro. Jesus!".
5. Refere-se à Bíblia de Petisco-Torres Amat, editada pelo Apostolado de la Prensa, em Madri (1941, 2ª edição e ss.), cuja versão dos Salmos é do próprio Pe. Valentín Sánchez Ruiz, SJ.
Os antecedentes dessa Bíblia são interessantes: ela contém a tradução da Vulgata que fez o padre jesuíta e poliglota espanhol J. M. Petisco em 1782 e que não pôde ser completada por causa da expulsão dos jesuítas naquele tempo. Mais tarde, foi completada por Mons. Félix Torres Amat, bispo de Astorga, que a publicou em 1823 somente sob seu nome, ainda que posteriormente tenha reconhecido que havia plagiado a versão de Petisco. No século XX, essa Bíblia se mantinha sob a autoria de Félix Torres Amat; somente mais tarde, sob a edição que Carmen conheceu, fez-se a reedição dela, reconhecendo-se o aporte do Pe. Petisco, SJ. De acordo com os especialistas, é uma maravilhosa tradução da Vulgata latina.

Colunga[6] e a de Bober[7]. Foi a primeira Bíblia espanhola que existiu na Espanha, e foi editada por ele[8].

Este padre jesuíta, a quem eu quis muito e que seguiu minha vida até que morreu, também colocou em minhas mãos Santa Teresa de Jesus. Logo depois, quando se mudaram para a rua Maldonado[9], onde está enterrado o Pe. Rubio. Eu me lembro de que, naquele tempo, eu fazia até a Novena; não somente fazia a Novena de São Francisco Xavier, mas também ao Pe. Rubio. Estou contente de que o Santo Padre tenha beatificado[10] esses três jesuítas no domingo passado: a esse missionário, Diego Luis de San Vitores, ao irmão Gárate e ao Pe. Rubio[11].

Mas, dentre todos, o Pe. Valentín Sánchez Ruiz, SJ[12] é quem ajudara Carmen em sua forja espiritual. Esse jesuíta, na Madri daquele tempo, realizou um importantíssimo trabalho apostólico e de cura de almas, especialmente entre os jovens.

Podemos ressaltar também outros padres, como Ángel Ayala, SJ, ou Moisés Domenzáin, SJ, de quem falaremos um pouco mais tarde. O Pe. Sánchez, além disso, desenvolveu um trabalho fundamental no mundo da propagação

---

6. Esta foi a primeira tradução que se fez da Bíblia em castelhano direta e literalmente do hebraico, do aramaico e do grego por parte dos escrituristas espanhóis Eloíno Nácar Fuster e frei Alberto Colunga Cueto, OP, publicada com licença eclesiástica pela BAC, em 1944, que conta hoje com mais de trinta edições. Ainda não é uma edição crítica da Escritura, embora o texto bíblico seja complementado com mapas nas capas, ilustrações, algumas notas e um índice doutrinal ao final do volume.
7. A *Sagrada Biblia*, traduzida por José María Bover, SJ, e Francisco Cantera Burgos, veio à luz em 1947 e foi publicada pela BAC; esta tradução, sim, é considerada a *primeira edição crítica católica* em castelhano das Sagradas Escrituras sobre a base dos textos em hebraico, grego e latim. Foi muito anterior à *Biblia de Jerusalén* (de 1967), que a sucederia como melhor tradução crítica da Bíblia em suas versões anteriores a 1998.
8. *Documentos Carmen Hernández*, XVII: Encontro com as Comunidades da Região Noroeste da Espanha, 15 de maio de 1994.
9. Refere-se à igreja de São Francisco de Borja, na rua Maldonado, 1, e rua Claudio Coello, 131-133, de Madri. Muito possivelmente acudia ali em muitas ocasiões para se confessar com o Pe. Sánchez Ruiz pela proximidade de seu domicílio familiar.
10. Refere-se à beatificação, antes mencionada, de 6 de outubro de 1985, dos jesuítas e servos de Deus: Diego Luis de San Vitores Alonso, José María Rubio y Peralta e Francisco Gárate Aranguren.
11. *Documentos Carmen Hernández*, X: Convivência de itinerantes da Espanha e Portugal. Valle de los Caídos. 14-17 de outubro de 1985.
12. Nasceu em Orellana la Vieja, Badajoz, em 16 de outubro de 1879, e faleceu em Madri, em 30 de novembro de 1963. O Pe. Valentín María Sánchez Ruiz entrou na Companhia de Jesus em 10 de fevereiro de 1894. Recebeu a ordenação sacerdotal em 21 de junho de 1911.

da fé através das publicações do editorial El Apostolado de la Prensa, cujo *Misal cotidiano para uso de los fieles* teve uma enorme difusão na Espanha.

O Pe. Sánchez Ruiz, SJ

A princípio, o Pe. Sánchez Ruiz foi um grande diretor espiritual e, entre outras personalidades, guiou São Josemaria Escrivá de Balaguer. O próprio São Josemaria conta que, conversando com o Pe. Sánchez, definiu como deveria se chamar a nova fundação que ele estava iniciando:

> *A Obra de Deus*: hoje eu me perguntava: Por que a chamamos assim? E o Pe. Sánchez, na conversa, referindo-se à família *non-nata* da Obra, a chamou "a Obra de Deus". Então — e só então — me dei conta de que, nas páginas nomeadas, ela se denominava assim. E esse nome... o Senhor quis colocá-lo nos lábios do bom Pe. Sánchez, para que não restasse dúvida de que Ele manda que sua Obra se nomeie assim: a Obra de Deus[13].

Foi precisamente esse jesuíta quem ajudou muito a Carmen na sua última etapa de colégio e durante os estudos universitários. De modo destacado, ajudou-a a começar essa relação com a Sagrada Escritura, que, de modo crescente, vai acompanhá-la pelo resto de sua vida. Graças a esse padre, logo teve início um processo de intimidade com o Senhor vinculado à Escritura, à sua leitura, à sua exegese, à sua compreensão:

> Este homem, velho de Extremadura, que era santo, me ajudou muitíssimo durante todos os anos de universidade. Levou-me à oração, às Escrituras. Através da oração, colocou em minhas mãos o livro do Pe. La Puente [*Meditaciones*][14], que é um livro jesuítico, que formou gerações de jesuítas, fazendo um sistema metódico de meditação. Ele tem, nos pontos de

---

13. J. ESCRIVÁ DE BALAGUER, *Apuntes íntimos*, nº 167 (cf. S. BERNAL, *Mons. José María Escrivá de Balaguer. Apuntes sobre la vida del fundador del Opus Dei*, Madri, Rialp, 1976). São Josemaria também diz a respeito dele: "Eu acudia-me dele, especialmente quando o Senhor ou sua Mãe Santíssima faziam com este pecador alguma das suas; e eu, depois de me assustar, porque não queria aquilo, sentia claro e forte e sem palavras, no fundo da alma: Não temas!, pois sou Eu. O bom jesuíta, ao me escutar horas depois em cada caso, me dizia sorridente e paterno: 'Fique tranquilo, pois isso é de Deus'" (cf. SAN JOSEMARÍA ESCRIVÁ, "Carta a Florencio Sánchez Bella", Roma, 6-12-1963, em A. VÁZQUEZ DE PRADA, *El fundador del Opus Dei*, II, Madri, Rialp, 2004, 448-449).

14. O venerável Luis de La Puente chegou a formar a tradição espiritual própria dos jesuítas. Pela esplêndida linguagem clássica da qual faz uso em sua obra, a Real Aca-

meditação, trechos da Escritura. Faz comentários dos Salmos, dos Profetas, dos Evangelhos.

Eu comecei a conhecer as Escrituras por meio desse livro de oração. Acima de tudo, era para mim como um pai, quase um avô. Ajudou-me com todas as discussões com os jovens na universidade. Foi para mim um ponto de referência com o qual o Senhor me fez manter firme a vocação de missionária à qual Ele me chamava... Ou seja, aos 16 anos, já tinha a Bíblia nas mãos. E o Senhor me cumulou de inspirações e de graças. Tanto é assim que navegava verdadeiramente com este chamado. Até nos estudos obtive "honras em todas as matérias", até no vestibular; tudo era fácil para mim. Não sem tentações com os meninos, que são também muito interessantes. Eu tive muita ajuda com este Pe. Sánchez[15].

Nas *Meditaciones* do Pe. de La Puente, Carmen vai encontrar uma valiosa chave para adentrar a Palavra de Deus. Trata-se de um grande clássico da espiritualidade hoje muito esquecido. Falar do venerável Pe. Luis de La Puente, SJ (Valladolid, 1554-1624), é recordar um dos maiores mestres da espiritualidade espanhola e universal. Esse teólogo jesuíta espanhol do Século de Ouro é, inequivocamente, o autor das obras mais influentes de toda a espiritualidade dentro da Companhia de Jesus e o autor espiritual mais divulgado em todo o período moderno. Suas obras foram traduzidas para vários idiomas, sobretudo a obra a que Carmen se refere, intitulada *Meditaciones Espirituales de los misterios de nuestra santa fe*[16], em dois volumes, que datam de 1605-1607 e que contêm um importante compêndio de teologia cristã[17].

---

demia da Língua Espanhola, em seus inícios, o escolheu como autoridade de referência para a confecção, em 1726, do primeiro *Diccionario de la lengua castellana*. Cf. Ch. E. O'NEILL, SJ — J. Mª DOMÍNGUEZ, SJ, *Diccionario histórico de la Compañía de Jesús. Biográfico-temático* (Institutum Historicum Societatis Iesu-Univ. Pontificia Comillas, Roma-Madri, 2001) 2244-2245; S. RIVERA MANESCAU, *Notas para un estúdio biográfico de Luis de la Puente, S.I* (Revista Histórica, Valladolid, 1924); *Un gran enamorado de Jesucristo en la Eucaristía. El V. P. Luis de La Puente de la Compañía de Jesús* (Univ. Pontificia Comillas, Santander, 1952).

15. *Documentos Carmen Hernández*, XVII: Encontro das Comunidades da Região Noroeste da Espanha, 15 de maio de 1994.
16. V. P. LUIS DE LA PUENTE, *Meditaciones espirituales de los misterios de nuestra santa fe*, Madri, Apostolado de la Prensa, ¹⁰1953.
17. O Pe. Luis de La Puente escreveu também um *Guía espiritual*, publicado em 1609 e republicado em 1614, no qual defendia a oração contra as correntes quietistas, e *De la perfección del Cristiano en todos sus estados*, em quatro volumes, publicados entre 1612 e 1616, em que se ocupava antecipadamente da perfeição cristã no estado secular.

Essa obra foi editada, nesse tempo, pelo Pe. Sánchez Ruiz através do editorial do Apostolado de la Prensa, que ele mesmo dirigia. Também o *Ejercicio de perfección y virtudes cristianas*[18], do Pe. Alonso Rodríguez[19], completa a orientação espiritual de Carmen, conduzida pelas mãos do Pe. Sánchez. Esta segunda obra é, junto com as *Meditaciones*, de De La Puente, o livro de espiritualidade mais difundido na Europa, dentro e fora da Companhia de Jesus. De fato, a obra do Pe. Alonso Rodríguez foi a mais traduzida para diferentes idiomas na história dos jesuítas, ao lado dos *Exercícios espirituais* de Santo Inácio.

> A Companhia de Jesus me fez um bem imenso, inclusive com a Palavra de Deus... tinham dois livros: um era do Pe. La Puente, outro era do Pe. Rodríguez. O Pe. La Puente tem aí toda a Bíblia e daí se faziam os pontos de meditação para o dia seguinte. E, no dia seguinte, uma hora de meditação antes da missa, que eu fiz sempre com os jesuítas, antes de ir à universidade.
> Com isso, eu já conhecia toda a Bíblia, com o Pe. La Puente. E, além disso, à tarde, fazia meia hora de leitura do livro do Pe. Rodríguez, onde estão todos os Padres da Igreja[20].

Se a obra de De La Puente é teórica e bem estruturada, o livro de Alonso Rodríguez, que era mestre de noviços, tem um sentido muito mais prático e aplicado: está, de fato, voltado à pregação. Rodríguez demonstra grande conhecimento da Tradição e dos Padres da Igreja. Esta obra foi o texto oficial dos noviciados, seminários e centros de formação espiritual dos jesuítas durante o período moderno.

As *Meditaciones* de De La Puente mergulham na Escritura, em suas concordâncias e relações, e começam com um prólogo no qual o jesuíta manifesta sua intenção principal:

> Se vocês amam a Deus, atraiam todos os que se unem a vocês para que amem a Deus... Ganhem para Deus o máximo que puderem com todos os

---

18. A. RODRÍGUEZ, *Ejercicio de perfección y virtudes cristianas*, Madri, Apostolado de la Prensa, ⁷1950. O livro, dividido em três volumes, tratava, nos dois primeiros, da vida cristã, e, no terceiro, da vida religiosa, apresentando uma profunda análise da vocação de jesuíta.
19. O Pe. Alonso Rodríguez (Valladolid, 1538-1616) foi um dos maiores autores e mestres de espiritualidade dentro da Companhia de Jesus; sua obra principal é a mencionada: *Ejercicio de perfección y virtudes cristianas*. Cf. T. EGIDO (coord.), *Los jesuitas en España e en el mundo hispânico*, Madri, Marcial Pons, 2004, 155-157.
20. *Documentos Carmen Hernández*, V: Convivência de Início de curso do ano 2008, p. 509.

meios de sua riqueza, exortando-os, suportando-os, disputando com eles e dando-lhes razão das coisas que pertencem à fé e perfeição cristã com toda mansidão e suavidade, a fim de que todos engrandeçam a Deus com um mesmo espírito de amor[21].

Em seguida, após um detalhado índice analítico, essa obra propõe uma tabela de meditações sobre os evangelhos do ano litúrgico. Também ensina a exercitar-se na oração interior e vai desenvolvendo, propriamente, toda uma série de meditações sobre os mistérios da fé cristã, que vão desde os Novíssimos até a vida de Cristo, sua paixão, sua vida gloriosa e os atributos de Deus. Em todos esses temas, ela se apoia continuamente na Escritura, buscando paralelos e concordâncias, mostrando, assim, um profundo conhecimento dos Padres e da Tradição.

É assim que Carmen mergulha na Escritura, acompanhada da oração e da meditação, o que forja uma espiritualidade firme e madura desde aquele tempo de juventude. Esta orientação espiritual do Pe. Sánchez acontece entre seus 16 e seus 23 ou 24 anos, período que vai desde sua finalização de estudos no Jesus e Maria até seus anos de universidade.

O Pe. Moisés Domenzáin, SJ

Como vimos, os irmãos de Carmen estudavam no colégio dos jesuítas de Areneros. A família ia ali com frequência para realizar diversas atividades, e foi onde Carmen conheceu o Pe. Moisés Domenzáin, possivelmente por intermédio de seu tio jesuíta. O Pe. Domenzáin Yárnoz, SJ, nasceu em Pamplona, em 19 de julho de 1900. Primeiro, estudou no Seminário Diocesano de Pamplona e, depois, na Universidade Pontifícia de Comillas. Uma vez ordenado sacerdote, foi secretário diocesano das Missões em Pamplona, em 1926, e, junto a alguns sacerdotes, com grande zelo pela promoção das missões, fundou a União Missionária do Clero, da qual foi o secretário nacional, desde que fundou a revista *Illuminare* para propagar as atividades missionárias. Em 1930, foi nomeado conselheiro nacional da Obra Pontifícia da Propagação da Fé e da Santa Infância, secretário diocesano da Ação Católica e colaborador das Congregações Marianas e da Obra Social Eucarística. No ano seguinte, foi para o exílio na Bélgica e entrou na Companhia de Jesus, por causa da situação políti-

---

21. Extrato do Prólogo de *Meditaciones...*, op. cit., V-VI. O Pe. de La Puente se inspira no sermão terceiro de Santo Agostinho sobre o Salmo 33.

ca da República espanhola. Depois de um ano de teologia em Marneffe, passou a fazer parte da província jesuíta de Toledo, que se concentrava em Chevetogne, na província belga de Namus, que era a encarregada, desde 1934, de promover a missão do Japão.

Seguindo os passos de São Francisco Xavier, chegou ao Japão em 16 de setembro de 1936 e estudou japonês em Tóquio. No início de 1938, esteve no comando da missão de Yamaguchi, insistindo de perto na ajuda missionária. Domenzáin foi chamado para regressar à Espanha em julho de 1939, com a missão de pedir esmolas e ajudas para iniciar a edificação da igreja comemorativa dedicada a São Francisco Xavier, no Japão. Uma vez na Espanha, morou na comunidade do Colégio de Areneros de Madri e fundou a chamada Procura da Missão do Japão.

Ele exerceu uma grande atividade apostólica e de promoção da missão, da qual se destacou a Exposição Missionária, inaugurada em 16 de abril de 1941, no Palácio de Bibliotecas e Museus de Madri, por ocasião do IV Centenário da Companhia de Jesus, que depois percorreu algumas outras capitais espanholas[22].

Em 1948, de volta a Yamaguchi, gerenciou a doação da colônia do Kameyama (Nagayama), no centro da cidade, aos jesuítas. Teria de ser relançada a imagem de São Francisco Xavier, no quarto centenário da estada do santo em Yamaguchi. Domenzáin colocou a pedra fundamental do templo comemorativo em 1951 e no ano seguinte o inaugurou. Nos anos posteriores, desenvolveu um apostolado intenso, até que uma hemorragia cerebral o afetou, e ele permaneceu um tempo no Seminário Interdiocesano de Tóquio. Recuperando um pouco sua saúde, ainda pôde levar adiante a residência e a igreja, em Mofú, próxima de Yamaguchi. Morreu no noviciado de Nagatsuka (Hiroshima), em 15 de agosto de 1970, tendo levado uma vida dedicada ao serviço das missões[23].

Graças a esse jesuíta, Carmen Hernández, em 1953, entrou em contato com um novo instituto feminino dedicado às missões: as Missionárias de

---

22. M. DOMENZÁIN, SJ (Missionário no Japão), *El Japón. Su evolución — Cultura — Religiones*. Prólogo do Exmo. Sr. Yakichiro Suma, ministro do Império do Japão na Espanha (El Siglo de las Misiones-Estudios Clásicos y Electromecánicos, Bilbao-Madri, 1942).

23. Cf. F. RODRÍGUEZ DE COR, "Pe. Domenzáin Yárnoz", em REAL ACADEMIA DE LA HISTORIA, *Diccionario biográfico*. Disponível em: http://dbe.rah.es/biografias/20248/moises-domenzain-yarnoz. Acesso em: jun. 2021.
Bibliografia sobre o Pe. Domenzáin em: *Siglo 56* (1970) 16; *Newsletters* 6 (1970); P. PFISTER, *Nihon no Iezusukai-shi* (Tokio 1984) 142, p. 282ss; "Domenzáin Yárnoz, Moisés", em Ch. E. O'NEILL, SJ — J. Mª DOMÍNGUEZ, SJ (org.), *Diccionario histórico de la Compañía de Jesús. Biográfico-temático* (Institutum Historicum Societatis Iesu-Univ. Pontificia Comillas, Roma-Madri, 2001).

Cristo Jesus, uma congregação jovem que Domenzáin havia ajudado a fundar e que tinha sua sede em Xavier (Navarra):

> Quando fomos viver em Madri, fiz os exercícios. Como filha dos jesuítas, fazia cada vez os exercícios espirituais de Santo Inácio bem feitos, com um missionário do Japão, e fui até ele para lhe perguntar como poderia ir às missões. Isso já em Madri, em Areneros. Recordo-me muito bem disso, era o Pe. Moisés Domenzáin, um santo homem, que morreu também. E me olhou e me disse: "Veja, dos 15 aos 20 anos há mais anos que dos 20 aos não sei quantos. Vá em paz". E assim acabei a escola secundária e ainda tentei partir, concluindo a escola secundária. Eu tinha um tio jesuíta que me ajudou com meu pai, e meu pai disse que de maneira alguma eu partiria[24].

---

24. *Documentos Carmen Hernández*, XIV: Convivência de bispos da América (Nova York, 15 de abril de 1997).

"

1930-1963

Sou de uma família numerosa, com nove irmãos. Eu sou a do meio. Tenho duas irmãs e dois irmãos mais velhos e dois irmãos e duas irmãs mais novos.

Carmen Hernández Barrera aos 13 anos de idade.

Galeria de fotos 1 | 1

Acima: *Catedral de Tudela.*
Abaixo: *o Monte Moncayo coberto de neve, visto de Ólvega.*

> *Fui educada aos pés da Companhia de Jesus e, por isso, conheci São Francisco Xavier antes de São Paulo. Desde pequena, em Tudela…, quis partir como missionária.*

Acima, à esquerda: *Castelo de Xavier*; à direita: *São Francisco Xavier (desenho de Kiko Argüello, 2019)*. Abaixo: *Ólvega, casa em que Carmen nasceu*.

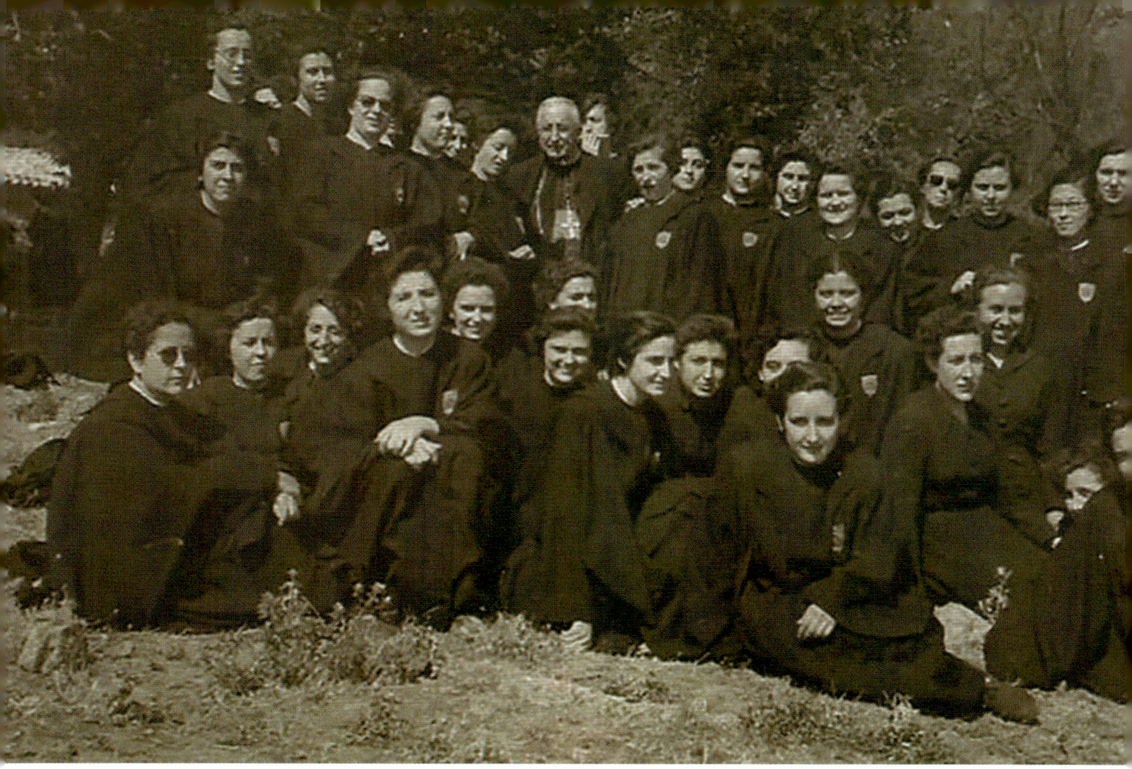

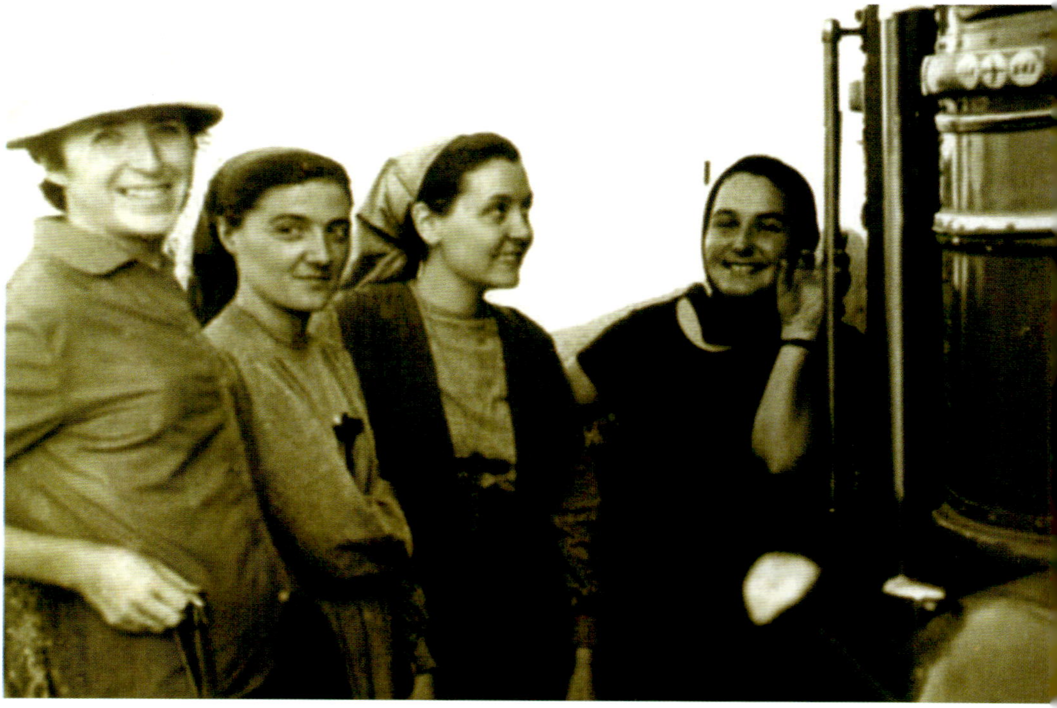

Acima: *maio de 1956, excursão das Missionárias de Cristo Jesus a Leyre, Navarra, com o senhor arcebispo D. Marcelino Olaechea. Carmen ainda estava no Noviciado (está sentada, é a quarta da esquerda para a direita).*

À esquerda: *Carmen com algumas companheiras.*

À direita: *1961, Carmen com Carmel Cooling, uma jovem irlandesa que ela conhecera em Londres.*

Acima: *o arcebispo de Valência, D. Marcelino Olaechea, com algumas Missionárias de Cristo Jesus.*

Acima, à direita: *o arcebispo, com seu secretário, D. Joaquín Mestre Palacio, sacerdote valenciano (ao longo de sua vida, Carmen manteve uma grande amizade com ambos).*

Abaixo, à direita: *uma sala do Museu Marès, em Barcelona. O escultor Frederic Marès Deulovol (Portbou, 1893 – Barcelona, 1991) colecionou crucifixos de toda a Espanha durante sua vida.*

"

*Nunca me esquecerei de minha estada em Barcelona...
Lembro-me de que um de meus consolos
era o Museu Marès. Eu me refugiava ali.
Lembro-me de que chorava vendo os crucifixos,
porque entendi o que havia sofrido Jesus Cristo...*

Rio Ebro em sua passagem por Tudela.

"
Eu estou muito contente por estarmos aqui, à margem do rio Ebro, que para mim é um memorial da presença da Virgem Maria em minha própria história. Eu nasci muito perto daqui...

5
A VIDA RELIGIOSA
(Xavier, 1953-1957)

As Missionárias de Cristo Jesus

Houve uma série de acontecimentos providenciais em Xavier depois da Segunda Guerra Mundial por causa de um missionário do Japão chamado Pe. Moisés Domenzáin, SJ, que era um companheiro muito santo do Pe. Arrupe. A Segunda Guerra Mundial não lhe permitiu voltar ao Japão. Ele percorreu toda a Navarra fazendo propaganda missionária, para a qual algumas moças o ajudaram; e logo, com essas moças, fundou uma espécie de internato no povoado de Xavier, que não era nem uma congregação nem um instituto. Isso era também um problema, porque ele não sabia como defini-lo, mas era algo diretamente relacionado à Propaganda Fide.

Deus me levou a Xavier de uma maneira misteriosa; já sentia, antes de Xavier, que o Senhor me chamava a uma missão que seria universal. Tive um dia de Pentecostes na escola e também na Igreja[1].

A cada ano eu tentava partir como missionária, mas meu pai não deixava. Ele falava que "de jeito nenhum". Assim, quando completei 21 anos e terminei de cursar Química, escapei de minha casa e parti como missionária. Lembro-me de que fugi quando meu pai não estava em Madri. Ele veio atrás de mim e, quando chegou a Madri, eu já estava em Pamplona, e daí cheguei ao povoado de Xavier. Já era maior de idade, e meu pai não podia chamar a polícia. Por fim, cheguei a Xavier e entrei em um instituto missionário. Entrei ali mesmo, nesse Instituto Missionário de Xavier, que tinha nascido havia apenas dez anos[2].

Em outros lugares, ela acrescenta mais alguns detalhes:

Eu estava com meu pai em uma dessas fábricas que ele tinha em Andújar e fugi dali. Lembro-me de que o deixei no hotel — ali não havia mais que homens — e fugi para Madri; de Madri, fugi para Pamplona e, por fim,

---

1. *Documentos Carmen Hernández*, XI: Convivência dos Itinerantes da Itália, Altipiani di Arcinazzo, 26-29 de janeiro de 1982.
2. *Documentos Carmen Hernández*, XVII: Encontro das Comunidades da Região Noroeste da Espanha, 15 de maio de 1994.

cheguei a Xavier, que era o lugar para ir à Índia (meu pai me perseguiu até Madri, e eu já estava em Xavier). Em Xavier havia nascido, então, uma coisa nova.

Esse instituto havia nascido graças a um missionário do Japão, que se chamava Pe. Moisés Domenzáin (hoje querem canonizá-lo também). [Ele] era de Pamplona e, na Segunda Guerra Mundial, não pôde voltar ao Japão e se dedicou na Espanha a fazer propaganda das missões. Em Pamplona, fez uma grande exposição sobre as missões do Japão e três moças da cidade o ajudaram. E, quando acabou a exposição, eu lhes disse: "Por que não ajudam os missionários nas missões como me ajudaram aqui?". E, a partir dessa ideia do Pe. Domenzáin, nasceu o Instituto exclusivamente para as missões[3].

A história das Missionárias de Cristo Jesus, de maneira muito resumida e seguindo algumas notas históricas e biográficas da mesma Congregação[4], é a que segue: em 2 de dezembro de 1940, uma mulher de Pamplona chamada María Camino Sanz Orrio, ao sair do Secretariado de Missões, onde tinha ido buscar umas fotografias para a revista que elaborava para as mulheres da Ação Católica, encontrou-se, por casualidade, com o Pe. Domenzáin, SJ, missionário no Japão, que viera à Espanha buscar ajuda econômica para construir sua paróquia em Yamaguchi. Ambos já haviam se conhecido anteriormente e, nesse encontro, tiveram uma breve conversa em que o Pe. Domenzáin lhe disse:

— Disseram-me que você trabalha muito na Ação Católica!
— Estou em todo o lugar onde há algo da Ação Católica. Se quiser algo da Ação Católica no Japão, diga-me, e lá estarei — respondeu-lhe María Sanz Orrio.
— Se eu quero? — disse o Pe. Domenzáin. — Creio que já quero uma coisa assim ali. É disso que precisamos, mas não temos. As religiosas fazem um trabalho muito bom em suas escolas, em suas residências e em suas casas. Mas há aí fora, nas missões, muitas coisas que nós podemos fazer e que ninguém faz. Que grande ajuda seria para os missionários e como avançaria a Igreja nas missões se houvesse pessoas que pudessem fazer lá o que a Ação Católica faz aqui!

Não posso agora expressar em palavras o que senti na época ao ouvir o Pe. Domenzáin dizer isso. Foi como um *flash*, uma luz que me fez ver e sentir que eu tinha de fazê-lo, que eu havia nascido para isso — expressa María Camino Sanz Orrio. E assim começou.

---

3. *Documentos Carmen Hernández*, V: Convivência de Início de Curso do ano 1994, p. 264.
4. Mais informações sobre as Missionárias de Cristo Jesus, em Mª E. SANZ-ORRIO ARRAIZA, *Camino de Jesús. Tras las huellas de Javier*, Valencia, EDICEP, 2015.

Essa luz que começa a iluminar a vida de María Camino a leva, pouco a pouco, a iniciar uma obra que, com o apoio do então bispo de Pamplona, Mons. Marcelino Olaechea, em 14 de março de 1944, reúne em Xavier (Navarra) as três primeiras aspirantes a missionárias: María Camino Sanz Orrio, María Concepción Arraiza Jáuregui e María Teresa Unzu Lapeira. Alguns meses depois, Eugenia Nagore Nuin inclui-se no grupo. O então arcebispo de Pamplona, D. Marcelino Olaechea, as apoiou: "Reuniu-se várias vezes com aquelas três primeiras... e conseguiu transformar um sonho em realidade: Que a nova fundação das *Missionárias de Cristo Jesus se estabelecesse em Xavier, berço do Santo!*"[5].

> [O Pe. Domenzáin] apoiou muito o bispo de Pamplona, que era um santo salesiano (Mons. Olaechea); e eu, quando vejo tantos salesianos entre nós, sempre penso nele, que me quis muito bem. Era como um avô para mim, beijei este homem! E me disse: Sabe que você deveria falar com o Papa? Muitas vezes me dizia essas coisas porque tínhamos inspirações parecidas. Quando penso que tantos salesianos vêm conosco, com todo o conflito que temos com os salesianos, imagino este homem santo no céu, intercedendo por essas coisas. Esse bispo era verdadeiramente maravilhoso[6].

Carmen, aspirante e postulante a missionária

Em 30 de março de 1944, o instituto foi constituído como pia união, com o nome de Missionárias de Cristo Jesus. Em 5 de junho de 1946, erige-se uma congregação religiosa de Direito diocesano. Em 27 de junho de 1954, a Santa Sé a eleva a instituto de Direito pontifício com um decreto da Congregação de Propaganda Fide. A aprovação definitiva das constituições desse instituto ocorre em 9 de abril de 1962[7].

Em 3 de outubro de 1946, professam os votos as quatro primeiras missionárias de Cristo Jesus. Ainda que o instituto tivesse nascido para ir ao Japão, os caminhos de Deus o vão conduzindo de outro modo e, em 18 de novembro de 1948, sai para a Índia a primeira expedição, composta com María Camino Sanz Orrio, Guadalupe Velasco, Pilar González, María del Villar e Margarita Cifre. Seu primeiro destino foi a leprosaria de Tura (Meghalaya)[8].

---

5. Cf. Prólogo do Rev. Pe. Ramón Fita, em *ibid*.
6. *Documentos Carmen Hernández*, XI: Convivência dos Itinerantes da Itália. Altipiani di Arcinazzo, 26-29 de janeiro de 1982.
7. Cf. Constitución de las Misioneras de Cristo Jesús (Arquivo da Catedral de Valência [daqui em diante ACV], Fundo Olaechea [daqui em diante FO] leg. 116/4).
8. Mª E. SANZ-ORRIO ARRAIZA, *Camino de Jesús. Tras las huellas de Javier*, op. cit., 80-81.

Animada pelo próprio Pe. Domenzáin, Carmen entra nessa nova realidade missionária com um entusiasmo muito grande. Pode-se dizer que ela foi das primeiras aspirantes da segunda geração dessa inovadora instituição missionária. Para ela, será um tempo em que a experiência do amor de Jesus Cristo se dará intensamente, um tempo de "amor de juventude" com Jesus Cristo, que ela reconhece como muito decisivo em sua vida:

> E ali o Senhor me deu muitíssimas graças, em Xavier estava me preparando...
> Eu agradeço muitíssimo ao Senhor porque aquilo foi para mim verdadeiramente um cenáculo de oração, de imensas graças do Senhor...
> E foi assim que começou este Instituto das Missionárias de Cristo Jesus, exclusivamente para as missões, em Xavier mesmo. Xavier é um povoado muito pequeno, onde está o Castelo de São Francisco Xavier. Em frente estava também essa casa medieval, que hoje foi tirada para se construir a grande esplanada onde se organizam as "navarradas", as "xavieradas"[9]. Hoje tiraram essa casa. Era lá que se fazia o noviciado.
> Lá apareci eu, fugida de minha família. Fiz todo o noviciado. E o Senhor me esperava lá e me concedeu grandes graças. Eu me lembro do noviciado em Xavier das grandiosíssimas graças que me deu o Senhor, de consolação, de descoberta das Escrituras. Este instituto estava em plena forma, cheio de fervor. Imediatamente chegou ao Japão, ao Congo, à Índia, à América... com um espírito verdadeiramente potente.

Há certeza de que, já em 1954, Carmen fazia o postulantado dentro desse instituto religioso: sua amiga e companheira de promoção, Loli Gómez, situa o seu ingresso em 1º de abril desse ano e confirma que ela entrou ao mesmo tempo que Carmen. Além disso, em uma carta datada em Madri, pouco depois, em 3 de julho de 1954, a irmã María Teresa de Jesus informa a D. Marcelino Olaechea o seguinte: "Nestes dias esperamos a chegada da irmã María e de Carmen Hernández, que vem fazer o exame prático da licenciatura de Química".

Carmen, em 1951, com 21 anos, finalizara a licenciatura em Química ainda que faltasse uma prova. Tinha começado a trabalhar com seu pai, principalmente na empresa de azeites em Andújar, como sua família pode atestar. Dizem que tinha grande talento para refinar o azeite que compravam dos moinhos para sua indústria. Deve ser, portanto, no verão de 1953 e, muito possivelmente, um pouco antes, quando entrou em contato com esse instituto missionário, em Xavier, e iniciou nesse ano seu processo de aspirante, para entrar, um pouco mais tarde, como postulante. O "exame" em questão, pelo qual foi

---

9. É uma peregrinação ao castelo de Xavier celebrada durante o mês de março, em honra de São Francisco Xavier, que reúne milhares de navarros.

a Madri, devia-se a outro exame que ficara pendente no terceiro semestre da licenciatura, o qual teve de repetir em 12 de julho de 1954 e no qual foi aprovada, como consta em seu registro universitário.

Nessa mesma carta, a irmã María Teresa diz que "mudou muitíssimo", que, desde sua passagem por Xavier, "Carmen está até edificante!". Essas palavras supõem que já há um processo anterior de aspirantado que Carmen está realizando, por meio do qual podemos situar o tempo de postulante desde abril até outubro desse ano, quando toma o hábito, ou seja, os seis meses que se requeriam até passar ao noviciado.

Ficará com o nome de *María del Carmen de Jesús*.

Ela sabe que, para seu futuro trabalho dentro desse instituto religioso, lhe exigem ter uma carreira universitária e não somente isso, mas também sua habilitação prática para um futuro trabalho nas missões. Por isso, carreiras como as de Medicina, Enfermagem, Farmácia ou Química eram muito úteis e valorizadas nas futuras missões para onde pudessem ser destinadas. Essa nova realidade era muitíssimo exigente para todas as suas aspirantes. Pode-se dizer que todas elas formavam uma elite de jovens mulheres para servir melhor ao Senhor e às missões.

As Missionárias de Cristo Jesus, além dos três votos habituais em outras ordens e congregações religiosas — de pobreza, castidade e obediência —, professavam um quarto voto: *o de se consagrar às missões*, algo que seria fascinante para Carmen, porque supõe ser esta a resposta a essa ardente vocação missionária que sente desde muito pequena.

É um tempo de humildade, de "sentar-se no pó", ou seja, de simplicidade e devoção, porque o processo entre elas era longo e difícil. Um tempo em que se deve calcular os gastos ("contar suas moedas", diz o poema de Tagore): primeiro, o aspirantado; em seguida, seis meses, mais ou menos, como postulante; depois, o noviciado[10] e, após este, os votos temporais. Daí em diante, deviam se preparar bem naquelas matérias que lhes pudessem ser úteis em terras de missão: enfermaria, medicina, línguas estrangeiras. Às aspirantes eram exigidos, além disso, dez requisitos para solicitar o ingresso[11]:

1. Aspirar firmemente a santificar-se na missão para com os infiéis que a santa obediência lhe indique.

---

10. Segundo as Constituições das Missionárias de Cristo Jesus, aprovadas em 9 de abril de 1962, há um tempo de aspirantado (nº 26-30) e, em seguida, seis meses de postulantado (nº 31-35), e, depois, com o recebimento do hábito, se inicia o noviciado, que durava dois anos (nº 40 das Constituições).

11. Retirado do opúsculo sob o título *Javier. Las Misioneras de Cristo Jesús* (ACV.FO).

2. Ter mais de 18 anos e menos de 30.
3. Ter sua vocação missionária aprovada por seu diretor espiritual.
4. Ter a aprovação de seus pais.
5. Ter antecedentes muito bons.
6. Gozar de boa saúde, sem traços de doenças nervosas.
7. Não ter vestido hábito em outra religião.
8. Contar com dote ou, pelo menos, com alguma ajuda econômica. Para as instrutoras, os gastos de postulantado e noviciado equivalem a 250 pesetas mensais, e o dote ao fazer os votos, 30 mil pesetas. Para as coadjutoras, bastará 2 mil pesetas como ajuda econômica para gastos de hábito, etc. Segundo as condições da família, farão a entrega de uma só vez ou a prazo.
9. Apresentar os títulos oficiais dos estudos ou das especialidades que se tenha cursado (dependendo do caso, o dote pode ser menor).
10. Trazer conjunto de roupa, conforme suas possibilidades.

Estavam chamadas, desde o princípio, a levar "uma vida íntima de união e aprendizagem aos pés do Mestre e da Rainha das Missões", com muitas horas de trabalho, estudo e oração: rezavam todas as Horas Santas, o Ofício Parvo (também chamado de Pequeno Ofício de Nossa Senhora), o rosário e as ladainhas de todos os santos, assim como oração e vigílias diante do Santíssimo. Também dedicavam várias horas a estudar Missionologia, Religião e Inglês[12].

---

12. Nas Constituições (nº 45-56), detalha-se: "Uma vida de perfeição evangélica, ensinada e praticada por Jesus Cristo e no espírito característico do Instituto, com a oração assídua, o estudo das Constituições e a vida do Noviciado, exercitando-se em refrear as paixões, arrancar as raízes dos defeitos e vícios do mundo e adquirir as virtudes no maior grau possível. Fazer aulas de Formação Espiritual, Confissão Sacramental, encontro com a Madre Superiora duas vezes por semana, exercício das faltas exteriores, uma hora de oração mental pela manhã e meia hora pela tarde, exame de consciência por 15 minutos ao meio-dia e à noite, oração de preces missionárias e ladainhas dos santos, meia hora diária de leitura espiritual, reza do Santo Rosário diariamente, meia hora de leitura missionária diária e oração do Ofício Parvo, Hora Santa, Vigia do Santíssimo, Via Crucis. Participar das aulas de Religião, Missionologia, Música. Cada noviça deve ter um exemplar das Constituições".
Outros meios de formação das noviças são: "O mês de exercícios espirituais de Santo Inácio de Loyola; trabalhar um mês em um hospital, ou leprosaria, ou em uma instituição similar, comendo e dormindo lá mesmo; exercitar-se em trabalhos domésticos; explicar a doutrina cristã às crianças ou aos adultos; fazer tentativas de falar em público, pelo menos diante da comunidade".

Carmen recebeu o hábito em 3 de outubro de 1954, dia de Santa Teresa do Menino Jesus, segundo o calendário da época[13], na Basílica de São Francisco Xavier, quando estava prestes a completar 24 anos. Iniciou seu noviciado de dois anos, que iria até a data de 3 de outubro de 1956, quando professaria os votos temporais, por intermédio de uma das madres fundadoras, a Madre María Concepción de Jesús Arraiza, em uma cerimônia oficiada pelo Mons. Olaechea.

O noviciado em Xavier: Ascensão!

Desse tempo de noviciado, contamos com o testemunho de sua companheira de grupo, antes mencionada, Loli Gómez Ortiz, que nos diz o seguinte:

> Carmen e eu chegamos a Xavier na mesma data, para fazer parte da Comunidade das Missionárias de Cristo Jesus. Nós chegamos em 1º de abril de 1954. Nosso grupo era muito variado: catalãs, andaluzas, castelhanas, japonesas e bascas. Ao todo, éramos nove. O que mais posso ressaltar de Carmen era seu dinamismo interior, sua cordialidade, sua proximidade e seu bom humor. Era muito querida pelo grupo e igualmente pela mestra de noviças, Joaquina Pijuán. Fizemos nossos primeiros votos juntas em 3 de outubro de 1956. Carmen passou depois à comunidade da rua Viciana, em Valência, e estudou Teologia. Rapidamente eu fui para a Venezuela. Ao voltar, no ano de 1968, Carmen já não estava em nosso Instituto. Deus faz nosso Caminho. A ela coube o Caminho Neocatecumenal, e que bem a fez...![14]

Em um livreto, neste caso, um manuscrito, arquivado na Catedral de Valência[15], aparece uma lista das noviças, aspirantes a missionárias, entre 1956 e 1958, assim como as datas e principais atividades que realizaram nesse triênio. Constam também os resultados obtidos pelas aspirantes nesse tempo de preparação. Nesse documento, as responsáveis da jovem instituição informavam com bastante detalhe a D. Marcelino Olaechea a respeito da vida interna do instituto missionário. No registro das noviças, com data de 1º de janeiro de 1956, aparece Carmen, que é a número 14 da lista: "Carmen Hernández Barrera, filha de Antonio Hernández e Clementa e domiciliada em Madri".

---

13. No calendário antigo (*vetus ordo*), celebrava-se a festa de Santa Teresa de Lisieux em 3 de outubro; no novo calendário (*novus ordo*), mais recente, esta passou a ser celebrada no dia 1º de outubro.
14. Testemunho de Loli Gómez Ortiz enviado a D. José Rodilla.
15. *Misioneras de Cristo Jesús. Postulantado y Noviciado. Catálogo. 1956-1958* (ACV.FO).

Formavam um total de 48 noviças, lideradas por Ana María Fraga Iribarne, que faria amizade com Carmen Hernández. Consta que, durante aquele período, foram admitidas seis.

De Carmen está anotado que era licenciada em Ciências Químicas, que já havia cursado um ano de enfermagem e que, durante o ano de 1956, foi catequista no povoado de Undués, assim como correspondente para a missão de Rajkot, da região de Saurashtra, na Inglaterra, com a expectativa de realizar seu sonho e ser destinada a esse lugar.

Detalham-se também algumas das atividades que haviam desenvolvido no ano de 1956: de 7 a 29 de fevereiro, realizaram práticas em uma maternidade, indo de duas em duas; de 9 a 13 de junho, fizeram uma peregrinação a Roncesvalles; de 24 a 25 de setembro, participaram dos exercícios espirituais inacianos, com o Pe. Ángel Arín. Há também referência a seus estudos de Religião, História das missões, Missionologia e Inglês, "nos quais alcançou bons resultados". É um tempo, o de Xavier, no qual Carmen vive sob uma estrita disciplina, um tempo de sacrifícios, humildade, alegria e noivado com Jesus Cristo:

> Lembro-me de meus tempos como voluntária, quando em Xavier, em plena serra de Leyre, nos levantávamos pela manhã rapidamente, e a água da bacia estava gelada, e eu era capaz de me lavar desde a ponta dos pés até a cabeça. Os fervores que me deu Jesus Cristo nesse tempo[16].

Aqui Carmen viveu uma experiência de intensa e forte proximidade com o Senhor, um novo momento de graça de Deus sobre ela. Em Xavier, ela goza intensamente do que denominará, muitas vezes, seu *amor de juventude*. Um noivado intenso e vivo com Jesus, que encontra um especial momento de graça em um dos dias que antecedem a recepção dos primeiros votos, em um dos exercícios do mês. Na noite de 6 a 7 de setembro de 1956[17], dentro dos exer-

---

16. *Documentos Carmen Hernández*, X: Convivência de Itinerantes da Espanha e de Portugal, fevereiro de 1987.
17. Pelos dados com os quais ela própria contribui e a documentação existente, podemos determinar essa data. Deve ter ocorrido durante os primeiros exercícios espirituais de mês completo que ela realizou como religiosa, que aconteceram entre 25 de agosto e 24 de setembro de 1956. Carmen ingressara nas Missionárias no dia 1º de abril de 1954, ano em que não consta a realização de nenhum dos exercícios espirituais. Em 1955, sim, realizaram-se os exercícios, entre 8 e 15 de setembro, ou seja, somente oito dias, tal como aparece no *Catálogo de Misioneras de Cristo Jesús. Postulantado y Noviciado em Javier* (ACV.FO, leg. 116-3).
Portanto, os primeiros exercícios espirituais de mês completo ela os fez em 1956 e, pelo que diz em seu testemunho, em que faz referência à Semana da Paixão, a noite em que teve esse sonho deve ser a de 6 a 7 de setembro. Podem-se comprovar esses

cícios espirituais do mês, que foram dirigidos pelo padre jesuíta Ángel Arín e que, na parte dedicada à Paixão, lhe assistiu o também jesuíta Pe. Segarra, ocorreu-lhe isto:

> E, dentre as graças que o Senhor me deu lá, há uma que jamais esqueci, nem sequer nos momentos de maior crise e de angústias que mais adiante tive em minha vida. Fica em mim como um memorial muito forte da intervenção de Deus em minha vida. Por hoje ser o dia da Ascensão, vou lhes dizer duas coisas sobre isso.
>
> Nós, antes de fazer os votos, fazíamos o mês inteiro de exercícios espirituais[18].
>
> Este Instituto tinha todas as regras de Santo Inácio. Um mês inteiro de exercícios espirituais em que se vive a vida de Jesus Cristo: na 1ª semana, o nascimento de Jesus Cristo e a vida oculta; na 2ª, a vida pública; na 3ª, a Paixão; e na 4ª, a Ressurreição. Na terceira semana, a da Paixão, os exercícios eram dados por outro santo jesuíta, que se chamava Pe. Segarra. Todos os jesuítas que o conheceram dizem que foi um senhor muito importante. Eu estava muito unida com o Senhor e impressionou-me que São Pedro negara Jesus Cristo. Naquela noite, pedi para ficar nas meditações (podia-se pedir permissão de se levantar à noite para rezar). Lembro-me perfeitamente da capela e de tudo. Eu me levantei (a permissão que lhe davam era de uma hora, como uma "hora santa"). Estive toda a noite pensando que, se São Pedro, em vez de dizer a Jesus Cristo "EU NÃO TE NEGAREI", tivesse pedido ao Senhor "NÃO PERMITAS QUE EU TE NEGUE", isso lhe teria sido concedido, não teria negado Jesus Cristo. Eu, com essa ideia, fui para a cama. E, dormindo, durante a noite, tive um sonho que tem muita relação com a Ascensão.
>
> Nesse sonho, vejo Jesus Cristo, que me diz:
>
> — TU, SEGUE-ME!
>
> E eu vejo Jesus Cristo, tento seguir Jesus Cristo, mas me dou conta de que isso é uma loucura. E me diz:
>
> — TU, SEGUE-ME!

---

dados no *Catálogo de Misioneras de Cristo Jesús. Postulantado y Noviciado em Javier* (ACV.FO, leg. 116-3). Também em 26 de agosto. FCN: *Boletines de cumplimiento externo. Exámenes de consciência*, de setembro de 1956 (Caderno C 10). Esta constatação deve muito à documentação e informação facilitada pelo Rev. Pe. Jesús Sánchez, encarregado de estudo do Arquivo de Valência e do Fundo Olaechea.

18. Os *Exercícios Espirituais* de Santo Inácio de Loyola são meditações, orações e exercícios mentais pensados para se fazer em retiro isolado, sob a guia de um diretor espiritual e durante um período de 28 a 30 dias. Atualmente, realizam-se com frequência os exercícios de forma abreviada, pelo período de uma semana, mas os exercícios propriamente ditos são os de um mês inteiro.

E, no sonho, eu estou junto a Jesus Cristo, saindo pela janela, e o que encontro é o vazio... E começa uma descida, uma descida, uma descida na qual a velocidade é cada vez maior, descendo, e vês que te esmagas. E eu com uma angústia... E ouço a voz de Jesus Cristo, que me diz:

— TU NÃO DIZIAS QUE QUERIAS SEGUIR-ME?

Disse que sim, e entrei na morte... Ou seja, entrei na morte e, nesse mesmo instante, mudam as circunstâncias: encontro-me subindo, subindo, subindo, em uma ascensão gloriosa, maravilhosa, com grande sensação de prazer e de bem-estar, algo que não se pode comparar nem com um prazer sexual, nem de comida, nem de nada. É uma bem-aventurança, um estar no céu atrás do Senhor, subindo. E tanto era assim que disse:

— Basta, basta, basta!

E acordei tendo provado o que era verdadeiramente a "bem-aventurança", o céu. Tanto é assim que isso me durou um mês inteiro, e eu estive "bem-aventurada". Vivia no céu, algo que é inexplicável. E depois, sempre que me lembro, vejo a diferença de subir em um avião com esta experiência de ascensão. Eu experimentava isso no meu próprio corpo. No avião, você nota que o avião sobe, mas você não. Ao esquiar, você percebe se desce, não? Esta ascensão, este voar, me fez experimentar o que é a Vida Eterna. É um prazer em um instante, como se não acabasse nunca. É o céu, a posse de Deus, a Vida Eterna[19].

Este sonho vai ser determinante em sua vida[20].

---

19. *Documentos Carmen Hernández*, XVII: Encontro com as Comunidades da Região Noroeste da Espanha, 15 de maio de 1994.
20. Assim ela se manifesta em algumas cartas posteriores: CNC 38 do ano 1962; CNC 46, arquivadas no Fundo do Centro Neocatecumenal de Madri (daqui em diante FCN).

6
OS ANOS DE FORMAÇÃO TEOLÓGICA
(Valência, 1957-1960)

O Servo de Deus D. Marcelino Olaechea y Loizaga, SDB

Tanto para as Missionárias de Cristo Jesus como, de modo particular, para a própria Carmen vai ser decisiva a ajuda, a amizade e o conselho de Mons. Marcelino Olaechea Loizaga[1].

Este bispo, nascido em Baracaldo, em 9 de janeiro de 1888, filho de trabalhador dos altos-fornos, era religioso salesiano e foi, primeiro, bispo de Pamplona, de 1935 a 1946, época em que Carmen o conheceu, e, posteriormente, arcebispo de Valência, de 1946 até sua aposentadoria em 1966. Carmen consolida com ele uma amizade profunda e uma confiança filial que perduraram até a morte do prelado, em 21 de outubro de 1972. D. Marcelino Olaechea foi chamado ao Pai, verdadeiramente, com odor de santidade[2].

> O bispo de Pamplona na época, que era um salesiano, D. Marcelino Olaechea Loizaga, e hoje está em processo de beatificação, dizia sempre: "Eu sou filho de trabalhador". Era um basco, filho de um trabalhador dos altos-fornos, que tinha enorme afabilidade. Era muito amável. Eu, que era filha dos jesuítas, conheci os salesianos por intermédio dele.

---

1. O Rev. Pe. Jesús Sánchez estava fazendo um importante e exaustivo estudo e trabalho de documentação e catalogação do Fundo Olaechea, do Arquivo da Catedral de Valência. Uma parte desse material nos permitiu reconstruir com grande detalhe este tempo da vida religiosa de Carmen Hernández entre as Missionárias de Cristo Jesus. Por outro lado, temos de esperar a conclusão e a publicação do estudo para conhecer mais pormenores dessa relação filial e amistosa entre Carmen Hernández e o servo de Deus Mons. Olaechea.
2. Assim falava sobre ele D. Joaquín Mestre, que fora seu secretário: "Na vida, cruzei com inúmeras pessoas notórias, muitas delas admiráveis por sua virtude. Tive, inclusive, de dar testemunho em vários processos de beatificação e canonização. E penso, com inteira convicção, que nenhuma das pessoas que conheci e com quem tratei alcança a gigantesca medida que sempre vi, comprovei, admirei e admiro cada vez mais, na natural perspectiva que os anos oferecem, em D. Marcelino". Em relação à sua atual causa de canonização, verificamos que: "Finalmente, o processo foi aberto em Valência, em 17 de setembro de 2014, sob a forma 'ne pereant', ou seja, 'para que não se perca'" (cf. *Paraula*, 2-3-2017; 19-7-2018; 27-12-2019).

> D. Marcelino Olaechea é quem apoiou toda essa fundação, que, na Índia, se vestia com sari, mas, na Europa, nos vestíamos normalmente. Em casa, usávamos uma coisa como um hábito pequeno, que era como o que vestem os estudantes de Oxford.
>
> Esse bispo de Pamplona dizia sempre: "A ideia desta Fundação (as Missionárias) não foi minha, mas sim do Pe. Domenzáin"... Mas, ainda assim, a execução para levá-la a cabo ocorreu graças a seu apoio[3].

Mons. Olaechea foi ordenado sacerdote salesiano em 1912 e logo foi empossado como diretor de alguns colégios da congregação, em La Coruña (1915) e Carabanchel Alto (1917). Mais tarde, foi provincial e, em 1933, foi designado como visitador dos seminários das províncias eclesiásticas de Valência, Granada e Sevilha. Foi sagrado bispo em Madri, em outubro de 1935, e um mês mais tarde foi nomeado bispo de Pamplona, de cuja sede seria titular até 1946.

O papa Pio XII nomeou D. Marcelino Olaechea arcebispo de Valência em 17 de fevereiro de 1946. No que diz respeito à sua personalidade, podemos citar as palavras que Mons. García Lahiguera, seu sucessor na sede valenciana, disse a respeito dele:

> Era um basco de amplo espectro, homem de governo, simples, sereno, de ampla cultura, fácil sorriso, incansável trabalhador, de saúde frágil e aspecto nobre, organizador nato, de humor fino e saudável, inteligente, de intuição sagaz, de ideias claras e diferentes... soube combinar em sua vida ser salesiano de raça e bispo por obediência[4].

Seu episcopado em Valência caracterizou-se por grandes manifestações e concentrações religiosas, como a procissão da Virgem dos Desamparados, patronesse da cidade, ao se celebrarem as Bodas de Prata de sua coroação canônica, as Missões Populares que se realizaram entre 1949 e 1955, em Valência, os Congressos Eucarísticos Regionais, o IV Congresso Nacional Catequético, a celebração do Ano Santo de 1950 e do Ano Mariano de 1954. Sempre com grande sensibilidade social, promoveu a construção do bairro conhecido como San Marcelino, em 1954, para pessoas carentes de moradia. Outros marcos importantes de seu episcopado foram o Sínodo Diocesano de 1951 e a construção de um novo seminário em Moncada, com uma enorme capacidade para acolher um grande número de candidatos ao presbiterado. Mons. Olaechea potencia-

---

3. *Documentos Carmen Hernández*, V: Convivência de Início de Curso do ano 1994, p. 264.
4. Cf. P. Ruz Delgado, "Monseñor Olaechea y Loizaga. Un sencillo salesiano hecho obispo. Semblanza a los 40 años de su muerte": *El Rotativo* IX/87, 2012.

lizou, além do mais, o laicato católico, representado então pela Ação Católica; favoreceu iniciativas de tipo assistencial, como o Instituto Social Trabalhador (1948), para oferecer formação aos trabalhadores, e outros numerosos projetos de ajuda aos necessitados[5]. Monsenhor Olaechea é Servo de Deus e está em processo de canonização. Ele foi uma pessoa decisiva na vida de Carmen, com quem ela manteve, durante toda a vida, forte amizade e carinho, e por cujo processo de beatificação manteve sempre um grande compromisso e interesse.

Desde 1947, a casa de formação das Missionárias é instituída em Valência pela vontade de D. Marcelino Olaechea, que, um ano após ter sido nomeado arcebispo metropolitano desse lugar, quis tê-las próximas dele. Assim, ele lhes facilitará um edifício (hoje demolido) que estava situado em uma praça pequena, na metade da rua Viciana, onde há um poço, muito próxima à igreja del Salvador, da Faculdade de Teologia da rua Trinitarios e também do palácio episcopal e da catedral. Curiosamente, está a poquíssimos metros de onde se situara, muito mais tarde, o Centro Neocatecumenal Diocesano, na praça do Conde de Carlet.

A própria fundadora conta assim as origens da casa de formação:

> Esta casa foi aberta em 25 de janeiro de 1947, sob a invocação de São José, e pertence à arquidiocese de Valência, cujo arcebispo é o Mons. Marcelino Olaechea Loizaga. Ele trouxe a casa de formação para Valência a fim de que as Missionárias cursassem as carreiras de Medicina, Enfermagem, Magistério, Idiomas, Química... pois tinham de se preparar bem para melhor servir... No mês de junho de 1946, o senhor arcebispo foi a Valência, e em dezembro nós já estávamos lá. Eugenia e eu fomos e, como ainda não tínhamos casa, até que se encontrou uma, ficamos na casa de meu irmão Mariano. Depois, fomos morar com a irmã de um cônego que acabara de morrer, em uma casa em frente à catedral. Essa foi nossa primeira casa em Valência, e lá estávamos quando, no ano seguinte, eu parti com a primeira expedição para a Índia. Depois, o senhor arcebispo deu às Missionárias uma parte do velho seminário e lá estivemos, na rua Viciana, até que saímos de Valência no ano 1971. Enquanto a casa esteve habitável, vieram de Xavier: Concha Arraiza e María Teresa Unzu, que, com Eugenia Nagore, tornaram-se a primeira comunidade de Valência[6].

---

5. Sobre Mons. Marcelino Olaechea Loizaga ver: B. BUSTILLO, *Hombres de nuestra historia. Semblanzas Salesianas de la Inspectoría de Valencia (1913-1980)* (Central Catequística Salesiana, Madri, 1981) 169-180; A. INIESTA CORREDOR, *Hijo de obrero, arzobispo de Valencia* (Asociación Católica de Maestros, Valencia, 1992).

6. Cf. Mª E. SANZ-ORRIO ARRAIZA, *Camino de Jesús. Tras las huellas de Javier*, Valência, EDICEP, 2015, 80.

Carmen se unira a elas nesta casa de estudos no verão de 1957 e, como já tinha uma licenciatura civil, a de Química, completou sua formação religiosa fazendo os estudos teológicos na época chamado de Ciências Sagradas.

D. Marcelino preocupou-se com as Missionárias como algo próprio desde o primeiro momento. Por isso as chamou e as acolheu em Valência com grande proximidade e carinho: "Não se preocupem, pois agora poderei mais e farei mais por vocês. Não deixarei as Missionárias de Xavier enquanto eu viver".

Uma vez instaladas as Missionárias, ele as acompanhou com suas orientações e conselhos e, além disso, manteve com todas elas uma relação muito próxima e paternal. Há uma intensa e contínua correspondência que o bispo mantém com algumas das Missionárias.

O bispo também se corresponde com aquelas que foram as primeiras superioras do instituto, como é o caso de María Concepción de Jesús Arraiza, que, desde Xavier, lhe escreve frequentemente. Em uma de suas cartas, datada de 22 de junho de 1955, menciona vários assuntos, alguns dos quais relacionados a Valência. Também falam sobre o futuro no que diz respeito a projetos de expansão do instituto religioso.

Mas, dentre todas as jovens missionárias, o bispo vai estabelecer uma grande relação com Carmen Hernández. Uma amizade que vai ser importante e duradoura.

Carmen lhe abre sempre o coração com familiar intimidade, de forma livre e direta, como ela é, que se reflete em uma frequente correspondência que vão manter sempre, na qual existe uma confiança como a que se dá entre uma filha e um pai próximo e compreensivo.

Além disso, há outro aspecto que distingue essa confiança: o bispo descobre na noviça uma maturidade interior enorme e uma vida espiritual excepcional; estima sempre em Carmen sua franqueza e sinceridade, tanto no interior como no exterior, e, por outro lado, se surpreende com o conhecimento da jovem no que se refere à Palavra de Deus. Carmen amplia suas leituras, é estudiosa, mantém sua relação íntima com a Escritura, a qual lê assiduamente e acolhe com grande capacidade de aterrissá-la em sua existência. Além disso, a oração e a proximidade com Jesus Cristo, ela as vive com uma seriedade surpreendente, inclusive para uma jovem religiosa. Seu amor a Jesus Cristo é firme, muitas vezes comovente, muito sinceramente vívido e distante das mistificações próprias do clima espiritual daquele tempo, o que se pode apreciar em várias de suas cartas dirigidas ao bispo nesses anos. Suas inquietações e seu estado interior manifestam uma aguda inteligência e grande profundidade de espírito. É uma pessoa inquieta, insatisfeita com tudo o que não lhe parece bom ou justo, algo que mostra, abertamente, ao bispo, com quem fala de um modo direto e franco: não somente é crítica com o que a rodeia, mas também, por sua vez, é muito autocrítica e exigente consigo. Isso D. Marcelino consegue perceber enormemente. O bispo tem consciência do valor dessa jovem, a quem descreve em termos de "*selvagemente* nobre, sincera e franca".

Todos os que conviveram com Carmen confirmam essa descrição de Mons. Olaechea, a ponto de, às vezes, Carmen chegar a ser um tanto arisca ou antipática, como consequência desse traço de seu caráter.

Carmen, na humildade de sua vida religiosa, "sentada no pó", calcula seus gastos, como diz o evangelho (cf. Lc 14,28.31), para preparar sua futura missão, experimentando um tempo de intenso noivado com Jesus Cristo e esperando em breve fazer os votos perpétuos e ir à Índia.

A Casa de São José, em Valência

Carmen não somente esteve muito unida a esse bispo, a quem considerava como um verdadeiro pai, mas também iniciou uma estreita amizade com D. Joaquín Mestre Palacio, sacerdote valenciano e secretário de D. Marcelino. Com ambos manteve uma estreita relação ao longo de sua vida. São muitos os testemunhos, documentos gráficos e escritos desse tempo[7] que mostram o entusiasmo e a alegria nessa vocação missionária de Carmen, assim como sua proximidade a Jesus e seu crescente amor à Escritura e à Eucaristia. Os testemunhos que encontramos de suas companheiras descrevem uma Carmen "viva e alegre", "que viveu esses anos de Valência com grande dedicação e muita alegria"[8].

Sua vida na Casa de São José era simples, de intensa devoção e forte amor ao Senhor. Era possível vê-la com frequência rezando diante do Cristo de San Salvador, perto de sua casa, ou visitando a Virgem dos Desamparados, na basílica próxima, ou fazendo oração na catedral, onde mais tarde foi enterrado o servo de Deus Marcelino Olaechea[9].

---

7. Referimo-nos, principalmente, a documentos que se conservam no Fundo Olaechea, do Arquivo da Catedral de Valência, assim como ao testemunho da família de D. Joaquín Mestre.
8. Cf. Conversaciones de Amparo Llinares com Mª Ángeles Sagristá sobre Carmen Hernández, gravadas em 1999, FCN.
9. Num anexo à nave central da catedral, na Capela de Santo Tomás de Villanova e junto ao túmulo desse santo valenciano, jazem os restos do servo de Deus D. Marcelino Olaechea.

Como conta sua companheira de estudos Mª Ángeles Sagristá,

> Nós gostávamos muitíssimo do senhor arcebispo e nos infiltrávamos. Carmen sempre tinha que fazer coisas. Em um dia da Virgem, em que eu estava muito mal fisicamente, estava fraca e enjoada, Carmen me disse: Vamos ver a oferenda das flores! Nós saímos numa tarde e, então, subimos à parte de cima da basílica da Virgem, e Carmen conseguiu que nos colocássemos na primeira fila, porque, como eu estava tão fraca e assim tão adoentada, de repente disse: "Não teriam uma cadeira? Porque esta pobre moça está doente". E me deixaram passar com ela a meu lado, e assim eu me sentei... Nós, como Carmen era assim, ao sair da aula, muitíssimas vezes íamos ao palácio episcopal e nos infiltrávamos. Então, como o padre [D. Marcelino] tinha tantas visitas e problemas para resolver, íamos ver D. Joaquín Mestre. Carmen e D. Joaquín se estimavam muitíssimo, e ele nos dizia: "Esperem, esperem um momento!". E avisava o padre quando saía de alguma entrevista que tinha e, então, entrávamos onde o padre estava e, no fundo, lhe alegrávamos a vida, com esses problemas que tinha. Ele nos dava sua bênção e ríamos com ele e pronto. E fazíamos isso muitíssimos dias[10].

A proximidade do bispo com esta comunidade missionária era muito intensa. Afinal de contas, era uma obra que havia nascido de suas mãos:

> O padre, o arcebispo, vinha todos os dias. Nós, quando ele chegava à casa da rua Viciana, tocávamos um grande sino. Vinha sempre com D. Joaquín e se colocava na sala de piano, e as estudantes e não estudantes quase sempre íamos [sic]. Às vezes, se não podíamos permanecer todo o tempo, íamos pelo menos um pouquinho[11].

Essa amizade estendia-se aos períodos de férias, quando as religiosas frequentavam a localidade alicantina de Alcalalí[12], visto que lá estava a casa familiar de D. Joaquín Mestre, onde o bispo e seu secretário tinham alguns momentos de repouso. Maria José Mestre, irmã de D. Joaquín, foi testemunha privilegiada daqueles encontros:

> Carmen esteve aqui algumas vezes. As Missionárias de Cristo Jesus vinham em companhia de D. Marcelino e de meu irmão. Para o senhor arcebispo, este era um lugar de repouso, onde podia se afastar algumas horas

---

10. Conversaciones de Amparo Llinares com Mª Ángeles Sagristá sobre Carmen Hernández, gravadas em 1999.
11. Ibid.
12. Município da província de Alicante, Comunidade Valenciana, da Marina Alta, situado a poucos quilômetros da costa.

do fardo de suas responsabilidades e fadigas diárias. Daqui faziam excursões até o Cabo de la Nao, ou a Jávea, a Gata de Gorgos, ou a outros lugares do entorno. Eu lhes preparava a comida.

Maria José Mestre e Carmen guardaram sempre uma profunda amizade:

> Carmen era muito corajosa, muito dedicada. Ela, como outras Missionárias, desceu de Xavier até Valência para estudar Teologia. Viviam em uma casa próxima ao palácio episcopal... Eu também ia com frequência visitá-las quando ia à capital para ver meu irmão... Lembro-me de que a superiora era María Teresa Unzu, que, por sua vez, era uma das fundadoras... Carmen continuou a amizade com meu irmão sempre, inclusive após a morte de D. Marcelino, quando ele era cônego e tesoureiro da Catedral de Valência. Eu via que Carmen tinha muita amizade com meu irmão, uma amizade verdadeira... Carmen era muito simpática, muito humana e muito (não sei como dizer) sincera, dizia o que sentia e, além disso, era muito simples. Guardo muito boa lembrança dela, e a última lembrança é preciosa: veio ver o meu irmão, Joaquín, no fim de sua vida; e isso quem faz? Vir de tão longe para se despedir de um amigo! Porque Carmen veio desde o Japão ou desde a Índia. Cada vez que me lembro disso me emociono. Ela já estava mais velha, mas era muito disposta como sempre. Falou com ele um pouco e lhe deu um crucifixo seu, que tirou do bolso[13].

Preparação em Ciências Sagradas

É notável a preocupação de D. Marcelino Olaechea com a educação, algo que se concretizou durante seu episcopado valenciano em numerosas iniciativas e projetos, tais como: a Associação Católica de Professores; as Escolas Primárias; a Escolania da Virgem, o novo seminário, assim como muitos colégios diocesanos. Além disso, ele fundou o Instituto *Sedes Sapientiae* para a formação das religiosas, o qual encomendou os melhores professores que havia na Faculdade de Teologia.

O Instituto *Sedes Sapientiae* foi criado a pedido de D. Marcelino Olaechea à Santa Sé, para a mais perfeita formação das religiosas dedicadas ao ensino, e fundado em 15 de junho de 1957; estava agregado ao Pontifício Instituto

---

13. D. Joaquín Mestre faleceu em 2 de agosto de 1995. Por um lado, contribuíram alguns dados fornecidos pelo Rev. Pe. Luis Molina, filho de María José Mestre e sobrinho de D. Joaquín. Além disso, extraio parte de uma entrevista realizada por V. Cordoñer em 23 de outubro de 2014, coletada para um estudo sobre *Os inicios del Camino Neocatecumenal en Valencia*.

Regina Mundi de Roma[14]. À frente do instituto e levando as áreas mais fundamentais estavam: o Pe. Marceliano Llamera, OP[15], para Teologia Espiritual, que foi quem orientou o trabalho final de Carmen Hernández; o Pe. Emilio Sauras, OP, para Teologia Dogmática; o Pe. Sebastián Fuster, OP, para Filosofia; e o Rev. Senhor D. Tomás Belda, para Sagrada Escritura.

São tempos nos quais a cidade de Turia é um manancial de vocações, com uma vida religiosa muito forte e intensa, a qual a personalidade e a força pastoral de Olaechea fomentaram enormemente. O bispo Olaechea estabelecera este Instituto na atual Faculdade de Teologia, na rua Trinitarios, 3. Ele colocou à frente desse instituto os melhores teólogos que havia entre os professores dominicanos da província, na diocese. Em Valência, a Faculdade de Teologia reúne a seção diocesana e a seção da Ordem dos Pregadores, e sempre contou com um clero de extraordinário nível intelectual.

Para Carmen, foi um momento de estudo, de trabalho e de muita alegria, como se lembra em numerosas ocasiões:

> Enfim, fizeram-me estudar aquelas teologias. Estive também um ano inteiro lavando roupa, quando não havia máquinas; lavei lençóis aos montes.
>
> E assim, como eu já havia estudado Química, me colocaram para estudar Teologia, e graças também a este arcebispo de Valência, que era muito aberto, muito bondoso, era um homem santo — agora querem abrir sua causa de canonização —, era um homem muito inteligente... Em Valência, abriu uma casa de formação teológica para religiosas... Uma escola especial, trazendo a todos os melhores professores que havia no Seminário, na Faculdade dos rapazes. Lá eu tive como professor o Pe. Sauras e fiz toda a Teologia que fazem os padres. Como era a dos dominicanos, era muito escolástica e séria.
>
> O Pe. Sauras, OP, era o número um dos dominicanos que a Espanha tinha nesta época e o primeiro que escreveu um livro novo sobre Cristologia. E foi ao Concílio como consultor. Com ele, eu conheci os dominicanos e toda a santa teologia que se dá aos padres, com toda a *Summa* de Santo

---

14. O Instituto Pontifício *Regina Mundi* foi fundado por Sua Santidade o Papa Pio XIII, pelo Motu proprio *Nihil Ecclesiae Antiquius*, de 11 de fevereiro de 1956.
15. Foi um dos grandes autores de teologia espiritual e auxiliou como perito do episcopado espanhol na 1ª e na 2ª Sessão do Concílio Vaticano II. Destacam-se seus trabalhos: *La acción de gracias eucarística, María, Madre de Cristo y de la Iglesia* y *El valor apostólico de la vida Contemplativa*. Cf. A. HUERGA, "Los teólogos españoles en el Concilio": *Anuario de Historia de la Iglesia*, 14 (2005) 51-66; V. FORCADA COMINS, "P. Marceliano Llamera Fernández, OP (apuntes para un esquema biográfico)": *Escritos del Vedat*, 12 (1982) 13-54; *P. Marceliano Llamera Fernández, OP. Biografía* (Federación de la Inmaculada Concepción, Valencia, 1997).

Tomás — este Pe. [Sauras] era fantástico e explicava isso muito bem, com uma graça enorme[16].

Como diz Carmen, Emilio Sauras García, OP[17], foi um dos mais importantes teólogos espanhóis dos anos 1960, com uma importantíssima obra em Teologia dogmática[18]. Um mestre e autor equiparável a outros teólogos dominicanos da época, como Marie-Dominique Chenu ou Yvez Congar, com a diferença de que Emilio Sauras era espanhol, e a Espanha foi um lugar de grandes esquecimentos, particularmente em relação às figuras intelectuais que desenvolveram sua atividade naqueles tempos. Este dominicano nasceu no dia 28 de fevereiro de 1908, em Andorra. Em 1919, com 11 anos, ingressou no seminário menor dos dominicanos em Solsona (Lérida). Fez os votos temporais em 1924 e os solenes em 1929, em Valência, onde havia cursado Filosofia e Teologia no Estúdio Geral dos dominicanos. Foi ordenado sacerdote em 5 de outubro de 1930; depois, foi para Roma a fim de cursar estudos superiores no Angelicum. Licenciado em Teologia em 1931, doutorou-se em 1932 com a tese *Si puede el justo merecer de alguna manera la contemplación infusa*, com a orientação do Pe. Garrigou-Lagrange. Em 1951, em Barcelona, alcança o título de Mestre em Teologia. Este dominicano participou ativamente da 1ª e da 2ª Sessão do Concílio Vaticano II junto com o Pe. Llamera, ambos consultores do bispo de Valência e do Episcopado Espanhol. Sauras, além disso, foi perito da Santa Sé durante o Sínodo dos Bispos de 1967.

Desde 1957, foi professor de Teologia no Instituto *Sedes Sapientiae*, anexo à Faculdade de Teologia de Valência, lugar que tinha Carmen Hernández como aluna. Nesses anos, não somente ensinam a tradição tomista, mas também vivem os ares e o impulso teológico que preparavam o Concílio Vaticano II.

---

16. *Documentos Carmen Hernández*, V: Convivência de Início de Curso do ano 1994, p. 265.
17. Cf. J. GALLEGO SALVADORES, "Esquema bio-bibliográfico del P. Emilio Sauras García, OP": *Escritos del Vedat*, 11 (1981) 13-53; V. FORCADA COMINS, *P. Emilio Sauras García, OP. Biografía* (Curia Provincial de Aragón, Valencia, 1997); J. BOSCH NAVARRO, *Diccionario de teólogos/as contemporáneos*, Burgos, Monte Carmelo, 2004, 841-844.
18. O Pe. Sauras, OP, publicaria meia dúzia de importantes livros de Teologia e duas centenas de artigos teológicos, principalmente sobre Cristologia, Eclesiologia, Mariologia, sacramentos (Eucaristia e sacerdócio). Entre seus livros destacam-se: *El cuerpo místico de Cristo* (Madri, BAC, 1952), *Comentarios al Tratado de la Eucaristía de santo Tomás* (Madri, BAC, 1957), *Comentarios al Tratado de los Novísimos en la Suma Teológica de santo Tomás de Aquino* (Madri, BAC, 1960), *Teologia del Cuerpo Mistico* (Roma, Città Nuova, 1964) e *Teología y espiritualidad del sacrifício de la misa* (Madri, Palabra, 1980).

O Pe. Marceliano Llamera, que orientou o trabalho final de Carmen Hernández, também foi consultor conciliar do episcopado espanhol no Concílio Vaticano II e esteve presente durante a sessão de 1963. Posteriormente, foi perito do mestre da Ordem dos Pregadores na renovação conciliar das constituições dominicanas. Carmen teve com ele sempre uma relação muito boa e próxima.

Carmen concluira seus estudos em Ciências Sagradas em maio de 1960, com um trabalho de teologia espiritual realizado com a orientação do mencionado Pe. Llamera e intitulado *Necesidad de la oración en el pensamiento de Pío XII*. Foi apresentado no Instituto *Sedes Sapientiae* de Valência e obteve qualificação máxima de *summa cum laude*.

Sua companheira Amparo Llinares coletou um testemunho desse tempo da amiga e companheira de quarto de Carmen na época, Mª Ángeles Sagristá, com quem Carmen compartilhou nesses três anos boa parte de seu tempo:

> Concha Arraiza me disse que eu iria com Carmen Hernández para Valência, a fim de estudar Teologia; estivemos três anos estudando. Parece que nesse ano começava o Instituto *Sedes Sapientiae*. Ficamos em um quarto, tínhamos as duas camas. Carmen era tão apaixonada por Jesus Cristo... Íamos à aula, era a primeira vez que se ensinava Teologia para as freiras. Em Valência, esses anos foram justamente os anos anteriores ao Concílio. Em Valência estávamos quase 20 pessoas, todas jovens, umas estudando Sociais, outras estudando Teologia. A superiora era Isabel Sagaseta, que era alguns anos mais velha que nós. Então tivemos a primeira congregação geral; em 59, foi a primeira, mas em 58, parece, fomos estudar em Valência.
>
> Eu creio que devo muito a Carmen, pois me ajudou a sair de mim, deu-me fortaleza e muitas coisas. Eu tenho muita estima por ela porque lhe devo muito. E porque vivemos três anos e nos queremos muito bem. Eu me senti com Carmen. Como ela é tão forte em tudo, acredito que me ajudou a ser pessoa, você vê. A mim, o noviciado me despersonalizou, não me ajudou a me sentir segura. Quando fui a Valência e me encontrei com Carmen, a vi tão livre e desenvolvida, que me dizia: Embora, vamos! Eu voltei a me encontrar com o que sou por dentro, mas, por causa de minha timidez, me custa tanto. Então Carmen me ajudou muito a sair de mim mesma, a enfrentar as coisas, a dizer o que penso, sem medo. Ela me incentivou muito, me acompanhou muito, tivemos uma boa amizade, mas não diria que era exclusiva, porque ela também tinha outras amigas. Para mim, esses três anos com Carmen foram três anos muito bons[19].

---

19. Conversaciones de Amparo Llinares com Mª Ángeles Sagristá sobre Carmen Hernández, gravadas em 1999, FCN.

Entretanto, finalizado este período, entre 30 de junho e 23 de agosto de 1959, ocorrera a primeira congregação geral das Missionárias em Xavier. As Missionárias pedem ajuda a D. Marcelino[20] em relação a consolidar a Congregação. A Madre Geral incentivou todas as Missionárias a propor diversos postulados que deviam ser apresentados, no máximo, em 30 de maio de 1959. Nos meses prévios, a vida das religiosas fica alterada; em muitas delas, essa ocasião suscita esperanças e ilusões de mudança e renovação, muito particularmente em Carmen.

É interessante que, em seu quinto aniversário de ingresso nas Missionárias de Cristo Jesus, no dia 1º de abril de 1959, ela se pergunta interiormente, anotando em seu diário: "Bernardo, o que vieste fazer? Bernardo, Bernardo! O que vieste fazer? Por que deixaste o mundo?"[21]. É uma mostra de sua maturidade de sua seriedade vocacional naquele momento em que sua congregação começa a se mostrar vacilante; e Carmen, tomando o exemplo de São Bernardo de Claraval, persevera na oração, buscando aceitar as dificuldades e contrariedades, pois seu caráter tropeça, de vez em quando, com a obediência às superioras e a rigidez das regras. Carmen deve combater seu caráter sincero e, muitas vezes, espontâneo para que prevaleçam a prudência e a mansidão, algo que lhe custa, mas que consegue sempre, graças à sua constância na oração.

A que se devem essas apreensões em sua vida religiosa? De acordo com o testemunho de Mª Ángeles Sagristá[22], a comunidade de Valência apresentou algum postulado:

> Fizemos um postulado e o apresentamos ao Pe. Llamera, que nos dizia: "Se apresentam isso, são valentes, e todas devem assinar". E Isabel Sagaseta o levou para a assembleia. Conto isso porque tem muito a ver com a saída de Carmen [...]. Quando Isabel, que era nossa superiora, voltou, ela havia assinado o postulado e, além disso, estava nele, era uma comunidade de gente jovem com desejos de seguir Jesus Cristo, mas com muita liberdade de dizer as coisas que víamos, como tínhamos que viver. [...]

---

20. Constata-se na ajuda que a M. Joaquina de Jesús pede em 24 de abril de 1959 (ACV. FO, leg. 1.036, doc. 57). A Madre Geral também lhe pede ajuda para a relação histórica a ser lida no primeiro dia da Congregação (ACV.FO, leg. 1.032, doc. 41).
21. Esta famosa interpelação a faz São Bernardo de Claraval em seu tempo de noviciado precisamente em suas lutas interiores, quando se inquieta, se rebela, se fadiga e seu voluntarismo quer se impor. Além disso, Carmen identifica-se com aquela vivência do fundador do Císter. Cf. G. MARTÍNEZ, OCSO, *Bernardo de Claraval. Pinceladas de una vida santa* (Madri, Perpetuo Socorro, 1964), 125-126.
22. Do testemunho em áudio de Mª Ángeles Sagristá nas Conversaciones de Amparo Llinares com Mª Ángeles Sagristá sobre Carmen Hernández, gravadas em 1999, FCN.

O postulado, claro, foi rejeitado — não podíamos falar de nada da Congregação, não podíamos falar nada, por obediência. Foi muito ruim para nós e já, desde então, a comunidade de Valência foi a comunidade rebelde. [...] Quando acabou essa assembleia, as de Valência passaram a ser consideradas como as rebeldes.

7
PREPARANDO-ME PARA IR À ÍNDIA
(Londres, 1960-1961)

Em Londres

Depois da significativa estada em Valência (1957-1960), Carmen finalmente é destinada à Índia e, para finalizar sua preparação, teve de viajar a Londres durante o período letivo 1960-1961 e aprender inglês:

> Terminada a Teologia, destinaram-me finalmente para a Índia, que era o desejo com o qual eu quase havia nascido. Desde Tudela, para mim tinha uma marca, como algo imposto em minha vida, o ser missionária e, não sei o porquê, na Índia...
> Mas, para entrar na Índia, antes de ir (já que, naquele tempo, ela era parte da *Commonwealth*; ainda agora é difícil entrar na Índia; ali o acesso sempre foi difícil), levaram-me a Londres. E eu estive em Londres, parte do ano 1960 e de 1961 — tenho diários daqueles tempos, agora ladrões entraram na casa de Piquer, pegaram uma maleta pequena que eu tinha, e descobri uma quantidade de coisas impressionantes — lá em Londres, preparando-me para ir à Índia[1].

Sabe-se pouco desse tempo em Londres, porque esses diários aos quais ela se refere ainda não foram localizados. Dispomos apenas de sua agenda e de algumas cartas que nos permitem reconstruir e dar a cronologia desse período. Concretamente, sabe-se de sua estada em Londres desde sua chegada, nos primeiros dias de outubro de 1960, porque existe uma carta de uma irmã, chamada Amalia, a D. Marcelino, a qual menciona Carmen Hernández: "Elena e Rosario foram para longe, a outro hospital. Não as veremos por alguns meses. Carmen Hernández e Montserrat também estão longe. Não nos vimos desde que vieram"[2].

Sabemos que ela chega a Londres no começo daquele outono por meio de uma carta escrita nesta cidade em 4 de outubro de 1960[3], na qual há alusão ao

---

1. *Documentos Carmen Hernández*, V: Convivência de Início de Curso do ano 1994, p. 265.
2. Carta de Amalia a D. Marcelino, de 15 de outubro de 1960.
3. Carta 103/1/40 (ACV.FO).

sexto aniversário de sua tomada de hábito. É o dia do santo de sua superiora de Londres, que foi a madre Mª Teresa de Jesús, por ser a festa de Santa Teresinha do Menino Jesus. Nesse momento, ela era recém-chegada à capital britânica, porque fala "da maleta", "do hábito" e das irmãs que a esperavam desde o verão. Pouco antes, depois dos exercícios espirituais daquele verão de 1960, Carmen adota uma atitude abertamente crítica e reformista dentro de sua Congregação, como ela mesma contará, tempos depois:

> Na renovação que fizeram, além das 500 regras que já tínhamos, adicionaram outras 500, entre as quais: para mais modéstia, manga mais larga; para mais caridade, mais silêncio. Tudo com uma boa intenção de conservar o espírito deste Instituto, que tinha verdadeiramente um espírito fantástico, com pessoas que eram santas, maravilhosas, com um espírito enorme, que iam aos lugares mais difíceis[4].

Porque já nesse mesmo verão, justo antes de viajar para Londres e depois dos últimos exercícios de Xavier, comunica ao bispo Olaechea:

> Estas senhoras que foram as heroínas da manga na Ação Católica — é terrível — não podem separar uma santidade, um dogma, dessas pequenas coisas. Enfim, padre, eu vim de Xavier confiando como nunca no Espírito Santo, que trabalhou e continuará trabalhando acima de nós[5].

Com essa irônica alusão ao "aumento das mangas", acrescenta para o bispo alguns detalhes que mostram seu completo estado de ânimo:

> Estive pouco tempo em Xavier, mas fiquei séria e aproveitei o quanto pude, tinha muita vontade de conhecer a Madre Camino e de saudar Mª Teresa; com esta, estive falando muito tempo e muito seriamente quase até uma da manhã. Dei-me conta de muitas coisas, esforcei-me em fazer-lhes ver ativa e passivamente, entre Química, História e Filosofia, a necessidade de nos atualizar e enfrentar com coragem os tempos em que vivemos; eu lhe disse que Santo Inácio de Loyola e São Francisco de Assis disseram substancialmente a mesma coisa e que nem Santo Inácio havia alcançado a Contrarreforma do século XVI, nem São Francisco, o florescimento espiritual do século XIII... que não vai desaparecer o espírito com o hábito e as camisas, que não tivéssemos medo, que não era rebeldia, mas sim desejos de viver Cristo com autenticidade, que queremos ser obedien-

---

4. *Documentos Carmen Hernández*, V: Convivência de Início de Curso do ano 2016, p. 540.
5. Carta a Mons. Olaechea, de 16 de julho de 1960, de Araya, depois dos exercícios de 1960.

tes até a morte, e morte de cruz e humildes e tudo, mas que queremos viver HOJE e enfrentar, em nosso apostolado, os problemas e os homens de hoje. Falamos muito da formação e de muitas coisas, ela me contou coisas da Índia, tomei consciência dos problemas de nossas casas e tudo me confirma mais em minhas ideias.

Temos conhecimento de que, nesse período, estudou inglês de maneira intensa e aplicada[6], até alcançar um alto nível desse idioma. Lá, ela conhece, tanto na casa de Londres como na casa das Missionárias de Weybridge[7], inúmeras companheiras de diversas nacionalidades: inglesas, irlandesas (entre elas Carmel — ou Carmen — Cooling, com quem mais tarde viajará à Palestina), suíças etc. Há algumas espanholas. De fato, Carmen Hernández divide o quarto com sua amiga e companheira Carmen Doval. Nesse período, está em Kidderminster (a sudoeste de Birmingham, na Inglaterra). Em Londres, sente falta da luz e do sol de Valência e anseia estar lá onde experimentou tantas "graças" e alegrias: "Hoje, ando por Valência revivendo tantos dias e tantos momentos felizes. Todos cheios da graça de Deus"[8].

No tempo livre, visita alguns lugares da Inglaterra: Oxford, Stratford-upon-Avon, município de Warwickshire, situado ao sul de Birmingham, onde nasceu Shakespeare; Droitwich e, com mais frequência, Kidderminster, ambos lugares no condado de Worcestershire, a casa de sua companheira Pamela Smith, com quem faz uma grande amizade. Nesse tempo, consta-nos que lê obras de Guardini (*El Señor*) e Daniélou (*Dios y nosotros*)[9], entre outros autores, para aprofundar seus estudos sobre missionologia:

> Li em Londres o Pe. Daniélou, um historiador e missionólogo maravilhoso. Imagino que também estará em espanhol *Dios y nosotros* [*Dieu et nous*]. Aqui ele fala muito de todas as religiões, toda a base positiva que têm, que é sobre a qual se pode levantar um cristianismo autêntico, próprio delas e não ocidental. Um estudo positivo, neste sentido, me parece

---

6. Encontramos, na biblioteca pessoal de Carmen, os volumes, daqueles anos, de C. E. ECKERSLEY, *Essential English for Foreign Students* (Longmans, Green and Co. LTD, Londres, 1952), com os quais estudava em Londres, na reimpressão de 1960; além disso, havia com esses livros numerosos exercícios completados e práticas de escrita, principalmente de livros dos Salmos, assim como modelos de exame para o *Certificate of Proficiency in English*, da Universidade de Cambridge, com os quais se preparou para seu teste de nível em inglês.
7. Weybridge é uma localidade situada no condado de Surrey, na Inglaterra.
8. Diz o que foi mencionado em uma carta a Mons. Olaechea, de 28 de fevereiro de 1961.
9. J. DANIÉLOU, *Dios y nosotros*, Madri, Cristiandad, 2003.

abrir uma brecha estupenda para romper nossas pobres ideias de exclusivismo que são tão anticristãs e centrar as noviças em uma visão real para poder trabalhar muito mais abertamente[10].

É praticamente diária, em sua agenda deste ano, a frase "Dulcíssimo Jesus, *tu sabes que te amo!*". Este amor está sempre em seu pensamento e em seu coração.

Os exercícios espirituais de 1961

Terminado o período letivo, no dia 7 de julho, ela viaja de trem para a Espanha, da estação Victoria, de Londres, até Dover e, mais tarde, de balsa até a França (Paris), e de lá novamente de trem até San Sebastian para finalmente chegar a Xavier, à casa-mãe das Missionárias, para começar, em 10 de julho, os exercícios espirituais desse ano, conduzidos pelo Pe. Sáez Llameras[11].

Nesse verão, nos exercícios espirituais, em Xavier, Carmen começar a sofrer uma crise em relação à Congregação, e não foi a única. Ela e algumas outras de suas companheiras percebem os combates. Os exercícios do verão anterior já tinham sido um pouco agitados e críticos com a profusão e a ampliação de normas dentro do instituto missionário depois daquela Primeira Congregação Geral, celebrada no verão de 1959. O que estaria ocorrendo?

Já em seu último ano em Valência, ela começa a perceber uma profunda mudança na orientação das Missionárias de Cristo Jesus, a qual teve início quando as madres fundadoras partiram para lugares de missão em primeira linha, como a madre Concepción Arraiza, e elas deveriam deixar as casas de formação nas mãos de uma segunda geração, composta de suas colaboradoras mais diretas, que carecem desse primeiro impulso carismático e fundacional.

O que estava acontecendo? O espírito aberto, o frescor e a plasticidade do primeiro momento da obra missionária tendiam, nesse tempo, a se fixar e a "se solidificar". Algo normal e natural em todas as obras e fundações, na história da Igreja, quando transitam desde sua fundação a uma fase necessariamente institucional. Tudo começa por um tempo inicial, um momento carismático e

---

10. Em uma carta de 1962, sem data determinada, mas possivelmente do início do ano, direcionada à sua amiga e companheira Mª Ángeles Sagristá, que está em missão na Índia.
11. Agenda-Diário P 1: é uma agendinha verde "Pepys Brompton Diary of 1961", que reúne anotações de janeiro a dezembro de 1961. Anotação de 30 de julho de 1961.

aberto, e transcorre para uma instituição que o fixe e determine. Como assegura Mª Ángeles Sagristá:

> É certo que, naqueles anos, todos os institutos estavam iguais, não somente as Missionárias de Cristo Jesus. Mas o que acontecia é que as Missionárias tinham pouca tradição, fazia poucos anos que existiam, pois, claro, eu penso que se assustaram mais. Então, claro, nós nos calamos, mas aquilo foi como uma sopa em que a comunidade de Valência seguia sendo "as rebeldes"[12].

As Missionárias de Cristo Jesus cresceram bastante, contam com grande número de vocações que se encontram em processo de formação, são postulantes e noviças que querem oferecer sua vida ao Senhor nesse novo carisma. Mas entre elas há algumas muito inquietas e apaixonadas que, com muito bom espírito, sem dúvida, querem inovar e renovar sem cessar, através desse primeiro impulso. São mulheres jovens, com extraordinária preparação e espírito crítico, mas que, aos olhos das novas superioras, se encontram nesse momento com uma enorme responsabilidade, encarregadas das casas de formação na Espanha, colocando em perigo a própria obra; inclusive, a distância, por correspondência e pelas notícias que recebem, as próprias fundadoras percebem isso.

Como relatamos, depois da congregação de 1959, fecharam questão em torno do que lá foi acordado:

> Tenham, então, desde agora, uma grande segurança no que a Congregação Geral determinou e sejamos fidelíssimas ao caminho que ela nos traçou. Agora já sabemos a que nos atermos e desde esse momento fica fechada toda possibilidade de seguir outras opiniões, guiando-nos somente pelos critérios da Congregação Geral[13].

Contudo, em Xavier, um ano mais tarde, durante os exercícios de mês de 1961, conduzidos pelo Pe. Mendizábal, Ana María Fraga redigiu, com a ajuda de Carmen, que sempre estava com o Direito Canônico debaixo do braço, uns estatutos ou umas constituições novos e muito minimalistas, pois não passavam de três páginas, mas continham um núcleo muito formoso e pouco nor-

---

12. Conversaciones de Amparo Llinares con Mª Ángeles Sagristá sobre Carmen Hernández, gravadas em 1999.
13. Cf. ACV.FO, leg. 103-2, doc. 9. O documento-base de todos esses regulamentos é o comunicado especial para as superioras, dado após a Primeira Congregação Geral, que data de 21 de novembro de 1959, catalogado em ACV.FO, leg. 103-2, doc. 11.

mativo ante as quase quinhentas normas que as novas responsáveis haveriam de impor. Em 30 de julho de 1961, durante esses exercícios, Carmen anota em seu diário: "Cinco horas em escaramuças. Jesus, ficamos loucos!, quem tem a culpa?"[14]. Carmen e Ana María não tinham convivido muito, mas, cada vez que se encontravam, se entendiam muito bem. Carmen e Ana tinham uma forte e carismática personalidade, tal como se lembra Ángeles Sagristá[15].

A madre Arraiza sofreu muito naqueles dias, pois temia uma revolta dentro de sua própria fundação.

Dessa forma, chega-se a um ponto em que as responsáveis da Congregação consideram importante estabelecer melhor e definitivamente as coisas no interior do instituto missionário. Pode-se dizer que *a obra está feita*, que é necessário determiná-la sob regras e normas fixas e precisas, que ajudem melhor as jovens aspirantes, de modo que, se alguém quer fazer algo diferente, é melhor que não continue e siga outro caminho. Mª Ángeles o expressa muito bem: "Embora eu creia que Ana María Fraga e Carmen Hernández eram as que lutavam, diríamos, para que as coisas fossem diferentes; e Carmen Cano, também, via as coisas como diferentes. Então, com todo esse grupo, assustaram-se e então disseram: Têm que sair!"[16].

Uma experiência de dor

Uma vez concluídos os exercícios, Carmen vai de Xavier a Pamplona e passa por Araya (Álava) e Borja (Saragoça) antes de regressar a Londres, em 16 de agosto, depois de passar um mês e dez dias na Espanha: "O trem corre a Londres como alguém que foge do inimigo que já não o pode alcançar"[17].

No entanto os exercícios e o que lá ocorreu tampouco deixaram indiferentes a Madre Geral e as conselheiras. A tensão ocorrida nesses exercícios fará que todas as que se reuniam fiquem sob interdição, devendo, por isso, demonstrar que pertencem ao instituto. É exatamente isso que fica refletido em uma carta da Madre Superiora de Barcelona e membro desse Conselho Geral a Car-

---

14. Cf. Agenda-Diário P 1.
15. Conversaciones de Amparo Llinares con Mª Ángeles Sagristá sobre Carmen Hernández, gravadas em 1999.
16. Ibid.
17. Cf. 18 de agosto de 1961, em Agenda-Diário P 1. Após aquelas jornadas tão tensas, ela sente, a caminho de Londres, uma libertação, então, "escapa como pássaro ao monte" de toda aquela tensão.

men. Essa madre vicária diz a Carmen que regresse à Espanha e demonstre "se está dentro ou está fora das Missionárias"[18].

Porém, desde seu retorno à Inglaterra, Carmen sofreu muito. Em setembro de 1961, esteve muito doente e com fortes dores em decorrência de um cálculo renal. Ela tem de ser hospitalizada para passar por uma intervenção:

> Uma experiência de dor. Coração de Jesus, em Ti confio, Tu fazes possíveis todas as coisas: a dor.
> Jesus! *Hospital of...* Jesus, vão nos fazer perder uma semana de aulas, Jesus, faz-me rir, aqui estou, Jesus, e também medo e também dor. JESUS, DULCÍSSIMO Jesus.
> Nas radiografias. Atrás de uma pedra, Jesus! Uma noite de incerteza e de dor e um dia mais de incerteza de operação sólida. Jesus, Coração Dulcíssimo de Jesus, em Ti confio[19].

O problema é que os médicos não encontravam o cálculo, e sua estada no hospital se prolonga até outubro. Ela pensa apenas em escapar. A substância que lhe administram para os exames de contraste causam uma reação muito ruim e agrava sua situação. Após esse fato, fica esgotada e convalescente na Casa das Missionárias em Weybridge. Porém, além de seu estado físico, é pressionada por uma dor mais profunda com a situação dentro das Missionárias. Ainda não está consciente das mudanças que se estão operando na Espanha no próprio seio da congregação, mas intui que as coisas não estão bem. Ela padece um sentimento de opressão e sente que a atacam e que a querem oprimir e ajustar "a um *molde*". "Touros de Basã atentam contra minha vida"[20].

> Diz o Evangelho que Jesus Cristo perguntou "DEPOIS" a Pedro três vezes: Tu me amas? Em sua santa providência, estive me questionando dia e noite. Dois meses, Pai! De inseguranças, bem no mesmo lugar onde Jonas dizia que as águas o apertavam até a alma. Pai! Os dois meses mais amargos de minha vida[21].

Diferente da grande liberdade dos tempos passados, sem desprezar a seriedade e a exigência da vida religiosa, agora o que se vai impondo é um molde

---

18. Carta da M. Pilar de Jesús Pérez Bobillo a Carmen, de 26 de dezembro de 1961, em que lhe manifesta a necessidade de seu regresso à Espanha por causa de seu estado de saúde (FCN.CNC 3).
19. Agenda-Diário P 1. Este episódio do cálculo renal e da hospitalização de Carmen ocorre entre 21 de setembro e 2 de outubro de 1961.
20. Escreve em seu diário no mesmo dia em que sai do hospital.
21. Carta a Mons. Olaechea, de 3 de dezembro de 1961 (Arquivo da Catedral de Valência, Fundo Joaquín Mestre [daqui por diante, ACV.FJM] leg. 4-4, doc. 2).

cada vez mais estreito, no qual ela e suas companheiras devem entrar. "*Querem modelar-nos!*", é a sensação que tem naqueles dias, exclamará com frequência, falando de "organizações MÁQUINA" após sua experiência no hospital inglês em que esteve, onde experimentou um tratamento despersonalizado, sentindo-se como se fosse um número, e não uma pessoa[22]. Tempos depois, diante da saída de uma companheira sua das religiosas, manifestará: "Hoje seus apóstolos não cabem nestas estruturas industrializadas que necessitam de peças comuns"[23]. Em sua agenda de 1961, visualiza-se mais esta crise de Carmen quando ela cita alguns fragmentos de um livro que a está influenciando muito e dando resposta a suas inquietações; trata-se de *El Señor*, de Romano Guardini[24]. Com uma nota sem data, abre o diário de 1961:

> A partir do momento em que se aplicam às coisas santas normas que as classificam como boas ou más, surge o perigo de coibir a liberdade de Deus em nome dessas normas e de enquadrar em leis precisas o que somente se deve à sua graça. A partir do momento em que existe uma hierarquia de funções e poderes, de tradições e direitos, aparece o perigo de ver o Reino de Deus na autoridade e na obediência[25].

Menciona também sobre a liberdade e o sentido de "curar no sábado":

> Jesus curou, sem dúvida, mais de uma vez, no sábado porque um enfermo implorava sua ajuda; os apóstolos fariam algo imposto pela necessidade do momento, mas que infringia alguma norma, como colher espigas quando atravessavam famintos os campos; ou deixavam de lado, como aqui, alguma tradição, pensando em coisas mais importantes. É indubitável que transgrediram a lei e saltaram a "barreira" sagrada das prescrições porque neles há uma força mais potente que o simples zelo pela lei[26].

E, frequentemente, anota diversos fragmentos, como o do capítulo que Guardini dedica à Lei:

> Formando-se uma moral baseada na fidelidade à lei, convertendo-a em ANDAIME da existência terrestre. Deduzo da lei pretensões de grandeza.

---

22. Ibid.
23. Carta a Mons. Olaechea, de 22 de março de 1962 (ACV.FO 9).
24. R. GUARDINI, *El Señor. Meditaciones sobre la persona y la vida de Jesucristo*, Madri, Cristiandad, 2005.
25. Agenda-Diário P 1. *Documentos Carmen Hernández*, XXX: Diarios íntimos y escritos 1961-1964.
26. Agenda-Diário P 1, 23 de julho de 1961. *Documentos Carmen Hernández*, XXX: Diarios íntimos y escritos 1962-1964.

A idolatria da lei dos sacerdotes e doutores se opunha continuamente à liberdade de Deus, a qual falava através dos profetas e modelava a história segundo sua vontade. Humanamente falando, a vitória é dos representantes da lei, adversários, e também de Jesus Cristo[27].

Ou da história da Lei:

> Esta história da lei contém uma lição valiosa. Desde o momento que se crê em uma revelação expressa, em uma ordenação da vida vinda de Deus, surge de novo esta possibilidade. É bom que o homem crente o saiba para que não incorra, no Novo Testamento, na falta cometida no Antigo[28].

Carmen, acima de tudo, aspirava perseverar e guardar a obediência às suas superioras. Ela quer combater seriamente para ter tudo em ordem e cumprir seu grande sonho: fazer os votos perpétuos como religiosa e ir em missão à Índia, não obstante seu lamento: "Querem modelar-nos!". Uma experiência que vai ser fundamental em sua vida e em seu futuro muitos anos depois, quando, junto a Kiko, inicia o Caminho Neocatecumenal, porque uma de suas características vai ser que este itinerário de *iniciação cristã* não seja nunca um molde para ninguém. Como catequista, sempre evitará pôr regras ou etiquetas, um ponto em que tem grande comunhão com Kiko, que é um artista e um espírito livre; de modo que o Caminho que eles iniciam vai se apartar da normatividade, da rigidez, da institucionalização e de tudo aquilo que suponha moldar, uniformizar ou modelar as pessoas.

---

27. Agenda-Diário P 1. *Documentos Carmen Hernández*, XXX: Diarios íntimos y escritos 1962-1964.
28. R. GUARDINI, *El Señor. Meditaciones...*, op. cit., 218.

8
E ME CHAMAM...
ME CHAMAM PARA QUE NÃO SIGA
(Barcelona, 1961-1962)

O desvio a Barcelona

De repente, misteriosamente, por desígnio de Deus, em vez de o avião me levar à Índia, me levou a Israel, mas não sem antes fazer uma aterrissagem forçada em Barcelona...

Chega um telegrama da Madre Geral: chamam-me a Barcelona...

O Senhor fez este desvio aéreo em que eu fiquei sem saber nem por onde andava no mundo[1].

Eram já os tempos em que estava anunciado o Concílio e tudo já estava em movimento na Igreja. O Concílio começou em 1962, mas foi anunciado por João XXIII em 1959 com todas as preparações e as coisas do Concílio[2].

E eu digo, para fazê-lo breve, que, como uma mudança de rumo aéreo, em vez de aterrisar na Índia, aterrissei em Barcelona.

Barcelona é muito importante para mim, porque lá todo o entusiasmo que eu tivera por Cristo, e Cristo crucificado — eu ia de bicicleta com o livro de Santa Teresa de Jesus e com o de São João da Cruz quando era jovenzinha —, o Senhor me fez aterrissar lá em Barcelona para verdadeiramente participar da Paixão de Jesus Cristo. E eu por isso lhes digo que as Vésperas do Domingo sempre começam com "Ele, sendo Deus, humilhou-se a si mesmo e se fez homem"[3], que esta descida, esta *kénosis*, que para mim foi Barcelona, foi verdadeiramente entrar não em algo da Paixão, mas sim dentro da Paixão mesma de Jesus Cristo. O que é ser julgado por seu povo em nome da Lei que Ele dera, e expulso de seu povo, e crucificado fora dos muros[4].

---

1. *Documentos Carmen Hernández*, V: Convivência de Início de Curso do ano 1985, p. 87.
2. O papa João XXIII anunciou o Concílio Vaticano II em 25 de janeiro de 1959, dia da Conversão de São Paulo, em um consistório com cardeais na Abadia de São Paulo Extramuros.
3. Cf. *Hino à kénosis*: Fl 2,6-11.
4. *Documentos Carmen Hernández*, V: Convivência de Início de Curso do ano 1994, p. 265.

Esse *desvio a Barcelona* aconteceu no inverno de 1961. No início de dezembro, por meio de um telegrama, dizem a Carmen para não se matricular no próximo nível de inglês e para se preparar para regressar à Espanha, alegando motivos médicos. Já no final do ano (1961), ela recebe umas cartas da Madre Vicária da Casa de Barcelona, à qual pertence, que a encoraja a apresentar-se, em 8 de janeiro do ano seguinte (1962), na rua Princesa, nº 52, 1º, lugar onde as Missionárias de Cristo Jesus haviam instalado sua casa desde agosto de 1960[5]. Carmen, pouco antes de sair de Londres, escreve a Mons. Olaechea:

> Tenho vontade de chorar, padre! Mas realmente estou muito contente, sinto uma alegria íntima que não posso explicar. Diz o Pe. Daniélou que o Cântico dos Cânticos não é um livro que escapou ao acaso do Espírito Santo dentro da Bíblia, mas sim que é seu próprio coração. "Dar-te-ei meus amores... os novos, os antigos que guardo para ti".
> Estou me lembrando de muitas coisas, todas são de AMOR, sempre JESUS CRISTO cumulando-as todas. "Dulcíssimas tuas carícias". Oh Jesus! Tu sabes entrar na alma e amar... Uns braços fortíssimos onde se refugiar da noite, JESUS![6].

Sabemos que Mons. Marcelino Olaechea estava ciente de toda essa situação, pois Carmen lhe escrevera muitas vezes, pedindo-lhe conselho e derramando nessas cartas seus fundados temores, suas angústias e, apesar de tudo, mostrando uma constante confiança no Senhor:

> Padre! Desde um barco: é dia 10, faz duas horas e meia que deixei Londres. Logo o barco começará a se mover e em uma hora começaremos a ouvir francês. O sol saiu para me dizer adeus. Podíamos estar em Valência, um dia de sol, e assim é dentro da alma. Estou, padre, contentíssima, vamos caminhando. Padre! JESUS CRISTO sabe todos os caminhos, os tortuosos, os mais escondidos e está sempre NOS ENCONTRANDO.

Chega a Paris e, de lá, segue de trem até Barcelona:

> Padre! Já estamos em Paris, muito obrigada, padre, por ler tantas coisas. Eu sei que as lê com o coração, apesar de tantas coisas que tem. Eu também as escrevo como se as contasse a meu pai, se não fosse por fazê-lo sofrer; muito obrigada, padre, por me dar a confiança de poder lhe dizer tudo o que sinto; é a única pessoa a quem o fiz dessa vez e não quero dizer nada a ninguém. Realmente, padre, a incompreensão é dolorosa, você o sabe

---

5. *La Vanguardia* (10-8-1960), p. 18, dá notícia das novas casas religiosas instaladas em Barcelona; entre elas, a das Missionárias de Cristo Jesus.
6. Carta a Mons. Olaechea, escrita na noite entre 8 e 9 de dezembro de 1961 (ACV.FO).

mais do que eu. Para mim é a primeira vez que se me apresenta tão de frente. Como quem faz as feridas é o mesmo que as enfaixa, vale a pena uma pela outra.

Fui rezando o rosário pelo Sena e cheguei até Notre Dame, Senhora Nossa e Madre Nossa, o amor que mais se parece ao de Deus. Padre, já começa a se mover o trem, amanhã amanheceremos na Espanha[7].

O bispo, sem dúvida, acompanha com preocupação o processo que está ocorrendo no seio das Missionárias, e ele já havia ido a Barcelona nesse mesmo outono para falar com a superiora, aproveitando uma estada no Mosteiro de Poblet, por ocasião de um Congresso sobre o culto ao Sagrado Coração[8].

Assim, começa um inverno extraordinariamente frio em Barcelona, que ficou conhecido como o da "grande nevada". No dia 25 de dezembro, dia de Natal, nevou como nunca na Ciudad Condal. Carmen chega duas semanas após aquele gélido Natal. Seu consolo é a mesma Escritura, particularmente o Cântico dos Cânticos, que também reflete o seu doce amor a Jesus. No seu caminho à Espanha, escreve também à sua amiga Mª Ángeles:

> Hoje é dia 10 de janeiro. Acabo de deixar Londres. Estou no trem a caminho de Dover. O sol saiu para se despedir de mim, estou contentíssima. Todos os caminhos, ainda os mais tortuosos, nos fazem encontrar com Jesus Cristo, que os conhece todos. Gosto de viajar, já o sabe. Este trem vai muito depressa, a passos do amor.
>
> Mª Ángeles, estou em Port Bou. São 10h da manhã do dia 11 de janeiro. Estou me lembrando do acordeão. Hoje não olhavam nada. Dentro de três horas estarei em Barcelona. Estou achatada de dormir. Creio que assim será melhor, mais discretamente, oh! Jesus.

Subida ao monte Moriá

> Em janeiro de 1962, apresentou-se a figura de Abraão, diante de mim, com Isaac[9].

---

[7]. Os parágrafos transcritos correspondem a uma carta de Carmen a Mons. Olaechea. Não consta data na carta, embora com toda probabilidade seja de 10 de janeiro de 1962.

[8]. Cf. *La Vanguardia* (19-10-1961), 27 dá notícia da abertura deste Primeiro Congresso sobre o culto ao Sagrado Coração de Jesus; *La Vanguardia* (27-10-1961), 44 dá notícia da missa pontifical com a qual se encerra esse Congresso. As notícias dão conta da presença do arcebispo de Valência, Marcelino Olaechea.

[9]. Gênesis 22,1-19.

Para mim, Barcelona é o Monte Moriá, onde eu levei meu Isaac para ser sacrificado, que era minha Promessa, o Filho da Promessa que eu tinha desde pequena, de ser missionária. Eu ia ao altar sacrificar essa promessa, este futuro, que é tudo o que era minha vida sem saber aonde ia. Mas de mim duvidaram, entre sim e não. Tiveram-me assim até 28 de agosto.

Estando em Barcelona, soube que este instituto tão moderno (nós andávamos com trajes normais, em casa; em Xavier, usávamos uma tunicazinha como uma toga de estudante, mas saíamos à rua, de acordo com o lugar, assim, normal) tivera um capítulo geral e haviam mudado.

E, claro, estas quatro conselheiras, sobretudo duas delas, que não conheciam a nossa geração, nessa reforma que fizeram, tinham certo temor de quatro pessoas. Uma delas era justamente uma irmã de Fraga Iribarne[10], cujo irmão foi ministro[11]. A questão é que as conselheiras não nos expulsavam. Disseram a Fraga que era maravilhosa — e era verdade —, mas que talvez Deus a chamasse a outro lugar. E assim a pobre saiu e foi a Marselha para ir à China, porque tinha a vocação como uma catedral. E assim fizeram com outras duas.

Eu não sabia nada disso, porque estava em Londres e incomunicável. Quando cheguei a Barcelona, já tinham expulsado essas três[12], as quais eram fortíssimas companheiras minhas. Apesar de dizerem que não nos expulsavam, no fundo estavam nos expulsando. E agora chegava minha vez. Eu era a quarta. Para mim foi uma surpresa enorme.

A princípio, acreditei que me chamavam a Barcelona porque havia tido um ataque de rins em Londres. E não, não era por isso... Deveriam ter motivos sérios para nos expulsar, como fugir com pessoas de outro sexo ou algo parecido. Mas não assim.

Bom, a coisa é que o Sr. Arcebispo Olaechea me telefonou e me disse: "Filha minha, humilha-te". Disse-lhe: "Bom, padre, parece que a questão não é humilhar-me, porque já me tem sentenciada à morte e com a sentença assinada"[13].

Isso ocorrera em janeiro de 1962.

Deve-se compreender bem este contexto e recapitular a situação de Carmen com sua superiora de Barcelona, que pode ser reconstruída por meio da correspondência mantida nesse momento. O processo desse carisma missionário, cujas fundadoras já estavam servindo a Jesus Cristo no Japão e na Índia,

---

10. Refere-se à antes mencionada Ana María Fraga.
11. Manuel Fraga Iribarne foi um importante político e diplomata espanhol do século XX e é um dos pais da atual Constituição Espanhola, de 1978.
12. Ana Fraga, Carmen Cano e María José Martí.
13. *Documentos Carmen Hernández*, XVI: Encontro com as Comunidades da Região Noroeste da Espanha, 15 de maio de 1994.

ficou já fixado e sólido sob os postulados da Congregação Geral. A Madre Geral assim o pede a todas as religiosas:

> Se ao lê-las, se ao meditá-las — dizia a Madre a respeito dessas normas —, sentirdes que vosso espírito discorda, que vos asfixiais, que vos rebelais e não superais de coração este sentimento, isso não é vosso. Pensai serenamente: Será que o Senhor não quer para mim outra forma de perfeição? Se o virdes claramente, não duvideis em dar o passo, pois, apesar de esperar que não haverá nenhuma que não tenha angústia, por isso, nem pense que é o instituto que tem que mudar, mas sim talvez para ela o caminho seja outro[14].

Como falamos no capítulo anterior, as conselheiras que pertenciam a uma segunda geração tinham estabelecido, com o beneplácito das fundadoras, esses novos regulamentos, de fato muito estritos e detalhados. Era, além do mais, um momento em que as vocações para essa nova obra cresciam, e não havia lugar para inovações, não era lógico prosseguir com incessante reforma. Era necessário parar e determinar as coisas. As Madres Vicárias, responsáveis das casas, as quais pertenciam a esta segunda geração e as mesmas fundadoras, concluem que o melhor para o novo instituto é estabelecer e fixar a vida interna da congregação que devem custodiar. Por outro lado, os ares do Concílio Vaticano II, que acabava de começar, estavam no ambiente. No caso de Carmen, uma religiosa inquieta, inconformista, inteligente e, como afirma Mons. Olaechea, "selvagemente franca", é um momento que a impulsiona a se mostrar abertamente crítica, sem pensar que essa atitude sincera pudesse lhe acarretar graves consequências. É certo que Carmen tem um sério combate interior por obedecer e servir a Cristo dentro da instituição missionária sem deixar de ser ela mesma, ao mesmo tempo muito honesta com o que pensa e crê.

O resultado, um novo momento de peneira ou prova, vai ser dramático para ela, com o único consolo de sua grande confiança no bispo Olaechea. Carmen se abre com ele como se abriria com um pai, e com uma franqueza enorme, que não fica defraudada por parte do bispo, o qual a ampara sempre receptivo e paternal. Isso não impede que a anime a obedecer e perseverar, ainda nos momentos mais difíceis, convencido de que ela chegará a ser uma freira muito boa na instituição que ele ampara. A Madre Vicária de Barcelona, onde quis a Providência que lhe correspondesse estar destinada, não é da mesma opinião. A Madre Mª Pilar Pérez Bobillo, por seu firme compromisso com o instituto ao qual serve e pelo bem daquelas religiosas que tem sob seu cuidado, de-

---

14. ACV.FO, leg. 103-2, doc. 9.

fende firmemente os critérios da congregação geral, muito atenta, além disso, às inovadoras. Carmen é chamada por essa superiora. Já haviam saído várias religiosas. Carmen Elías e Mª Luisa Troncoso estão próximas de sair. Carmen Hernández as segue na lista. Estas palavras expressam muito bem seu ânimo de espírito:

> Não posso ir à cama sem lhe dizer que dentro de uma paz inexplicável tenho uma espada muito grande no coração. Não sei se é Deus ou o demônio, mas realmente não há explicação humana. Querem me expulsar, assim e sem mais, tudo com base em uma carta que lhe escrevi, a qual elas têm. Mª Ángeles, não sabia o que era sofrer, agora compreendo por que JESUS CRISTO não disse nada quando o acusavam[15], é realmente a única coisa que me pode fazer calar, calar e totalmente, não cabe uma pequena palavra de nenhum gênero, por pequena que possa ser. Somente disse "perdoa-lhes porque não sabem o que fazem"[16].
>
> Só assim se pode explicar que coisas injustas podem ser feitas. Oh! Jesus, tu me tens gravada em tuas mãos[17] e costurada em teu peito! Oh! Jesus, confiança minha, não permitas que jamais me separe de ti[18].

A intercessão de Monsenhor Olaechea

A Madre Pilar, Vicária da casa de Barcelona, à qual Carmen pertencia, vai pouco a pouco forjando uma imagem equivocada dela. Sobretudo desde os exercícios espirituais do verão anterior, Carmen aparece como instigadora, como alguém "que mostra uma cara e depois é outra", como assim o diz, por carta, a Madre Pilar ao bispo de Valência; considera-a uma rebelde. A Madre Vicária não teve apenas contato com Carmen, mas se deixou influenciar por certas informações, por algumas aparências, por seu ativismo, nos últimos exercícios espirituais, junto a Ana Fraga e outras, por algumas cartas que foram interceptadas e tiradas fora de contexto.

As suspeitas sobre Carmen não são infundadas. Dentro do instituto há, de algum modo, uma rebelião em curso. Ela mostra uma clara liderança e forte personalidade, ainda que não aja com falsidade, mas com franqueza. E, em todo caso, o faz com certa inconsciência e de um modo impulsivo. Por esse mo-

---

15. Cf. Marcos 14,60; 15,5.
16. Cf. Lucas 23,34.
17. Cf. Isaías 49,16.
18. Carta sem conclusão dirigida a Mª Ángeles Sagristá, de 23 de janeiro de 1962.

tivo, Mons. Olaechea a adverte desta grave situação com certa severidade por meio de uma carta:

> Vou dizer-te claramente as franquezas que te digo — respondendo às tuas — quando tenho o prazer de conversar contigo. Tu és franca, muito franca, selvagemente franca, e em Barcelona não pareces assim[19].

E acrescenta:

> Por tudo isso, a Missionária Carmen Hernández, a franquíssima Carmen Hernández, a franquíssima e selvagem Carmen Hernández, pode crer que é uma prudente, organizada e cuidadosa freirazinha; mas é uma anarquista maliciosa que quer chegar a seus votos perpétuos para... colocar a sua Congregação pouco menos que de pernas para o ar como reformadora radical e rápida[20].

O bispo não pode ser mais claro a respeito da imagem que Carmen de Jesus está passando diante de sua superiora, a Madre Pilar, e inclusive do efeito que isso causa em outras religiosas. Mons. Olaechea é ainda mais contundente e justifica os temores da Madre Pilar:

> Temer-te um pouco não é injusto. Tu darias o que pensar vários anos, porque és "selvagem". Esperar em ti seria muito justo, porque és nobre, muito nobre; e saberias obedecer (ainda com protestos, nos anos de sedimentação) e saberias sacrificar-te, e eu espero que dês ao Senhor um fruto muito grande dos grandes dons que Deus colocou em ti.

É interessante este juízo do bispo sobre ela porque, apesar da séria advertência, ele a convida a perseverar e tomar outra atitude, seguro de sua retidão de coração e de sua capacidade para obedecer.

Carmen manifesta sua firme vontade de obediência:

> Se o que estou temendo (talvez ridiculamente) acontecesse, concede-me, meu Pai, e te peço em nome de Jesus Cristo, que proceda como um de teus santos. Nem mais, nem menos. Peço-Te a perfeição. A perfeição da humildade, da submissão, do desprendimento (que magnífica ocasião)[21].

---

19. Carta de Mons. Olaechea a Carmen Hernández, de 28 de abril de 1962 (ACV.FO 10).
20. Ibid.
21. Assim o manifesta, em 29 de janeiro de 1962, porque leram a vida de Santa Juana Antida Thouret, que foi fundadora das Irmãs de São Vicente, recordando quando o superior da Ordem, ou o que acreditava sê-lo, a destituiu bruscamente e em condições extraordinariamente desconcertantes e humilhantes. Diz Carmen: "O que me

> Submeto minhas ideias, critérios, alma, vida e coração à obediência e que nunca, nem por palavra nem por escrito, farei nada sem mandato de obediência[22].

Ao mesmo tempo, Mons. Olaechea pede à Madre Pilar o mesmo ao longo desse processo e, no mês de maio, exige à superiora que aborde seu pensamento sobre Carmen de modo mais compreensivo; e também pede uma busca de reconciliação dela com a jovem freira. Aqui, o tom do bispo é, assim mesmo, grave, como pode ser visto, porque ele já percebe o perigo iminente:

> Dizes-me — disse à Vicária de Barcelona — que trataste Carmen Hernández com clareza; e eu não duvido que o tenhas feito uma ou talvez várias vezes por via intelectual e de superioridade; mas não o fizeste por via materna, com aquele amor e aquela constância que tem uma mãe que vai formando sua filha. E, se não o fizeste assim, não a conheces, ainda que acredites conhecê-la, não a conheces. Para conhecer uma pessoa, deve-se amá-la, não somente esforçar-se por amá-la. O amor abre a porta à inteligência; para conhecer bem, bem à pessoa, que já está dentro de nosso coração[23].

A intercessão de D. Marcelino, inclusive, vai mais longe:

> Eu não duvido que ajas com retidão de intenção. Pense e ore. Que Deus te livre do remorso de prescindir de uma irmã que pode dar muita glória a Deus como Missionária de Cristo Jesus.
> Carmen Hernández... dará ao Instituto, sem causar-lhe dano, uma glória que não lhe dariam outras Irmãs, nem mesmo juntas. É boa, é muito inteligente, é muito nobre, muito disposta, e sabe amar suas superioras e irmãs[24].

---

chama atenção é que a fundadora não se entrega a nenhuma manifestação excessiva, a nenhum desalento, e abraça sua cruz. Uma noite de lágrimas junto ao Tabernáculo, é verdade, mas depois, a paz. E também acaba de ser canonizada. Se o que eu sonhei acordada chegasse a se realizar, deveria estar à altura" (FCN Caderno C 21).

22. Assim o manifesta em sua agenda em 21 de maio de 1962 (FCN Caderno C 19).
23. Carta de Mons. Olaechea à superiora da casa de Barcelona, de 10 de maio de 1962.
24. Na mesma carta referida na nota anterior.

9
QUANDO VESTISTE DE FARRAPOS MEU CORAÇÃO
(Barcelona, 1962)

A gota d'água

Em meio à tensa situação, D. Marcelino mantém abertamente seu juízo positivo sobre Carmen Hernández, apesar de que a carga da prova, cada vez mais, recai sobre ela. Além disso, Mons. Olaechea está aflito por causa do dramático processo que se está vivendo dentro da instituição. Ana María Fraga, Carmen Cano, María José Martí já saíram, e à porta de saída estão Carmen Elías, Teresa Valentí, Isabel Fuster, María Luisa Troncoso e... Carmen Hernández.

De fato, quando Carmen fica ciente de que María Luisa Troncoso saiu, sabe que ela será a próxima. A questão é que Carmen resiste com grande obstinação, com unhas e dentes, talvez mais que nenhuma das outras. Mons. Olaechea ainda a apoia e lhe pede paciência, perseverança e compreensão, particularmente com sua superiora direta, pedindo-lhe, inclusive, que "a ganhe". Da mesma forma, Carmen mantém com tenacidade a possibilidade de que se faça um processo onde ela possa se defender. Mas, na casa de Barcelona da rua Princesa, vão se aproximando da decisão sobre sua possível admissão ou "não admissão", segundo o número de votos a critério de uma só pessoa, da Madre Vicária; e, segundo Carmen, isso está influindo na opinião das demais superioras. Por esse motivo, diz:

> Como é possível que se deixe a vida de uma pessoa nas mãos da vontade de UMA só pessoa, que diga sim ou não...? Não se pode admitir a possibilidade de UMA só pessoa e que esta não seja infalível, ou seja, que se pode equivocar?[1].

Uma experiência que leva Carmen, no futuro, a não trabalhar nunca desse modo, com unilateralidade, algo que explica muito bem por que, mais adiante, no Caminho Neocatecumenal, tanto itinerantes como catequistas tomam as decisões, principalmente quando afetam pessoas, de modo colegia-

---

1. Ver FCN.CNC 221.

do, ou seja, em equipe e nunca unilateralmente. Carmen sempre foi inimiga de arbitrariedades.

O bispo Olaechea, chegado esse momento de tensão máxima, vai escrever à Madre Arraiza, a fundadora, mantendo os termos já expressos no capítulo precedente. No escrito, ele apela a favor de Carmen, manifestando que ela "pode dar muito às Missionárias".

Carmen, por sua vez, escreve à Madre Camino uma carta muito sincera e lastimosa:

> Hoje é dia 20 de maio. Desejo-lhe, Madre, muitas felicidades, ainda que seja com roupagem de sofrimento. Eu hoje posso lhe oferecer algumas lágrimas. Não sei por que faz meses me encontro unida com você em meu interior, como se tivéssemos que fazer algo juntas, não sei se é verdade. Eu, Madre, estou chorando, chorando sem poder parar, estou agarrada ao altar para não me separar de Jesus Cristo.

E conclui:

> Perdoe-me, Madre. É um consolo para mim o escrever-lhe, guarde este meu alívio, tenho uma íntima segurança de que você me entenderia, e vamos rezar juntas. Eu não sei o que Deus quer de mim, mas eu creio em seu amor, é minha vida, meu respiro e meu tudo. Estou querendo ir à Índia desde que tinha 15 anos e já tenho 30. Este é o nono [ano] de formação que estou fazendo no Instituto[2].

O bispo, sem dissimular certo desagrado, chega a dizer abertamente à Madre Pilar: "Carmen caiu nas piores mãos". E não porque essa madre seja mal-intencionada, de modo algum, pois o mesmo Mons. Olaechea conhece sua valia; mas sim porque, nesse ponto, percebe um excesso de rigor e falta de compreensão.

Mas, finalmente, acontece o irremediável, *a gota d'água*, um último choque entre a Madre Vicária e Carmen. Ocorreu em 16 de junho de 1962, quando a Madre Pilar afirmou diante das juniores que María Luisa Troncoso "tinha ido para sua casa". Nesse momento, Carmen se irritou. Afirma ela: "Trate de me convencer do mesmo. Enfim, isso é para ir ao psiquiatra! E eu, isso não! Não mais beijar o chão diante do que não é verdade! Eu disse à Madre, e muito forte, que a tinham expulsado e perguntei-lhe que restrições mentais ela tinha tido de fazer para contar semelhante mentira às juniores". Carmen, como se vê,

---

2. Carta de Carmen Hernández à M. Camino, de 20 de maio de 1962, de Xavier: FCN. CNC 20.

não é de olhar para o outro lado. Como mantém ela: "o fato e a verdade é que a expulsaram e nada mais; o fato em castelhano mais puro é que a expulsaram"³. "Para elas era rebeldia, para mim era simples mandamento de não mentir. Eu aceito a autoridade ainda em ações que me pareçam absurdas, o que não podem me fazer e é contra direito, constituições e lei de Deus é MENTIR, e esta era minha postura, que defendi tão brutalmente."⁴

A saída

Em todo esse conflito, é muito clara a mão do Senhor, de sua providência e seus caminhos inescrutáveis. A peneira se apresenta de novo para agitar e purificar a vida de Carmen Hernández, a quem o Senhor quer orientar em outra direção, completamente diferente. Carmen vai sair da casa das Missionárias na Rua Princesa em 28 de agosto de 1962, após *não ser admitida para fazer os votos perpétuos*. No 7 de julho anterior, a mesma Madre Geral viajara da Venezuela até Barcelona para comunicar a decisão pessoalmente a Carmen: "NÃO SOU ADMITIDA PARA OS VOTOS. Para isso veio a M. Geral diretamente da Venezuela até aqui. Estou cantando e, além disso, como é dia de San Fermín, bailando jotas"⁵.

Formalmente, não foi expulsa, mas sim convidada a apresentar sua demissão. Todavia, após oito anos e meio de intensa preparação, o *não ser admitida para fazer os votos perpétuos* significa dessa maneira, de fato, *a expulsão*. Carmen, em sua tenacidade de caráter, resistiu a isso mais que nenhuma outra de suas companheiras que já saíram. Chega, inclusive, a se propor agora a iniciar um processo canônico para se defender. Como consta em seu caderno, em 19 de agosto: "Escrevi a carta a Roma, parece-me humilde, creio que a enviaremos, não é? Falarei antes com o Pe. Mondriá"⁶.

---

3. Cf. Anotação de 17 de junho de 1962 (FCN Caderno C 19) e carta de 27 de junho de 1962 (FCN Caderno C 19).
4. Em um esboço de carta para dirigir a Mons. Olaechea (FCN.CNC 212).
5. Disse isso em uma carta dirigida às irmãs em 7 de julho de 1962. Cf. FCN.CNC 43. San Fermín é a festa grande de Pamplona (capital de Navarra) e acaba com as festas dos Sanfermines, com suas mundialmente conhecidas corridas de touros e onde se dança a *jota* navarra. Também sabemos que Carmen dançava muito bem as *jotas* e gostava muito delas.
6. Há diferentes alusões de Carmen à sua pretensão de abrir um processo de defesa porque a instituição a convida a apresentar voluntariamente a demissão, mas ela se nega. Buscando apoio no Direito Canônico, deseja o conselho de um canonista, de

Nesse verão, contudo, em meio de um grande tormento interior que a mantém em um precário estado de saúde, Carmen solicita só duas coisas em um esboço de carta, de 6 de julho, que finalmente envia à Madre Geral: primeiro, que sua mãe não saiba de sua saída do instituto e, segundo, poder fazer os exercícios espirituais desse mesmo verão. Carmen sabe, por intermédio de sua irmã Milagros, que no inverno passado sua mãe tivera "uma enfermidade de vasos do cérebro e perdeu a memória durante algumas horas"; teme causar-lhe a mínima alteração[7]. Entretanto, dando sua resposta, a Madre Geral não a autorizou a fazer os exercícios espirituais seguintes, como Carmen queria, e lhe propõe ir à França com uma irmã da Congregação, longe do ambiente atual, para, assim, poder descansar e melhorar fisicamente[8].

É certo que a Madre Geral sofreu muito diante dessa situação. De fato, outra das decisões que tomou, além de não admitir Carmen para os votos perpétuos, foi mudar de destino a Madre Vicária, que foi enviada ao Congo. Inclusive, Madre Pilar escreveu de Pamplona, em 1º de agosto de 1962, antes de partir para seu novo destino, uma carta a Carmen onde há implícita uma reconciliação:

> Carmen queridíssima! Pareceria-me quase um pecado mortal partir para o Congo sem lhe dar um abraço, ainda que seja somente por carta. Eu a esperava nos exercícios. Como você está? Ande, mulher! Você tem sobrenaturalidade para superar tudo, em outras ocasiões já o demonstrou[9].

Carmen também lhe havia manifestado seus sentimentos e pedido perdão por tudo:

> Madre Pilar! Com o último abraço queria lhe agradecer. OBRIGADA pelos muitos dons que Deus me concedeu por seu intermédio nesses meses, horas de dor e horas de amor, dulcíssimas bênçãos. Por todas elas, OBRIGADA!

"um professor de Teologia moral em Barcelona", que muito possivelmente fosse o Pe. Alfredo Mondriá, SJ, que era doutor em Direito Canônico e professor de Moral no Colégio Máximo de San Cugat del Vallés, em Barcelona (cf. FCN Caderno C 20).

7. Cita uma carta de sua irmã que a informa desse episódio ocorrido em 31 de janeiro e mantém sua mãe em um frágil estado de saúde (FCN Caderno C 21).

8. Carmen recebeu esta resposta em 14 de agosto de 1962 (FCN.CNC 64). Em seu Caderno, escreveu em 16 de agosto: "Voltam a me falar sobre o desterro na França" (FCN Caderno C 20).

9. Carta da M. Pilar de Jesús Pérez Bobillo a Carmen Hernández, de 1º de agosto de 1962 (FCN.CNC 18).

E também lhe pedir perdão pela preocupação e pela dor que ocasionei a você. AMOR, quando sua mão traz a lâmpada da dor vermelha; vejo bem o seu rosto e compreendo que você é a felicidade[10].

Ela ainda não está desligada de seus votos, pois estes permanecem, e a Madre Geral lhe permite ficar na casa das religiosas até o cumprimento de seus votos, o que ocorreria em 3 de outubro de 1962, data em que tomou os hábitos pela primeira vez e os votos. Carmen decide, a princípio, partir em 2 de outubro para passar umas férias com seus pais e evitar, assim, desgostos à família, dado que sua mãe estava com a saúde um pouco delicada. Mas, finalmente, foi em 28 de agosto que ela partiu com todas as suas coisas da residência da rua Princesa. Nesse momento, tinha 31 anos[11]:

> Esse 28 de agosto é o dia em que eu saí. O Senhor, naquele dia, depois das lutas e tribulações que tive durante todo o ano... porque eu não sabia se saía ou não, eu fiz todo o possível para não sair. Elas queriam que eu saísse livremente, não me expulsar... Mas eu resistira até o final. A tudo isso, veio também outra moça que eu conhecera na Inglaterra, e ela, sem saber o que acontecia comigo, me acompanhou ao trem que peguei até Valência, primeiro, para falar com o arcebispo e, depois, para ver meus pais, que estavam em Marmolejo[12].

Ainda com a dor da ruptura dentro do peito, escreve uma nota dirigida a Mons. Olaechea, com esta oração:

> Digno és, Senhor e Deus nosso, Santo, de receber a Glória, a Honra e o Poder, porque Tu crias todas as coisas e por tua vontade existem e foram criadas. Aleluia!
> Quando vestiste de farrapos meu coração e o mandaste ao caminho para pedir!
> Que enorme alegria inundou o céu! Pai!
> Não sinto mais que amor, amor e gratidão.

---

10. Esboço de carta de Carmen Hernández à M. Pilar Pérez de Bobillo, de 20 de julho de 1962, Arquivo em *Documentos Carmen Hernández*, XIX, CNC 227.
11. Do testemunho autobiográfico dado por Carmen na Convivência de Catequistas de 29 de setembro a 2 de outubro de 1994.
12. Município da providência de Jaén junto à serra de Andújar.

Tu, segue-me!

Mas Deus nunca fecha uma porta sem abrir uma janela, algo que tem muito a ver com seu intenso sonho de Xavier, em 1956[13]. Lembremo-nos de que, na noite de 6 a 7 de setembro de 1956, Carmen teve um sonho, já contado anteriormente, que seria um programa para toda a sua vida. Esse sonho, nesse momento de sua vida, é crucial. Esse sonho é uma chave importante para interpretar o presente e os acontecimentos posteriores.

> O Senhor me havia preparado com este sonho, que, no fundo, é o Mistério da Páscoa: a *kénosis* e a Ressurreição, a exaltação e a Ascensão... quando, depois de vários anos, me aconteceu isso de Barcelona, veio-me à mente (eu nunca me esqueci disso; eu me esqueci de muitas coisas, muitas graças, mas isso eu o tive sempre presente como uma luz em minha vida, esta experiência que durou muitíssimo tempo, estive em uma alegria imensa) que a janela pela qual me expulsavam era esta[14].

Esse novo tempo que se abre vai fundamentar sua própria edificação após esta queda:

> Este ano, 1962, foi para mim de uma graça enorme para entrar na paixão de Jesus Cristo. É emocionante contar isso, mas não se pode contar o que é que dentro de você realiza a paixão de Jesus Cristo; é uma experiência que — apesar de parecer o contrário — é a melhor que existe. Eu lhes digo de verdade, que jamais experimentei tanto a Deus como na cruz. Como, ademais, disso me havia precavido o Senhor.
>
> Deus quis que eu me encontrasse, em meio a esta paixão que estava sofrendo ali; porque vocês não sabem o que é ser expulsa. É cair no ridículo. Meu pai, que me perseguia há oito anos. Nesse momento, eu havia feito as pazes com ele, no aeroporto de Londres, porque com toda a confusão

---

[13]. Ver o capítulo 5, importante neste ponto; recordamos em seu próprio testemunho: "Um sonho que tem relação com a Ascensão. E, neste sonho, eu vejo Jesus Cristo, que me diz: TU, SEGUE-ME! E eu vejo Jesus Cristo, tento seguir Jesus Cristo, mas vejo que Jesus Cristo abre a janela, e sai pela janela... e começa uma descida, uma descida, uma descida... ouvia a voz de Jesus Cristo, que me dizia: Não dizias que querias me seguir?... Disse que sim e entrei na morte, ou seja, que entrei na morte e, nesse mesmo instante, mudam as circunstâncias, e eu me encontro subindo, subindo, subindo, em uma ascensão gloriosa, maravilhosa... Tanto era assim, que disse: basta, basta, basta. E eu acordei tendo provado o que era verdadeiramente a 'bem-aventurança'" (cf. *Documentos Carmen Hernández*, XVII: Encontro com as comunidades da Região Noroeste da Espanha, 15 de maio de 1994).

[14]. *Documentos Carmen Hernández*, V: Convivência de Início de Curso, 2 de outubro de 1994, em Pilar de la Horadada, p. 267.

que eu havia organizado em minha família, meu pai ficou anos sem falar comigo. E, agora, estão me jogando na rua. Ou seja, o que eu vivi ao vir de Londres a Barcelona, é o ir com "o filho da promessa", com Isaac, subindo o Monte Moriá[15].

Com isso, o Senhor me fez viver tudo o que eu sabia das Escrituras, experimentei tudo na própria carne. E é que com a promessa que eu tinha desde pequena, que era meu destino, meu futuro, dá-lo, então, sem saber aonde se vai nem o que vai ser de você[16].

Descrevemos com detalhe o processo da saída das Missionárias, mas talvez seja relevante conhecer o interior dessa difícil prova. De novo a peneira, a depuração, que purifica suas intenções. Como Carmen viveu e experimentou o momento, talvez, mais doloroso de sua vida?

Todas as suas ilusões vieram abaixo de repente, porque Deus tem outro projeto nesta *pálida tela de horas* que se vai tecendo. Primeiro, foram os desejos e os projetos do pai, que se impuseram por longo tempo; mais tarde, quando parece haver se entregado à sua vocação, as Missionárias de Cristo Jesus, que, como toda obra que começa, sofrem suas primeiras mudanças e convulsões, não a deixam consumar esta entrega ao Senhor. Assim vai se traçando a tela até um ponto em que se vai abrir uma janela inesperada, um salto como naquele sonho que teve em Xavier, em que escuta Jesus em seu interior dizendo: TU, SEGUE-ME! E esse sair pela janela vai permitir que Carmen desça, e desça em uma profunda *kénosis*.

> Nunca esquecerei minha estada em Barcelona. Quando volto a Barcelona, lembro-me de toda a história porque lá Deus me colocou em contato, em meio à Paixão por que lá passei... através do jovem Pe. Farnés, e através do sofrimento que eu estava passando[17].
>
> Lembro-me de que fazia passeios pela catedral, e perto da catedral está o Museu Marès (Marès é um senhor que colecionou crucifixos de toda a Espanha)[18]. Lá se podem encontrar crucifixos de Zamora, de Valladolid,

---

15. Cf. Gênesis 22,9-18.
16. Relatado *Documentos Carmen Hernández*, XVII: Encontro com as Comunidades da Região Noroeste da Espanha, 15 de maio de 1994, e na Convivência de Início de Curso, 29 de setembro a 2 de outubro de 1994.
17. Palavras de Carmen Hernández na abertura do curso acadêmico 2003-2004 do Seminário Conciliar de Barcelona.
18. Situado em uma parte do antigo Palácio Real dos Condes de Barcelona, Plaza Sant Just nº 5, no coração do Bairro Gótico, e inaugurado oficialmente em 1948, ainda que o museu tenha iniciado sua atividade em 1946 com uma coleção menor. Nesse museu, acolhe-se a magnífica coleção que o escultor Federico Marés Deulovol (Port-

de todas as partes. Crucifixos maravilhosos do Românico, não esses Cristos de agora, retorcidos, mas sim crucifixos em que se vê Jesus Cristo reinante na Cruz. Jesus Cristo como Senhor. Lembro-me de que um de meus consolos era este Museu Marès. Eu me refugiava aí. Lembro-me de que chorava vendo os crucifixos, porque entendi o que havia sofrido Jesus Cristo, ser julgado pela Lei em nome da Lei, sendo Ele o que fizera as leis do universo. Aquele tempo foi para mim um tempo de *kénosis*, de Paixão forte... porque elas queriam que eu me fosse e eu não via que tinha que ir... Então, expulsaram-me... Elas não queriam me expulsar, mas que eu mesma me fosse.

Então, Deus quis colocar-me em contato com o Pe. Farnés, que foi para mim o Anjo no Getsêmani, na Paixão do Getsêmani que eu passei. O Pe. Farnés foi para mim o Anjo que me descobriu toda a Renovação Litúrgica... Não sei se o conhecem, mas é um dos melhores liturgistas que a Espanha tem. Naquele tempo, ele era jovem, recém-chegado do Instituto de Pastoral de Paris, que é onde havia se cozinhado e preparado toda a reforma litúrgica para o Concílio, que já começava a estar no auge[19].

Ontem estive [refere-se ao dia 1º de julho de 1962] em um museu (Museu Marès) onde há muitos crucifixos, uns Cristos românicos maravilhosos. Emocionaram-me tanto que chorei, e voltarei outro dia para terminar de vê-los porque não podia mais e tive de sair com dor no peito. Que desfalecimento físico total! [...] Agora estou felicíssima da semana passada por minha pobre carne ter estado tão próxima de qualquer desses Cristos. Eu lhes asseguro que me penduram no Museu e me veneram. Fiquei como uma pele ambulante que só tem a alma e é totalmente de Jesus Cristo[20].

O Pe. Farnés não se lembrava da data exata de quando se conheceram, mas sim que a conheceu na rua Princesa, porque as Missionárias convidaram-no para lhes dar uma pequena conferência para as religiosas, coisa que repetiria frequentemente, e lhe chamou a atenção o interesse de Carmen pela liturgia e seu conhecimento da Escritura[21]. Farnés não estava totalmente seguro, mas, quase com toda a certeza, pensava que o conteúdo de sua conferência versava

---

bou, 1893 — Barcelona, 1991) foi reunindo durante sua vida e que doou à cidade de Barcelona. A coleção de escultura hispânica que hospeda recolhe desde a antiguidade até o século XIX, onde se destaca a coleção de crucificados do Românico, do Gótico e a transição desses estilos.

19. *Documentos Carmen Hernández*, XVII: Encontro com as Comunidades da Região Noroeste da Espanha, 15 de maio de 1994, e na Convivência de Início de Curso, 29 de setembro a 2 de outubro de 1994.
20. Anotação de 2 de julho de 1962, dia da Visitação (FCN Caderno C 19).
21. Agradecemos muito a Jorge Borrell Calonge, que, na elaboração destas páginas, perguntou em nosso nome ao Pe. Farnés sobre esses pormenores. Ele fez a entrevis-

sobre "A celebração da Páscoa nas comunidades judaicas e sua relação com a Eucaristia cristã", dado que era o assunto do qual se ocupava em sua investigação naquele momento[22].

Carmen recorda disso com estas palavras:

> Eu havia me preservado na juventude graças à Eucaristia. Sempre ia comungar antes de ir à Universidade, mesmo que fosse só comungar, se não me dava tempo de ficar na missa, mas comungava. E isso me defendia sempre dos garotos, dos desordeiros, de tudo. Mantive-me na fidelidade ao Senhor pela comunhão. Era muito amante da Eucaristia. Para mim, a Eucaristia era receber Jesus Cristo e fortalecer-me com Ele. Daí a passar ao que o Concílio propôs, que indo às fontes descobriu a dinâmica da Páscoa (que não é somente receber Jesus Cristo). Há aí, na Eucaristia, como vocês sabem muito bem, uma Páscoa, um passar da morte à vida, onde você se comunica não com o Menino Jesus, mas sim com a morte de Cristo, e entra na Aliança de seu Sangue.
>
> Este é o cálice da nova aliança em meu sangue, o cálice da Nova e Eterna Aliança, que será derramado por vós[23].
>
> E esse "jogo" de escravidão e de liberdade em que o povo de Israel faz memória com esses símbolos de morte e de vida, de escravidão no Egito e de liberdade na Terra Prometida, isso é o que celebra Jesus Cristo. Isso é meu MEMORIAL. Isto não será para vós o memorial da saída do Egito, dirá aos Apóstolos, mas sim é a minha Páscoa, minha "passagem", como dirá São Paulo, minha passagem deste mundo a meu Pai[24].

Como vemos por meio de sua própria experiência, Carmen experimenta aqui em sua vida, em sua carne, em sua existência, todo o sentido profundo da Paixão, do *Mistério Pascal* de Jesus Cristo, a verdadeira passagem da escravidão à liberdade e da morte à vida, que vai lhe permitir concretizar de modo privilegiado e vivencial os ensinamentos da renovação litúrgica que o jovem Pe. Farnés estava postulando naquele momento. Carmen interioriza tudo isso de um modo único e privilegiado.

---

ta apenas algumas semanas antes de seu repentino falecimento na manhã de 24 de março de 2017, aos 91 anos.

22. P. FARNÉS, "La Pascua en las comunidades judias de nuestro tempo", em *Cuadernos Phase 2* (1962) 4-9.
23. Cf. Mateus 26,27-28.
24. *Documentos Carmen Hernández*, XVII: Encontro com as Comunidades da Região Noroeste da Espanha, 15 de maio de 1994, e na Convivência de Início de Curso, 29 de setembro a 2 de outubro de 1994.

10
ROTAS AS ATADURAS
(Barcelona, 1962-1963)

O Anjo do Getsêmani

Conhecer o Pe. Farnés em meio a toda esta *kénosis* pessoal tão forte vai ser enormemente providencial. A ida às suas aulas sobre os sacramentos e a amizade que vai surgindo entre Carmen e o jovem liturgista possibilita que ela possa compreender de modo extraordinário o mistério da Eucaristia, um sacramento que amou desde criança e que, nessa situação existencial, lhe abriu o ouvido de modo especial a essas lições do Pe. Farnés. Carmen mesmo repetirá em algumas ocasiões: "Havendo tantas e tantas pessoas que escutavam lições de Farnés e se impregnavam dessa renovação litúrgica, somente eu era capaz de entender tudo aquilo com um sentido profundo e vivo".

A história do sacerdote Pedro Farnés Scheres é, simultaneamente, a história da renovação litúrgica na Espanha. Por isso é importante conhecê-la brevemente. Ele nasceu em Barcelona, em 16 de agosto de 1925, e morreu na paz de Cristo, aos 91 anos, em 24 de março de 2017. Em sua infância, viveu o período mais turbulento da história recente da Espanha, pois em 1931, com a saída do rei Alfonso XIII e o começo da II República, desencadeou-se na Catalunha uma sucessão de perseguições religiosas, das quais as mais sangrentas foram em Barcelona, sobretudo no começo da Guerra Civil Espanhola. Farnés viveu, em sua infância, esse tempo difícil e, como muitos jovens, depois de terminar a guerra, ingressou no seminário. Assim, realizou seus estudos eclesiásticos de filosofia e teologia no seminário conciliar de Barcelona, entre 1943 e 1950, e, nesse mesmo ano, foi ordenado presbítero, em 19 de março, dia de São José. Foi destinado como vigário a uma paróquia do povoado de Sant Just Desvern, nos arredores da grande urbe, e em 1953 regressou a Barcelona para ser vigário na paróquia da Purísima Concepción. Depois, em 1955, foi nomeado pároco de Montferri, em Tarragona.

Desde seu tempo de seminário, Pedro Farnés mostrou uma forte paixão pela liturgia, tendo em conta que a Catalunha havia sido um centro importante dentro do movimento litúrgico já em tempos anteriores ao Concílio Vaticano II[1].

Em todo esse contexto, houve uma notória figura influente na futura renovação litúrgica do Concílio, que foi o Pe. Bernard Botte (1883-1980)[2], um beneditino belga da Abadia de Mont César, que foi o primeiro diretor do Instituto Superior de Liturgia de Paris, entre 1956 e 1964. Em 1956, convocou-se, em Assis, um Congresso de Pastoral Litúrgica, e o então jovem presbítero Pedro Farnés foi até lá, com outro companheiro, Pedro Tena, acompanhando alguns bispos catalães, como Jubany, Masnou e Pont i Gol. Depois desse congresso de Assis, o então bispo de Barcelona, Mons. Modrego, convocou um Congresso litúrgico diocesano para a elaboração de um "Diretório sobre a missa" e se fundou um Secretariado Litúrgico Diocesano. O Pe. Farnés foi um desses comissionados junto a Pedro Tena, que seria, mais tarde, o bispo auxiliar de Barcelona. Pouco tempo depois, em 1958, pediu-se ao bispo a criação do denominado Centro de Pastoral Litúrgica, à imagem do de Paris, em cujo conselho esteve, desde o primeiro momento, o Pe. Farnés.

Após os anos de estudo em Paris, em 1961, o Pe. Farnés diplomou-se em Sagrada Liturgia e, em 1963, cursou as matérias do doutorado no Instituto Católico de Paris. Durante esse tempo de especialização na França, que coincide com toda a preparação do Vaticano II e sua renovação litúrgica, ele vai e vem entre Paris e Barcelona. É então que o Pe. Farnés e Carmen Hernández se conhecem em decorrência de algumas conferências que o jovem presbítero transmitia às Missionárias de Cristo Jesus em sua residência da rua Princesa.

---

1. O germe de renovação que se iniciou na Espanha tinha a influência da abadia beneditina de Saint Pierre de Solesmes, na França, cujos monges haviam restaurado Santo Domingo de Silos, e onde estava o Pe. Gregorí Suñol, futuro abade titular de Santa Cecilia de Montserrat. Aqui, em Montserrat, teve lugar o primeiro período deste movimento litúrgico espanhol, pois se celebrou em 1915 um Congresso Litúrgico de Montserrat, com foco na restauração do canto gregoriano, mas que introduziu também a renovação da vida litúrgica. À restauração do canto gregoriano correspondia um novo espírito litúrgico, que se foi introduzindo na Igreja espanhola naqueles primeiros anos do século XX.
2. O Pe. Botte tinha sido um dos homens com maior prestígio no que se refere à história da liturgia e que mais havia estudado a *Traditio* de Santo Hipólito, em que se descreve um dos métodos catecumenais das primeiras comunidades cristãs. Em seu escrito sobre o movimento litúrgico, *Le mouvement Liturgique: Témoignage et souvenirs* (1973), oferece um testemunho pessoal sobre a prática litúrgica no começo do século XX e os motivos do movimento que desembocaram na reforma Conciliar: "Para compreender um movimento, é necessário conhecer o seu ponto de partida".

O Pe. Farnés se incorpora, em 1963, como professor de Liturgia no Instituto de Liturgia da Universidade Pontifícia de Salamanca, e em 1964 se estabelece, de novo, em Barcelona, porque ocorrera a constituição do Instituto de Liturgia dessa cidade[3], do qual foi professor efetivo desde sua fundação.

Quitadas todas as minhas contas

O testemunho direto do Pe. Farnés recorda com exatidão aquela situação providencial em que surge a amizade entre Carmen e ele:

> Em Barcelona, semearam-se algumas das raízes do que posteriormente foi a árvore fecunda que a Sé Apostólica acaba de reconhecer como árvore boa e frutífera para o bem de toda a Igreja Universal. Carmen, com efeito, iniciou seus primeiros passos nos ideais de anunciar Cristo àqueles que o desconhecem na casa das Missionárias de Cristo Jesus, que está localizada na rua Princesa de nossa cidade. Este chamamento depois cresceu e se desenvolveu por outros caminhos que o momento e o tempo não permitem que se explique aqui. Mas entre os primeiros passos missionários da jovenzinha Carmen Hernández em Barcelona e sua entrega radical ao Evangelho de Jesus através das comunidades neocatecumenais [...] não há ruptura, mas sim crescimento, desenvolvimento e caminho cada vez mais concreto. Barcelona, que hoje Carmen visita, é, pois, de certa maneira, o berço de seu espírito evangelizador.
>
> Se Barcelona, como declarei, é até certo ponto a mãe da vocação missionária de Carmen, Kiko há de reconhecer que em Barcelona nasceram alguns de seus primeiros frutos de evangelizadores. Os dois fundadores das comunidades, portanto, estão relacionados geracionalmente com a Igreja diocesana de Barcelona. Este é um motivo para nos alegrar hoje com a presença de Carmen Hernández e de Kiko Argüello e dos numerosos membros das comunidades que os acompanham[4].

---

3. O movimento litúrgico, que na Europa precedeu a reforma litúrgica conciliar, se iniciou na diocese de Barcelona, em 1958, com o Centro de Pastoral Litúrgica. Essa instituição empreendeu uma série de atividades no início dos anos 60, e desde 1964 se deu a promoção do Instituto de Liturgia, no qual se agruparam para a docência os membros do Centro de Pastoral Litúrgica que tinham estudado nos institutos universitários especializados. Carmen conhece o Pe. Farnés no germe dessa fundação, em 1962.

4. Recolhemos aqui a intervenção do ano 2003 na inauguração do curso acadêmico do Seminário Conciliar de Barcelona, ato presidido pelo cardeal Ricardo Mª Carles, para o qual convidaram Kiko Argüello e Carmen Hernández.

A experiência concreta de que Carmen se lembrará é esta:

> Dali eu passei, pela experiência de morte que tinha, a [entender] que comungar era comungar com a morte de Jesus Cristo para fazer a Páscoa à Ressurreição.
> Lá eu entendi, através do que estava acontecendo comigo, o que era toda a renovação conciliar da Eucaristia, da Páscoa, da liturgia; com Farnés, que nos dava aulas todos os dias[5].

Carmen responde a esse testemunho do Pe. Farnés com sua própria versão daquele tempo:

> A vocação missionária não me veio na rua Princesa de Barcelona, ainda que eu tenha muitíssimas lembranças dessa rua Princesa, e na Diagonal, e nas Ramblas, e na Vía Layetana, e na Catedral, e no Museu Marès: para mim Barcelona me faz tudo vivo!, porque vivi uma época muito importante de minha vida...
> E lá estava o clérigo Farnés, que digo eu, jovem e bonito, vinha de Paris com todo o Concílio já na mão, e lá ele dava umas conferências de liturgia.
> Com Farnés eu descobri todo o mistério da Páscoa, na qual entramos na morte com Cristo para ressuscitar com Ele, que é todo o Concílio Vaticano II e do que vivem todos os membros das comunidades que estão aqui. Do pão e do vinho: ou seja, que "o que come minha carne e bebe meu sangue tem a vida eterna e eu o ressuscitarei no último dia". É o pão que se parte... e digo que muita gente escutou Farnés e não o entendeu, e por que eu escutei? Porque estava em uma *kénosis* muito grande de morte, no *Getsêmani*, então descobri a renovação do Concílio. A primeira Páscoa [...] que eu vivi como Páscoa verdadeira, com toda a renovação litúrgica do Concílio, foi aqui, na Catedral de Barcelona, com o círio e com tudo... E por isso eu tenho muitíssima estima por Farnés, e eu digo: "O Caminho Neocatecumenal nasceu em Barcelona" e não nos barracos[6].

Efetivamente, a liturgia do Caminho Neocatecumenal começou a se gestar neste momento porque Carmen, como testemunhou, interiorizou essa renovação litúrgica e a fez sua de uma maneira muito vívida e vivida, algo que, mais tarde, se realizou nas comunidades neocatecumenais. O centro da vida de toda comunidade é a Eucaristia, celebrada na véspera do domingo, em que a centralidade do sentido Pascal é presente e primordial; motivo pelo qual Carmen

---

5. *Documentos Carmen Hernández*, V: Convivência de Início de Curso, 29 de setembro a 2 de outubro de 1994, p. 267.
6. Palavras de Carmen Hernández na abertura do curso acadêmico 2003-2004 do Seminário Conciliar de Barcelona.

insiste, incessantemente, em afirmar que *o Caminho é*, acima de tudo, *um fruto da renovação do Concílio*.

Após esse verão de 1962 e um tempo com a família, ela faz uma pequena jornada que a leva de volta a Barcelona. No mês de outubro, esteve em Valência e em Alicante. Em novembro de 1962, vai de Madri a Saragoça e, em 1º de dezembro, consta em seu caderno que já faz três semanas que está em Barcelona, diz, "em um quarto sublocado a Paquita no bairro da Trinidad".

Em 8 de janeiro de 1963, passa sua primeira noite em uma casa na rua Tragura nº 24, para viver com algumas companheiras que eram das Missionárias; consta que são, a princípio, Carmen Cano, María Luisa Troncoso e a jovem irlandesa Carmen (Carmel) Cooling. As três vão viver entre os pobres das casas baratas de Eduardo Aunós, dentro do bairro de Casa Antúnez (Can Tunís), que era uma região marginal e paupérrima, no distrito IV da Ciudad Condal, situada entre o Porto de Barcelona e o Cemitério de Montjuic, que há anos foi demolida.

Além disso, formam grupo com outras amigas que também tinham deixado as Missionárias, como Ana María Fraga e María José Martí, as quais possivelmente estavam passando esse tempo em Marselha, vivendo a experiência do apostolado obreiro — é até provável que lá estas entrassem em contato com o sacerdote e teólogo Paul Gauthier, de quem falaremos mais tarde. A ideia era que todas se juntassem em Barcelona depois. Seus projetos, nesse momento, supõem iniciar algo novo, estão vendo aonde podem ir, inclusive Carmen fala de "fazer um retiro" e depois de "ir a Barcelona começar vida pública e proletária", como o diz a Mons. Olaechea em uma carta em fins de setembro. E no fim da carta diz ao bispo: "Sei que vamos sofrer muito, mas, mesmo temerosa, não tenho medo. Sinto uma confiança total. Quem começou em nós sua obra a completará... Deus é maravilhoso em seus mistérios"[7].

Desde então, começam a fazer contato com alguns sacerdotes missionários, como Huidobro Francisco, que está no Seminário Pontifício de Santiago do Chile[8], ou com Antonio Castro Zafra, que está na diocese de San Luis, na Argentina[9], tratando de buscar um destino para sua missão. Encontram a possibilidade, também, de ir à Bolívia, à região mineira de Oruro. Em abril, Carmen

---

7. Carta de Carmen a Mons. Olaechea, de 30 de setembro de 1962 (ACV.FJM, leg. 4-4, doc. 13).
8. Consta uma carta do Pe. Huidobro Francisco a Carmen Hernández e Ana Mª Fraga, de 10 de dezembro de 1962, e que responde Carmen em 9 de novembro de 1962 (FCN.CNC 104).
9. Consta outra carta a Antonio Castro, de 15 de novembro de 1962 (FCN.CNC 105).

pede a D. Marcelino cartas de recomendação para o bispo de lá, Mons. Hurtado Manrique. Em 28 de abril, D. Marcelino escreve a Carmen, anexando uma carta dirigida a Mons. Manrique expressando o desejo de três senhoritas (Carmen Cano, Carmen Hernández e Carmel Cooling, a irlandesa) as quais "desejam partir à sua diocese sem outra aspiração que viver como autênticas cristãs e ser fermento evangélico nessas regiões mineiras e fabris", qualificando-as como mulheres "boas, inteligentes e bem formadas" e que "são conduzidas somente por sua fé e pelo amor a Jesus Cristo"[10]. D. Marcelino insiste com Carmen: "Dê-me notícias de vocês. Sigo-as sempre com todo afeto e encomendando-as cada dia"[11].

A palavra "Tragura" vai ser frequente em suas lembranças, como consta nos diários pessoais posteriores, como memória desse tempo de espera e esperança no Senhor. Lá trabalham como simples trabalhadoras na indústria têxtil, vivendo entre os humildes. Nesse momento, em maio, Carmen recebe a resposta do bispo Manrique:

> Recebi sua atenta carta, digna de todo louvor por seus nobres propósitos juntamente com suas duas companheiras. Em meio às minhas angústias de apostolado, ao ver os estragos do comunismo em almas simples e a falta de sacerdotes e apóstolos seculares, como um bálsamo do céu recebi a amável carta de recomendação de vocês do Exmo. Sr. arcebispo de Valência com notas elogiosas sobre seus propósitos e o amor de Cristo que as leva, cheias de entusiasmo e fervor... Agradeço profundamente sua carta, recebo-as com o coração cheio de gozo, sei que farão um imenso bem. [...] Com uma bênção especialíssima, ânimo! E venham logo[12].

Além disso, o bispo de Oruro responde a D. Marcelino:

> Excelência Reverendíssima:
> Com imensa alegria recebi a carta muito cordial que Vossa Excelência achou por bem me enviar para me comunicar da tão grata notícia das senhoritas Carmen Hernández, Carmen Cano e Carmel Cooling, irlandesa [...]
> Minha diocese, a 4 mil metros de altitude em toda a sua extensão, com 20 sacerdotes seculares e 24 religiosos, com poucos apóstolos seculares e problemas de toda classe, espirituais, sociais, particularmente o comunismo desde a Universidade Técnica e as minas, necessita de muitas almas apostólicas, abnegadas e valentes. Por isso me confortam mais suas

---

10. Carta de Mons. Olaechea ao bispo de Oruro (Bolívia) recomendando Carmen Hernández e Carmen Cano (o rascunho se encontra em ACV.FJM, leg. 4-4, doc. 25).

11. Ibid.

12. Carta do bispo de Oruro a Carmen Hernández, de 24 de maio de 1963 (FCN.CNC 50).

palavras de Irmão no Episcopado e a valente decisão dessas senhoritas, as quais recebo com a maior gratidão.

A coisa é já tão iminente que Carmen escreve a D. Joaquín Mestre, secretário de Mons. Olaechea, solicitando sua ajuda para obter um certificado que a Comissão Católica de Imigração pede para ela e para Carmen Cano. Em três dias recebem o certificado expedido por D. Marcelino onde se certifica que "Carmen Hernández e Carmen Cano foram solicitadas pelo bispo de Oruro"[13]. Tanto é assim que Carmen Cano parte para a Bolívia como a primeira de todo o grupo. No começo de julho, Carmen recebe uma primeira carta de Carmen Cano vinda de Oruro, na qual esta lhe comunica que está tudo bem e que não pode regressar à Espanha, pois está dando aulas desde 12 de junho e não poderá terminar até o fim de novembro. Não é claro o motivo pelo qual Carmen não parte desde o primeiro momento, mas é indicativo o que lhe diz Carmen Cano: "Veja, Carmen, vejo com muita dor não podermos nos colocar de acordo. Desejei, como nunca, ter você perto. Mas parece que os planos de Deus são outros. [...] Peçamos muito, Carmen. Deus nos traçará o caminho"[14].

Tudo isso que lhe diz Carmen Cano de alguma maneira se cumprirá, porque nossa Carmen está agitada, insegura, e assim o manifesta em um esboço de carta de 28 de julho:

> Tudo está dando errado, o que deve ser muito bom, eu seguirei dando os passos segundo melhor me vão parecendo, vou por um caminho e está fechado, por outro e não o encontro, e assim, e assim.
>
> Não sei por fim como passará, mas sei que passará. Que prazer sinto dizendo isso de que confio em Ti, de que se faça tua vontade e Pai nosso que estás nos céus[15].

Seguindo o próprio relato de Carmen, ela relembra esse momento assim:

> Naquele mês vieram também as três que já tinham sido expulsas, de Marselha a Barcelona, para se juntar a mim. Diziam-me: vão expulsar você. E pensamos formar algo novo entre as quatro... Depois ficamos em Barcelona, vivendo entre os pobres o ano de 62, nas casas baratas de Casa Antúnez. Começamos a trabalhar como operárias nas fiações de Caralt y Pérez.

---

13. Certificado expedido por D. Marcelino que data de 17 de junho de 1963 (FCN.CNC 47). Conservam-se dois rascunhos dessa carta com redações diferentes em ACV. FJM, leg. 4-4, doc. 27.
14. Carta de Carmen Cano a Carmen Hernández, de 8 de julho de 1963 (FCN.CNC 19).
15. Rascunho de carta de Carmen, de 28 de julho de 1963 (FCN.CNC 145).

Lá começamos as três, que tínhamos sido expulsas, nossa nova vida, sempre com a ideia de não ficarmos em Barcelona e de irmos às missões.

Por esse motivo, projetamos uma ida à Bolívia, onde estão as minas de Oruro, por intermédio do arcebispo, Monsenhor Hurtado Manrique, que nos acolheu sempre.

Justo agora, no mês passado[16], chegou para mim, em Barcelona, um cartão que escrevi nesse ano a uma amiga, no qual disse, retiradas das poesias de Rabindranath Tagore, estas palavras: "ESTÃO ROTAS MINHAS ATADURAS".

Porque depois do que sofri neste ano, o Senhor, no dia em que saí, me encheu de alegria. Transformaram-se todos os sofrimentos que eu tinha tido, as angústias e as dúvidas, como se todo o universo fosse meu, aberto ao horizonte, à Evangelização, com uma força e uma energia enorme.

Isso que lhe escrevi me mandou uma dessas amigas justamente no mês passado[17].

ESTÃO ROTAS MINHAS ATADURAS.
PAGAS MINHAS DÍVIDAS.
MINHAS PORTAS DE PAR EM PAR,
VOU A TODA PARTE...
ME CHAMAM PARA QUE NÃO SIGA.
MAS MINHA ESPADA JÁ ESTÁ FORJADA,
JÁ VESTI MINHA ARMADURA...
E EU GANHAREI MEU REINO.

Isso me manda agora uma irmã que está no Caminho. E me diz:

— Escuta, como se cumpriu tudo isso de "minhas portas de par em par, vou a toda parte".

"Vou a toda parte!"[18].

---

16. *Documentos Carmen Hernández*, XVII: Encontro das Comunidades da Região Noroeste da Espanha, 15 de maio de 1994.
17. Foi Amparo Llinares, a quem já citamos, e que foi companheira sua em Valência e que, mais tarde, entrou no Caminho Neocatecumenal, na primeira comunidade de Cullera (Valência).
18. *Documentos Carmen Hernández*, XVII: Encontro das Comunidades da Região Noroeste da Espanha, 15 de maio de 1994.

LIRICA BREVE.—LA COSECHA

74

Están rotas mis ataduras, pagadas mis deudas, mis puertas de par en par... ¡Me voy a todas partes!

Ellos, acurrucados en su rincón, siguen tejiendo el pálido lienzo de sus horas; o vuelven a sentarse en el polvo, a contar sus monedas. Y me llaman para que no siga.

¡Pero ya mi espada está forjada, ya tengo puesta mi armadura, ya mi caballo se impacienta!... ¡Y yo ganaré mi reino!

75

Poema 74 de "La Cosecha", de Tagore, do próprio livro de Carmen.

11
COM A BÍBLIA E O CORAÇÃO, E MUITÍSSIMO AMOR
(Líbano – Jerusalém, 1963)

Tenho a mochila pronta e a corda dada

Depois de sair das Missionárias de Cristo Jesus, a minha família começou a me perseguir novamente através de meu pai. Uma irmã minha, que nessa época já havia se formado em Medicina, dizia que eu tinha uma "neurose messiânica" e convenceu meu pai para que me levasse ao psiquiatra.

A questão é que, nessa altura, com as quatro amigas[1] íamos fazer uma nova fundação, mas eu quis, antes de embarcar para a América definitivamente, de onde já não pensávamos em voltar mais, ir a Israel para pisar a Terra Santa (porque o Senhor havia me dado muitas graças através das Escrituras). Elas não quiseram vir. Mas eu não queria viajar à América sem antes conhecer Israel. E assim o fiz. Lembro-me de que uma delas me disse que isso era gastar dinheiro à toa. Mas eu lhes disse: "Esperem-me um mês e depois embarcamos". Dessa maneira, com uma companheira minha, a quem havia conhecido em Londres, embarcamos as duas.

E assim fomos à Terra Santa:

Com trinta dólares, lembro-me, e com algumas latas de sardinha, mochilas, e um saco de dormir, aventuramo-nos a viajar à Terra Santa; e aquilo foi para mim uma viagem inesquecível. Agora vejo, pela forma com que nos acompanhou e nos protegeu o Espírito do Senhor, que essa foi a precursora de todas as viagens que estão fazendo agora todas as comunidades (no fim do Caminho). Porque, pegando carona desde o Líbano, das altas colinas do Líbano, eu percorri todo aquele território; também toda a Síria, com o deserto, até Damasco; em seguida, Jordânia e sua capital, Amã, e daí passamos pelo Jordão, e entramos em Israel, sem um tostão. Em toda essa jornada, vi como o Senhor nos precedia com abundância em tudo e de uma maneira prodigiosa. Aquela foi para mim uma viagem inesquecível...

Contá-la agora com detalhe seria emocionante, na verdade. Fazendo-o breve, posso dizer que, durante esse tempo em Israel, as Escrituras se abri-

---

1. As quatro amigas eram: Carmen Cano, Carmel Cooling, Ana Mª Fraga e Mª José Martí. Estava também Mª Luisa Troncoso, que vivia em Barcelona. Esse era o grupo inicial com o qual Carmen Hernández pensava em ir à Bolívia. De fato, Carmen Cano já estava lá nessas datas, como se indicou anteriormente.

ram para mim de uma maneira impressionante. Cada lugar que pisava... até ia pescar à noite com os pescadores no lago da Galileia. É incrível, esta companheira minha e eu fizemos de tudo até chegar ao Mar Vermelho, e sempre pedindo carona, e com mil aventuras, que aconteceram conosco. Deus cuidou sempre de nós[2].

Vamos tratar de reconstituir toda essa viagem que Carmen Hernández fez. Sabemos que partiram em um barco com bandeira turca, em 7 de agosto de 1963, do porto de Marselha, rumo ao Líbano. Sua acompanhante, Carmen Cooling (Carmel), era uma garota irlandesa a quem Carmen havia conhecido durante sua estada em Londres e com quem já estava em Barcelona.

Conhece-se pouco dessa primeira travessia, somente que Marselha foi seu ponto de partida e que, naquele barco turco, um dos passageiros se interessou por Carmen e até lhe propôs matrimônio, o qual Carmen recusou.

Graças à sua correspondência e a algum testemunho, podemos ir detalhando o resto de sua aventura com uma cronologia adequada. Com data de 4 de agosto, Carmen escreve de Barcelona a D. Marcelino Olaechea, expressando seu estado de ânimo, suas intenções e suas expectativas ante essa viagem:

> Saio para Israel. Quer me dar sua bênção? Saio nesta noite de Barcelona a caminho de Marselha, onde embarcaremos para Beirute, no dia 7.
> Vamos ao estilo franciscano, com a Bíblia e o coração e muitíssimo amor. Estaremos dois meses, trabalharemos em alguns *kibutz*[3] e contemplaremos tudo serena e isoladamente.
> Diga a D. Joaquín[4] que passaremos o dia de seu santo junto aos cedros do Líbano e que, desde lá, lhe chegará nossa oração.
> De Monte a Monte cantando os Salmos e suspirando a Glória da Redenção. Já sei, padre, tenho a mochila pronta e a corda dada, só vejo agora os resplendores do Tabor; as vozes de Jesus Cristo acalmando as águas e suas pegadas por todos os caminhos...
> Em 26 de setembro embarcaremos de volta em Alexandria e chegaremos em 29 a Nápoles, já temos a passagem no bolso. Nós nos veremos em Roma? Nosso trâmite de viagem definitivo à Bolívia vai muito bem, para outubro, esperamos que seja realidade.

---

2. *Documentos Carmen Hernández*, XVII: Encontro das Comunidades da Região Noroeste da Espanha, 15 de maio de 1994.
3. *Kibutz*, em hebraico קיבוץ, significa "agrupamento". São comunas agrícolas que foram muito importantes na criação do Estado de Israel.
4. Refere-se ao já mencionado D. Joaquín Mestre, presbítero valenciano e secretário do arcebispo D. Marcelino Olaechea, com quem guarda uma grande amizade.

Por favor, padre, reze um pouco por nós! Eu me lembro muito de você e assim o saúdo com todo afeto, pedindo sua bênção[5].

Tendo chegado a Beirute, no Líbano, as duas começaram a jornada. Uma viagem crucial na experiência de Carmen. Sem dúvida, era uma aventura verdadeiramente arriscada duas mulheres sozinhas percorrerem o Oriente Próximo, entre os anos 1963 e 1964, quando o Estado de Israel estava florescendo e boa parte do atual território pertencia à Jordânia, separado pela linha verde. Um longo e casual itinerário desde o Líbano até o Egito. É certo que eram outros tempos, mas não esqueçamos que aquele território sempre esteve em conflito, e o destino de duas mulheres sozinhas por aquelas terras podia ser muito incerto.

À terra do Amado

Como lemos em sua carta, a intenção delas era tão somente passar aquele verão de 1963 na Terra Santa e também conhecer um *kibutz*. Porém, uma vez lá, tudo mudou, e nunca fizeram a viagem de regresso desde Alexandria. A estada na Palestina se prolongou por vários meses. Para Carmen foram onze, uma autêntica mudança que demonstra seu temperamento.

A enorme paixão pela Escritura, pela História Sagrada[6], que desde muito pequena a havia fascinado, e o amadurecimento de tudo aquilo em sua vida religiosa, em sua formação teológica e nesse Getsêmani particular que experimentou em Barcelona leva Carmen a ver e a tocar "a terra do Amado". Adentrar a "geografia sagrada e conhecer o lugar do esposo" abriram todo o seu ser a uma experiência intensa de Jesus Cristo. Além disso, sua descoberta das fontes da Eucaristia através da Páscoa hebraica, graças ao Pe. Farnés, a move apaixonadamente à necessidade de descobrir e conhecer o mesmo Povo e a terra de Israel:

---

5. Carta a Mons. Olaechea, de 4 de agosto de 1963 (ACV.FO).
6. Recordemos a paixão de Carmen pela Escritura que se incrementou em sua juventude através de seu confessor, o Pe. Sánchez Ruiz, penetrando nos textos do Pe. de la Puente e do Pe. Rodríguez, como guia, e nos quase nove anos de vida religiosa. Um amor que ainda se faz maior com o estudo de Teologia, em Valência, e com o descobrimento vivencial da renovação litúrgica, por intermédio do Pe. Farnés. As fibras mais fundas de sua alma inquieta a empurram para conhecer e experimentar o "quinto evangelho", a geografia, a mesma Terra Santa.

Uma das coisas que mais experimentei nisso é que a Escritura é o único livro que você nunca termina de ler, sempre é novo, novo e mais novo. E é nesta mesma terra que Deus quis se manifestar, porque, se há uma história de salvação, também há uma terra com significado da salvação. E é muito importante, porque lá se entende essas Escrituras, e elas cobram vida e história. Então não se pode desprezar nem sequer uma vírgula do que se escreve em uma universidade; ao contrário, toda a Escritura vai para além de toda a realidade[7].

Uma revelação para sua vida, um tempo de experimentar, como ela mesma se lembra, em muitas ocasiões posteriores, "o amor de juventude" e "a terra do Amado". Parece que faltando apenas um dia para partir para a Terra Santa ela perdeu sua Bíblia, algo que ocorreu em outras ocasiões, e, através desse acontecimento, ela começou a compreender a diferença entre Escritura e Palavra de Deus, que explicara em sua catequese sobre a Palavra:

> Em outra ocasião eu lhes contarei minha aventura quando perdi a Escritura: no último dia, antes de partir, perdi a Bíblia e fiz uma terrível confusão [...] através dessa experiência, o Senhor me fez entender que a Escritura é fantástica e maravilhosa; temos um esqueleto escrito e fixo, mas Deus não falou com escritos, nem Jesus Cristo escreveu nada. Muito maior, mais poderosa e maravilhosa é a história, os feitos, os acontecimentos: hoje também nós somos um acontecimento que não se pode escrever[8].

A terra de Jesus Cristo, a geografia, também vai resultar em uma "revelação primordial" para Carmen; um elemento central de sua pregação: "O Senhor não somente se manifesta na história, mas também na geografia"[9]. Deus elegeu este lugar para se encarnar e se manifestar a todos os homens. Elegeu um abismo, a depressão do Jordão, uma das regiões mais baixas e profundas da terra, para se revelar como Filho de Deus. Percorreu os povos e as aldeias em torno do lago de *Kinéret* (כִּנֶּרֶת), por sua forma de Lira, para pregar a Boa Notícia e subiu à cidade Santa de Jerusalém, a uma altura maravilhosa, a quase 900 metros acima do nível do mar, para dar cumprimento à obra redentora: revelação, pa-

---

7. *Documentos Carmen Hernández*, VI: Convivência de Início de Curso do ano 1988, na Itália, p. 110.
8. Ibid.
9. "Também Deus, que entrou na história, escolheu lugares geográficos, e um lugar de cruzamento das civilizações do Oriente e do Ocidente: o vale de Siquém, no centro da Samaria. Por esse vale passou Abraão, e Jacó se estabeleceu lá". Cf. *Documentos Carmen Hernández*, XVI: Catequese de Carmen no Encontro preparatório da VI JMJ em Czestochova, no Estádio Torwar, Varsóvia, em 8 de junho de 1990, p. 11-12.

"
1963-1964
CARMEN EM ISRAEL

Mar da Galileia.

Acima: *Pináculo do Templo.*
Abaixo: *Betfagé.*

O Senhor concedeu-me, em Israel, que as Escrituras me fossem abertas. Toda a exegese que eu havia estudado pareceu-me nada diante daquilo que é abrir as Escrituras por obra do Espírito Santo, sempre iluminadas em um contexto pascal. À luz da ressurreição do Senhor, tudo adquire uma força, desde o Gênesis até a última palavra do Apocalipse, com um esplendor maravilhoso da intervenção de Deus na história.
Lembro-me de que levava a Bíblia e desde o mais alto do Líbano até o mais baixo do Negueb, Deus me permitiu, com muitos milagres, colocar o pé nesta terra, lá se estuda, se Deus lhe concede, porque as Escrituras se abrem.

(Carmen Hernández)

Caná da Galileia.

À esquerda: *Rio Jordão*.
À direita: *Santo Sepulcro*.

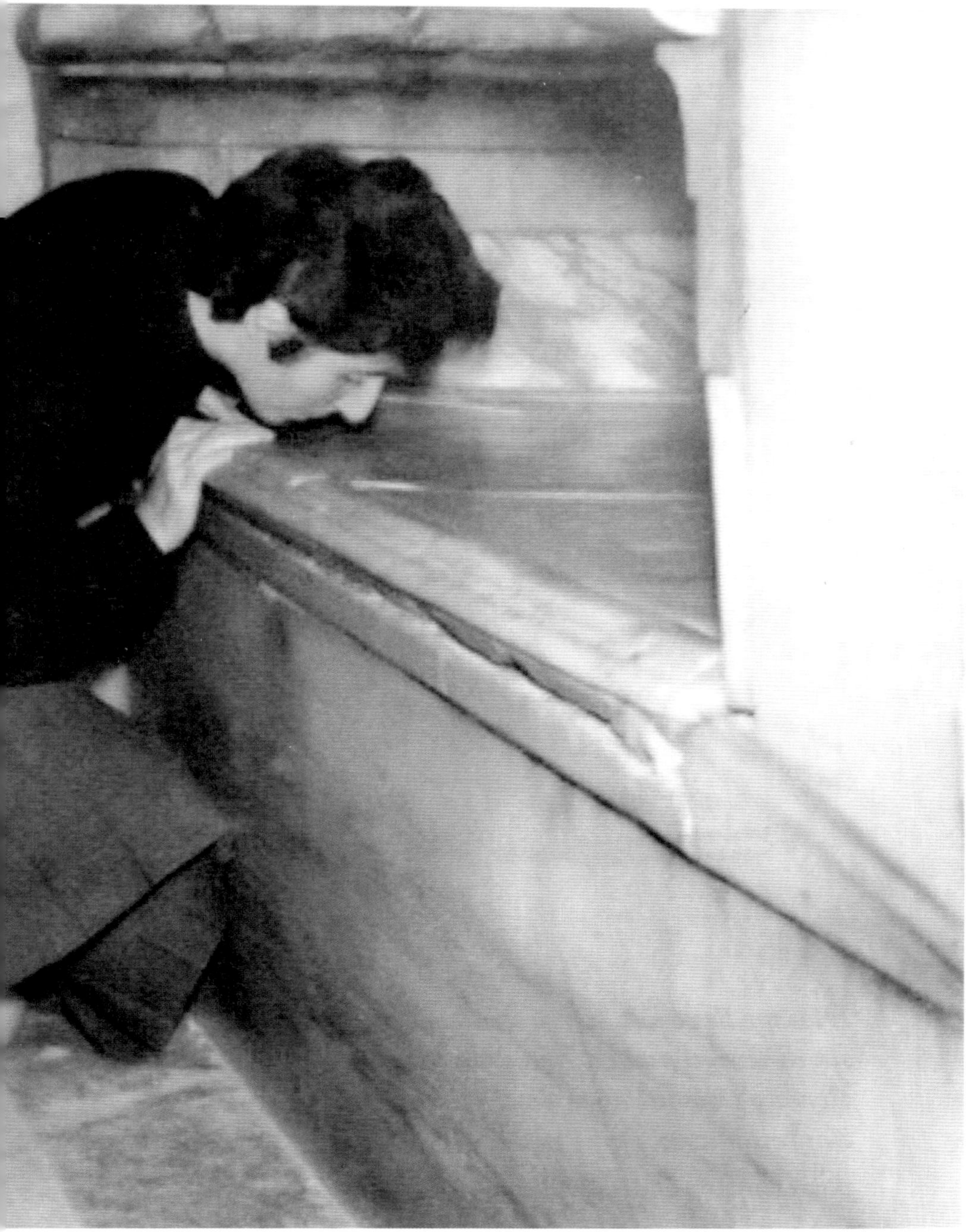

> *Deus me levou à terra de Israel, que percorri
> sem dinheiro nem nada... Percorri a pé toda aquela terra,
> e Deus me abriu as Escrituras de uma forma impressionante.
> Agradeço ao Senhor.*
>
> (Carmen Hernández, 29 de junho de 2002)

À esquerda: *Carmen na tenda de acampamento com a qual viajou pela Terra Santa.*
À direita: *Monte das Bem-Aventuranças.*

Acima: *Muralhas de Jerusalém.*
Abaixo: *Nazaré, 5 de janeiro de 1964, com o Pe. Gauthier (esperando a chegada do Papa Paulo VI).*

lavra e geografia tornam-se uma coisa só. A compreensão de Carmen sobre isso será admirável a partir desse momento de sua vida.

Quasi cedrus exaltata sum in Libano. Assim encabeça uma carta dirigida a seu bom amigo, o sacerdote D. Joaquín Mestre desde Harissa, no Líbano, em 15 de agosto de 1963, para lhe felicitar por seu aniversário:

> Os ares do Líbano lhe levarão minha felicitação e com eles todas as felicidades e o amor dos cânticos que lhe desejo no mais íntimo.
>
> É um lugar maravilhoso e é nosso primeiro passo a caminho da Terra Santa; depois de cinco dias estupendos no Mediterrâneo, levantamo-nos e descansamos aqui alguns dias, começando a Bíblia pelo coração. E nos sentamos para cantar os amores[10] com a Virgem dos montes[11].
>
> D. Joaquín, estou tão contente a caminho de Jerusalém...[12].

Carmen descreveu o trajeto do Líbano a Jerusalém, por todo o território árabe, na Convivência de Início de Curso de 1994:

> Lá no Líbano foi a primeira vez que eu ouvi a palavra "Kuwait", porque acontece que em Beirute nos encontramos com dois rapazes que tinham naquele tempo um "Haiga" [automóvel] americano enorme; estes vinham de trabalhar no Kuwait com os americanos e se colocaram como taxistas a nosso serviço; eram cristãos libaneses. A primeira coisa que eu lhes dizia: escutem, não pensem que vão se aproveitar de nós; com esse carro nos levaram por todo o Líbano. E assim por diante. Atravessamos Damasco, os desertos da Síria, chegamos a Amã, uma série de aventuras por aquilo que são todos os desertos. Atravessamos o Jordão, subimos a Jerusalém, tudo uma surpresa.
>
> Pelo caminho também encontramos alguns anglicanos que vieram conosco, alguns rapazes. E chegamos a Jerusalém com nossa mochila, passando pela Porta de Damasco, numa aventura, procurando onde dormir; aconteceram-nos coisas maravilhosas. E, subindo, digo: Via Dolorosa! E subimos a Via Dolorosa, que para mim já, com devoção, a mochila parecia a cruz. Subimos até acima e pousamos na porta de San Salvador, onde está o convento dos franciscanos.

---

10. Refere-se ao Cântico dos Cânticos.
11. Harissa é uma localidade situada a 27 quilômetros de Beirute, e é um importante lugar de peregrinação porque desde 1908 se levanta, no alto, a estátua de Nossa Senhora do Líbano, imagem da Imaculada Conceição, com a dedicação destas palavras à Virgem Maria: "Oh! Maria, Rainha das montanhas e dos mares e Rainha de nosso amado Líbano...".
12. ACV.FO.

Um mês depois, em 19 de setembro de 1963, Carmen escreve de Jerusalém a D. Joaquín, contando-lhes estas impressões:

> Em quem estou pensando nesta noite em que não posso dormir de alegria? E me vem seu coração ao coração, como alguém, o melhor que se pode gozar da alegria de estar aqui e da alegria de saltar do visível àquilo que não se vê, das figuras à realidade; dos montes e da terra à JERUSALÉM DO ALTO. Ontem passamos o dia em Betel, deitadas no chão e vendo a escada de Jacó. Jesus Cristo feito verdade e nos alegrando com o mistério de suas revelações e de seus passos entre nós, os homens. Sempre me dá devoção pensar em Jacó... Diz São Paulo no Novo Testamento que "amou Jacó mais que Esaú". Sempre gosto de pensar nisso e sentir interiormente a predileção de Jesus Cristo. Já levamos um mês em Jerusalém (Jordânia)[13] e ainda estaremos um pouco mais antes de passar a Israel. Deus nos ajuda, vamos atrasando a volta, vale a pena ir devagarzinho[14].

Se de ti eu me esquecer... Jerusalém

Carmen e Carmel Cooling chegam a Jerusalém em 21 de agosto de 1963 e buscam, em primeiro lugar, alojamento com os franciscanos:

> Eu, como vinha desta experiência desde Barcelona que lhes digo, da potência da Ressurreição, da dinâmica da Páscoa, a primeira coisa que disse ao franciscano que estava na porta foi: "Cristo ressuscitou!", ou alguma coisa assim, o caso é que ele ficou impressionado, este frei Delfín, que era um irmão galego. Entusiasmou-se tanto que disse: "Estas são as verdadeiras peregrinas, e não toda essa gente que vem aqui de turismo". Ao que lhe digo: "Podem nos dar algum lugar onde dormir?". Em seguida, ele resolveu tudo, levou os anglicanos a algum lugar. Colocaram-nos em uma escola muito próxima, no centro de Jerusalém, colocamos nosso saco de dormir na escola...
>
> E passamos muitíssimo tempo lá naquela casa, conseguindo percorrer tudo santamente. E este fradezinho, pelo qual tenho muitíssima estima — tem agora uma irmã em La Paloma —, entre as mangas de franciscano nos trazia ovos, carne. Enfim, um milagre atrás do outro. Mas para ser breve, já em Jerusalém, que naquele momento estava dividida pela metade, a mim as Escrituras se abriram por toda parte; desde a primeira página até a

---

13. O esclarecimento se refere ao que está na parte árabe de Jerusalém, pertencente, nessa época, ao reino da Jordânia; por isso fala de sua expectativa de passar em breve a Israel, ou seja, à parte judaica.
14. Carta a D. Joaquín Mestre de 19 de setembro de 1963 (ACV.FO).

última eu a li em todos os lugares. Para que vejam somente um detalhe de como nos assistiu o Senhor através de tantas coisas, ao chegar a Eilat, que já é o Mar Vermelho, lá não há franciscanos nem freiras, nem nada, levávamos nossa mochila, nosso saco de dormir e a tenda, tínhamos uma barraca de acampamento pequenina. Digo: "Vamos comprar algo no supermercado e depois vamos ver onde dormimos, colocamos a tenda perto do mar". E um homem que estava lá no supermercado diz: "Ouvi o que vocês estavam dizendo e é muito perigoso que ponham a tenda perto do mar". Diz: "Eu sou engenheiro das Minas do Rei Salomão e vou lá agora mesmo; deixo vocês em minha casa com a geladeira cheia de coisas. Não tenham nenhum medo, eu as ouvi"; estava entusiasmado. Coisas desse tipo, milagrosas, que eu vejo como o Senhor estava preparando a ida de todas as comunidades lá. E como o Papa está desejando agora ir. Como é um ponto importante, de que esta Revelação não é um mito, mas que é a história, que é muito importante, os feitos, os acontecimentos que a geografia faz presentes. E que o Concílio ia às fontes[15].

Dentre os franciscanos daquele tempo, pudemos entrevistar o frei Rafael Dorado, que muito amavelmente cuidou de mim na enfermaria do convento de San Salvador, em Jerusalém. Aos seus 91 anos, este frade alegre, jovial e falador, gaditano de Chipiona, pôde me falar muito tempo sobre suas lembranças de Carmen:

> Eu vim aqui em 1951, em abril, em 4 de abril, depois da II Guerra Mundial, porque durante a guerra tudo parou, e, ao finalizar, deixaram os freis voltarem de novo aqui. Antes, durante a Guerra Civil Espanhola, tudo havia parado. Por isso em 1951 nos mandaram aqui, os quatro primeiros franciscanos, depois de muito tempo. Esses quatro fomos os primeiros espanhóis que viemos aqui após a guerra. Eu estive em Getsêmani e em Nazaré; aqui havia outro, o organista, que era da província de Santiago, e o ecônomo era da minha província, de Chipiona... Eu estava, então (1962), em Getsêmani; e um dia se apresentaram duas moças, não muito jovens, já maduras... Mas, então, Israel estava dividida[16]. Aqui em Jerusalém, da Porta Nova (que está atrás desta casa), de frente a Notre Dame, era a parte de Israel, e da Porta Nova até aqui era a região Palestina tutelada pela Jordânia, pois a Palestina nem estava reconhecida ainda, no concurso das

---

15. *Documentos Carmen Hernández*, V: Convivência de Início de Curso do ano 1994, em Pilar de la Horadada.
16. O protetorado britânico sobre a Palestina concluiu-se em 15 de maio de 1948; após numerosos enfrentamentos, em 11 de junho, Jerusalém ficou dividida em duas regiões: a Cidade Nova, em mãos israelitas, e a Cidade Velha, junto aos bairros orientais, em mãos dos árabes, apoiados pelas tropas jordanianas. Essa divisão permaneceu até junho de 1967, após a Guerra dos Seis Dias.

nações, como tampouco Israel o estava. Essas duas mulheres chegaram até aqui, à portaria deste convento de San Salvador, porque sabiam que entre nós havia alguns espanhóis e italianos. Chegaram pedindo alojamento, porque queriam visitar os santuários da Palestina, e, além disso, não tinham com que pagar, não traziam dinheiro. Nós temos, próximo daqui, na Casa Nova, nossa hospedaria, junto à Porta da Água; mas lá, claro, tinha de se pagar, e elas só vinham com suas mochilas e com intenção de se alojar ao ar livre. Então os frades (possivelmente o frei Delfino) lhes disseram que descessem pela Via Dolorosa e saíssem pela outra porta (a dos Leões) e atravessassem até o Getsêmani, onde encontrariam um frade espanhol (que era eu). E aqui vieram, cada uma com duas mochilas e, além disso, levavam uma tendinha de acampamento; por isso eu pensei que eram francesas porque, até então, na Espanha não se via [sic] mulheres com mochila por aí, exceto as francesas, que vinham de *camping*. Pediram-me para se alojar no Getsêmani, passar alguns dias e conhecer tudo isso. Então, demos-lhes café da manhã e almoço e, à noite, pediram-me para dormir no horto. Mas eu lhes disse:

— Veja, Carmen, aqui no horto não podem dormir, isto é para as visitas dos peregrinos... Este é um lugar muito sagrado para poder dormir aqui. Mas, vejam — disse-lhes —, aqui em frente, à direita, temos um pedacinho de terreno que está sobre a gruta da Agonia, e lá sim podem dormir. Mas não aqui nesta parte do horto onde estão as oliveiras velhas...

E lá ficaram para passar a noite e já pela manhã nós lhes dávamos café da manhã e almoço, e elas desde aqui faziam excursões até Belém ou Jericó e também a Naplusa (a bíblica Siquém). Depois iam por um tempo até a Galileia, à parte que não conheciam... ou ao poço de Jacó, a Garizim (ou Guerizín). E assim estiveram por aqui durante um tempo... Poucos meses, não saberia precisar[17].

Em todos esses dias, visitam Belém, Hebron, Mambré, voltam a Belém, à *gruta dos pastores* e ao túmulo de Raquel. Em 29 de agosto, de novo em Jerusalém, vão visitando todos os lugares santos, e desde esse momento fazem uma grande amizade com frei Delfín, a quem chamavam frei "Delfino", e com o Pe. Basilio, o ecônomo dos franciscanos nesse tempo. Carmen sempre recordou-se dele com muita gratidão:

> Mas, depois, o melhor de tudo é que esse irmão franciscano, frei Delfín, que é artista, era amigo íntimo do Pe. Basilio, porque eram do mesmo povoado. Este Pe. Basilio era um padre galego, importantíssimo no Oriente Médio naqueles anos porque havia sido procurador-geral da Terra Santa durante 50 anos. E eram tão bons amigos que ele falou de nós e nos provi-

---

17. Entrevista realizada em 19 de maio de 2017, no Convento de San Salvador, em Jerusalém.

denciou em seguida uma casinha, porque muitas das casas que os árabes ocupam pertencem aos franciscanos, onde podíamos viver.

O irmão Delfín Fernández Taboada era galego, nascido no território de Cruces (Pontevedra); e construiu os órgãos das igrejas de Belém, Jerusalém e Nazaré e foi o restaurador e conservador dos órgãos de Damasco, Cairo e Alexandria. Frei Delfín foi um grande artista, um gênio na construção de órgãos e um grande músico: ele fez todos os órgãos da Custódia da Terra Santa. Era um organista extraordinário, de caráter afável e de grande coração. As duas mulheres tiveram à sua disposição o ateliê onde ele trabalhava com os tubos e as madeiras e se alojavam muitas vezes lá para não passar a noite ao ar livre. Esse "Frei Delfino", como ela dizia, lhes dava queijo, latas de sardinha e outros bens, e procurava sempre um lugar onde pudessem se banhar.

Frei Delfín foi muito jovem para o Oriente Próximo como missionário franciscano. Mais tarde, enviaram-no a Roma para estudar música e "*organería*" no Conservatório Giuseppe Verdi, pois sempre manifestou um grande talento e sensibilidade. Depois, ampliou seus estudos em Milão e em Crema, junto aos grandes organicistas italianos. A vocação de organista vinha desde pequeno e, quando já estava no convento de Santiago, teve como professor o frei Manuel Fernández, de quem dizia que foi "tudo ciência e bondade"[18].

Por toda essa trajetória, frei Delfín foi o organista maior da Custódia da Terra Santa e, por extensão, de todo o Oriente Próximo. Ademais, foi um grande fotógrafo e prestou seus serviços à comunidade franciscana até sua morte. Carmen e frei Delfín mantiveram a amizade por toda a vida e, junto com o Pe. Basilio, foram as pessoas decisivas para que os franciscanos alugassem ao Caminho Neocatecumenal o terreno do Monte das Bem-Aventuranças, onde está situada hoje a Domus Galilaeae: "O Pe. Basilio colocou-nos em contato com o custódio da Terra Santa. Fizemos os trâmites e fizeram um contrato que nos dava uma cessão por 50 anos"[19].

---

18. Para esta breve biografia, dispusemos de duas reportagens jornalísticas que a família do franciscano nos facilitou: em seu ateliê, constrói o maior órgão do Oriente Próximo, em *Correo Gallego* (12-9-1975), e frei Delfín, o organicista, em *Ya* (1-3-1981) 11.

19. *Documentos Carmen Hernández*, V: Convivência de Início de Curso do ano 1994, p. 277.

Esse Pe. Basilio, também espanhol e galego[20], preocupou-se muito com Carmen e sua amiga, não somente facilitando-lhes alimento, alojamento e dinheiro, mas também procurou trabalho para elas[21]:

> A primeira casa que eu limpei quando já havíamos passado à região de Israel, pois Jerusalém estava dividida pela metade, e já não tínhamos tanta possibilidade com o Pe. Basilio e com Delfín, foi o Consulado Espanhol. Naquela época nem era Consulado, era uma Agência de Relações, que limpamos tão bem, com uma grande devoção, que o porteiro nos dizia: Isto cheira a limpo! Era uma casa velha, muito velha e a deixamos como ouro. Íamos sempre as duas juntas, esta irlandesa e eu. Entusiasmou-se tanto quando viu a secretaria mudada que nos fez conhecidas entre a aristocracia de Jerusalém e nos chamavam sempre lá para limpar a casa.
>
> Mas o importante com relação a isso que lhes digo é que o Pe. Basilio, que tinha muita estima por nós, estava sempre preocupado de que nós não tivéssemos um lugar. Tanto que em Magdala eles tinham feito uma casinha para continuar com as escavações. Magdala está toda sepultada pelo lago e, enquanto fazem escavações, a água brota. Havia uma casinha não usada lá, e ele nos diz: Por que vocês não ficam lá em Magdala? Eu vinha com a ideia de não ter casas, atacando as Ordens Religiosas que tanto haviam construído e tal e qual; não queríamos ter um lugar permanente. Eu já vinha com essa ideia de que vieram tantas ordens religiosas depois do Concílio, de que não se tratava de construções, mas dos pobres; de encarnar-se com os pobres, de estar com os pobres, de não ter onde estar. Mas o Pe. Basilio se preocupava muito[22].

---

20. Eram os dois conventos, das províncias franciscanas da Espanha, que enviavam missionários ao Oriente Próximo: Santiago de Compostela, na Galícia, e Chipiona, em Cádiz.
21. Conta-nos frei Rafael: "Havia um *status quo* do tempo dos ingleses que ordenava o *modus vivendi* entre as comunidades católicas e ortodoxas, por exemplo, para organizar o Santo Sepulcro, os horários de culto para que não houvesse disputas, etc. Esse mesmo *status quo* foi aprovado pelo governo da Jordânia e regia todas as comunidades religiosas".
22. *Documentos Carmen Hernández*, V: Convivência de Início de Curso do ano 1994, em Pilar de la Horadada, ao falar do projeto da Domus Galilaeae, p. 275.

12
OS CIPRESTES DE EIN KAREN
(Palestina, 1963-1964)

Partículas de Luz

Carmen, em um momento muito importante de sua vida, quando foram entregues pela primeira vez os estatutos do Caminho Neocatecumenal, viveu uma breve experiência sobre a qual resume assim este tempo de sua história:

> Deus me levou à terra de Israel, que percorri sem dinheiro nem nada. Desde o Líbano, em Trípoli, onde há um santuário e muitos cedros, até o Negueb e até Eilat, no Mar Vermelho. E não se podia passar pelo Sinai na época.
> Percorri a pé toda aquela terra, e Deus me abriu as Escrituras de uma forma impressionante. Agradeço ao Senhor.
> E eu, em meio a mil problemas, ia muitas vezes à rocha do Primado. Naquele tempo, não havia muitos turistas; havia problemas como agora, ainda tinha o muro de Jerusalém. Eu ia ao Primado de Pedro e passava horas e dias sentada lá sobre a rocha, pedindo a Deus para saber qual era o lugar que eu tinha na Igreja[1].

Em meados de outubro, ela concluiu seu tempo em Israel, seu visto estava em perigo e ela precisava encontrar um emprego. Nesse ponto de sua jornada, Carmen vai encontrar, providencialmente, trabalho no âmbito de um projeto científico, no Instituto Tecnológico de Israel (Technion)[2], que tinha sede em Haifa. Ela trabalharia por um tempo em um projeto sobre radiação solar com os físicos Robinson e Rechnitzer, dois importantes investigadores nesse

---

1. *Documentos Carmen Hernández*, XVII: Intervenção de Carmen Hernández na entrega dos Estatutos do Caminho Neocatecumenal, no Pontifício Conselho para os Leigos, Roma, 28 de junho de 2002.
2. El Technion — Instituto Tecnológico de Israel — é o mais antigo e importante instituto tecnológico e científico desse país. Já havia sido fundado sob o Império Otomano, na cidade de Haifa, em 1912, e começou a oferecer cursos a partir de 1925. Com a fundação do Estado de Israel, passou a liderar o desenvolvimento científico e tecnológico, destacando-se em Física, Engenharia, Arquitetura e, a partir de 1969, em Medicina, pois de lá saiu um bom número de Prêmios Nobel.

campo[3]. Esse contrato lhe permite prolongar sua estada e, ao mesmo tempo, o estudo que realiza sobre a radiação e as partículas de luz a abre à descoberta do poder criador de Deus, uma experiência que, relacionada com seus conhecimentos teológicos, lhe permite alcançar uma interessante síntese entre teologia e ciência; algo que, no futuro, vai frequentemente desenvolver em sua pregação[4]. Quantas vezes Carmen falará dos fótons, de energia, de luz e de física para expressar a grandeza e o poder de Deus na criação e na vida das pessoas! Uma relação genial entre fé e física, cuja inspiração vem desse exato momento de sua história.

Essa nova situação na Palestina, essa mudança de planos, ela conta a D. Marcelino Olaechea, com detalhe, em uma carta do final de 1963:

> Pensávamos vê-los em Roma e também D. Joaquín e pensávamos que seria neste mesmo ano, mas o melhor estava por vir; pusemos nossa tenda por algum tempo na Terra Santa. Deus vai nos conduzindo, em sua dulcíssima Providência, de uma maneira consoladora. Estamos desfrutando intensamente sua terra e seu povo e aprendendo muitas coisas, entre elas, Física e Química. Faz onze anos que concluí uma carreira com muitíssimo entusiasmo, voltei outra vez a esse mundo. Com um sentir mais profundo e teológico, estou desfrutando intensamente. Deus sempre atua providencialmente e é ciência e sabedoria e governa o mundo para a plenitude de sua glória...
>
> Trabalho em um projeto internacional de radiação solar, com os professores Robinson e Rechnitzer, que percorreram o mundo e estão em contato com as universidades hispano-americanas... Esse trabalho, padre, para além da honra e da facilidade de voltar aos livros e ao laboratório, dá também dinheiro, muito, o que vai tornar possível visitarmos a Índia antes de voltar à Espanha para embarcar à América. A Índia foi o eterno sonho missionário de minha vocação de criança[5].

---

3. N. Robinson e D. Rechnitzer eram professores e pesquisadores do Departamento de Física desse Instituto Tecnológico (Technion) de Haifa, Israel. Alguns resultados de suas pesquisas sobre radiação solar são encontrados em N. ROBINSON; M. PELEG, "Direct Solar Radiation on and inside Buildings" e N. ROBINSON; D. RECHNITZER, "The Influence of Clothing on the Cooling Power (mainly its Solar Components) measured by minds of cylindrical frigotimeters", em AA.VV., *Biometeorology: Proceedings of the Second International Bioclimatological Congress* (Oxford, Pergamon Press, 1962) 262-272 e 385-388.

4. Destacam suas palavras diante de Bento XVI, na Basílica de São Pedro, no 40º aniversário do Caminho Neocatecumenal, em 10 de janeiro de 2009. Cf. *Documentos Carmen Hernández*, XVII.

5. Carta a Mons. Olaechea, de 21 de dezembro de 1963, de Haifa (ACV.FO).

Então, ela manifesta claramente suas expectativas de permanecer ainda por um longo tempo na Terra Santa, ao menos o necessário para economizar o suficiente e realizar seu sonho de viajar à Índia. Contudo, os caminhos da Providência serão surpreendentes e inesperados.

Outra fonte documental, menos precisa, mas que nos permite reconstruir seu estado de ânimo, suas impressões e sensações, na terra de Jesus, é o verso das fotografias que ela envia à sua família[6]. Todas elas escritas com intensidade, manifestando seus sentimentos, ao se situar em cada um dos lugares santos; algo que, como partículas de luz, lhe abrem a Jesus mesmo e à sua Palavra. Ela fica cativada em uma comoção de alegria de poder ver, tocar e experimentar os lugares onde "a Palavra se fez carne e habitou entre nós" (Jo 1,14). Lemos no verso de algumas dessas fotos:

> — PINÁCULO: Este pedaço de muralha é o ângulo sudeste do grande Templo de Herodes, justamente o PINÁCULO DO TEMPLO, é de uma altura impressionante, lembra-nos da tentação de Jesus Cristo. As pedras são herodianas e ainda há mais 30 metros sepultados debaixo dos escombros, hoje em escavações.
>
> Descendo, estamos no Vale do Cedron e cruzando a Torrente Cedron no Getsêmani, à beira do "Olivete" (Monte das Oliveiras).
>
> — NO CUME DO PINÁCULO: Ao fundo, Siloé, onde está a piscina em que Jesus Cristo curou o cego de nascimento. Mais ao fundo, o último, é o "Monte do Mal Conselho", chama-se assim porque a tradição diz que Caifás tinha lá um palácio onde se reuniu com os sacerdotes para arquitetar a prisão de Jesus Cristo. Hoje é a sede onde seguem reunidas as "Nações Unidas" (ironias do destino).

No alto do monte da Ascensão, Carmen, de pé com os braços cruzados, cativada pela alegria, olha o céu; Carmel Cooling, agachada a seu lado, contempla sorridente:

---

[6]. Para este trabalho biográfico, Kiko Argüello nos facilitou seu exemplar de um fac-símile que reproduz uma série de fotografias e cartões enviados à família que seu irmão, Félix Argüello, encontrou em uma velha maleta entre os pertences de Carmen. Esse fac-símile foi entregue aos itinerantes em 2001 sob o título *Nos inícios do caminho*, onde se recolhem principalmente fotografias dos inícios nos barracos e dessa viagem de Carmen a Israel. Kiko os apresenta assim: "Queridos irmãos: Uma lembrança para esta convivência de 2001, na Espanha, dos inícios do Caminho entre os pobres. Os barracos, os vizinhos, os primeiros irmãos. O arcebispo de Madri, D. Casimiro Morcillo, nos barracos. A igreja de Fuentes. Carmen em Israel. […] Fotos entranháveis para bendizer a Deus, que nos elegeu em Cristo para evangelizar os homens no terceiro milênio. Rezem por mim. Kiko (20-1-2001)".

— ASCENSÃO: "Homens da Galileia, por que estais aí a olhar para o céu? Este Jesus, que foi arrebatado dentre vós para o céu, assim virá, do mesmo modo como o vistes partir para o céu"[7]. "E eles voltaram a Jerusalém com grande alegria."[8]

Estamos no cimo do Olivete, lugar da Ascensão, hoje em poder dos árabes com esta horrível mesquita, mas sem teto, se vê o céu, restos de igrejas primitivas dos primeiros cristãos, ruínas bizantinas e também do tempo dos cruzados.

A vista de Jerusalém desde o minarete é impressionante; ao sul, podem ser apreciadas, em dias claros, até as montanhas de Moab.

Ao lado, está a Igreja russa que domina, com sua torre, o Olivete, levantando-se até o céu.

Em uma felicitação à sua mãe, diz-lhe o seguinte (acompanha-a uma foto de Carmen sob uma oliveira, junto ao Getsêmani. Sustém uns ramos de oliveira deslumbrada com o sol):

— MONTE DAS OLIVEIRAS: Clementica, parabéns! [diz à sua mãe].

Esta foto assustada de frente para o sol é o mesmo Monte Olivete, onde Jesus Cristo passou tantas noites. Próximo às minhas costas está o Getsêmani, muito próximo. Essa folhinha é de lá (eu mesma a colhi) de uma oliveira que tem mais de dois mil anos, testemunha da oração de Jesus Cristo. Muitos abraços!

— GÓLGOTA: Chegando ao lugar chamado Gólgota, lugar da caveira, onde o crucificaram.

Estou beijando o Gólgota, Calvário, buraco sobre a rocha (realmente em forma de caveira) onde levantaram a Cruz. Pode-se apreciar por dentro toda a rocha viva e rachada pelo terremoto. Santa Elena, a mãe do Imperador Constantino, edificou a basílica, mas conservando o lugar e a rocha.

Jesus Cristo havia dito: "Quando for levantado no alto, atrairei todos a mim".

— RESSUSCITOU: "Ressuscitou, não está aqui, vejam o lugar onde o puseram".

Sepulcro escavado em rocha viva. Testemunha do triunfo de Jesus Cristo sobre a morte e esperança e primícias de nossa ressurreição e vida eterna.

---

7. Atos 1,11: "Homens da Galileia, por que estais aí a olhar para o céu? Este Jesus, que foi arrebatado dentre vós para o céu, assim virá, do mesmo modo como o vistes partir para o céu".

8. Lucas 24,50-53: "Depois, levou-os até Betânia e, erguendo as mãos, abençoou-os. E enquanto os abençoava, distanciou-se deles e era elevado ao céu. Eles ficaram prostrados diante dele, e depois voltaram a Jerusalém com grande alegria, e estavam continuamente no Templo, louvando a Deus" (cf. Mc 16,19; At 1,9-12).

(Lugar sagrado para os cristãos, cada dia se canta aqui a missa de Glória, com toda a alegria. Aleluia!).

Uma fotografia tirada desde o monte das Tentações:

— JERICÓ: É como um oásis no deserto, há água e abundância de vegetação, Jesus Cristo a cruzou muitas vezes a caminho de Jerusalém. É a primeira cidade da Terra Prometida que os israelitas conquistaram, sob o comando de Josué.

Já devia haver árvores nessa época, pois é onde disse a Zaqueu: "Desça dessa árvore porque convém que hoje eu entre na tua casa". Diz o evangelho que era um pecador e que Jesus Cristo lhe disse: "Hoje a salvação chegou à tua casa, pois o Filho do Homem veio para buscar e salvar o que estava perdido"[9].

O mistério da Igreja

Ain Karem (ou Ein Karen) é uma pequena localidade na montanha, dentro do atual distrito de Jerusalém, que deve seu nome às numerosas vinhas e oliveiras que há a seu redor, assim como à fonte (*aín*, em árabe) em que, segundo a tradição, bebeu Maria quando foi visitar sua prima Santa Isabel, após o anúncio do anjo. Sobe-se àquela encosta rochosa rodeada de ciprestes, envolta em um oceano de verde, pela estrada sinuosa que desce do monte Herzl. A localidade pertenceu aos árabes até 1948 e depois se converteu em um bairro residencial de Jerusalém ocupado por artistas, escritores e jornalistas. Conta a tradição que ali moravam os pais de João Batista, Isabel e Zacarias, que é onde a Virgem chegou[10] e foi abençoada por sua prima e que, como resposta, recitou o canto do *Magnificat* (Lc 1,46-56; cf. 1Sm 2,1-10).

Essa comoção da alegria em Carmen nessa visita vai alcançar um momento culminante, um momento de êxtase, que fica refletido na fotografia que é e será a mais representante de Carmen e que Kiko desenhou em 2017.

No verso dessa fotografia, Carmen diz à sua mãe:

Clementica [a sua mãe], estes ciprestes são de Ein Karen, povoado da montanha de Judá onde vivia Santa Isabel, a prima da Virgem, e onde diz

---

9. Lucas 19,1-10.
10. Lucas 1,39-45: "Naqueles dias, Maria pôs-se a caminho para a região montanhosa, dirigindo-se apressadamente a uma cidade de Judá. Entrou na casa de Zacarias e saudou Isabel".

o Evangelho que a Virgem veio depressa[11]. Depressa e com alegria irreprimível porque tinha Jesus Cristo dentro de suas próprias entranhas. Santa Isabel lhe disse: "Bem-aventurada, ditosa e bendita entre todas as mulheres"; e seguimos dizendo isso todas as gerações: "Bendita és tu porque acreditaste"[12].

O evangelho de Lucas acrescenta: "Feliz aquela que creu, pois o que lhe foi dito da parte do Senhor será cumprido!". Ela mesma o contará, depois, em várias ocasiões:

> Sabem como queria começar diante desta Virgem que nos preside? "*Magnificat anima mea Dominum...*, meu espírito exulta em Deus meu Salvador...". Com isso, traslado-me a Ein Karen, onde cheguei por graça do Senhor após uma *kénosis* enorme, vivida em 62, na qual subi ao Moriá com meu Isaac, que era minha vocação missionária já disposta a ir para a Índia. Tive que voltar à minha casa com Jacó...
> Uma das graças mais fortes que tive foi em Ein Karen (onde vivia Isabel). Eu pensava em fundar, com algumas amigas, uma associação nova, um movimento.
> Mas senti da parte da Virgem: "Não, é a Igreja!". Bendita és tu entre as mulheres, será a Igreja[13].

Lá, teve a visão de uma multidão, um povo revestido com vestes brancas que evangelizava por todas as nações. Quando as primeiras comunidades neocatecumenais fizeram o final do caminho e a viagem à Terra Santa, Carmen viu cumprida essa visão. Por isso Ein Karen se fez muito presente no dia em que foram entregues os primeiros Estatutos do Caminho Neocatecumenal, em 29 de junho de 2002, porque, de alguma maneira, lá ela vislumbrou aquilo a que o Senhor a chamava:

> Em Ein Karen, lugar perto de Jerusalém onde se comemora a Visitação da Virgem e seu *Magnificat*. Eu, com minha tentativa de fundação, vi como o Senhor não queria isso. Disse-me claramente, e eu tenho tão claro; por isso sempre ataco a palavra "movimento".
> Lá vi que queria algo que era para toda a Igreja, não uma Congregação nem uma Associação, nem um Movimento: que é o Concílio. Ou seja, uma renovação da Igreja. Por isso eu, às garotas, as convido a entrar nas congre-

---

11. Cf. Lucas 1,39-40.
12. Lucas 1,41-45.
13. *Documentos Carmen Hernández*, XVII: Intervenção de Carmen Hernández na entrega dos Estatutos do Caminho Neocatecumenal, no Pontifício Conselho para os Leigos, Roma, 28 de junho de 2002.

gações; e os rapazes, o que está fazendo os seminários *Redemptoris Mater*, são diocesanos; e as comunidades estão nas paróquias. Uma renovação da Igreja. E o que levamos não é que um carismático inventou uma coisa; sim, a ele como artista lhe tomou também o Senhor, que lhe deu tantas graças para realizar na Palavra e na práxis a renovação[14].

Sabemos também que, nesse tempo, ela recebeu uma nova oferta de trabalho em pesquisa no laboratório do hospital de Hadassah, muito próximo a Ein Karen.

Em 1985, recapitulando brevemente sua história, Carmen deu esta pequena catequese sobre Ein Karen em que comprovamos que o Caminho Neocatecumenal foi inspirado pela Virgem Maria a cada um dos iniciadores, a Kiko no dia da Imaculada Conceição, em 1959, e a Carmen nesse momento de Ein Karen, como ela mesma testifica:

> Impressionou-me ver como no diálogo que Maria tem com o anjo, quando lhe anuncia que dela vai nascer Jesus Cristo, ela diz: "Como será isso, se não conheço homem?". O anjo lhe diz: "Não temas, Maria! O Espírito Santo te cobrirá com sua sombra e o que nascer de ti será chamado Filho de Deus". E lhe dá uma prova para que possa vê-lo: "Veja, também Isabel, tua parente, concebeu um filho em sua velhice e já está no sexto mês aquela que chamavam de estéril". Uma coisa que era palpável: era uma velha.
>
> A Virgem Maria se põe a caminho para constatar aquilo. Não é que não acredite no anjo, mas ela vai tocar as coisas com sua mão. Maria disse primeiro: "Eis aqui a escrava do Senhor, faça-se como Ele diz!". O anjo se vai: Ela aceitou, mas imediatamente temos escutado o que faz a Virgem Maria: ela se levanta com prontidão e vai a uma região montanhosa, a uma cidade de Judá.
>
> Ela creu, mas foi ver com os próprios olhos. O que me impressiona é que Maria, como a Igreja, tem o enorme mistério da fé, mas ao mesmo tempo tem necessidade de constatações, como nós. E outra coisa é que me impressiona, me emociona este lugar, porque, para mim, estava em um momento difícil de minha história, depois do desvio aéreo que o Senhor fez comigo, já a ponto de embarcar para a Índia para cumprir minha vocação missionária de toda a vida, que eu havia sentido desde meus tempos de jovenzinha, aos 14 anos.
>
> O Senhor fez esse desvio aéreo comigo, com o qual eu fiquei sem saber nem por onde andava no mundo. Fui para Israel e aqui, em Ein Karen, eu vivi como se fosse a própria Virgem Maria, o mistério enorme de que em uma mulher qualquer do mundo pode se realizar o mistério da Igreja e da

---

14. *Documentos Carmen Hernández*, V: Trecho da Convivência de Início de Curso do ano 1994, em Pilar de la Horadada.

evangelização. Kiko acredita que nasceu tudo em Palomeras, mas Deus tinha seus planos antes inclusive de que ele nascesse. Porque o cristianismo não nasceu em Palomeras Baixas, nem em Palomeras Altas, mas sim com Jesus Cristo, em Belém de Judá. E nós não somos mais que a Igreja que se rejuvenesce em todas as gerações.

Não somos nenhum movimento, nem nenhuma coisa, mas sim que Deus refaz sua Igreja, como leram hoje na missa, os que a celebraram, que reconstrói sempre e governa as nações. Vivi uma experiência fantástica em Ein Karen, muito perto de Jerusalém, onde agora os hebreus têm um hospital (Hadassah); fico muitíssimo emocionada.

Eu vejo como esta Palavra se realiza hoje em nós[15].

Pedro volta à Palestina

No dia 4 de dezembro de 1963, justamente ao terminar a segunda sessão, em pleno Concílio Vaticano II, o Papa Paulo VI anunciou algo surpreendente: pela primeira vez na história, um sucessor de Pedro ia visitar como peregrino os lugares santos.

Dada a delicada situação geopolítica, Paulo VI insistiu muito nisto: trata-se de uma humilde peregrinação, de somente três dias de duração, dando-lhe o mais estrito sentido evangélico. Carmen, também peregrina, vai ser uma testemunha excepcional desse momento histórico. É a terra de Jesus Cristo, à qual, após vinte séculos da saída de São Pedro, um sucessor seu regressa, em condição de humilde peregrino, com atitude de oração e penitência, e para colocar toda a Igreja reunida em concílio em uma união, mais íntima e vital, com os mistérios da Redenção.

O itinerário do Pontífice foi o seguinte[16]: em 4 de janeiro, chegou ao aeroporto de Amã, na Jordânia, onde saudou o soberano, rei Hussein, dizendo: "A visita que nós [Paulo VI] realizamos é uma visita espiritual, uma humilde peregrinação aos lugares santificados pelo nascimento, pela vida, paixão e morte de Jesus Cristo, e por sua gloriosa ressurreição e ascensão"[17]. Nesse mesmo dia, ele se desloca até Jerusalém e entra pela Porta de Damasco: "Venham co-

---

15. *Documentos Carmen Hernández*, V: Da experiência na Convivência de Início de curso, 26-29 de setembro de 1985, no Valle de los Caídos, Madri, p. 87.
16. Para a cronologia e os conteúdos que expomos desta viagem de Paulo VI, remetemo-nos às páginas do Vaticano. Disponível em: https://www.vatican.va/contents/paul-vi/es/travels/documents/terrasanta.html. Acesso em: jun. 2021. Também consultamos *30 Días* V/50 (1991).
17. *Saludo al rey Hussein de Jordania*, no aeroporto de Amã.

nosco colocar seus pés sobre as pegadas de Cristo"[18]. Depois, no Santo Sepulcro, disse:

> E para que nossa dor não seja nem fraca, nem temerária, mas sim humilde, para que não seja desesperada, mas sim cheia de fé, para que não seja passiva, mas sim orante, una-se à de Jesus Cristo nosso Senhor, paciente até a morte e obediente até a cruz, e, evocando sua lembrança comovedora, imploremos sua misericórdia que nos salva[19].

De lá, foi à igreja de Santa Ana, onde se encontrou com os fiéis católicos das comunidades de rito oriental e, mais tarde, saudou o patriarca greco-ortodoxo Benedictos e o patriarca Armênio Yeghishe Derderian. No dia 5 de janeiro, começou em Megido com um *Discurso ao presidente da República de Israel, Salman Shazar*, que, sem ser um discurso político, contém, sim, uma valente mensagem de concórdia: "Como peregrinos da paz, nós imploramos, em primeiro lugar, o bem da reconciliação do homem com Deus e o da concórdia profunda e sincera entre todos os homens e entre todos os povos. [...] *Shalom! Shalom!*"[20].

Em Nazaré, na Basílica da Anunciação, Paulo VI é recebido por uma multidão de fiéis; entre eles está Carmen Hernández, que escutará atentamente seu discurso sobre a Sagrada Família; palavras que vão ter enorme ressonância nela e que são proféticas para o futuro do Caminho Neocatecumenal:

> A Família de Nazaré é a escola em que se começa a compreender a vida de Jesus, é a escola em que se inicia o conhecimento do Evangelho. Aqui se aprende a observar, a escutar, a meditar e a penetrar o significado tão profundo e misterioso desta manifestação do Filho de Deus... Quanto desejaríamos voltar a ser crianças e acudir a esta humilde e sublime escola de Nazaré! Quanto desejaríamos começar de novo, junto de Maria, a adquirir a verdadeira ciência da vida e a superior sabedoria das verdades divinas![21].

---

18. *Discurso a las autoridades y a la población de Jerusalén ante la Puerta de Damasco*, em sua chegada a Jerusalém.
19. *Hora Santa en la Basílica del Santo Sepulcro.*
20. Acrescenta o Papa, citando Jeremias 29,11: "Queira Deus escutar nossa oração, esse Deus que tem para nós, como proclama o profeta, 'pensamentos de paz e não de aflição'. Que se digne infundir no mundo atormentado de hoje esse dom incompreensível, cujo eco ressoa através de todas as páginas da Bíblia e em que nos é grato resumir nossa saudação, nossa oração e nosso augúrio".
21. *Filial Homenaje a la Madre de Dios y Madre Nuestra, la Virgen Maria*, na igreja da Anunciação de Nazaré, no domingo 5 de janeiro de 1964.

Algum tempo depois, quando Carmen e Kiko se conheceram e ele lhe falou de uma inspiração que recebera da parte da Virgem Maria para "fazer comunidades como a Sagrada Família de Nazaré, que vivam em humildade, simplicidade e louvor", em Carmen ressoaram as palavras de Paulo VI[22].

À beira do mar de Tiberíades, na rocha do Primado de Pedro, para saudar alguns peregrinos vindos de Milão e advogando pela paz, Paulo VI põe em relevo a figura de seu predecessor, Pio XII[23]. No dia 6, celebra a Solenidade da Epifania, na Gruta de Belém: "Dirigimos-lhe, fazendo-a nossa, a profissão de fé de Pedro: Tu és o Cristo, o Filho de Deus vivo. Nós lhe dizemos, além disso, como Pedro: Senhor, a quem nós seguiremos? Só Tu tens palavras de vida eterna. E inclusive fazemos nosso o arrependimento e a confissão sincera de Pedro: 'Senhor, Tu sabes tudo, Tu sabes que te amamos'"[24].

Carmen em Ein Karen, diante dos ciprestes.　　Ciprestes de Ein Karen (na atualidade).

---

22. Este discurso de Paulo VI, em Nazaré, é, justamente, o que a Igreja propõe como segunda leitura do Ofício, no dia da Sagrada Família.
23. *Palabras de despedida a las autoridades israelíes*, 5 de janeiro de 1964: "Nosso grande Predecessor, Pio XII, afirmou com força e em muitas ocasiões, durante o último conflito mundial, e todo o mundo sabe o que fez pela defesa e a salvação de todos os que suportavam a prova, sem nenhuma distinção. Todavia, como sabeis, quiseram semear suspeitas e inclusive acusações contra a memória desse grande Pontífice. Temos a satisfação de ter ocasião de afirmar neste dia e neste lugar: nada mais injusto que esse atentado contra tão grande venerável memória".
24. *Mensaje del Santo Padre al mundo desde Belén*, em 6 de janeiro de 1964.

13
"SENHOR, TU SABES QUE TE AMO"
(Galileia, 1963-1964)

Com os companheiros de Jesus Carpinteiro

Quando Carmen recebeu o Papa Paulo VI, em Nazaré, em 5 de janeiro de 1964, ela estava acompanhada do Pe. Paul Gauthier. Em dezembro, recebeu carta de sua irmã Elisa com duas notícias dolorosas: morreu sua avó, em 18 de novembro, e também o Pe. Sánchez, "bom e santo jesuíta", que foi seu diretor espiritual.

Nesse Natal, em 25 de dezembro de 1963, Carmen conheceu o Pe. Gauthier e Maria Thérèse Lescase, junto ao seu grupo, chamado de Os Companheiros de Jesus Carpinteiro. Paul Gauthier nascera em La Flèche (Sarthe), França, em 30 de agosto de 1914, coincidindo com o começo da Primeira Guerra Mundial. Era, como Carmen, filho de uma família católica estável; criou-se em Beaune (Côte d'Or) e ingressou no seminário menor de Favigny (Cher) com apenas 15 anos. Entre 1939 e 1945, colaborou ativamente com a Resistência Francesa, durante a ocupação, uma experiência que marcou seu caráter. Após a guerra, foi ordenado sacerdote e passou a mostrar uma clara vocação intelectual e uma sensibilidade extraordinária, que se nota em seus escritos, influenciados por Charles de Foucauld, Henri Bergson, Santa Teresa de Jesus e São João da Cruz. Em 1947, passa a ser professor de teologia no Seminário de Dijon e começa a ganhar fama na França como escritor e intelectual do contexto pós-guerra, escrevendo ensaios, narrativas e, inclusive, alguns roteiros de filme. Chega a ser diretor do Seminário, mas, neste ponto, pede ao bispo permissão para poder ir com os pobres e desfavorecidos. Foi a Marselha e foi pioneiro entre os "padres operários", e, após essa experiência, viajou até a Palestina, onde foi testemunha da guerra árabe-israelita e de suas devastadoras consequências entre os mais humildes. Em 1957 instalou-se em Nazaré, e em 1958 uniu-se a ele Marie Thérèse Lescase (ou Myriam, como lhe chama familiarmente o grupo), que seria sua principal ajuda e, mais tarde, sua companheira, depois de ele abandonar seu sacerdócio. Com Myriam e um grupo de rapazes jovens, fundou os Companheiros e Companheiras de Jesus Carpinteiro (1958-1970), sob a invocação do patriarca melquita Maximos IV e do arcebispo Georges Hakim, de Akka-Nazaret.

Carmen Hernández os conhece em dezembro de 1963 e se une a eles, impressionada por seu trabalho e pela personalidade de Marie Thérèse Lescase. Com eles, descobre a possibilidade de reunir equipes mistas para a Missão de moça e rapaz junto a um presbítero. Nessa experiência está o germe remoto das futuras equipes itinerantes em que pode haver uma moça célibe junto a um jovem e um presbítero:

> Lá, em Israel, conheci o Pe. Gauthier, que nos tempos de Pio XII foi um padre operário. Tinha a eclesiologia de um francês, mas, quando proibiram os padres operários, ele foi à Palestina e lá fundou os "Companheiros de Jesus, o Carpinteiro". E já nesse lugar trabalharam em colaboração homens e mulheres. Eu, quando vi aquilo, pareceu-me ser melhor do que o que nós queríamos fundar, somente com moças. Pareceu-me melhor a colaboração com os rapazes. E então coloquei já em minha lista toda a gente, padres que conhecia, meus amigos e tudo para unir-nos a ele nesta fundação... Ter passado 1963 lá, e ter visto Paulo VI passar por lá, no coração do Concílio, e estar em Nazaré quando Paulo VI passou por lá... Eram coisas tão maravilhosas que fui à Espanha para falar disso às minhas amigas e unir-nos ao Pe. Gauthier.

Ela mesma envia ao amigo Antonio Castro uma fotografia da manhã de 5 de janeiro de 1964, o dia em que Paulo VI visita Nazaré, escrevendo no verso:

> Não tinha fé em Deus quando chegou a Israel (refere-se a Gauthier). No Natal o bispo de Jerusalém lhe impôs as mãos em Belém, fazendo-o participar na atividade que ele tem na Consagração de Jesus Cristo, consagrado para evangelizar os pobres e libertar os homens... temos que fazer casinhas em Belém antes de sair para a América.

Carmen lhe conta isso com a esperança de que se una a eles, dado que o Pe. Gauthier, em Nazaré, havia fundado uma "cooperativa de trabalhadores" para a reconstrução de moradias para as muitas famílias que tinham ficado sem casa após a guerra ou que eram refugiadas. Além de trabalharem em Nazaré, trabalharam também em Belém e Beit-Sahour.

Em 1962, Gauthier escreve seu livro mais representativo, *Os pobres, Jesus e a Igreja (Les pauvres, Jesús et l'Église)*, no qual plasma sua experiência, um texto que iniciou o movimento "Igreja dos pobres", nascido durante sua participação no Concílio Vaticano II[1], desde a opção de compartilhar este chama-

---

1. A primeira reunião do grupo ocorreu em 26 de outubro de 1962. Essa reunião e sua atividade *extra aulam*, relatadas pelo próprio Paul Gauthier até a segunda etapa conciliar, indicam uma preocupação conciliar com a realidade da pobreza que acompa-

do de solidariedade com os mais necessitados. Quando, em 1967, se iniciou a Guerra dos Seis Dias, Gauthier abandona Israel para ir à América Latina, imensamente entristecido pelo que tinha presenciado.

Gauthier é considerado um precursor da Teologia da Libertação, e sem dúvida o foi, ao lado de D. Hélder Câmara. Morreu em Marselha em 25 de dezembro de 2002.

Esse encontro de Carmen com Gauthier, Marie Thérèse e os seus lhe causa um grande impacto e abre seu horizonte; ela continua sua busca sem saber, agora, para o que o Senhor a está chamando.

Em sua agenda desse ano, escreve um rascunho com notas dirigidas a seu pai, onde declara:

> Papai, você tem que se mudar para entender e gloriar-se de sua filhinha. Tenho algo mais que a garantia em todas as crenças, algo que dar ao mundo, aos homens. Está bem, bem, eu o entendo, mas tenho algo que menos gente tem, é a fé, a pregação do Evangelho, a paz, e necessito para isso descer de classe social, pobreza, irmãos dos homens, fraternidade, paz, como um testemunho de verdade, de fé, como a virgindade, não para todos, testemunhas da fecundidade superior de uma vida, de uma família em Deus: Trindade, Filho e Pai e Amor. E isso é a pobreza e o trabalho pobre, uma necessidade para mim. Não me fecho em nada, é minha VOCAÇÃO[2].

Bem-aventurança

Antes e depois da visita de Paulo VI e durante sua colaboração com o grupo de Gauthier, Carmen vive uma intensa experiência do amor do Senhor na

---

nha a dinâmica conciliar, mas sem esgotá-la... E, quando Congar escreve em seu diário acerca dos líderes desse grupo — Himmer, Hakim, Mercier, Ancel, Gerlier, Câmara —, afirma que são os portadores da causa mais santa e nobre do Concílio... Como se lembra Pe. Gauthier, a iniciativa do grupo "Igreja dos pobres" encontrou sua bandeira de engate e fonte de inspiração na alocução radiofônica que São João XXIII dirigiu ao mundo, em 11 de setembro de 1962, um mês antes da inauguração oficial do Vaticano II... Lá na reunião estavam, entre outros, Mons. Georges Mercier, bispo de Laghouat (Saara, Argélia), junto a Paul Gauthier e M. Thérèse Lescase. Propôs-se a ideia de obter as assinaturas de dois terços de bispos para levar adiante o tema do mundo subdesenvolvido. Cf. S. MADRIGAL, SJ, "Jesucristo, la Iglesia y la pobreza: Un capítulo de la eclesiologia del Vaticano II": *Corintios XIII. Revista de teología y pastoral de la caridad* 158 (2016) 70-97; P. GAUTHIER, *I poveri, Gesù e la Chiesa* (Borla, Roma, 1963); *Con queste mie mani. Diario di Nazareth* (Borla, Roma, 1965); *La Chiesa dei poveri e il Concilio* (Vallecchi, Florencia, 1965).

2. Agenda-Diário P 4 (1963-1964), anotação de 23 de janeiro de 1964.

Galileia[3]. Novamente outro desses momentos onde a Graça de Deus a move interiormente:

> Entre todos os acontecimentos, tantos que não poderia contar, já quando estávamos pela Galileia, quando limpávamos casas e quando já tínhamos um pouco de dinheiro, pegávamos carona, pregávamos o Evangelho na carona mais que em qualquer parte, e fomos à Galileia. E na Galileia o que nos levava de carona diz: Onde querem que eu pare? A primeira vez que vi o lago, ao descer, era uma coisa impressionante. Porque há dois lugares: Jerusalém, que é como uma plataforma, e o lago, que são dois cenários da vida de Jesus Cristo, onde Ele realizou todo o seu ministério.
> Na Galileia, que é o lago, e na Esplanada sagrada do Templo de Jerusalém.
> Pois, na Galileia, costeando o lago, diz: Onde querem descer? E eu vejo que está escrito: "Monte delle Beatitudini", está escrito em italiano porque é uma casa italiana a que está ali. "Monte das Bem-Aventuranças". Digo-lhe: Pois nos deixe aqui, homem. E nos deixou lá. Fomos e havia um convento de Carmelitas e nos dirigimos à superiora para pedir que nos deixasse colocar a tenda [na parte de] dentro do muro.
> A coisa é que a superiora disse que: nem pensar! Nós queríamos colocar a tenda dentro do muro [*sic*] para ficarmos seguras, não sabíamos nem onde estávamos; com as serpentes que há por lá e toda a confusão, mas disse que nem pensar.
> Então pusemos a tenda fora do muro. Conto isso porque nunca mais vi algo parecido, e vem uma tempestade, algo que não podem imaginar, que levou a tenda e tudo mais, uma coisa impressionante. É a única vez que eu vi o lago em uma tempestade. E o lago em tormenta é algo inexplicável, não podem nem imaginar; um lago tão manso e maravilhoso que de repente fica pior que o mar Cantábrico e pior que o Pacífico na Califórnia, uma coisa impressionante. Eu dizia: desceremos a Cafarnaum e compraremos algo de comer. Bom, graças a alguns árabes e tal... Mas foi muito bom porque uma freira muito jovem viu, aproximou-se e nos diz: A superiora não deixou vocês entrarem, agora que ela não está, venham, que eu as deixo entrar. Então a freira jovenzinha nos deixou entrar. Muitos conhecem essa igreja octogonal de cristais que se vê. Há não somente essa igreja, mas há também debaixo dela quartos até com banheiro.
> Então, entramos lá no Monte das Bem-Aventuranças à noite e, depois, já no dia seguinte, fomos a Ginosar, um *kibutz* que há à beira do lago, onde nos deixaram colocar a tenda. E passamos todo o tempo que queríamos no lago[4].

---

3. O título do capítulo alude a Isaías 9,1; Mateus 4,15.
4. *Documentos Carmen Hernández*, V: Convivência de Início de Curso do ano 1994, em Pilar de la Horadada, ao falar do projeto da Domus Galilaeae.

Da Galileia, guarda intensas experiências de oração na rocha do Primado de Pedro, próxima ao lago:

> Lá passava horas e dias sentada sobre a rocha, pedindo a Deus saber qual era o lugar que eu tinha na Igreja. Por isso, ao voltar a Israel, fui primeiro a São Pedro e lá rezei o Credo[5].

Estamos diante de outra iluminação decisiva em sua vida da parte do Senhor, cuja Providência vai guiando o processo: desde o sonho de Xavier até a experiência de *Aquedah*[6] e sua agonia pessoal do Getsêmani, em Barcelona, que conclui com sua saída das Missionárias. Agora encontramos o descobrimento da terra de Jesus, seu Amado; da Virgem e do Senhor em Ein Karen; suas orações junto às margens do lago, no Primado de Pedro. Carmen vai completando um processo que a conduz mais e mais a transcender seu projeto particular, direcionada a um ponto que sequer vislumbra, e a ver, em pleno tempo do Concílio Vaticano II, um chamado a *ser Igreja e a levar esta renovação*: "Na rocha do Primado de Pedro, que muitos conhecem, estive sentada tantas manhãs pensando que lugar eu tinha na Igreja"[7].

O fato é que a própria Carmen, desde jovem, quando teve aquele sonho em Xavier[8], pensou que, se tivesse sido São Pedro, teria pedido ao Senhor para "não negá-lo", e que lhe teria sido concedido. Nesse mesmo sonho, o Senhor lhe falou ao coração: "E ouço a voz de Jesus Cristo que me diz: — TU NÃO DIZIAS QUE QUERIAS SEGUIR-ME?".

Senhor, Tu sabes tudo. Tu sabes que Te amo

A experiência de Carmen corresponde ao Evangelho de João: "Depois de comerem, Jesus disse a Simão Pedro: 'Simão, filho de João, tu me amas mais do

---

5. *Documentos Carmen Hernández*, XVII: Entrega do Estatuto do Caminho Neocatecumenal, Pontifício Conselho para os Leigos, 28 de junho de 2002, p. 186.
6. Em referência ao sacrifício de Isaac no Monte Moriá, quando o Filho pede a Abraão: "Ata-me! Ata-me, forte! Para que não resista".
7. *Documentos Carmen Hernández*, V: Convivência de Início de Curso do ano 1997, p. 269.
8. Nesse mesmo texto já falamos deste sonho: "Estive toda a noite pensando que se São Pedro, em vez de dizer a Jesus Cristo 'EU NÃO TE NEGAREI', tivesse pedido ao Senhor 'NÃO DEIXES QUE EU TE NEGUE', lhe teria sido concedido, não haveria negado Jesus Cristo. Eu, com essa ideia, fui para a cama. E, dormindo durante a noite, tive um sonho que tem muita relação com a Ascensão".

que estes?'. Ele lhe respondeu: 'Sim, Senhor, tu sabes que te amo'. Jesus lhe disse: 'Apascenta meus cordeiros'. Segunda vez disse-lhe: 'Simão, filho de João, tu me amas?' — 'Sim, Senhor', disse ele, 'tu sabes que te amo'. Disse-lhe Jesus: 'Apascenta minhas ovelhas'. Pela terceira vez lhe disse: 'Simão, filho de João, tu me amas?'. Entristeceu-se Pedro porque pela terceira vez lhe perguntara: 'Tu me amas?' e lhe disse: 'Senhor, tu sabes tudo; tu sabes que te amo'. Jesus lhe disse: 'Apascenta minhas ovelhas. Em verdade, em verdade, te digo: quando eras jovem, tu te cingias e andavas por onde querias; quando fores velho, estenderás as mãos e outro te cingirá e te conduzirá aonde não queres'. Disse isso para indicar com que espécie de morte Pedro daria glória a Deus. Tendo falado assim, disse-lhe: 'Segue-me'"[9].

Depois de 25 anos dessa primeira viagem, Carmen comemorou, repetindo um itinerário semelhante:

> Nesta viagem, depois de 25 anos, quis celebrar com o Senhor muitas graças que ele me dera lá, especialmente a de estar na rocha do lago de Tiberíades. Nesse momento de *kénosis* de minha vida — ainda tinha dentro uma promessa segura do Senhor, que sempre me iluminou — fui a essa rocha do Primado de Pedro e passei lá tantas horas só, porque nesse momento esse lugar estava abandonado, não havia nem sequer um franciscano cuidando desse lugar. Somente havia uma família árabe e por todos os lados havia uma terrível sujeira.
>
> Estive lá durante tantas horas e vi tantas coisas: pode-se entender a pesca milagrosa porque realmente há tantos peixes lá, veem-se tantos, mas, quando um pescador tira a rede, não pega nada, porque todos eles se escondem[10].

Lá, junto ao lago de Tiberíades, no Primado de Pedro, vai compreender e confirmar esse sonho. Em seu coração, revela-se o chamado a ser Igreja, a ser "não mais que Pedro" e entrar na humildade de se deixar levar, de ser conduzida, inclusive, aonde "não quiser ir".

Outro acontecimento relevante desse tempo de Israel é sua reconciliação com a história e com algumas pessoas. Lá Carmen cura suas feridas e parece estar em paz com tudo e com todos. Ela conheceu o Amado, Jesus Cristo, em profundidade, conheceu sua terra, sua família, sua Palavra, adentrou nas entranhas da Escritura e da Revelação, uma experiência que ela levará, mais adiante, ao Caminho Neocatecumenal. Ali Carmen quitou as dívidas com sua

---

9. João 21,15-19.
10. *Documentos Carmen Hernández*, VI: Convivência de Início de Curso do ano 1988, na Itália.

própria história, reconciliando-se, primeiro, com Antonio, seu pai, a quem escreve um carinhoso cartão-postal, no dia de seu aniversário, onde na imagem está ela "cabeça a cabeça" com a de um burro:

> Antonio [diz a seu pai]. Olá! Este [o burro] tem o privilégio de ser de Betfagé, burro de Jerusalém, do lugar daquele que entrou com Jesus Cristo no Domingo de Ramos. A outra burrinha [refere-se a si mesma] vai puxar suas orelhas rezando por você e desejando-lhe: Muitíssimas felicidades! Um abraço muito forte.

Da mesma forma, também se dá outra reconciliação com a Congregação de que havia saído, com as Missionárias de Cristo Jesus, e concretamente com a Madre Geral, tal como Carmen conta por carta ao bispo Olaechea, com data de 4 de janeiro de 1964:

> Outro dia escrevi à Madre Geral uma carta abraçando-a com todo o coração e agradecendo-lhe quanto o Instituto nos preparou e para cantar juntas em alegria os sofrimentos passados juntas[11].

A partir daqui, Carmen sempre falará em seus diferentes testemunhos acerca das Missionárias com grande encômio e agradecimento.

---

11. Carta a Mons. Olaechea, de 4 de janeiro de 1964, de Nazaré (ACV.FO).

14
MEU CORAÇÃO ESTÁ TRISTE PORQUE NÃO SABE DE ONDE ESTÁ SENDO CHAMADO
(Terra Santa – Roma – Assis, 1964)

Em movimento

Com essa enorme experiência e sem saber ainda aonde se dirigir, abertos todos os caminhos, decide voltar à Espanha. Espera, assim, reencontrar-se com suas companheiras e retomar o projeto da Bolívia, com forças renovadas e incorporando sua intensa experiência na Palestina e, particularmente a que conheceu junto ao Pe. Gauthier. Sua amiga Carmen Cano tinha ido adiante e já estava lá havia algum tempo. Por isso, se prepara para retornar em pouco tempo, tal como escreve a D. Marcelino em uma carta do mês de janeiro:

> Tenho muitíssima vontade de vê-lo. Irei até a primavera para voltar com um sacerdote, um seminarista, um moço e duas das de primeira hora. Voltaremos fazendo escala no Egito e entraremos no deserto com duas tendas a caminho do Sinai, passaremos duas semanas no deserto antes de colocarmos os pés em Israel.
> "A mais bela das terras", diz Deus (Ez 20,6). "Eu escolhi Jerusalém" (Zc 3,2)[1].

Entretanto, antes do retorno, entra no deserto durante a Quaresma e viaja ao Mar Vermelho através do deserto do Negueb. Assim conta a D. Joaquín em uma carta datada do final de fevereiro de 1964:

> Vim a caminho do Deserto, queria passar a Quaresma sozinha...
> Umas letras de Comunhão, hoje que não comunguei do pão. Cristo nossa Comunhão, nossa Comunhão com Deus imensíssimo. Eu disse hoje a Deus que tenho medo, pois nos afogamos em sua infinita infinidade.
> Jesus Cristo nossa Páscoa, a margem, tenho muitíssima vontade de chegar ao Mar Vermelho, espero que seja já na quarta. Voltaremos a Jerusalém para a Semana Santa e passaremos de novo a Jordânia para nos unir ao Sepulcro da Ressurreição, donde as santas mulheres.

---
1. Carta a Mons. Olaechea, de 25 de janeiro de 1964.

Desde Beerseva segue lhe escrevendo:

> D. Joaquín, escrevo-lhe em Beerseva. Choveu muitíssimo durante toda a manhã, e o rio inundou a ponte da pista do Negueb e não pudemos passar; perambulamos por todo lugar; o pôr do Sol, o anoitecer era maravilhoso. A terra me parecia infinita...
>
> Parece que estou com Abraão dando a mão a Abimelec[2], as sete ovelhas de seu pacto, e DEUS segue sua promessa: "Eu darei esta terra à tua descendência". E me parecia terra sem limites, não todo o Israel é Israel, diz São Paulo. E somos Israel mais que o Israel que os árabes rodeiam e limitam por toda parte. E Israel é Israel ao mesmo tempo e está cumprindo a letra das profecias: "Eu os reunirei de todas as partes de onde fostes dispersados", o Mistério do povo judeu.
>
> Realmente é DEUS CLARO, CLARÍSSIMO e terrivelmente MISTÉRIO AO MESMO TEMPO, MISTÉRIO NA FÉ[3].

Em 1964 o Domingo de Ramos caiu no dia 22 de março, e o Domingo de Ressurreição, em 29 de março. Ela passa essa Semana Santa e a Páscoa da Ressurreição, segundo seus desejos, em Jerusalém. Na Quinta-feira Santa, está no Getsêmani, e escreve: "Jesus! Não queres a solidão, a turma turba[4]. Jesus!". "Eu quero estar só".

Em abril está de novo na Galileia, em Nazaré. De lá, vai fazer faxina em uma casa próxima do Monte Carmelo e escreve uma nota longa em sua agenda:

> Dia de maravilhosa, de plena primavera; tenho diante todo o azul do mar e do céu; escrevo-lhe de um monte, o Monte Carmelo, um cimo verde precioso. Sabe de onde venho? Acabo de fazer faxina na casa da Sra. Kolskoy. Passei uma manhã intensíssima, intensíssima de trabalho e de gozo. Limpei cada canto com maior fervor que a capela nos melhores dias de noviciado.
>
> Era a primeira vez que vinha a essa casa. Pude me sentir intimamente, inteiramente, totalmente pobre. Tem sido como uma consagração íntima, felicíssima participação no Mistério Redentor de Jesus Cristo, assim encarnado, como um deserdado; durante toda a manhã estive me sentindo Rainha. Tocou na parte mais alegre do meu coração: Rei dos Reis, levo um anel na mão. Está casada? Como é que tem que fazer este trabalho? Sim, tenho que trabalhar, e é Rei, mas meu Reino não é deste mundo. Eu senti

---

2. Cf. Gênesis 21,2.
3. Carta a D. Joaquín Mestre, de 29 de fevereiro de 1964, de Beerseva.
4. O jogo de palavras refere-se aos esquadrões romanos (*turmae*) e ao seu barulho. Ela busca solidão, silêncio, intimidade com Jesus.

com toda a felicidade de uma realeza eterna, de um reino de felicidade, que nem tem limites de tempo nem de nada[5].

Em 17 de maio, vai a Jerusalém em virtude do Pentecostes. Daí vai a Jaffa, e em 23 de maio, regressa a Nazaré. Sabe que é o momento de voltar. Seu plano de ir às minas de Oruro, na Bolívia, corre o risco de dar em nada se não retornar logo e se juntar a suas amigas na Espanha.

Em 7 de junho, embarca rumo a Nápoles. Na primeira noite de travessia, anota em sua agenda alguns versos do poema *Trânsito*, de Rabindranath Tagore, onde manifesta uma experiência ilimitada, um monte de projetos e *abertos todos os seus caminhos*.

>MEU CORAÇÃO ESTÁ TRISTE porque não sabe de onde está sendo chamado[6].
>
>Livra-me de minha própria sombra, Senhor, da ruína e confusão de meus dias!
>
>Tome-me pela mão, pois a noite é escura e seu peregrino cego, tome-me pela mão[7].

Peregrina em Roma e Assis

Carmen chega a Nápoles em 11 de junho de 1964 e de lá vai até Roma, onde passa vários dias peregrinando pela cidade: confessa-se no Vaticano, percorre o Trastévere, San Sebastián, os arredores do Coliseu, o Palatino. Vagueia e peregrina por suas ruas: a Fontana de Trevi, a contígua Piazza della Pilotta, onde está a Universidade Gregoriana, o Quirinal; vai a São Paulo Extramuros. Todos os lugares da Cidade Eterna aparecem anotados em sua agenda:

>Vou e venho, a meu capricho, por meu caminho, até que minha loucura lhe mova a se aproximar de minha porta; porque me prometeu que suas mãos me dariam minha parte de felicidade neste mundo[8].

Em 24 de junho, já tem a passagem para continuar sua jornada para o próximo objetivo: Assis. Com o bilhete na mão, recita em São Pedro a bênção de

---

5. Agenda-Diário P 4 (1963-1964), anotações de 15-19 de abril de 1964.
6. RABINDRANATH TAGORE, *Trânsito*.
7. Id., *Plegarias. Corazón 2*.
8. Escreve em 18 de junho de 1964, citando Rabindranath Tagore, *La cosecha* 14, em sua agenda.

São Francisco: "O Senhor te abençoe e te guarde. Mostre-te o seu rosto e tenha piedade de ti. Dirija-te seu olhar e te dê a paz" (cf. Nm 6,25-27).

No dia 26, já está em Assis, onde escreve em sua agenda, com enorme alegria, a pequena jaculatória de São Francisco: *Deus meus et omnia* ("meu Deus e meu tudo").

Visita a Basílica, Santa Clara, San Damiano, em meio a dias chuvosos, de nuvens e céu claro. No primeiro dia de julho, chega a La Verna, onde fica até o dia 3, quando, por um motivo torpe, perde um ônibus que a levaria a Florença. Volta a comprar outro bilhete algumas horas depois. Alguns anos mais tarde, dará testemunho dessa pequena jornada pela Itália:

> Vi depois desse tempo na Terra Santa que tudo isto que o Concílio fez significou uma revolução em minha própria carne. Com as duas amigas com que eu pensava em fundar uma congregação (haviam traduzido o livro: *A sabedoria de um pobre*[9], que está escrito muito bem), tínhamos visto através desse livro a *kénosis* de São Francisco.
>
> Quando voltei de Israel, fui à Roma, com toda uma série de aventuras, e daí até Assis. Conhecia os franciscanos muito pouco, pois (como disse) em Tudela conheci principalmente os jesuítas cem por cento: Aquela região era o reino dos jesuítas.
>
> Conheci os franciscanos ao vir de Madri porque, na rua Narváez, há uma igreja de franciscanos onde eu costumava ir à missa antes de construírem a igreja dos sacramentinos. O Pe. Ayuso, que era franciscano, me ajudou muito para a viagem a Israel e, na Terra Santa, vivi com os franciscanos e até me deram uma casa em Haifa — que eu pintei — e vim buscá-las (suas amigas Ana, Carmen e Maria Josefa) para irmos viver lá; mas elas não quiseram. E depois conheci Kiko.
>
> Mas eu, nessa viagem de volta da Terra Santa, de Roma fui a Assis para conhecer tudo de São Francisco, porque esse livro me havia feito muito bem nesse momento que eu estava vivendo. E fui também a La Verna, que é um monte onde ele recebeu os estigmas e onde teve uma experiência grande de *kénosis*[10].

Uma vez em Florença, pega um trem até Port Bou e de lá até Barcelona, onde chega em 15 de julho. À sua chegada, sente certa desolação, pois lá não encontra nada do que deixou quase um ano antes. Suas companheiras já não estão lá, não há ninguém na Tragura, mas ela se abandona ao Senhor:

---

9. E. LECLERC, *Sabiduría de un pobre*, Madri, Marova, 1964. A tradução para o castelhano dessa edição é de Ana Mª Fraga e Mª José Martí.

10. *Documentos Carmen Hernández*, V: Testemunho na Convivência de Início de Curso do ano 2008; ibid. XV: Encontro com os seminaristas de Roma, 29 de março de 1988.

Amplamente, sem ouvir tua voz, encontro-Te no passado através de mim mesma. Confissão. Te amo.

Jesus, continuo descobrindo-Te em meu passado... parece que me amavas mais, mais graças eu tinha, mais fé em ti. Te amo mais, Jesus, confio em ti, TOTALMENTE, sim[11].

De volta a Madri

Carmen por fim volta a Madri, que é exatamente o lugar aonde não quer ir, porque aquelas amigas suas haviam deixado Barcelona e se haviam instalado na capital da Espanha, para trabalhar com os desfavorecidos. Lá está, além disso, sua família, seus pais, seus irmãos, com quem se encontra imediatamente. Vai também buscar essas companheiras suas para tratar de reconstituir essa equipe de missionárias e partir para a América do Sul, às minas de Oruro, na Bolívia. Carmen se sente de algum modo ungida, banhada por sua experiência da Terra Santa, da qual traz renovadas forças e ideias, particularmente de sua recente experiência com o grupo de Gauthier. Ela quer, mesmo assim, preparar outro grupo disposto a ir a Haifa e contribuir no trabalho dos Companheiros de Jesus Carpinteiro, construindo casas para os pobres e prejudicados da Palestina:

> Eu estou esperando com impaciência Mª Josefa e Ana. Carmen Cano já está na Bolívia entre mineiros, uma valente, mas também virá. Temos que viver para fazer-nos pequenas. Suplicar a pobreza e a humildade. Suplicá-las já é um agradecimento. Estive aqui (na Palestina, quando da visita de Paulo VI) com o bispo de Oruro, um homem simples; e lá, muitos pobres. Gostei muitíssimo, iremos[12].

Em 12 de julho, vai a Palomeras Baixas, próximas do chamado Pozo del Tío Raimundo, onde vivem suas amigas implicadas na ação social, companheiras do padre jesuíta José María de Llanos Pastor[13].

---

11. Agenda-Diário P 4, anotações dos dias 5 e 6 de julho, em Barcelona.
12. Carta de Carmen a Mons. Olaechea, de 4 de janeiro de 1964, de Nazaré (ACV 19).
13. O Pe. Llanos (1906-1992) foi um jesuíta espanhol que ingressou no noviciado da Companhia de Jesus em 1927 e, durante a Guerra Civil Espanhola, teve de ir estudar na Bélgica. Lá, recebeu uma esmerada formação e se inundou da filosofia europeia contemporânea: Marechal, Heidegger, Le Roy, Karl Adam, Zubiri etc. Após a guerra, à sua volta, foi ordenado sacerdote. Depois, criou grupos de jovens piedosos, chamados "los Luises", cujo objetivo era custodiar a moral pública. A partir de 1950,

Acontece que, quando eu volto de Israel, minhas amigas tinham ido de Barcelona a Madri, porque elas não eram de Madri, que era o último lugar onde eu teria ido. Nós pensávamos, entretanto, criar entre nós uma coisa nova. E Deus me fechou todos os passos para me encontrar em Madri... Minhas amigas já viviam em Palomeras Baixas antes de Kiko, e nós já havíamos vivido nos barracos muito antes também[14].

Após, praticamente, um ano fora da Espanha, Carmen foi visitar sua irmã Pilar[15] alguns dias depois de sua chegada. Pilar e Carmen tinham pouca diferença de idade, e ambas tinham estudado Ciências Químicas. Naquela época, Pilar já possuía uma farmácia, em cujo local organizavam-se diversas reuniões de caráter assistencial e social. Pilar e ela têm uma relação próxima desde crianças e contam com muitas amizades comuns e têm uma história muito paralela: ambas começaram estudando a mesma coisa; ambas foram religiosas por longo tempo, e as duas saíram com grande tristeza de suas respectivas congregações. Pilar havia pertencido à "Villa Teresita"[16], uma fraternidade de vida

---

passa a se sensibilizar cada vez mais com a situação dos trabalhadores, e por intermédio do Sindicato Universitário de Trabalho começa a aproximar estudantes universitários da realidade do mundo operário, criando campos de trabalho para alfabetizar a classe trabalhadora. Em 1955, vai viver entre os trabalhadores do distrito de Puente de Vallecas, em uma região de barracos chamada El Pozo del Tío Raimundo. Desde então, aderiu a posições políticas de esquerda, passando a militar no Partido Comunista e em seu sindicato, Comissões Operárias.

14. *Documentos Carmen Hernández*, XVII: Encontro das Comunidades da Região Noroeste da Espanha com Kiko Argüello e Pe. Mario, no Domingo da Ascensão de 15 de maio de 1994.
15. O relato que fizemos reúne a entrevista realizada com Pilar Hernández Barrera em sua casa, em 29 de março de 2017.
16. "Villa Teresita" é uma comunidade de mulheres consagradas que se dedicam a ajudar mulheres que estão na prostituição e em situações de exclusão social. Essa obra foi fundada por Isabel Garbayo, que era uma moça navarra de muito boa família e militante da Ação Católica. Um dia, enquanto atendia meninos tuberculosos no hospital de Pamplona, ouviu alguns gritos e descobriu que havia uma seção trancada que não recebia visitas. Explicaram-lhe que nessa ala acolhiam enfermas com sífilis e que eram pobres mulheres que se prostituíam. Fechadas nessa parte do hospital, esperavam a morte pela carência de penicilina. Isabel Garbayo insistiu em entrar lá e encontrou uma realidade terrível e desoladora, em uma época em que ninguém "decente" se atreveria a entrar em relação com esse tipo de mulheres em um lugar público. Isabel se aproximou delas com estas palavras: "Sou uma amiga de vocês e, se querem, virei visitá-las todos os dias". A relação com elas marcaria sua vida para sempre. Quando davam alta a uma moça e ela voltava à casa pública, Isabel também a visitava lá. Conta que quando a primeira moça morreu, ela chorou como se fosse alguém de sua família. Assim foi como Isabel fundou uma comunidade de mulhe-

consagrada. Quando Carmen a visita depois de sua volta de Israel, conta-lhe que está preocupada porque vê que Ana Fraga e María José Martí já não estão muito interessadas em seguir adiante com o projeto missionário da Bolívia, nas minas de Oruro; pelo contrário, estão cada vez mais involucradas na luta social e trabalhadora. Carmen Cano já tinha partido havia tempos para a Bolívia, e já se passara um ano desde que Carmen fora a Israel.

Ela está indecisa e ao mesmo tempo cheia de ideias e projetos; segue ressoando em seu interior a frase "Meu coração está triste porque não sabe de onde está sendo chamado", do poema *Trânsito*, de Tagore. Falando dessas coisas com sua irmã, de repente, ela olha para uma pequena pintura que Pilar tem pendurada na parede de seu quarto: um ícone moderno do Servo de Iahweh. Essa pintura lhe chama atenção, e Carmen pergunta quem é o autor. Pilar lhe responde que é um jovem artista amigo seu chamado Kiko Argüello, e acrescenta: "Trata-se de um messiânico, como você. É um pintor que colabora comigo no trabalho de resgatar jovens que se prostituem, e ele agora está fazendo o serviço militar".

Após essa conversa, Carmen anota em sua agenda neste mesmo dia, 15 de julho de 1964:

> Francisco José Gómez Argüello Wirtz, Kiko.
> Regimento de Regulares de Alhucemas 5, Melilla.

A segunda linha refere-se ao regimento onde esse pintor estava terminando, naquele momento, o último período do serviço militar.

Pilar Hernández tinha conhecido Kiko Argüello por intermédio de uma amiga comum e companheira de Kiko nas Belas-Artes. Pilar nos detalha seu primeiro encontro com Kiko Argüello:

> Eu conheci Kiko através de uma amiga pintora, que se chamava "Vivi", que estava estudando com ele na Academia de Belas-Artes de San Fernando, que há próxima de Sol. Essa moça estava muito interessada em conhecer o trabalho de "Villa Teresita"... A coisa é que eu havia estado na Comunidade de "Villa Teresita" em Granada, primeiro; depois em Pamplona, fazendo a teologia, e depois já em Valência... Quando eu estava em Valência, essa moça, Vivi, veio uma vez para me ver porque estava interessada no trabalho que fazíamos, e eu lhe disse que ia sair porque havia muitas coisas com as quais eu não concordava... Quando saí de "Villa Teresita", estive um tempo muito doente, não tinha quase glóbulos vermelhos e estava muito mal. Estive mais de um mês na cama e não podia nem andar.

---

res consagradas para atender essas mulheres e abriu uma primeira casa de acolhida em 1942.

Estive tomando injeções. Então, Vivi vinha me ver em casa, e ela conhecia também Ana María Fraga e María Josefa Martí (as companheiras de minha irmã Carmen nas Missionárias) e me disse: Conheço um amigo que trabalha com pessoas marginalizadas e me disse que quer conhecê-la. Eu lhe disse: Olha, agora me deixe em paz de associações e de coisas, porque agora já não quero ser sócia de nada político, nem nada religioso (eu pensava que Kiko queria formar alguma associação ou algo parecido).

Então, quando já estava melhor de saúde, comecei a sair de novo e uma vez fiquei com Vivi no Nebraska, uma cafeteria muito moderna, que estava na moda, muito próxima da igreja das Calatravas, no final da rua Alcalá, próxima de Sol, indo à Academia de Belas-Artes, onde se encontrava o Ministério de Educação Nacional. Um pouco mais adiante estava o cinema Alcalá, onde ocorreu, mais tarde, aquele terrível incêndio da discoteca "Alcalá 20".

Bom, eu tinha ficado com Vivi, esta amiga minha, e ela chegou com Kiko Argüello e o apresentou a mim. Ao final, estivemos falando e falando e, mais tarde, não conseguia me livrar disso. Foi justo nesse tempo quando minha irmã Carmen estava em Israel. Kiko pensava que poderíamos ajudar moços e moças que estivessem na prostituição. Dessa forma, começamos a ir juntos a todos os lugares. Ele ia muito a uma igreja que há descendo a rua Ferraz até Areneros [refere-se à paróquia do Imaculado Coração de Maria] porque lá se reuniam os cursilhistas aos domingos. Eu dizia a Kiko que deixasse de ser "cursilhista" porque tínhamos que estar com as moças precisamente aos domingos, sobretudo, se alguma tivesse um filho e necessitasse de ajuda. Mas Kiko era um "cursilhista" dedicado. Kiko também ajudava moços que se prostituíam e ia com um músico, com outro que estudava filosofia e com um de Santander[17].

---

17. Da mesma entrevista com Pilar Hernández, em 29 de março de 2017.

Segunda Parte
DIANTE DE MIM SE ABREM TODOS OS CAMINHOS
(1964-2016)

Carmen na Galileia, 1963.

15
KIKO E CARMEN
(Madri, 1964)

Kiko Argüello

Francisco José Gómez Argüello Wirtz, o Kiko, nasceu em Léon, em 9 de janeiro de 1939, filho de José e Pilar. Seu pai, advogado, mudou-se para Madri, e a família morava no bairro de Argüelles, em Blasco de Garay. Francisco é o mais velho dos quatro irmãos, Fernando, Miguel Ángel e Félix, que foram educados no colégio Decroly, próximo de sua casa, em Guzmán el Bueno nº 60. Desde criança, Kiko demonstrou um grande talento artístico, e seu pai lhe proporcionou logo uma escola de pintura, a Academia Peña, para que se aperfeiçoasse.

Quando terminou o ensino médio, estudou Belas-Artes na Real Academia de San Fernando, onde participou do grupo de teatro e aprofundou-se no existencialismo, em voga na época, de Sartre e Camus. Nesse período, ele entrou numa profunda crise e experimentou a descrença[1].

Em 2 de fevereiro de 1959, recebe o prêmio extraordinário do Primer Certamen Juvenil de Arte na categoria "A", de 14 a 21 anos, com sua obra *La espera*[2]. Apesar de seu êxito artístico, com 20 anos, Kiko sente um profundo vazio interior; não via Deus em nada. Busca, por um tempo, essa "autenticidade" sob a influência do existencialismo de esquerda, distante desse Cristo de sua infância que tanto o havia comovido graças à leitura prematura da *Historia de Cristo*, de Giovanni Papini[3].

Ele descreve essa crise existencial assim: "Tinha dinheiro, tinha fama e nada me importava... A vida tinha perdido totalmente o interesse, como diz Santo Agostinho, *quando tudo a meu redor se converte em cinza*"[4]. Passando

---

1. K. ARGÜELLO, *O kerigma. Nas favelas com os pobres* (Vozes, Rio de Janeiro, 2014) 20-22.
2. *ABC* (3-2-1959) 38.
3. G. PAPINI, *Historia de Cristo*, México, Diana, 1952.
4. Testemunho de Kiko dado em 24 de setembro de 2016, na Convivência de Início de Curso de 2016-2017, em Porto San Giorgio.

por essa situação, lê o filósofo hebreu Henri-Louis Bergson[5], que lhe chama a atenção quando afirma que "a intuição é um meio de conhecimento da verdade que supera a razão". Então ele se pergunta se o que Bergson diz não seria a verdade; afinal, ele é um artista, e na arte predomina a intuição. No mais profundo de si, Kiko intuía que por trás de toda a realidade não pode estar "o vazio", "o nada" de Sartre. Ao contrário, *Deus é!*, *Deus existe realmente*.

Kiko conta então que "Deus começou a surgir no horizonte"; diz: "Era uma luz muito débil, como uma esperança"[6]. Em meio a esse processo, deu-se um acontecimento decisivo em sua vida, em 8 de dezembro de 1959:

> No dia da Imaculada Conceição, em dezembro de 1959, estava na casa de meus pais e, após a sobremesa, senti de Deus que tinha de ir rezar em meu quarto. Fui rezar, estava muito decidido, e me pus de joelhos próximo à cama. E, enquanto estava assim, de repente, o quarto encheu-se de luz e apareceu a Virgem, misticamente, não a vi com os olhos, a vi com o intelecto. Tive uma visão intelectual ou intelectiva, fortíssima. Atrás de mim estava a Virgem com o menino, senti uma presença real, profundíssima, e em minha alma escutei estas palavras: "Há que fazer comunidades cristãs como a Santa Família de Nazaré, que vivam em humildade, simplicidade e louvor; o outro é Cristo"[7].

Nessa nova busca, conhece os Cursilhos de Cristandade, uma realidade eclesial dirigida a pessoas que se distanciaram da fé e cuja dinâmica é muito vivencial. Kiko, que nessa época vivia com outros companheiros artistas em um estúdio na rua Amaniel, próximo da Plaza de España, começa a experimentar uma transformação também no âmbito artístico, que o orientou para a arte sacra. Um momento decisivo foi quando, entre julho e agosto de 1960, viajou pela Europa acompanhando o Pe. Aguilar[8], graças a uma bolsa da Fundação Juán March.

---

5. Henri-Louis Bergson (1859-1941) foi um importante filósofo e escritor francês que ganhou o Prêmio Nobel de Literatura em 1927. De origem judaica, esse intelectual impulsionou, com seu pensamento, o desenvolvimento das *ciências do espírito* no século XX. Suas ideias se concentram em evitar que a filosofia seja absorvida pelo modelo das ciências naturais, dado que estas apresentam procedimentos diferentes e buscam resolver problemas muito distintos sobre a especificidade do homem. Daí a necessidade de um método próprio que escute a voz da consciência, por isso *a intuição* apresenta-se como o caminho mais adequado.

6. K. ARGÜELLO, *O kerigma*, op. cit., 23.

7. Testemunho de Kiko dado em 24 de setembro de 2016, na Convivência de Início de Curso de 2016-2017, em Porto San Giorgio.

8. José Manuel de Aguilar, OP (Madri, 1912-1992), fundou em 1955 o Movimento Arte Sacra (MAS); ele era, na época, o prior do Convento de Nuestra Señora de Atocha

No início dessa viagem, a caminho da França, esse padre dominicano levou Kiko ao deserto dos Monegros, em Saragoça e Huesca, onde ele conheceu os Irmãozinhos de Charles de Foucauld e seu fundador, René Voillaume[9]. Kiko se retirou para rezar durante vários dias na caverna de São Pancrácio e ficou profundamente impressionado com essa espiritualidade. Na volta dessa longa jornada por diferentes lugares da Europa, chegando aos países escandinavos, estudando em contraste a arte católica e a protestante, Kiko fundou o *Gremio 62*, um grupo de arte sacra que atingiu grande relevância nacional e internacional, acompanhado dos artistas José Luis Alonso Coomonte e Carlos Muñoz de Pablos[10]. Participaram de importantes exposições, entre elas, em janeiro de 1964, na direção-geral de Belas-Artes de Madri; e, em julho de 1964, representaram a Espanha na Exposição Universal de Arte Sacra de Royan (França). Kiko foi o encarregado de levar as obras à exposição. Também em novembro de 1965, participaram, representando a Espanha, da Exposição de Arte Sacra em La Haya (Holanda).

Um segundo acontecimento muito decisivo na vida de Kiko Argüello se deu em 1962, durante o Natal. Ele foi à casa de seus pais para celebrar as festas e lá percebeu que a cozinheira, que ajudava sua mãe em casa, estava chorando muito angustiada. Seu marido estava alcoolizado, e a situação que tinha em casa era terrível. Kiko sentiu o desejo de ajudar essa mulher e foi viver em sua casa:

---

e diretor de sua residência universitária, circunstância da qual se aproveitou para atrair ao tema jovens alunos de Arquitetura e Belas-Artes que acabariam sendo primeiras figuras do panorama artístico posterior.

9. O Instituto Pequenos Irmãos de Jesus é uma congregação laical católica masculina de direito pontifício fundada por René Voillaume.
10. Foi um dos grupos mais importantes de renovação da arte religiosa, formado por três jovens artistas, com interesses estéticos e religiosos similares. Com Kiko Argüello, formavam este grêmio: José Luis Alonso Coomonte e Carlos Muñoz de Pablos. Especialista, cada um, em uma arte: Kiko na pintura, Coomonte na escultura e Muñoz de Pablos na arte com vidro. Trabalham em conjunto, realizando instalações nas igrejas, mas sem abandonar sua atividade privada. Alonso Coomonte é escultor em ferro e bronze e foi premiado em Salzburgo, em 1960, por uma ousada custódia eucarística. Carlos Muñoz de Pablos é o artista que criou os vitrais da Catedral de Vitoria, da cúpula do Palacete Albéniz, em Barcelona, e quem restaurou os da Catedral de Segóvia, sua terra natal. Kiko é o pintor desse grupo e também contava com numerosas premiações nesse ano, como o Prêmio Nacional Juvenil de Pintura, em 1959. Nesse período, tratava exclusivamente de temas religiosos, uma pintura marcada, segundo as críticas do momento, por "traços precisos e nítidos, cores sóbrias e formas expressivas [...] que têm a transcendência íntima da alma religiosa". Kiko Argüello já havia demonstrado êxito com a técnica antiga e a arte da tapeçaria, em que havia alcançado metas surpreendentes.

Essa mulher vivia em um bairro próximo de onde está agora Santa Catalina Labouré em Carabanchel, era um bairro de casas sociais[11], que Franco havia feito, e vivia em uma dessas casas baratas do bairro chamado de Comillas.

Mas naquele lugar o Senhor estava me esperando... Havia uma mulher que tinha Parkinson, vestida de preto, que pedia esmola pela rua e tinha um filho com deficiência intelectual. Esse filho doente de repente se levantava, pegava um bastão e batia em sua mãe até fazê-la sangrar. Mas por que acontecia isso? Eu sempre me considerei um filho burguês, de boa família, mas lá havia gente sofredora, tremendamente sofredora; gente que tinha sido violentada. Lembro-me de um rapaz que era pago por um homossexual para que lhe trouxesse meninos de 10 anos, uma mulher bêbada cujo filho vendia jornais... Foi um ambiente que me impressionou. Por que Deus permite isso? Por que há gente assim condenada? Então me lembrei do filósofo Sartre, que diz: Ai daquele a quem o dedo de Deus aperta contra a parede![12].

Essa experiência moveu Kiko a buscar Jesus Cristo entre os pobres:

> Nesse ponto, eu pensei nessa mulher golpeada por seu filho: ali há uma presença de Jesus Cristo, porque Cristo levou sobre si nossos pecados, mas há gente que hoje — ainda que não sejam fiéis [sic] — leva os pecados dos outros e as consequências e os sofrimentos. Deus me fez entender que ali havia uma presença de Cristo, quase mais forte que a presença real na Eucaristia.

Carmen e Kiko se conhecem

Dessa forma, Kiko começa a ajudar rapazes com problemas e descobre que muitos deles provinham de uma mesma região, de Palomeras Altas. Por esse

---

11. Estas favelas de casas baratas respondiam ao rápido crescimento de programas habitacionais de baixo custo que se estabeleceram na periferia de Madri, especialmente nas regiões de Vallecas, Mediodía e Villaverde. O Estado aceitou um projeto de medidas urgentes para criar microbairros compostos de albergues provisórios e casas pré-fabricadas que acolhiam famílias necessitadas, e impedir, assim, que acabassem morando em barracos. O primeiro foi este, o de Comillas, ao lado da rua de Antonio Leyva, onde construíram 700 albergues, com capacidade para 4.140 pessoas. Era um bairro de barracões, que deve seu nome a Antonio López, Marquês de Comillas, antigo proprietário do solo sobre o qual se assentam. Construiu-se entre 1940 e 1947 para alojar famílias que, após a Guerra Civil, fugiam da pobreza da Espanha rural.
12. Testemunho de Kiko dado em 24 de setembro de 2016, na Convivência de Início de Curso de 2016-2017, em Porto San Giorgio.

motivo, busca descer às catacumbas sociais e, no outono de 1964, uma vez concluído seu serviço militar[13], anseia ir viver entre os pobres. Chega lá graças a esse grupo, com o qual ajudava os rapazes:

> Este músico, muito bom, cristão, dedicava-se a ajudar os rapazes que se vendiam. Pegava seu carrinho e ia a um lugar onde os meninos de 12 anos se vendiam. Então ele fazia entrar no carro um garoto, pagava-lhe e dizia-lhe: "Onde mora?", e falava com ele. Não se deixava tocar nem nada, dizia: "Não quero nada, quero apenas falar um pouco com você e o acompanhar a sua casa". Levava-o a casa e falava com os pais: "Pensam que seu filho trabalha? Não, não trabalha, se prostitui".
>
> E os pais: "Como?".
>
> E quase todos os meninos que se prostituíam eram de Palomeras Altas, que é uma região de barracos.
>
> Com Pilar [a irmã de Carmen Hernández], com esse músico e com outras três ou quatro pessoas, fizemos esta ação, mas a fazíamos mais como um passatempo porque cada um de nós tinha seu trabalho. Na África, pensei: "Eu assim não continuo, vou viver com os últimos da terra". Quando voltei da África, disse a esse músico que conhecia uma assistente social que lhe ajudava com as famílias dos garotos, perguntei-lhe: "Você conhece um lugar onde eu possa morar?". Ele chamou a assistente social, que me levou a Palomeras Altas, em uma região de onde se via o trem e, ao fundo, uma região de barracos. E me diz: "Vê aquele barraco de madeira? Uma família o abandonou. Dê um chute na porta e entre lá". Assim o fiz, dei um chute na porta e entrei. Tudo era de tábuas não unidas, entre cada tábua havia um buraco, porque os barracos estavam feitos assim: colocavam algumas madeiras e depois pegavam caixas de peixes, lavavam-nas, e com essas caixas faziam uma parede. Nesse barraco havia também uma divisória de papelão que formava um quartinho, e lá havia um colchão no chão.
>
> Então, entrei lá; era novembro, depois veio dezembro e fazia um frio horroroso. Graças a Deus servia de refúgio para os cachorros. E eu tinha tanto frio que encontrei em um lixão uma lona espessa, colocava em cima de mim essa lona e vinham os cachorros, que me davam calor; que cachorros bons, cachorros belíssimos, de rua, os cachorros! Assim foram os primeiros dias. Levei o violão, a Bíblia, e depois começou uma história tremenda[14].

---

13. Com o *Gremio 62*, Kiko realizou, no final de junho de 1964, uma importante exposição em Royan, França; depois disso, foi a Melilla, para cumprir seu último tempo de milícias universitárias, porque as havia realizado durante quatro períodos, nos verões de anos consecutivos, de 1961 até 1964.
14. *Documentos Carmen Hernández*, V: Testemunho de Kiko dado em 24 de setembro de 2016, na Convivência de Início de Curso de 2016-2017, em Porto San Giorgio.

Quando Kiko chegou aos barracos, Carmen já estava em outro bairro marginal, o de La Fortuna, em Leganés, conhecido como o bairro dos "trapeiros", porque, no começo de 1960, um promotor imobiliário, Domingo Do Santos, apelidado de *Português*, levou consigo 33 famílias desalojadas de um terreno seu em Orcasitas para um descampado arenoso contíguo a Carabanchel. Uma troca que havia feito com o Ministério da Moradia, que lhe permitiu começar a construir lá algumas plantas baixas, em ruas estreitas e escuras, que lhe possibilitavam fazer melhor uso do espaço e, aliás, vender e alugar a preços muito baixos. Todos esses primeiros que chegaram com ele eram trapeiros, ou seja, dedicados ao recolhimento e ao cuidado da roupa velha, também à sucata, à coleta de lixo, à criação de animais. O Português colocou o nome de La Fortuna no bairro em honra à sua mulher, Fortunata, que falecera havia pouco tempo. Esse lugar foi se povoando de emigrantes e operários que encontravam lá os preços mais econômicos no sul de Madri[15]. Carmen vivia nessa região com uma amiga chamada Flor e um padre redentorista, em meio aos pobres, esperando ver o que Deus queria fazer dela:

> Depois eu fui para La Fortuna, o bairro dos trapeiros, esperando, porque meu pai me disse: Aqui você sabe que seu pai pode fazer tudo o que você quiser; agora, vir aqui em casa só para comer e se banhar, não. Estive dormindo em uma farmácia, e depois fui para La Fortuna com os pobres, esperando ver o que Deus queria, porque minhas amigas já não queriam embarcar… Enquanto isso, Kiko estava no Serviço Militar[16].

Carmen mantinha sua intenção de partir para a América para encontrar-se, na Bolívia, com sua amiga Carmen Cano; mas esperava a decisão de Ana e Maria José. O assunto ia se esfriando cada vez mais, porque elas eram a favor de ações sociais que tinham de ser feitas na própria Espanha. Elas estavam envolvidas em um apostolado de caráter sociopolítico, em oposição à ditadura do general Franco. Uma oposição que estava sendo gestada em diferentes âmbitos da Igreja espanhola, onde os sacerdotes e religiosos estavam liderando a mudança social: alguns jesuítas, como Jimenéz de Parga, Díez Alegría, García Salve ou o Pe. Llanos, acabaram exercendo um papel importante na futura transição democrática. Também sacerdotes seculares, como Casiano Floristán, Mariano Gamo, ou ex-religiosas, como as próprias María José e Ana María, lutavam na clandestinidade para gestar uma oposição democrática ao

---

15. C. DÍAZ, "El fin de la desgracia en el barrio de La Fortuna": *El País* (19-8-1984).
16. *Documentos Carmen Hernández*, V: Convivência de Início de Curso do ano 1994, p. 270.

regime franquista. Ana Mª Fraga e María José, por exemplo, iniciaram o que se chamou Coordenação Democrática, germe do futuro sindicato comunista Comissões Operárias (CO). Entretanto, Carmen estava cheia de esperança por fazer algo novo não na sociedade e na política, mas na própria Igreja, e essa era sua direção. Mas ainda não sabia bem o que iria fazer. É certo que por aquelas datas Carmen também estava muito sensibilizada com a justiça social, sobretudo após a recente experiência, em Israel, com Gauthier e Marie Thérèse; mas, apesar disso, sua profunda espiritualidade e o enorme desejo de *missão* e de *renovação*, em sentido puramente eclesial, faziam-na fixar-se nos aspectos mais profundos da renovação do Concílio Vaticano II, como a Palavra de Deus, a liturgia e suas fontes, a necessidade de uma renovação da iniciação cristã e, justamente, essas preocupações a separam daquela via social. Mas: *para onde?*

O que o Senhor vai fazer com Carmen e com Kiko, nesse momento em que se conhecem, implicará uma experiência surpreendente, muito distinta das outras experiências de catecumenato que se ensaiavam nesse mesmo ambiente, das quais vão nascer as *comunidades de base*[17]. Estas se tratavam de experiências chamadas "catecumenais", em que são celebradas eucaristias participativas e em assembleia, e os fiéis leigos têm voz, mas sempre com forte rastro político. Entre 1964-1965, na periferia de Madri, surgem diversas comunidades como a do citado jesuíta, José María Llanos, na região chamada de Pozo del Tío Raimundo, ou a comunidade que forma Mariano Gamo na paróquia de Nuestra Señora de la Montaña, de Moratalaz. É exatamente nesse período que Carmen se encontra com Kiko:

> No primeiro encontro que tive com ele em um bar de Palomeras, onde estavam estas amigas minhas — que se incorporaram à luta social, a Comissões Operárias —, ele me conta suas visões, que a Virgem lhe havia dito para formar pequenas comunidades como a Família de Nazaré. Lembro-me do bar. E eu pensei: este garoto parece tão moderno e é um beato. Porque para mim, naqueles tempos conciliares, havia desaparecido

---

17. Essas experiências foram fundamentais na constituição das futuras *comunidades de base* muito pouco tempo depois, entre 1967-1968: "O nascimento das *comunidades de base* na Espanha deve ter ocorrido em 1967, por ocasião das conversas sobre *Evangelho e práxis*, ocorridas em um refúgio do antifranquismo: o Monastério de Montserrat [...] janeiro de 1969 é uma data muito importante. Celebra-se uma segunda reunião desses grupos [...] mas agora em Segóvia [...] Fracassou depois a tentativa de convocar uma terceira conversa em Ávila". Isso conduziu já em 1969 à I Assembleia de Comunidades Cristãs, que se celebrou em Valência em novembro de 1969, e, um mês depois, à V Semana de Teologia de Deusto, em Bilbao, eventos que implicam a constituição das *Comunidades de Base* na Espanha. Cf. R. DE LA CIERVA, *Jesuitas, Iglesia y Marxismo 1965-1985*, Barcelona, Plaza & Janes, 1986, 52-59.

São José. Imaginem que eu estive meses inteiros vivendo em Nazaré, que estive lá na gruta horas e horas com grande devoção. Havia unido tudo ao anúncio, à minha ideia missionária; mas a Sagrada Família de Nazaré, para mim, naqueles tempos conciliares, soava antigo, a essas estátuas que havia por toda parte que eram insuportáveis. Então, para mim, São José havia desaparecido do globo. Quando lhe ouço dizer isso de formar pequenas comunidades como a Família de Nazaré... Disse-me isso no primeiro dia que o conheci[18].

Em outra versão, a própria Carmen especifica que o conhece um pouco antes por meio de sua irmã Pilar e faz alusão sobre ter visto a citada imagem do Servo de Iahweh que Kiko havia pintado e que lhe chamou a atenção, relatando o seguinte:

> Dizia que encontrei Kiko pela primeira vez porque minha irmã me falava: — Conheci um messiânico como você. Você tem de conhecê-lo.
> Fomos chamados na Plaza de la Cibeles, em um bar em frente ao correio. Ele se atrasou meia hora e, ao final, quando tinha de ir, pediu-me mil pesetas, o dinheiro para o táxi. Esse foi meu primeiro encontro com Kiko.
> O segundo encontro foi em um bar de Palomeras. Eu tinha algumas amigas e queria fazer com elas uma nova fundação. Já havia vivido com os pobres em Barcelona antes de 1964. Digo isso porque também é verdade esta data de 1964, mas para mim o Caminho começou com o Concílio...
> Então, naquele bar de Palomeras Altas, eu olhava o Kiko assim... Porque eu vinha de grandes sofrimentos, e ele me parecia um jovenzinho em pleno cursilhismo... E me disse que tivera uma visão da Virgem, que lhe havia dito que fizesse comunidades como a Sagrada Família de Nazaré[19].

Mesmo que a data desses dois primeiros encontros seja indeterminada, pode-se fixá-la entre setembro e os primeiros dias de outubro de 1964, porque em sua Agenda-Diário P 5 aparece já em 5 de outubro, pela primeira vez, escrito: "Palomeras. Kiko". Depois no dia 20 do mesmo mês: "Os Kikos". Mas sua colaboração, sem dúvida, começou algum tempo depois, no início de 1965, quando Kiko já estava morando no barraco de Palomeras.

Em 15 de janeiro de 1965, Carmen anotou: "Que brilho. Jesus, doce tua luz, tua alegria, alegria, meu coração, te amo. Dulcíssimo Jesus. Irmãzinhas. Palomeras, barraco Kiko. Jesus. Pilar. Te amo".

---

18. Os trechos citados de Carmen, neste parágrafo, são da Convivência de Início de Curso do ano 1994, em Pilar de la Horadada.
19. *Documentos Carmen Hernández*, XVII: Intervenção de Carmen Hernández na Entrega dos Estatutos do Caminho Neocatecumenal no Pontifício Conselho para os Leigos, Roma, 28 de junho de 2002.

Em 17 de fevereiro: "KIKO... Kiko em fé, JESUS, que queres? JESUS, lembro-me dos trapeiros e de Pepín, JESUS, te amo".

Em outra anotação mais tardia, de 24 de março de 1965, há uma alusão sobre Kiko Argüello que, sim, denota uma colaboração ou uma relação entre ambos:

> Jesus, a sujeira me angustia, a miséria, de repente te vejo em plenitude e de repente fica tudo falso como uma mentira, mas creio, Jesus, que me conecto com Kiko no ponto mais interessante, que és TU mesmo. Espero, Jesus, mostra-nos TEU ROSTO, TUA VERDADE. Dulcíssimo teu amor, JESUS, não nos faça ser sofrimento, dulcíssimo AMOR, compreensão, descanso, paz, refúgio, teu dulcíssimo peito, Jesus, fortíssimo braço, te amo[20].

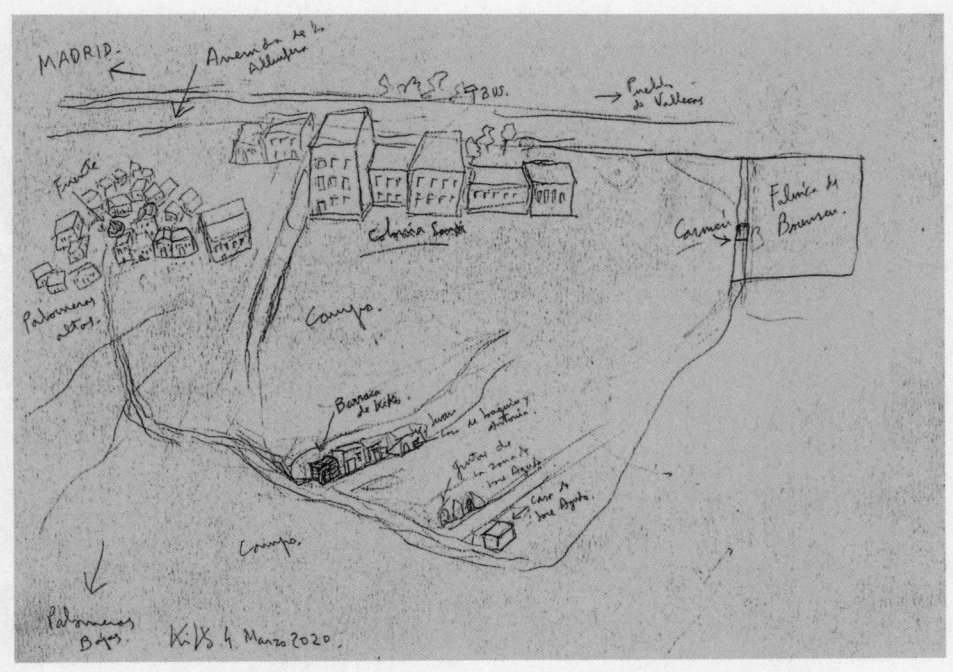

Plano dos barracos de Palomeras Altas desenhado por Kiko Argüello.

---

20. Diário pessoal de Carmen, Texto digitado de 1965.

16
MINHA ESPADA JÁ ESTÁ FORJADA
(Madri, 1964-1965)

Palomeras Altas

No final de 1964, o núcleo das Palomeras (Altas, Baixas e Novas) era um subúrbio do bairro operário de Vallecas, que de 1954 até 1970 foi acumulando uma enorme população, ocupando mais de 12 mil casinhas (segundo os dados oficiais), e teve um crescimento populacional de 423%, em decorrência do êxodo rural de uma Espanha que iniciava seu desenvolvimento industrial. Mais da metade das pessoas que chegaram naqueles anos vinha de regiões empobrecidas de Extremadura, La Mancha e Andaluzia. Nos arredores dessas casas de baixo custo do subúrbio de Madri haviam se acumulado alguns grupos de barracos onde se concentravam os mais pobres dentre os pobres.

Kiko conta-nos este testemunho em primeira mão:

> Passada a ponte de Vallecas, estava Palomeras, nos arredores de Madri, e a Colônia Sandi, e lá uma vila imensa de casinhas brancas que eram Palomeras Altas. Depois havia um fosso, a via do trem e a 2 km as Palomeras Baixas, onde ficava o Pozo del Tío Raimundo, onde estava o Pe. Llanos. Mas Palomeras Altas era a outra parte, lá estava a Colônia Sandi, uma colônia moderna, junto à Avenida de la Albufera, e estava tudo cheio de casinhas. Mas, logo após, estava o campo e havia um momento em que se chegava a uma depressão, um colégio e, debaixo, na depressão, que mal se podia ver, estavam lá: os barracos. Um barraco de tábuas, que era o meu, e outros debaixo dele, pois, descendo, ainda mais abaixo, estava a área de José Agudo, que tinha, unida à parede, umas grutas e junto a elas umas casinhas. Pepe Agudo estava em uma casinha, e lá, nessas cavernas, estavam ciganos.
>
> Ao lado do barraco onde eu vivia, estava Joaquín; este tinha uma casinha, na parede de sua casa eu pintei um Cristo e, atrás dessa parede, estava o estábulo com a mula. Joaquín se tornou meu amigo, estava casado com Antonia e tinha cinco filhos pequeninos; e estava muito impressionado comigo, e eu o ajudei a comprar uma carroça para vender flores. Eu, na época, trabalhava em um colégio e tinha meu salário e com isso o ajudei.
>
> Fui a Palomeras através desse músico, de quem falamos, com quem ajudávamos os garotos que se prostituíam, porque uma grande parte deles vinha dessa região. Eu estava decidido a viver entre os pobres, e esse músico

conhecia uma assistente social que trabalhava lá. Levaram-me até aquela ladeira e me disseram: "Vê, ali, esse barraco de tábuas? Acabam de abandoná-lo". E entrei lá.

Carmen vinha, nesse momento, com uma sensibilidade de esquerda e ia visitar suas amigas que já estavam em um grupo operário e político e numa dessas vezes subiu à parte onde eu estava e se encontrou comigo. Depois veio a uma de minhas reuniões e ficou muito impressionada ao escutar as orações dos pobres de minha comunidade, ficou impactada, e, a partir daí, vinha de vez em quando nos escutar. Mais tarde, como ela queria, no fundo, fazer um grupo para ir a Oruro (Bolívia) e eu tocava violão, era jovem e falava bem, pensando que talvez pudesse me convencer, decidiu fazer um barraco próximo do meu. Nós fizemos esse barraco: compramos os paus, pois os vendem, redondos e grossos. Depois pegamos as tábuas das caixas de peixe, e com essas tabuinhas das caixas fizemos as paredes, colocando-as transversalmente aos paus; assim os pobres fazem as paredes dos barracos, e nós também fizemos assim; o teto fizemos de uralita.

Perto dali estava a fábrica Bunsen, a pouco mais de 1 km de meu barraco, e, colada à parede dessa fábrica, levantamos o barraco de Carmen. E foi viver lá com uma moça que se chamava Flor, e ela também fazia parte de nosso grupo[1].

Carmen ficou muito impressionada com a resposta dos pobres à Palavra de Deus; porque foram os pobres que, nessa experiência, deram forma à celebração da Palavra, e eles falavam; era algo verdadeiramente impressionante.

Foram os pobres de Palomeras que descobriram a celebração da Palavra, à qual respondiam de uma maneira surpreendente. Carmen foi ali, a um lugar que não estava muito longe de meu barraco, era possível ir caminhando. De fato, quando D. Casimiro Morcillo veio, descemos caminhando do barraco de Carmen, que haviam demolido, até meu barraco. Seria 1 km e 1/2, não mais, através de um campo que havia entre a fábrica Bunsen e meu barraco. Essa fábrica estava em funcionamento e, numa ocasião, houve um vazamento de gás em que quase todos morremos[2].

Esse fato ao qual Kiko se refere foi grave. Vazou da fábrica um gás tóxico que colocou em perigo toda a vizinhança, e, a fim de bloquear o vazamento, alguns trabalhadores tiveram de entrar, sob risco de morte, para tapar a fuga letal. Esse acontecimento, de fato, aparece como exemplo-chave no *kerygma* de Kiko e Carmen: ao homem não basta a ciência, a técnica, os grandes recursos de que dispõe, nem sua inteligência e sua vontade; é necessário que alguém entregue

---

1. Testemunho confirmado por Kiko Argüello em 30 de maio de 2020.
2. Testemunho de Kiko em entrevista realizada para este livro, no dia 13 de junho de 2018.

sua vida, que generosamente arrisque, como aqueles que entraram para fechar o vazamento daquele gás tóxico: assim, Jesus Cristo entregou sua vida gratuitamente, entrou na morte, na morte da cruz, para vencer nosso pecado, nossa morte, nossos medos e passar da morte à ressurreição.

Para onde estás me chamando?

Carmen estava cada vez mais impressionada com o que estava ocorrendo ali. Cada vez que ia, encontrava-se com uma resposta sincera e autêntica que esses pobrezinhos davam à Palavra de Deus. Tratava-se de uma acolhida espontânea e radical, algo surpreendente, porque essas pessoas não se defendiam, de nenhuma maneira, diante da Escritura, não ofereciam nenhuma resistência, e podemos dizer que a recebiam sem prejuízos, sem esquemas preestabelecidos, tal como se apresentava diante de sua consciência e diante de sua vida. Essa Palavra acolhida assim ia transformando profundamente a existência deles. Algo novo, que se distanciava de tudo o que Carmen havia conhecido até então. Eles, da comunidade, eram pobres, não tinham nenhuma formação, muito menos teológica. Tampouco davam uma resposta social, como as experiências em assembleia que se realizavam também na periferia de Madri, todas de cunho político, nas quais suas amigas Ana e Maria José estavam envolvidas. Isso também nada tinha a ver com seus projetos de um grupo missionário para ir a Oruro, na Bolívia, e fazer uma segunda equipe para ajudar os companheiros do Pe. Gauthier. Entretanto, o que estava ocorrendo lá era algo *muito autêntico*: Jesus Cristo acontecia em meio a esses pobrezinhos, através da Escritura e da liturgia que ela tanto amava. Por esse motivo, ela pediu a Kiko ajuda para morar próximo dali:

> Deus quis que, naquele ambiente, com adictos e ciganos, eu conhecesse Carmen, uma missionária que estava se preparando para ir à Índia [...]. Conheceu o grupo que se reunia em meu barraco e ficou muito impressionada. Então, tratou de arrumar um barraco também [...], não muito distante de onde eu morava[3].

Ela mesma já havia convidado outros para que se aproximassem de lá, como foi o caso de Domingo, um pastor sem sorte que era criado de trapeiros e a quem havia conhecido no bairro de La Fortuna. Um grupo dos mais extravagantes ia ao barraco de Kiko:

---

3. K. ARGÜELLO, *O kerigma. Nas favelas com os pobres*, Rio de Janeiro, Vozes, 2014, 47-49; trecho da p. 52.

Podem imaginar meu barraco, aonde vinha Joaquín, Mariano, o senhor Juan, pobrezinho, que já acordava com um carrinho e levava papelão, estava meio louco, ia recolhendo lixo, um mau cheiro tremendo... Ele também vinha à nossa comunidade, talvez porque no momento da paz podia abraçar alguma mulher. Era o último da terra, o último, um pobrezinho, sozinho, que caminhava penosamente. Vinha à comunidade o senhor Juan, José Agudo pode dizê-lo. Depois Joaquín, Mariano. Uma vez aparecem em meu barraco dois jovens ensanguentados, não sei com quem tinham brigado, porque não perguntei nada a nenhum deles, e me pediram se lhes podia dar morada, ou seja, acolhê-los porque a polícia os procurava. Eu lhes disse que sim. Vivia comigo Manolo, que era um poliomielítico, que usava duas muletas e que pedia esmola no Metrô; como lhe haviam dito que eu, no domingo, fazia os salmos, cantava e convidava todos os pobres para comer, haviam convidado também a ele e ficou tão impressionado com os cantos que me disse chorando: "Posso ficar com você?". Como eu nunca dizia "não", disse-lhe: "Sim, sim".

Depois Domingo, de quem fala Carmen, me disse: "Posso viver com você?". E já éramos três; depois esses dois, e éramos cinco. Chegamos a 17, dormindo no chão, era uma coisa espantosa. Eu pensava em fazer, à noite, uma celebração da Palavra e buscava algumas leituras e lhes perguntava: "O que lhe diz esta Palavra?". E a Palavra tocou o coração dessa gente, que era toda analfabeta, todos pecadores, porque Joaquín não estava nem casado, o outro não sei o quê... O eco que a Palavra de Deus encontrou nesses pobres era tão potente que Carmen diz que, durante três meses, não ousou abrir a boca, porque a sinceridade, a potência, a presença do Espírito Santo era imensa[4].

Carmen via a presença do Senhor entre eles, embora tivesse suas dúvidas e ainda se apegasse a seus projetos:

Quando fui a Palomeras, impressionou-me que aquela gente se interessasse por Jesus Cristo. Foi uma grande surpresa para nós ver que àquela gente tão pobre, que passava tanta fome, interessasse a mensagem do Evangelho. Lembro-me de que uma vez esse Joaquín, que antes havia trabalhado nas minas, me convidou para jantar. Kiko não estava. Fez uma oração, e eu fiquei muito surpresa de que se pudesse nomear Deus e Jesus Cristo aí.

Fazia seis meses que eu vivia próximo dali, entre os trapeiros. Para me aproximar deles, inclusive fui um dia ao baile com um tal Domingo, que nem sequer era trapeiro, mas sim criado de trapeiros. Ninguém dava importância a esse Domingo. Ele tinha muito carinho por mim porque me aproximava dele. Apresentei-o a Kiko e ficou morando com ele. Um dia

---

4. Da experiência de Kiko Argüello na Convivência de Início de Curso de 2016-2017, em 24 de setembro de 2016, em Porto San Giorgio, Itália.

fui vê-lo e estavam rezando Laudes... Eu me surpreendia que Kiko conseguisse criar um ambiente e interessar as pessoas com o que dizia. Eu sempre tinha ouvido falar, na renovação dos religiosos, da palavra "comunidade" referida a comunidades de gente seleta, de gente consagrada, com votos, de célibes, chamados por Deus para fazer um serviço, um ministério entre os demais (ainda que o Pe. Gauthier representasse um avanço porque falava de grupos de rapazes e moças juntos).

Por isso, causou-me um impacto enorme, em Palomeras, que Kiko, que estava todo o dia falando de comunidade, chamasse comunidade àquilo: gente esquisitíssima, uma louca perdida, o outro bêbado, o outro delinquente, etc. Todos chamavam àquilo "comunidade", com uma ilusão... Surpreendia-me que falassem tanto de comunidade. Eu havia falado muito de pregação do Evangelho, mas aquilo de comunidade era novo[5].

Ela mantinha suas expectativas de ir como missionária à Bolívia, também buscava formar um segundo grupo para enviá-lo à Palestina a fim de ajudar o projeto de Gauthier. Carmen não duvida de que Kiko tenha tido um sério encontro com Jesus Cristo; e mais, reconhece isso como o ponto fundamental que a une a ele. Mas Carmen tinha também suas dúvidas e, inclusive, iniciou um segundo grupo por sua conta com alguns seminaristas cubanos que estudavam no Seminário de Madri e que viviam na colônia Sandi. Contudo, não estava segura: "Barracos, não sei o que é, Jesus, que me assola completamente e não te descubro... Não me conecto de todo com Kiko"[6].

Expressões assim se repetem de março a agosto de 1965, e há, sobretudo, um aspecto de Kiko que Carmen, naquela época, não aprovava: é que Kiko vinha dos Cursilhos de Cristandade, e essas formas ela não aceitava. Kiko mesmo o expressa assim:

> Carmen não suportava esse tipo de coisas. Convidei-a para um Cursilho, e ela fugiu. Buscavam-na por todos os lados: "Carmen desapareceu". E, quando a encontrei, ela me disse: "Venha aqui", e me levou a uma igreja, na cripta, onde havia alguns anjinhos pintados bastante feios. E me pergunta: "O que você pensa dessas pinturas?". E eu lhe digo: "Um horror". "Isso é o Cursilho: igualzinho", respondeu-me ela. E ao padre de Cursilhos dizia: "Mas como suporta essas coisas antigas que se dizem aqui?". E o padre e eu lhe dizíamos: "Carmen, tenha paciência, por favor!"[7].

---

5. Testemunho de Carmen sobre os inícios em Palomeras em uma reunião com as equipes de catequistas de Madri em 1972.
6. Agenda-Diário P 5.
7. Do testemunho de Kiko Argüello na Convivência de Início de Curso de 2016-2017, em 24 de setembro de 2016, em Porto San Giorgio, Itália.

Em abril de 1965, ela descreve de modo bem detalhado seu estado de ânimo. Está cheia de dúvidas, buscando ainda seu lugar, seu caminho, e clamando para que Deus lhe mostre qual é sua vontade.

> Jesus, TE AMO! Diga-me que... Diga-me claramente, JESUS! Sim ou não, tenho medo, volta à Farmácia, à solidão, à espera, Jesus, para onde me chamas, Senhor? Dói-me fazer Kiko sofrer, mas hoje foi difícil para mim, não posso ir, não queres Jesus. Tu sempre pões asas nos meus pés e agora me deixas para trás continuamente. Por que, Jesus, espelhas assim meu coração? QUE distante, outro NÃO. Senhor, deixe-me ouvir tua voz[8]. Para onde estás me chamando? Levas-me de continente a continente com dor, Jesus, não quero; encontrava em Kiko um apoio da fé, um grito de minha própria fé; queres em alguma outra parte ou não o queres de nenhuma maneira? Jesus, sabes que para mim é igual, o que tu queres é o que eu quero, TE AMO, e te amo, vem, Jesus! Parece-me que puxas a perna todo o ano e que em Israel me fizeste também e em Barcelona e que jogas comigo para me entreter na vida[9].

A demolição

Contudo, em muito pouco tempo ela teria a resposta concreta da parte do Senhor, por meio de um acontecimento que seria decisivo na colaboração entre Kiko e Carmen. Um fato que mudou o olhar de Carmen em relação a Kiko, novamente inesperado, em que a mão providente de Deus faria uma transformação fundamental. Desde esse momento, ainda sem sabê-lo, Kiko e Carmen converteram-se nos iniciadores do Caminho Neocatecumenal. É melhor ouvir o que Carmen expressa com suas próprias palavras:

> Quero dizer que o Caminho não nasce com Kiko abrindo a Bíblia ao acaso... O que estamos levando entre as mãos é de verdade o Concílio Vaticano II. E Deus serviu-se também de D. Casimiro Morcillo, o arcebispo de Madri, que é outro milagre que fosse aos barracos; este foi o dia em que eu comecei a colaborar seriamente com Kiko, porque não confiava muito nele; tanto é assim que ficamos meses sem nos falar, e eu fiz outro grupo em outra parte dos barracos. E minha intenção era sempre partir às missões.
> D. Casimiro Morcillo foi importantíssimo; sem ele, nem eu nem Kiko jamais teríamos ido às paróquias[10].

---

8. Cf. Cânticos 2,14.
9. Caderno C 22, que reúne anotações de 16 de agosto de 1964 a 15 de junho de 1966. O original está no Centro Neocatecumenal de Madri.
10. *Documentos Carmen Hernández*, XVII: Encontro das Comunidades da Região Noroeste da Espanha, 15 de maio de 1994.

Em 25 de julho de 1965, Carmen recebe uma denúncia por infração do artigo 165 da Lei do Solo Vigente, por causa da construção, sem licença, de seu barraco; não somente ela, mas também todos os que moravam nos barracos nessa região foram desalojados por ordem do Ministério da Moradia. Essas construções deveriam ser demolidas.

Em 20 de agosto de 1965, Carmen recebe, como os demais vizinhos, um ultimato do Grupo Especial de Vigilância do Subúrbio, do Comando 301 da Guarda Civil, onde se avisa que, "em cumprimento das ordens da Seção de Promoção Social", ela tem oito dias para desocupar seu barraco, porque seria demolido, junto a outros tantos, no dia 28 de agosto.

Quando Kiko soube dessa situação, que afetava todos os pobres que viviam lá, pôs-se em marcha de modo muito decidido para tratar de impedir aquilo, consciente da grande injustiça que isso implicava para aquelas pessoas pobres, que se viam presas entre duas leis: por um lado, a que promovia as chamadas Unidades de Absorção da Vizinhança (UAV), para acabar com as situações de favela nas periferias de Madri — pelo que se impedia de seguirem morando naqueles barracos —, e, por outro lado, a lei que proibia uma vida itinerante, porque o diretor-geral da Guarda Civil, que era, desde 1943, D. Camilo Alonso Veja, havia proibido o nomadismo, modo de vida próprio de ciganos e de "quinquis", que se deslocam com suas carruagens de aldeia em aldeia ou de cidade em cidade, com toda a família às costas, assentando-se nos arredores.

Kiko verdadeiramente deu muito valor a isso e se atreveu a reunir-se com o general Agustín Muñoz Grandes, na época, homem forte do Regime do general Franco e vice-presidente do governo desde 1962:

> Muñoz Grandes recebeu-me, e eu lhe disse:
> — Você não percebe que D. Camilo Alonso Veja lhes proibiu a itinerância, que os ciganos itinerantes serão presos? Que já não podem andar de aldeia em aldeia, como antes, e que, ao mesmo tempo, outra lei lhes proíbe habitar nos barracos?[11].

Mas, nessa instância tão alta, Kiko não consegue absolutamente nada. O general o escuta, mas se mantém inflexível. Kiko pensa que tudo está perdido.

Em meio a toda essa tensão, o Senhor vai se manifestar de uma maneira assombrosa. Nesse dia, 28 de agosto de 1965, Carmen escreve em sua agenda:

---

11. Experiência de Kiko contada em 28 de janeiro de 2016 em Porto San Giorgio, na Convivência de professores itinerantes.

"Tiram-nos o barraco, mas só o nosso; estou contente, Jesus, contente, mas não, não me encontro no MAR; JESUS, TE AMO"[12].

Kiko lembra esse dia dessa forma:

> Os caminhões chegaram naquele dia fatídico. Eu chamara dois padres para que me ajudassem um pouco. Colocamo-nos dentro do barraco e chegaram com os caminhões, com os *jeeps*, com as metralhadoras, e disseram: "Por onde começamos?". E Carmen disse: "Por meu barraco". Demoliram o barraco de Carmen e o destruíram.
>
> Nesse momento, eu, como professor de Cursilhos, havia preparado uma vez uma Eucaristia com todos os Cursilhos de Madri e tinha conhecido Morcillo. E liguei para Morcillo, porque tinha o número do Bispado.
>
> O secretário responde ao telefone:
> — Quem é?
> — Por favor, pode me passar ao Monsenhor Morcillo? É uma questão de vida ou morte.
>
> E o secretário me responde:
> — Não é possível.
>
> Mas, nesse momento, passa Morcillo e pergunta:
> — Que acontece? Quem é? Quem é?
> — Um tal de Kiko.
> — Dê-me o telefone — diz Morcillo.
> — Padre, somente o senhor pode salvar esta gente da polícia!
>
> E me diz Morcillo:
> — Onde está isso?
>
> Digo-lhe a direção, e Morcillo me responde:
> — Vou imediatamente!
>
> Quando digo ao tenente-coronel da Guarda Civil que o bispo de Madri vem, que é conselheiro do Reino e amigo de Franco, não pôde acreditar. Olhava-me com admiração: "Mas como este pôde fazer que venha Morcillo?". E lá se apresentou Morcillo.
>
> Por isso, Carmen diz que, quando viu Morcillo lá, mudou completamente sua atitude para comigo[13].

---

12. Tal como consta no aviso da Guarda Civil, enviado pelo Comando 301 do Grupo Especial de Vigilância do Subúrbio, com data de 20 de agosto de 1965, dirigido a Carmen Hernández, com o endereço: Barriada Cuevas San Antón, 4ª zona. Nele concedem-se oito dias de prazo antes de demolir seu barraco, a zero hora do dia 28.

13. Do testemunho de Kiko Argüello dado na Convivência de Início de Curso de 2016-2017, em 24 de setembro de 2016, em Porto San Giorgio, Itália.

```
GUARDIA CIVIL
301ª Comandancia
Grupo Vigilancia Es-
pecial Extrarradio.
```

Núm. **787**

En cumplimiento a órdenes de la Sección de Promoción Social de la Comisión del Area Metropolitana de esta Capital, participo a Vd. que se le conceden 8 días de plazo para que proceda, o, mande derribar, la chabola que, sin licencia municipal ha construído en las inmediaciones del lugar conocido por Cuevas de San Antón; quedando advertida de que si no cumple este requerimiento en el plazo marcado, y que expira a las cero horas del próximo día 28, se procederá, sin previo aviso, a su demolición por la Brigada de Derribos de dicho Organismo, depositando en los almacenes de la Villa, previo inventario cuantos enseres y objetos se encuentren en su interior.

De quedar enterada de cuanto se hace constar en el presente escrito, ruego a Vd. se sirva firmar el duplicado del mismo.

DIOS guarde a Vd. muchos años.
Madrid, 20 de Agosto de 1.965
EL CAPITAN JEFE DEL GRUPO.

Srª Dª CARMEN HERNANDEZ BARRERA,
   Barriada Cuevas de San Antón (4ª Zona).

                                    M A D R I D

Aviso do Comando da Guarda Civil para a demolição do barraco de Carmen (20-8-1965).

17
A COMUNIDADE DE PALOMERAS
(Madri, 1965-1966)

D. Casimiro Morcillo

A partir desse dia, o arcebispo de Madri, D. Casimiro, fica seriamente comovido com aquela comunidade de pobres e se surpreende mais ainda com o efeito que a Palavra de Deus está causando neles, em seus humilíssimos encontros no barraco de Kiko.

> Mons. Morcillo esteve em meu barraco e começou a chorar. Disse: "Eu não sou cristão". Viu que dormia no chão, viu a comunidade. Há uma fotografia em que se vê José Agudo[1], que canta os salmos diante de Morcillo; e o arcebispo, desde aquele dia, disse: "Minha casa está sempre aberta para você"[2].

D. Casimiro Morcillo nascera em 26 de janeiro de 1904, na localidade madrilena de Soto del Real, e foi o primeiro arcebispo de Madri (1964-1971), quando essa diocese passou a ser arquidiocese, em 1964. Foi sagrado bispo aos 38 anos, como bispo auxiliar de seu predecessor, Mons. Eijo y Garay, que havia sido a alma da reconstrução da diocese depois da Guerra Civil e do Sínodo de 1948.

Em 1950, Morcillo foi designado como primeiro bispo de Bilbao, quando aconteceria um grande impulso de renovação apostólica na recém-criada diocese "vizcaína". Continuou seu ministério em Saragoça (1955-1964).

---

[1]. José Agudo e Rosario podem ser considerados o primeiro matrimônio do Caminho Neocatecumenal. José nasceu em Colmenar de Oreja (Madri); e Rosario, em Miguel Esteban (Toledo). Eram "quinquilleros", e chegaram a Madri entre 1962 e 1963 com três filhos; e ela estava grávida de Magdalena, a quarta. Venderam seus pertences para deixar a vida errante e se instalaram em umas cavernas em Palomeras Altas. Após um ano ali, chegou Kiko para viver em um barraco próximo. Pouco a pouco, foram conhecendo-o, e José foi dos primeiros a fazer parte dessa comunidade de Palomeras. Desde então, tem seguido Kiko na evangelização.

[2]. Experiência de Kiko na Convivência de Catequistas, Porto San Giorgio, 23-25 de setembro de 2016.

Entre outras iniciativas que tomou, destacam-se: a reconstrução do grande Seminário de Casablanca, o impulso do apostolado secular, a Obra de Cooperação Hispano-Americana de Sacerdotes, a construção de moradias nas favelas novas. O Papa João XXIII, ao iniciar em 1962 o Concílio Vaticano II, nomeou-o subsecretário.

Com a morte do bispo Eijo y Garay, após um longo ministério em Madri (1923-1963), D. Casimiro passou a ser seu sucessor em 24 de março de 1964. Lá já sopravam os ares conciliares em meio a uma situação política controversa. D. Casimiro, muito firme e coerente com seu lema episcopal, *Me gastarei e me desgastarei*, trabalhou incansavelmente. Foi um pastor muito frutífero: criou numerosas paróquias, renovou as instituições diocesanas, divulgou a doutrina do Concílio Vaticano II, favorecendo sua aplicação. D. Casimiro chegou a ser, cronologicamente, o segundo presidente da Conferência Episcopal Espanhola, em um momento em que teve de enfrentar numerosos problemas, dada a conjuntura sociopolítica. Faleceu em 30 de maio de 1970, após sete anos como prelado da arquidiocese de Madri.

Kiko e Carmen sempre lhe mostraram enorme agradecimento por seu impulso e apoio firme ao Caminho Neocatecumenal desde suas origens: não somente escreveu para Kiko e Carmen a carta oficial que lhes abriria as portas em Roma, mas também, em certa ocasião, convidou à sua casa vários bispos reticentes a essa nova e "extravagante" realidade eclesial para lhes expor, com paciência, clareza e detalhe, as origens, o estilo, o conteúdo e as pessoas que seguiam esse novo Caminho da Igreja. Havia, inclusive, entre eles um bispo mais velho e um pouco surdo, a quem colocou junto a si e lhe contou com detalhe que ele mesmo, D. Casimiro, tinha passado, recentemente, um tempo em uma convivência com os neocatecumenais e concluiu afirmando que ele "sim colocava a mão no fogo" por esse novo carisma. Como o bispo ancião se mantivesse muito reticente, D. Casimiro não teve mais escolha a não ser dizer a ele: "Confie em mim, pois você me conhece há muitos anos e sempre deu crédito à minha palavra"[3].

O próprio Kiko, relatando aquele início, destaca a importância que teve D. Casimiro no Caminho. Por exemplo, em uma reunião com sacerdotes da diocese de Madri:

---

3. Lemos diferentes informações da imprensa acerca da biografia de D. Casimiro Morcillo González. Alguns detalhes podem ser consultados em um bonito retrato biográfico que fez José Mª Berlanga no centenário de seu nascimento. Disponível em: https://alfayomega.es/wp-content/uploads/2021/03/404_27-05-2004.pdf. Acesso em: jun. 2021.

> Mons. Morcillo sempre, por incrível que pareça [agora sabemos o porquê, porque, caso contrário, não existiríamos], nos ajudou. [...] Eu falava da necessidade dos sinais da fé, de fazer comunidades cristãs, etc. Depois, mais tarde, soube que ele tinha feito sua tese sobre as pequenas comunidades cristãs dos Atos dos Apóstolos; soubemos muitíssimo mais tarde, mas ele já tinha tudo isso semeado dentro de si, e o estava vivendo ali. E havia estado nos barracos, e tinha visto a comunidade dos pobres. Pois não deixou nenhum padre falar. Disse: "Que todos esses padres saibam que o defensor da Fé sou eu. Você tem um escudo: este bispo. E se tem algum problema, não diga nada; venham até mim"[4].

A Palavra e a liturgia

Desde esse dia, 28 de agosto de 1965, com a providencial aparição do arcebispo Morcillo, produz-se um ponto de inflexão em que Carmen compreende que o Senhor a chama para seguir adiante com Kiko. Essa pequena e pobre comunidade, onde a presença de Cristo através da Palavra se dá de forma tão intensa e sincera, é a obra que o Senhor verdadeiramente está chamando-a a fazer:

> O definitivo para mim na colaboração com Kiko foi a presença de Morcillo, arcebispo de Madri, nos barracos, quando ele chegou aos barracos. Lá vivemos momentos nos quais se deu verdadeiramente o Espírito em meio àquela gente pobre. Sobre tudo isso, tenho que dizer que eu levei o Concílio a Kiko Argüello "em uma bandeja" aos barracos. E se encontrou com o Concílio feito à base de discussões comigo. E depois, como bom artista, tinha em seguida a explicitação. Tanto é assim que o primeiro canto que ele compôs nos barracos foi o "Servo de Iahweh". E eu a primeira coisa que conheci antes de conhecê-lo foi uma face de Jesus Cristo (pintada por Kiko) que minha irmã Pilar tinha em seu quarto, a que colaborou com ele, da qual eu gostei muito. E daí até que Kiko começou a cantar o "Ressuscitou" tivemos muitos debates.
>
> A presença do arcebispo de Madri nos barracos foi verdadeiramente a presença de Deus. Os barracos foram como o campo de cultivo onde se deu a renovação conciliar. Porque, se o Senhor veio para os pecadores, lá estavam todos cheios de defeitos e de pecados dos outros também. Toda a gente era cheia de feridas: ladrões, prostitutas, outro que estava envolvido com outra, ou seja, eram o resto da sociedade que vinham carregados de problemas dos demais, às vezes, dos pais. Lá havia gente que tinha visto

---

4. Testemunho de Kiko em 28 de novembro de 2020, sobre a Reunião de presbíteros de Madri de 16 de junho de 1981.

matar o próprio pai, a escória da sociedade, que dizemos, e que são as crostas da cidade espalhadas, de todos os pecados das gerações. E a presença do arcebispo de Madri foi verdadeiramente um toque e foi quando eu comecei de verdade a colaborar com Kiko. Desde aquele dia já começamos a dar catequeses em duas paróquias de Madri. Diziam-nos: "Estes cantos, esta liturgia viva, que se vive aqui, por que não levam à minha paróquia?". Assim começamos a ir às paróquias, coisa que jamais havíamos pensado. Kiko não sabia o que era uma paróquia, nem eu tampouco[5].

É nesse momento que vai começar algo que nem Kiko nem Carmen podem, nessa época, ser capazes de compreender, nem sequer vislumbrar de longe. Consolida-se para ela outro momento de graça: deixam-se levar por um forte impulso do Espírito sem estar muito conscientes do que estão iniciando. Carmen mantém ainda muitas dúvidas e um sofrimento interior de não saber aonde o Senhor a está levando. Um sofrimento que a mantém dilacerada desde sua volta de Israel:

> JESUS, não sei de onde me estás chamando, se a Paris, se os idealismos de Kiko encerram a verdade, se queres que embarque. JESUS, espero-te assim nesta tenda ao ar e à chuva, instavelmente. Ao vento, JESUS, desejo testemunhar-te e me encontro seca, vazia e totalmente impotente, olho teus apóstolos e me enches de esperança. Vem, Espírito Consolador, Pai da verdade, VEM!
> JESUS, o que acontece comigo? Estou assustada. Jesus, em ti confio, em tua fidelidade, Fidelíssimo, Princípio e fim[6]. Tu disseste que permanecerás fiel sempre[7], em ti descanso. Irás atrás de teus amantes, mas não os encontrarás, vou cercar-te para que não possas encontrar tuas sendas[8]. Jesus, em ti confio, TE AMO. Vem, AMOR, faz-te presente. Plenamente o MAIS FORTE, TU VENCES, Tu és mais forte. AMOR, AMOR MEU, TE AMO, AMA-ME[9].

É eloquente essa íntima anotação de Carmen, e é difícil admirar esse milagre sem compreender que, naquele tempo de final do franquismo, em muitos setores da Igreja ocorria um forte fenômeno de politização nas mesmas periferias de Madri onde viviam Kiko e Carmen.

---

5. *Documentos Carmen Hernández*, XVII: Encontro das Comunidades da Região Noroeste da Espanha, 15 de maio de 1994.
6. Cf. Apocalipse 22,13.
7. Cf. 2 Timóteo 2,13.
8. Cf. Oseias 2,7-9.
9. Anotação de 1º e 8 de setembro de 1965 em Caderno C 22.

O que de fato posso dizer-lhes é que naquela comunidade de Palomeras apareceu o Espírito, dava-se. José Agudo é testemunha de que entre aquela gente tão miserável descia o Espírito Santo. Na oração havia uma sinceridade enorme, porque ali os pecados de todos estavam como em fotografia, porque todos sabiam o que cada um era.

Estive vários meses sem poder fazer uma oração, porque diante da sinceridade daquela gente me via como uma fariseia. A oração de Mariano, por exemplo, era algo impressionante por sua sinceridade. Aquelas reuniões eram verdadeiramente um milagre, porque o Espírito estava lá como uma presença que quase se podia tocar.

Tenham presente que este Caminho nunca foi preconcebido, mas que é fruto de uma experiência vivida. Kiko descobriu nos barracos uma palavra que chegava à gente: um *kerygma* vivo, fruto também do diálogo com as pessoas. Kiko abria a Bíblia e perguntava: E isso o que diz a você? Assim surgiu uma série de catequeses, como: Quem é Deus para você?[10]

Ali mesmo em Palomeras, ou próximo dali, havia muitos outros buscando e experimentando um novo tipo de catecumenato e de comunidade. Era precisamente o momento de trazer a renovação do Concílio Vaticano II aproximada, naquele contexto, da mudança social e política que se preparava na Espanha daquele período, conhecido como "tardofranquismo". Esses outros apóstolos falavam também de um *catecumenato de adultos* e de uma *comunidade catecumenal*, realizavam algumas eucaristias inovadoras e participativas, mas do tipo assembleia. Eles também comungavam sob as duas espécies e com pães ázimos, mas apontando para um simbolismo político.

Kiko e Carmen, entretanto, estavam iniciando uma realidade muito diferente porque não buscavam a ação social e política nem a transformação das estruturas sociais: somente ansiavam encontrar-se ali com Jesus Cristo. Só queriam *encontrar-se com Cristo no meio dos pobres, dos distanciados e dos que sofrem*:

> Fazíamos uma celebração da Palavra com os ciganos, uma vez por semana, e aqueles pobres, de alguma maneira, obrigaram-me a falar de Cristo. E apareceu pouco a pouco a comunidade cristã, uma comunidade de pobres, porque eram ciganos, uma mulher que havia se prostituído, um vagabundo velho que recolhia papelão e vivia lá, como um resto humano; nós o chamávamos de senhor Juan. Alguma vez celebrávamos a Eucaristia. Entre os pobres começou a ser criado algo. Nasceu o que hoje chamamos de tripé no Caminho: a Palavra, a Eucaristia, a Comunidade.

---

10. Testemunho de Carmen sobre os inícios em Palomeras em uma reunião com as equipes de catequistas de Madri, em 1972.

E continua Kiko:

> Depois, mais tarde, demo-nos conta de uma coisa. Nasce a comunidade, nascem estas Eucaristias, colocamos o altar no centro, os cantos, os pobres, e alguns párocos que nos conheciam dos Cursilhos vêm a essas Eucaristias e ficam boquiabertos ao ver como cantavam, como os pobres rezavam, o que diziam quando se levantavam, coisas inusitadas. Estou falando dos anos 65, 66. E então é quando nos convidam: por que não vamos a Argüelles e por que não vamos a Zamora? Porque havia um de Zamora que estava lá conosco, que ia ser padre, e que falou com seu pároco. O caso é que pouco a pouco esta pequena semente começa a se estender... Por que o Senhor nos fez descobrir que era necessária uma liturgia? Pois porque eu ia todos os dias à missa e descia pelas tardes à paróquia do lado e não podia me separar nem de Joaquín nem dos outros que vinham comigo à missa. Então, se eu lhes falava de Jesus Cristo, perguntavam-me por que eu ia à missa todos os dias. Tinha de ir à missa todos os dias? Mas, quando chegávamos à missa naquela paróquia, que era um barracão na Colônia Sandi, logo nos encontrávamos com o problema de que entrávamos na igreja. E, primeiro, conosco vinham muitíssimos cachorros, éramos um bando que dávamos medo. Aos domingos, quando íamos à missa, preparávamos a Palavra no sábado, preparávamos no barraco com todos os ciganos. Já se havia formado uma espécie de comunidade, preparávamos as leituras... Pouco a pouco esse grupo ia ficando maior, éramos 30 ou 40. E quando entrávamos na igreja com todos os cachorros atrás, com todos aqueles, armava-se uma confusão ali. E os ciganos diziam: mas, escuta, esta gente daqui são os mesmos a quem você prega? Eu lhes dizia que eram os mesmos; mas não acreditavam. Diziam: esses não nos aceitam! Então Carmen e eu começamos a ver que nem a paróquia estava preparada para acolher esta gente distante, nem os nossos estavam preparados para entrar naquele ambiente assim de imediato, para entrar naquela liturgia. Através de Carmen, conhecíamos o Farnés, e ela me fez ir a todas as aulas de Pastoral que Farnés ensinava no Instituto de Leão XIII, sobre a Eucaristia e sobre a renovação litúrgica do Concílio Vaticano II, etc. Então nós tentamos, sabendo que ia colocar o cânon em castelhano e as duas espécies, fazer uma liturgia lá nos barracos... Fizemos o pão ázimo, usamos as duas espécies, fizemos o canto "Ressuscitou", começamos a fazer o canto do "Servo de Iahweh". Começamos assim a catequizar com os Sacramentos. Não podíamos separar as catequeses dos Sacramentos. Dessa forma, o Senhor mesmo nos ia conduzindo. Lá descobrimos este tripé: a Palavra, uma síntese teológico-catequética; a Liturgia, e começou a aparecer a Comunidade[11].

---

11. Trechos do Testemunho de Kiko no Anúncio da Quaresma de 5 de fevereiro de 1989, em Madri. Cf. Testemunho de Kiko no Anúncio da Quaresma de 15 de fevereiro de 1989, em Roma.

E, nesse dia que Mons. Morcillo esteve com eles, quando viu o barraco e a miséria que havia, comoveu-se e disse a Kiko "que ele não era cristão". Kiko contou-lhe essa experiência e a necessidade que essa pequena comunidade tinha dos Sacramentos, e ao final o arcebispo disse-lhe: "Eu não posso dar a vocês permissão para fazê-lo aqui no barraco, mas na paróquia, sim, podem fazê-lo".

Então, disse a esse pároco vizinho para deixá-los ter a paróquia um dia na semana, de portas fechadas, para poder celebrar dessa forma: com as duas espécies e com o cânon em castelhano e com a homilia compartilhada pelas ressonâncias dos irmãos.

Dessa forma, o que Kiko e Carmen iniciam ali, com esses irmãos, é algo completamente diferente das comunidades que estavam experimentando outros catecumenatos ao seu redor, de visível cunho político[12], com iniciativas pastorais formando comunidades populares ou "de base" dentro de uma práxis sociopolítica[13].

> Nós o que fazíamos simplesmente — conta Kiko —, era experimentar o poder da Palavra. O eco que a Palavra de Deus encontrou nesses pobres era tão potente que, como diz Carmen, durante seis meses não ousou abrir a boca, porque a sinceridade, a potência, a presença do Espírito Santo era imensa[14].

Também, através dos "Cursilhos de Cristandade", Kiko tinha feito amizade com alguns matrimônios, como o de José María Soler[15], casado com Carmenchu, também o de Carmelo e Dulce, José Miguel e Gloria, que se uniram

---

12. É importante ressaltar essa diferença determinante para explicar a gênese do Caminho Neocatecumenal e seu posterior desenvolvimento dentro da Igreja Católica atual. Diferente daquelas outras experiências do final dos anos 60 e 70, a experiência de Kiko e Carmen em meio aos pobres vai em outra direção: não buscam a ação social, mas sim a presença mesma de Jesus Cristo em meio aos que sofrem. É algo muito diferente daquilo que inspirara essas comunidades de base, que postulavam: "Façamos uma Teologia a partir de uma práxis política... Nós não reconhecemos Cristo nem encontramos Cristo fora dos homens e de seus sofrimentos. O que nos motiva e mobiliza é um projeto revolucionário e global". Cf. R. DE LA CIERVA, *Jesuitas, Iglesia y Marxismo 1965-1985*, Barcelona, Plaza & Janés, 1986, 52.
13. "De 1968 a 1972, numerosos grupos de seculares se radicalizaram e se distanciaram da Hierarquia, e alguns deles passaram à clandestinidade política e sindical..." (R. DE LA CIERVA, ibid., 53).
14. Testemunho de Kiko em entrevista realizada para este livro em 13 de junho de 2018.
15. José María Soler e Carmenchu formaram uma família numerosa e compuseram, junto com a família de José Agudo e Rosario, também com Melchior e Elvira, as primeiras Famílias em Missão que partiram para a América do Sul.

rapidamente a essa pequena comunidade de Palomeras. Essa primeira comunidade iria celebrar uma primeira convivência de vários dias no mês de setembro de 1965, concretamente do dia 17 ao dia 22, em Fuentes, um lugar abandonado da província de Segóvia, junto ao distrito de Carbonero el Mayor, onde há uma igreja em ruínas, de Nossa Senhora da Assunção, que Kiko, como São Francisco, tinha naquela época a intenção de reconstruir.

Nesse mesmo lugar celebraram-se nos anos seguintes algumas das primeiras convivências do Caminho: de catequistas e itinerantes.

Naquela primeira convivência do verão de 1965, Kiko escreveu na agenda de Carmen uma oração-poema dedicada a Cristo, muito expressiva da experiência que estava sendo gestada entre eles. A oração vai acompanhada por um desenho da Cruz que já esboça o projeto das cruzes que presidirão as futuras comunidades neocatecumenais. Essa oração diz assim:

> Jesus, meu amor, perdoe minha impotência, minha traição, minha sujeira.
> Tu me amas assim destroçado e quebrado; submergiste em minha vida e assumiste todas as minhas supurações, nunca te identificaste tanto como quando fui pecado, porque Tu te fizeste meus pecados.
> Por isso te vejo nos pecadores, nos miseráveis. Tu te fizeste o pecado: assim, onde houver um pecador, ali estás Tu. Obrigado por me fazer compreender isso. Obrigado por tua salvação. Obrigado por minhas lágrimas. Obrigado por Ti mesmo. Meu amor, Te amo. Dê-me forças para te amar nos pecados dos outros. (Kiko)

As primeiras catequeses e a redescoberta do Batismo

Após esses acontecimentos, o arcebispo de Madri também os ajudou para que pudessem celebrar a Eucaristia. Para isso chamou pessoalmente o pároco de uma paróquia vizinha, um sacerdote francês cuja igreja era um barracão que estava no meio de uma praça rodeada pelas moradias da Colônia Sandi, e lhe pediu que lhes deixasse celebrar ali. Não sem certa relutância, pois esse era um padre que seguia uma linha muito comprometida politicamente, permitiu-lhes celebrar ali a Eucaristia:

> Um milagre!, diz Kiko. Nós chegávamos, mudávamos os bancos, colocávamos o altar no centro. Eu tinha feito uma pintura e a colocávamos atrás e celebrávamos uma eucaristia maravilhosa com os pobres dos barracos[16].

---

16. Testemunho de Kiko em entrevista realizada para este livro em 13 de junho de 2018.

Inclusive já haviam chegado a celebrar uma primeira vigília Pascal:

> Outro milagre impressionante para nós foi o problema da Páscoa, a Vigília Pascal. Entramos em um problema gravíssimo lá. Já nos barracos fizemos uma Vigília Pascal, porque na paróquia faziam uma missa curtinha, e pedimos ao pároco para passarmos toda a noite. Lembro-me de que, nos barracos, saíamos ao amanhecer cantando "Ressuscitou", depois de ter batizado três ou quatro ciganinhos; estávamos todos cheios de alegria, e cantávamos o "Ressuscitou" ao nascer do sol e saíamos por aqueles bairros de Palomeras. Depois nos demos conta de que levar isso para as paróquias era quase impossível. Ou seja, que a força dos Sacramentos que mudam e transformam as pessoas, *Sacramentum Optimum*, é a Vigília Pascal. Imagine para os ciganos o poder de ver a passagem das trevas para a luz, impressionou-os enormemente. Também o Batismo por imersão; o Concílio já dizia que era melhor a imersão que a infusão, porque a imersão expressa melhor o gesto de morrer com Cristo, de ser submergido o homem velho e ressuscitar da água, da Vida, etc. Nós já começávamos a dar importância aos sinais[17].

Nos barracos de Palomeras, já está se perfilando a estrutura do que mais tarde será o próprio Caminho Neocatecumenal, o que se denomina o tripé *Palavra, Liturgia e Comunidade*.

Kiko via realizada a inspiração da parte da Virgem Maria, no dia da Imaculada Conceição de 1959: "Há que fazer comunidades como a Sagrada Família de Nazaré, que vivam em humildade, simplicidade e louvor; o outro é Cristo".

No mesmo outono de 1965, foi a Palomeras o Pe. Conrado Monreal, religioso da Congregação dos Sagrados Corações de Jesus e Maria e pároco da Igreja de Cristo Rei de Argüelles, para participar de uma celebração com eles:

> O Pe. Conrado visitou os barracos e nos chamou para que fôssemos à sua paróquia. Tínhamos uma missa na igreja dos barracos, em um barracão, e o arcebispo Morcillo tinha dito lá que deveríamos ter permissão um dia por semana; então, fazíamos uma Eucaristia maravilhosa, com cantos, com ressonâncias... Falaram tão bem a Conrado, que me conhecia dos Cursilhos, que veio por iniciativa própria ver aquilo. Ficou impressionadíssimo e me disse: "Escuta, por que não vem à minha paróquia e faz uma catequese sobre a Eucaristia?". E eu fui, com os rapazes dos barracos, fomos ali um grupo[18].

É assim que Kiko e Carmen vão começar a catequizar em Madri. Eles também já tinham feito algumas catequeses soltas na igreja dos padres dominica-

---
17. Kiko no Anúncio da Quaresma de 5 de fevereiro de 1989, em Madri.
18. Testemunho de Kiko para este livro, recebido em 27 de novembro de 2020.

nos do Cristo del Olivar, quase em frente a San Sebastián, próximo da rua de Atocha; mas as primeiras catequeses, já estruturadas, fizeram-nas nesta paróquia de Cristo Rei, situada na rua Martín de los Heros.

Podemos dizer que foram as "protocatequeses", quando Kiko e Carmen já traçaram o que seriam muito pouco depois as "catequeses iniciais ou a fase de conversão", hoje reunidas no Diretório Catequético do Caminho Neocatecumenal, aprovado definitivamente pela Santa Sé em 2008.

Essas primeiras catequeses foram iniciadas em janeiro de 1966, e os conteúdos fundamentais que apresentaram nelas foram:

— Uma catequese do *kerygma*, que fez Kiko.
— Uma catequese do Levítico, que fez Carmen principalmente.
— Uma catequese com o tema: Quem é Deus para você?, que parte da experiência de Palomeras, que surgiu como resultado de um diálogo que Kiko teve com a mãe de José Agudo. Kiko e Carmen elaboraram esses primeiros conteúdos em diálogo, na casa de alguns irmãos que começavam naquele momento.
— Uma convivência final celebrada depois em Cubas de la Sagra (Madri), onde Carmen desenvolveu a catequese do "Seder Pascal" e da Eucaristia.

Dessa primeira catequização nasce a primeira comunidade de Argüelles. Este germe irá se perfilando e se completando um ano mais tarde, quando catequizam em Zamora. Kiko convidou algumas pessoas que havia conhecido nos Cursilhos, como Falita e Mariví[19], para essa primeira catequização em Argüelles.

Uma vez nesta paróquia, Kiko e Carmen vão considerar a importância dessa experiência que foi se gestando em Palomeras como um caminho pós-batismal, uma redescoberta do batismo, uma recuperação do catecumenato de adultos:

> Em algumas paróquias, sobretudo se são extensas e dispersas, as pequenas comunidades eclesiais presentes podem ser de notável ajuda na formação dos cristãos, podendo fazer mais capilar e incisiva a consciência e a experiência da comunhão e da missão eclesial. Pode-se ajudar, como disseram os padres sinodais, também com uma catequese pós-batismal à maneira do catecumenato, mediante a reproposta de alguns elementos do *Ritual da Iniciação Cristã de Adultos*, destinados a reavi-

---

19. Mariví Gorostiza, irmã do Caminho Neocatecumenal, da Primeira Comunidade do Centro, de Madri. Mariví atualmente é itinerante na equipe responsável da região noroeste da Espanha. Agradeço-lhe por ter facilitado seu testemunho para reconstruir este momento.

PALOMERAS ALTAS – Madri, 1964

À esquerda: *lugar do barraco de Carmen que foi destruído.*
À direita: *restos do barraco.*

Acima e à direita: *o arcebispo de Madri, Mons. Casimiro Morcillo, em visita aos barracos, com Carmen e Kiko.*
Abaixo: *o barraco de Carmen que foi destruído.*

Abaixo: *um grupo da primeira comunidade dos barracos.*

" FUENTES, 1965

*Jesus, meu amor,
perdoe minha impotência,
minha traição, minha sujeira.
Tu me amas
assim destroçado e quebrado;
submergiste em minha vida
e assumiste todas
as minhas supurações,
nunca te identificaste tanto
como quando fui pecado,
porque Tu te fizeste
meus pecados.
Por isso te vejo
nos pecadores,
nos miseráveis.
Tu te fizeste o pecado:
assim, onde houver
um pecador, ali estás Tu.
Obrigado por me fazer
compreender isso.
Obrigado por tua salvação.
Obrigado por minhas lágrimas.
Obrigado por Ti mesmo.
Meu amor, Te amo.
Dê-me forças
para te amar
nos pecados dos outros.*

(Kiko)

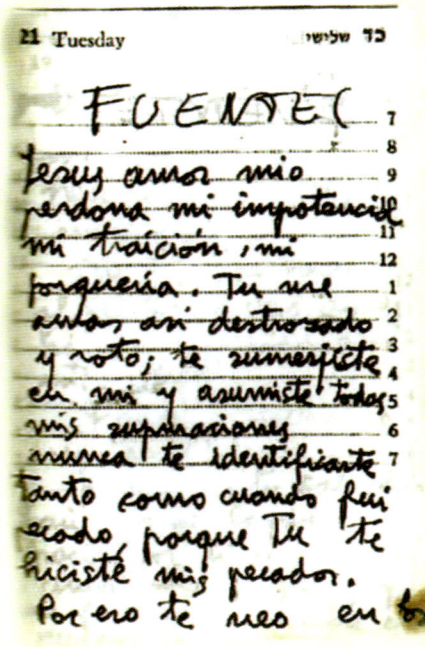

Acima, ao centro e à direita: *Igreja de Fuentes del Carbonero Mayor – Segóvia*.
Abaixo, ao centro: *poesia que Kiko escreveu na Agenda-Diário de Carmen em setembro de 1965*.

Galeria de fotos 3 | 5

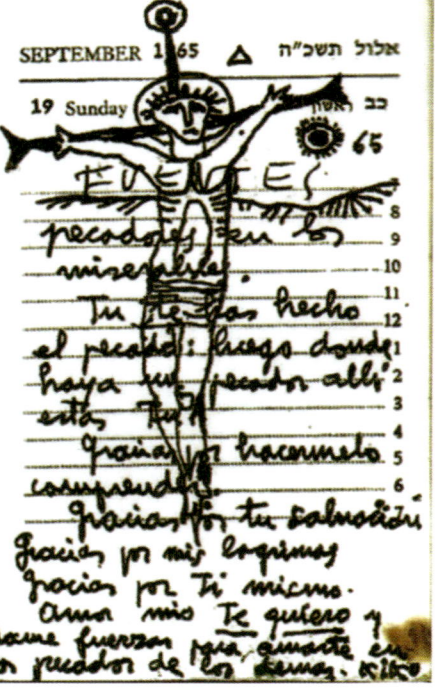

BORGHETTO LATINO – Roma, 1968

Interior do barraco de Kiko, com Jesús Blázquez, José María Martínez (Bubi), Patrizio (dono do campo) e sua filha. O quadro da parede sempre esteve no quarto de Carmen.

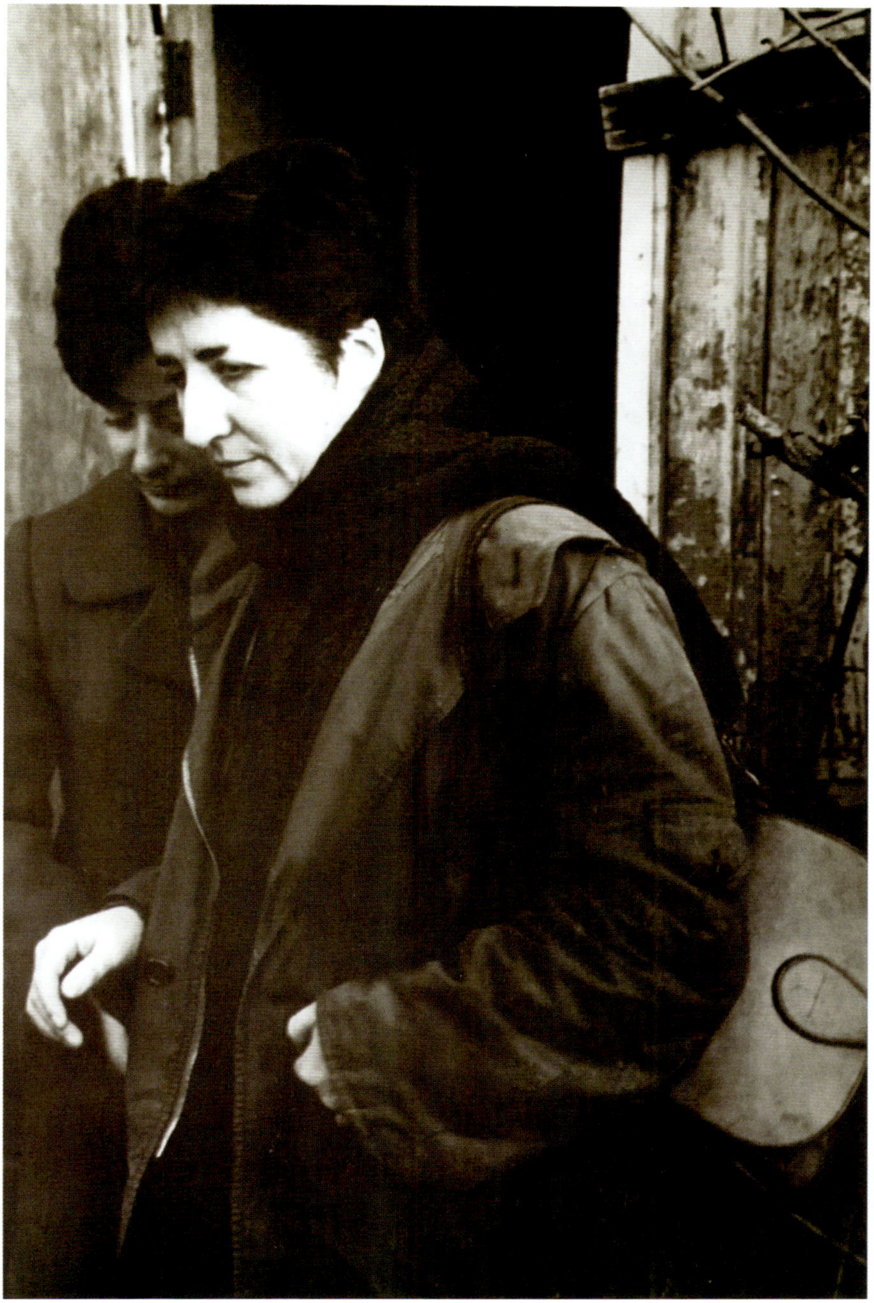

PENHA DE FRANÇA – Lisboa, 1968

Carmen, Pe. Francesco Cuppini e Kiko em Penha de França, durante a primeira evangelização em Portugal.

var as imensas riquezas do Batismo recebido. Isto é para toda a Igreja, é muito importante[20].

Além disso, na paróquia de Cristo Rei de Argüelles, vai produzir-se outro acontecimento decisivo na gênese do Caminho Neocatecumenal. Essa Igreja está vinculada ao Colégio dos Sagrados Corações, em um bairro central e burguês de Madri, onde morava um bom número de militares de aviação e muito próximo à Cidade Universitária. É um ambiente muito diferente de Palomeras, onde se dá uma importante atividade cultural. A paróquia e o colégio pertencente à Congregação dos Sagrados Corações viviam num contexto de forte vida paroquial, com numerosas iniciativas formativas orientadas para as novas perspectivas pastorais do Concílio Vaticano II. Era também um âmbito de muita inquietação social e política diante da perspectiva de mudança política durante o final do Regime do general Franco. Este pequeno "Caminho" que apresentam Kiko e Carmen, ainda se mostrando enormemente moderno e inovador, não atende a boa parte daquelas expectativas tanto culturais como sociopolíticas. As catequeses de Kiko e Carmen são outra coisa. Inclusive, quando eles aparecem por lá, para celebrar com todos esses irmãos dos subúrbios, encontram uma mistura de assombro e resistência por parte dos paroquianos, que viam a carroça e um burrinho amarrados no sinal de trânsito mais próximo da porta da igreja. Essa era a situação de Manolo, pois o pobre usava muletas e vivia no barraco de Kiko e ia até lá com seu burro.

Alguns irmãos que presenciaram aquele momento contam-nos que Kiko começava anunciando *o kerygma* e acrescentam: *Kiko era enormemente expressivo e pregava com tal força, que entrava "fogo dentro" de nós.*

Kiko podia muito bem fazer visualizar sua experiência de Jesus Cristo, ou a situação da Igreja, através de desenhos e esquemas na lousa, enormemente expressivos, que plasmavam a situação existencial do homem: ilhado sob o círculo da morte e do pecado. Mostrava-lhes com força como o anúncio do *kerygma*, do Amor de Deus em Jesus Cristo, tem o poder para romper esse círculo.

Dizem que Carmen centrava-se muito em suas experiências de Israel, nas fontes da Escritura, também nas fontes da Eucaristia e na Páscoa judaica. Ela falava muito da renovação litúrgica, do Concílio Vaticano II e, ao mesmo tempo, citava o Antigo Testamento, situando suas numerosas relações e paralelismos com o Novo. Sua conaturalidade com a Escritura era surpreendente, sobretudo em uma mulher na Igreja daquela época, que se expressava com uma espontaneidade que era chocante.

---

20. Testemunho de Kiko no Anúncio da Quaresma de 15 de fevereiro de 1989, em Roma.

Como resultado da formação dessa comunidade, Kiko e Carmen vão continuar essa missão em outras partes. Vão a Zamora, alguns meses mais tarde, onde chegam através de um diácono, Pepe, que encontraram no Instituto de Pastoral e foi aos barracos conhecer essa experiência. Pouco depois, ao se ordenar presbítero, chamou-lhes para que fossem à sua própria paróquia de Zamora. Lá catequizam pela primeira vez, entre 27 de fevereiro de 1967 e fins de março, formando uma comunidade na paróquia de San Frontis, nos arredores da cidade. Trata-se de uma zona rural, muito diferente de Madri, com gente de religiosidade natural, de uma tendência mais tradicional. Kiko e Carmen estruturaram melhor e ampliaram essas catequeses iniciais que, alternativamente, estão fazendo também pela segunda vez na paróquia Cristo Rei, da qual nascerá a segunda comunidade de Argüelles.

18
MEU CAVALO SE IMPACIENTA
(Madri, 1966-1968)

Carmen em 1966-1967

Mas como Carmen vive esse primeiro momento de missão? Certamente não é o conceito de missão ou de missionária que ela havia construído em sua mente durante a juventude, muito menos aquilo para o que havia se preparado ao longo de seus quase nove anos de formação religiosa com as Missionárias de Cristo Jesus. Algumas coisas podem ser extraídas de suas anotações nos diários de 1966 e 1967.

Desde que Carmen regressou de Israel, vivia trabalhando como faxineira em algumas casas particulares. Às vezes, era ajudada por sua família, que estava preocupada com seu modo de vida.

Depois que demoliram o barraco, e foi o único que derrubaram graças a D. Casimiro Morcillo, Carmen foi morar em um pequeno apartamento desocupado em um edifício de sua família, do bairro de Chueca, na Plaza del Rey. Ela ia e vinha a Palomeras Altas, onde se reunia com Kiko e com os irmãos de Palomeras. Todo esse tempo é contínua *peneira*, através da qual Deus a vai colocando à prova. Ela segue em seu combate interior, dia a dia, vai refletindo sua incerteza e sua espera em Jesus Cristo:

> Jesus, o sofrimento vem a mim quando acordo, como um nada terrível. Jesus, meu Jesus, olho em volta e não encontro consolo, não sei onde, nem com quem ir. Morro, Senhor, de impotência e de nada, Jesus. Meu Jesus, sem caminho, sem estrela, sem luz, parece que estou buscando viver sem viver, mas como queres que viva? Que queres que faça? Meu Jesus, vem, ajuda-me[1].

Assim inicia o ano de 1967, com enormes desejos de viver o presente, um presente, como diz, abraçada a Cristo. Escreve em sua agenda na véspera da Epifania:

---

1. Anotação de dezembro de 1966, em Caderno C 26.

"A cada dia basta seu mal"[2]. A fé em Jesus Cristo. Sair da escuridão da manhã na bondade de hoje, chamar o Senhor.

Não há futuro, nunca há futuro, isso que chamam futuro é uma das maiores mentiras, o verdadeiro futuro é hoje.

Que será de nós amanhã? Não há amanhã. Que é de nós hoje? Agora. Esta é a única questão. Livra-me, Senhor, da cobiça; da angústia livra-me, abre generosamente meu coração, gozo desapropriação. Jesus, ensina-me a viver!

No dia de Reis, acrescenta isso:

> JESUS, desperta-me com fé. VEM, JESUS, infunde-me fé ao despertar. TU ESTÁS, TU ESTÁS. Jesus, dá fé aos meus olhos para te ver. Vem com Alegria, encher meu despertar. VEM, JESUS[3].

Mostrando, nessa incerteza, total disponibilidade e confiança em seu Amado:

> Jesus, que queres que faça? Ajuda-me, Jesus, a fazer tua vontade com força. Jesus, minha confiança posta em ti, ajuda-me, liberta-me. Cumpra-se, Senhor, tua vontade, te amo. Jesus, espero em ti, confio em ti. Vem, Jesus, esposo, fiel, AMOR, minha vida, VEM[4].

Tem presente este poema-oração, já citado, que Kiko havia escrito em sua caderneta no verão passado naquela convivência de Fuentes (Segóvia) e faz seus estes versos em sua mente e em suas notas, repetindo-se até o final:

> Porque Tu te fizeste meus pecados.
> Por isso te vejo nos pecadores, nos miseráveis.
> Tu te fizeste o pecado: assim, onde houver um pecador, ali estás Tu.

Em março de 1967, Kiko e Carmen voltam, novamente com os irmãos de Palomeras e de Argüelles, à igreja abandonada do povoado de Fuentes de Carbonero para passar a Páscoa e o Domingo da Ressurreição. Lá, ela escreve:

> Páscoa em Fuentes: Deus de Amor e de ternura, Tu que chamas todos os homens a compartilhar uma só esperança em Cristo, a formar um só corpo, em um só espírito e a guardar a unidade do espírito pelo vínculo da paz[5], reúne todos os homens dispersos pelo pecado na unidade de tua

---

2. Mateus 6,34.
3. Os dois trechos, de 6 e 7 de janeiro da Agenda-Diário P 7.
4. Anotação de fevereiro de 67, em Caderno C 26.
5. Cf. Efésios 4,3.

Igreja. A fim de que não haja mais que um só rebanho e pastor[6]. Por Jesus Cristo nosso Senhor[7].

E, em 6 de abril, acrescenta:

> Ação de graças não porque Deus me deu isso, mas sim porque Deus É ISSO. A Ação de Graças não é um fixar-se em mim, mas nas *Mirabilia Dei*[8] e então "*Gratias agimus tibi propter magnam gloriam tuam*"[9].

Em um caderno à parte, escreve nesses dias, a modo de oração, o que segue:

> Jesus, abre meu coração, passa-me a teu REINO, ajuda-me a ver ao contrário as coisas. Alegra-me, Jesus, na injustiça. Vem, Jesus, liberta-me. Te amo, dulcíssimo Jesus, te amo. Fiel, meu AMOR, obrigado. Dá-me teu amor, amor meu forte, poderoso, fiel, que dás tudo, que fazes tudo, que te deixas roubar, insultar, caluniar.
> Dulcíssimo, meu bem, ajuda-me, abre meu coração apertado, apegado, miserável. Vem TU, Jesus, faz-te presente, abre-o todo, inunda-me. Luz, minha vida, eu não vejo nada. Creio em ti, espero em ti, livra-me[10].

Tua terra terá marido

Kiko e Carmen expressavam-se numa linguagem muito singular, muito existencial e viva, em que predominava diretamente o confronto direto com a Palavra de Deus. Falavam sem artifícios, com transparência e naturalidade, das próprias experiências, de seus pecados e suas fraquezas, de seus próprios combates. Tudo isso contrasta muito, de uma parte, com o modo tradicional de fazer catequeses e, de outra, com os modernos discursos teóricos que preconizavam novidades sistemáticas e estruturais, imbuídos pelos ares progressistas que chegavam, principalmente da Alemanha, para transformar a Igreja do momento em uma nova Igreja pós-conciliar.

A parte teórica da renovação pastoral aglutinava-se no Instituto Superior de Pastoral, situado na rua León XIII[11], em Madri, dirigido por Casiano Floris-

---

6. Cf. João 10,16.
7. Anotação de 26 de março de 1967, da Agenda-Diário P 7.
8. Em latim, "as maravilhas de Deus".
9. Em latim, parte do hino de Glória: "Nós vos damos graças por vossa imensa glória".
10. Segunda-feira de Páscoa, 27 de março de 1967, em Caderno C 26.
11. Tal como consta em sua apresentação: "O Instituto Superior de Pastoral (ISP) foi erigido pela Comissão Episcopal da Universidade Pontifícia de Salamanca (UPSA)

tán¹²; ali encontravam-se os jovens teólogos mais importantes do momento e falavam de catecumenato. Carmen está bem ciente dessas inovações teológicas e pastorais de seu contexto. De fato, vai frequentar esse instituto e comparar a teoria que ali ensinam com essa experiência que ela está iniciando com Kiko. Carmen não para de ler, combinando leituras muito variadas¹³, que vão desde as grandes obras da tradição patrística, passando por sacramentologia, liturgia e espiritualidade, até um livro de John Rock sobre o controle de natalidade, assunto que naquele momento estava sob estudo, desde a Constituição *Gaudium et spes*¹⁴. Carmen lê, além disso, clássicos da literatura como *Os irmãos Karamázov*, de Dostoiévski, ou textos de Física e Ciências. Em conjunto, mantém-se muito atualizada em questões teológicas, pastorais e, inclusive, sociais, lendo desde obras de grande profundidade até publicações periódicas, como

---

em 5 de outubro de 1955 e transferido para Madri em 1964. A Sagrada Congregação de Seminários e Universidades reconheceu-o e aprovou seus primeiros estatutos em 22 de março de 1956. E, posteriormente, em 31 de maio de 1967, a Sagrada Congregação para o Ensino Católico vinculou-o à Faculdade de Teologia da Universidade Salmantina". Já fizemos diferentes alusões a seus professores nas páginas anteriores.

12. Casiano Floristán Samanes (nascido em Arguedas, Navarra, em 1926, e falecido em Pamplona em 1º de janeiro de 2006) foi ordenado sacerdote em 1956 e previamente estudou Ciências Químicas em Saragoça e Filosofia e Teologia em Salamanca; depois se especializou em Teologia em Insbruck e Tubinga, onde se encontrou com teólogos como Karl Rahner, J. B. Metz e Hans Küng. A partir de 1960, acede a uma Cátedra no Instituto Superior de Teologia Pastoral, na Universidade Pontifícia de Salamanca, e, desde a transferência desse Instituto a Madri, em 1963, foi seu diretor. Buscou, coincidindo com os inícios do Caminho Neocatecumenal de Kiko e Carmen, um modelo de catecumenato que tomou corpo, em 1968, na chamada "Comunidade da Ressurreição", na qual se formaram alguns grupos até 1973, compostos por estudantes universitários que vinham do entorno da Ação Católica, que não chegou a se cristalizar.

13. Podemos precisar suas leituras dessa época graças às notas que ela deixa em sua agenda desse ano (Agenda-Diário P 5).

14. São Paulo VI havia formado uma Comissão para o estudo da regulação da natalidade, tal como indica a nota 14 da *Gaudium et spes*: "Certas questões que requerem outras investigações mais aprofundadas foram confiadas, por mandato do Sumo Pontífice, a uma Comissão para o estudo da população, da família e da natalidade; uma vez terminados os seus trabalhos, o Sumo Pontífice pronunciará o seu juízo. No atual estado da doutrina do magistério, o sagrado Concílio não pretende propor imediatamente soluções concretas".
Assim, formou-se uma Comissão Pontifícia para o Estudo da População, Família e Natalidade que se reuniu em várias sessões até abril de 1966; o trabalho se estendeu até 1968 e concluiu com a promulgação da *Humanae vitae* (25 de julho de 1968).

os famosos *Cuadernos para el Diálogo*[15]. Sua leitura de cabeceira era sempre as *Constituições do Concílio Vaticano II*.

Kiko vem de uma experiência muito diferente. Nele também há uma síntese madura da Patrística e uma singular visão estética. Kiko está mais despreocupado com as novidades pastorais e muito mais seguro com a síntese catequética que já iniciou com Carmen em Palomeras. Ambos, frequentemente, com pontos de vista diferentes, encaixam perfeitamente uma combinação de resultados surpreendentes. Mas Carmen sustém interiormente um forte combate. Segundo suas notas, continuamente se pergunta: "Qual é meu lugar em tudo isso?".

Por outra parte, há seu inconformismo, ela não sabe onde tudo isso vai dar, e, além disso, seus complexos, que a levam a experimentar uma constante indigência existencial: "Desmoronamento de meus problemas e complexos vitais".

Interiormente as provas vão lhe lapidando com relação a sua radical vocação de missão. Uma missão que agora está quebrando seus próprios esquemas para a unir de uma forma nova e intensa a Jesus Cristo.

Experimenta outra nova *kénosis* pessoal, neste caso, relacionada à sua visão pastoral. A incerteza, novamente, inquieta-a. Palomeras, depois as catequeses em diferentes paróquias de Madri, em Zamora, em Ávila. Em vez de se encher de certa vaidade com essas primeiras conquistas, Carmen sente-se despojada e em espera. Há um novo nível de descida que abala sua vida; uma espécie de: Senhor! E agora o quê? Que queres de mim? Diz ela mesma: "*Kénosis* visceral". Com esse termo, faz alusão a um sentimento interior referente a seus afetos, a sua situação sentimental. Ela está em um momento da vida, já com 37 anos, em que não é religiosa nem casada; não tem um estado definido.

Nesse ponto, justo naquela etapa de sua vida, algumas de suas amigas mais próximas casaram-se, inclusive sua irmã Pilar, que se casou com Antonio, também amigo de Carmen[16]. Igualmente, Ana María Fraga, María José Martí

---

15. Foi uma revista cultural (1963-1978) de periodicidade mensal, referência e símbolo da cultura progressista naquelas décadas. Seu promotor foi Joaquín Ruiz-Giménez e seu ideário democrata cristão buscava a abertura, em meio ao Regime de Franco, o que deu abertura a numerosos intelectuais e escritores; muitos de seus colaboradores passaram a ter um importante papel político na transição democrática espanhola.
16. Antonio Castro Zafra casou-se com Pilar Hernández em 11 de março de 1967. Passou a ser cunhado de Carmen, mas antes eram muito amigos, uma amizade que mantiveram durante toda a vida. Antonio Castro doutorou-se em História da Igreja na Universidade Gregoriana de Roma, foi teólogo, historiador e jornalista. Fez parte do escritório de informação do Concílio Vaticano II em Roma.

e Carmen Elías, suas antigas companheiras desde o tempo de religiosa e com as quais fez tantos projetos, haviam se casado com seus, digamos assim, companheiros de missão. Carmen, por sua vez, sente-se unida a Kiko, mas, como diz, "no mais fundamental, que é Cristo mesmo". Então, se questiona o que é que Deus quer com respeito a seu estado e sua vida.

Encontra imediatamente uma resposta muito íntima e pessoal, uma nova moção da graça que a inspira a renunciar *aos afetos em favor de uma pertença total a Jesus Cristo, consumada em uma entrega absoluta à Missão.*

Assim, sem professar nenhum voto, nesse momento crucial de sua vida, internamente se consagra a Jesus Cristo e à evangelização mesma, em uma missão que lhe escapa e transcende suas próprias concepções.

Evoca assim o cântico de Isaías que, em seu segundo poema sobre a glória de Jerusalém, promete: "Já não te chamarão abandonada, nem à tua terra despojada", e acrescenta: "Agora te chamarão minha querida e tua terra há de ter o seu esposo" (Is 62,4). Carmen sente cumprida esta promessa em plenitude: seu esposo é Cristo, na missão, na evangelização.

O Instituto de Pastoral León XIII

Carmen não perde um ápice de inquietude teológica, ela continua seu aprofundamento na renovação doutrinal e litúrgica do Concílio Vaticano II. Por esse motivo, em meio a essa práxis de iniciação cristã que ela leva com Kiko de Palomeras até algumas paróquias de Madri, a partir de 1965 passa a frequentar o Instituto de Pastoral, da rua León XIII. Era, sem dúvida, o centro mais avançado em questões pastorais. E ali Carmen realizou diferentes cursos e assistiu a numerosas conferências. Consta-nos, por exemplo, que em março de 1966, entre o dia 15 e o dia 18, ela fez um curso de Bíblia e Liturgia com Casiano Floristán; depois, entre o dia 19 e o dia 23, outro de Liturgia e Ano Litúrgico, também com Floristán. Entre 22 e 26, um curso de Psicologia com Javier Calvo e, a partir do dia 29, um de Teologia da Palavra com Graeso. Carmen insistia com Kiko para que ele fosse com ela a esse Instituto, particularmente em alguns momentos em que vinha o Pe. Farnés: "Começamos a ir ao Instituto de Pastoral porque veio Farnés. E eu queria levar Kiko para ouvir Farnés, com a luta pela Páscoa, etc."[17]

Em maio deram-se palestras de Liturgia, com a presença de Monsenhor Pedro Farnés, das quais participaram Oñatibia, Floristán, Elías Yanes, Ricardo

---

17. Testemunho de Carmen na Convivência Mundial de Itinerantes, 20-21 de janeiro de 2001.

Lázaro, Guerrero, Andrés Pardo. Falou-se da renovação do Batismo. Carmen recomenda a Kiko ir às aulas:

> Carmen fez-me ir a todas as aulas de Pastoral de Farnés, que era professor aqui do León XIII, sobre a Eucaristia e sobre a renovação litúrgica do Concílio Vaticano II, que foi, então, a primeira coisa a ser publicada. Então nós tentamos, sabendo que se ia colocar o cânon em castelhano e as duas espécies, tentamos fazer uma liturgia lá nos barracos.
>
> Então nos demos conta de que haveríamos de quebrar alguns falsos conceitos, etc. E ali (em Palomeras) começou a aparecer o Neocatecumenato como um itinerário; o Batismo. Sobretudo, graças a Carmen, começou a aparecer o Batismo, porque nós íamos à Pastoral, estávamos com Casiano [Floristán][18].

Kiko lembra-se de que, em uma ocasião em que foi a uma aula de Farnés[19] no Instituto de Pastoral, ocorreu uma anedota interessante, que ele nos conta:

> Então Carmen, que conhecia Farnés, se interessava muito por ele e pela liturgia, disse-me que, por favor, fosse para escutar Farnés, e me obrigou a ir ali para escutá-lo; e fui.
>
> Carmen me diz que tenho que ir escutar a lição de liturgia do Pe. Farnés às 11h, no Instituto de Pastoral. Tinha uma barba preta comprida e vestia uma jaqueta preta. Como dormia vestido no barraco, ia um tanto sujo. Cheguei ao Instituto Pastoral e na entrada havia um porteiro. Era tarde, pensei que a aula estava começando e corri pelas escadas, sem dizer nada. E ouço um homem atrás de mim dizendo:
> — Ei, ei!
> E como não parava, começou a dizer:
> — Parem o ladrão, parem o ladrão!
> E eu parei e disse:
> — Sou eu?
> E ele continua:
> — Parem o ladrão! Parem o ladrão!
> E nesse momento soa a campainha e todas as portas se abrem — era um átrio grande onde davam as portas das salas — e saem as freiras e me encontro ali com o porteio que dizia:

---

18. Kiko Argüello, Anúncio da Quaresma de 1989.
19. Ainda que em maio de 1966 Pedro Farnés não participe no curso indicado acima, estava no programa; consta uma conferência que Farnés deu no Instituto de Pastoral, em janeiro de 1965, e é muito provavelmente quando se situa esse evento narrado por Kiko. A liturgia é um elemento fundamental na renovação que traz o Concílio. De fato, em setembro desse mesmo ano, sairia a Carta encíclica de Paulo VI *Mysterium fidei*, sobre a doutrina e o culto da Sagrada Eucaristia.

— Parem o ladrão, parem o ladrão! Chamem o diretor! Chamem o diretor!

— É comigo? — eu dizia.

— Sim, sim, é com você!

Veio o diretor, que era Monsenhor Guix — eu o conhecia de outras coisas — e lhe digo:

— Não sei se você se lembra de mim; estivemos juntos em um julgamento.

— Eu em um julgamento com você? — disse-me o diretor.

Porque não era um julgamento: era um júri! Porque em uma exposição de pintura de um colégio maior convidaram-me para fazer parte de um júri e Monsenhor Guix também participava do júri; e ali nos conhecemos. Mas, como eu ia muito mal vestido, dos barracos, não me reconheceu. E eu, em vez de júri, disse julgamento.

— Eu em um julgamento com você? Chamem a polícia! Desnecessário! Tirem-no daqui! — disse Monsenhor Guix. E me expulsaram.

E o mais importante é que chega Carmen:

— Ah, Kiko, vamos, senão nos atrasaremos!

E eu:

— Aí eu não entro, pois acabam de me expulsar!

E ela:

— Anda, homem, vamos!

E fui capaz de entrar outra vez. Quando o porteiro me viu, digo-lhe:

— Esta é a Carmen de quem eu lhe dizia.

Deu-se conta de que havia cometido um erro: chamou-me de ladrão diante de todo mundo e quase chamam a polícia. Aquilo foi uma anedota boa.

E entrei na aula de Farnés. Desde os barracos, tinha que chegar a Argüelles e ali tomar um ônibus para chegar à Cidade Universitária; era necessária uma hora e meia e três meios de comunicação. Voltar a entrar ali foi um ato de virtude heroica. Eu o fiz por amor a Cristo e por amor a Carmen.

Isso ocorreu antes que escutasse o Pe. Farnés. Depois Carmen levou-me ao povoado de Farnés e estivemos ali com ele. As conferências que o Pe. Farnés deu ajudaram os sacerdotes da América a mudar sua mentalidade acerca da Eucaristia.

Impressionou-me que, depois de escutar o Pe. Farnés, convidamos todos os sacerdotes que conhecíamos e que não permitiam a Eucaristia que nós celebrávamos; convidamo-los para escutar o Pe. Farnés, mas não se impressionaram nem um pouco. Carmen e eu, pelo contrário, estávamos fascinados[20].

---

20. Intervenção de Kiko Argüello na inauguração do curso acadêmico do Seminário Conciliar de Barcelona, em setembro de 2003. Ato presidido pelo cardeal Ricardo Mª Carles.

19
AMA A CRISTO E TE SEGUIRÃO MILHARES
(Madri – Roma, 1968)

Kiko e Carmen vão a Roma

Carmen inicia o ano de 1968 com pensamentos como estes[1]:

> Sei em quem pus minha confiança, e estou certo de que é Poderoso para guardar minha recompensa até o último dia, o justo juiz[2]. Provaste-me, Senhor, e me conheceste. Tu sabes quando me sento ou me levanto[3].

Ela pouco imagina, no começo desse ano, que a obra que o Senhor está guiando por sua mão vai tomar um novo impulso. O caminho que os leva a Roma é também providencial.

No verão de 1967, graças a um matrimônio de Argüelles, Kiko e Carmen vão a Ávila passar alguns dias e, na paróquia de Santiago, por intermédio desses irmãos, iniciam uma relação com D. Francisco López Fernández (D. Paco), o pároco que era, na época, responsável da HOAC[4] em todo o território nacional. D. Paco preside algumas celebrações da eucaristia para eles e, pouco depois, em novembro de 1967, Kiko e Carmen dão catequeses nesta paróquia de Ávila, formando a primeira comunidade dessa cidade.

Nesse momento, Kiko ficou doente de um rim e tiveram que fazer uma intervenção:

> Descobriram que tinha uma pedra grande assim (3 cm x 2 cm). Chegou Carmen e me tirou da casa de D. Paco e me trouxe a Madri e me levou ao melhor especialista de rins que havia na época, que se chamava Peña, se não me lembro mal; e então me operaram em pleno verão. Levou-me ao doutor Peña, e este médico me disse: "Eu sou o encarregado do Hospital

---

1. São anotações de alguns dias de janeiro de 1968 (Agenda-Diário P 7, final).
2. Cf. 2 Timóteo 1,12.
3. Cf. Salmos 139,1-2.
4. A Hermandad Obrera de Acción Católica (HOAC) é uma organização espanhola fundada em 1946 por Guillermo Rovirosa cujos militantes desempenharam um papel muito importante na reconstrução do movimento operário espanhol.

Oncológico, do câncer, e é do Estado; se quiser, vá lá, e opero você de graça. Se o operar por conta própria, custará 80 mil pesetas". Eu não tinha um centavo e então fui lá para me operar. Era agosto e fazia um calor horrível. Tiraram-me uma pedra grande assim. Não! Tiraram-me o rim! Sem me dizer nada[5].

Também é nesse momento, em 4 de abril de 1967, que conhecem D. Dino Torreggiani, um sacerdote italiano, fundador do Instituto dos Servos da Igreja, depois de um congresso que D. Paco de Ávila organiza. O instituto dedica-se à pastoral dos marginalizados, imigrantes e pessoas ambulantes, como feirantes, artistas do mundo do circo, *hippies*, ciganos, e já estava presente em diferentes paróquias da Itália e, efetivamente, em Roma. D. Dino escuta Kiko e Carmen e fica muito impressionado com o frescor e a força inovadora de sua pregação:

> Em Ávila, quase morri porque tive uma cólica renal e me tiraram um rim, por causa do frio que fazia. Depois D. Dino Torreggiani — um italiano fundador dos Servos da Igreja — havia me escutado falar em Ávila e ficou boquiaberto e me disse: "Você tem que vir a Roma, está cheia de pobres, tem que pregar em Roma"[6].

Em 1967, o bispo de Ávila era Mons. Santos Moro Briz; um pouco mais tarde, sucedeu-lhe o jovem bispo D. Maximino Romero de Lema, com quem Kiko e Carmen estabeleceram muito boa relação, e, no futuro, ele ajudou muito o Caminho Neocatecumenal.

Em Ávila, também conheceram alguns seminaristas da diocese que foram a essas catequeses e que, desde então, passaram a seguir Kiko e Carmen, principalmente Jesús Blázquez[7] e Bubi[8].

Depois desses acontecimentos, já no verão de 1968, Kiko e Carmen vão de trem a Roma convidados por D. Dino Torreggiani, para a primeira semana de junho. Acompanha-os um padre sevilhano, que conheceu Kiko porque era considerado um cantor-compositor graças às suas versões dos Salmos. Esse pa-

---

5. Testemunho de Kiko para este livro recebido em 27 de novembro de 2020.
6. Testemunho de Kiko na Convivência de Início de Curso 2016-2017, em Porto San Giorgio, em 24 de setembro de 2016.
7. Jesús Blázquez (1943-2021) é um irmão dos primeiros tempos, primeiro presbítero itinerante e o segundo que acompanhou Kiko e Carmen na equipe — antes os havia acompanhado sendo seminarista. Iniciou o Caminho Neocatecumenal em Andaluzia e depois na América Latina. Foi presbítero itinerante e responsável do Caminho Neocatecumenal na Colômbia até sua morte.
8. José María Martín (Bubi) é um dos primeiros catequistas itinerantes na Espanha.

dre também compunha música. Alguns dias mais tarde, entre 20 e 21 de junho de 1968, seguem-nos cinco seminaristas de Ávila, entre eles, Jesús, Bubi e Enriquito, que viajam, divididos em dois grupos, pegando caronas. Sabemos a data porque partem assim que começam as férias no Seminário, no dia 20.

Estão decididos a levar ali esta experiência de catecumenato que de Palomeras havia se estendido a algumas paróquias de Madri, a Zamora e a Ávila. Kiko e Carmen levam consigo uma carta do arcebispo de Madri, D. Casimiro Morcillo, dirigida ao cardeal Angelo Dell'Acqua, vigário de Roma na época, através da qual apresenta brevemente seu trabalho Apostólico desta forma:

> Eminentíssimo e Reverendíssimo Senhor:
>
> Tenho a satisfação e a honra de informar que o jovem Sr. Francisco Argüello, domiciliado em Madri, dedica todo o seu tempo à evangelização das classes sociais mais humildes, vivendo entre elas pobremente, utilizando a favor delas seus dotes de músico e compositor e criando comunidades cristãs nos bairros onde vive, em outras paróquias da capital e em outras cidades espanholas.
>
> Em seu trabalho apostólico procede sempre de acordo com o Bispo da Diocese e está sempre pronto a aceitar qualquer observação que seja feita.
>
> Com a esperança de que o trabalho apostólico do Sr. Francisco Argüello resulte eficazmente positivo em Roma, é-me muito grato e honroso dirigir-me a sua Eminência Reverendíssima, atento e s.s. que beija S.P.[9]
>
> † Casimiro Morcillo
> Bispo de Madri-Alcalá
> Madri, 31 de maio de 1968

Encontramos aqui uma primeira descrição do que é o Caminho Neocatecumenal: evangelização entre os pobres e humildes para formar comunidades em comunhão com o bispo da diocese correspondente. Uma experiência que desde o final de 1964 e começo de 1965, nos barracos de Palomeras, chega agora a Roma, ao coração da Igreja. Havia um desejo de Carmen de chegar ao coração da Igreja; recordemos que, após sua volta de Israel, havia passado vários dias percorrendo a Cidade Eterna como uma peregrina.

Roma 1968

Assim que chegam, D. Dino os acompanha para visitar diferentes paróquias de Roma para lhes expor esta experiência. Mas os párocos não estavam

---

[9]. s.s. significa "sempre seu"; S.P. significa "seus pés". [N. da T.]

nada receptivos, e respondiam que tudo aquilo podia estar muito bem para Espanha, mas não para Roma, onde as paróquias estavam bem estruturadas sob um modelo segundo o qual o importante era a formação e as ideias do Concílio, o diálogo com o mundo e a ação social. Contudo, Kiko e Carmen davam-se conta de que o que encontravam era exatamente o mesmo que já haviam experimentado na Espanha, em Argüelles e em outras paróquias de Madri: uma assimilação do Concílio Vaticano II reduzida a seus aspectos sociais e formativos, um diálogo com o mundo centrado no mais epidérmico, sem aprofundar-se em redescobrir a *iniciação cristã*, a relação do fiel com a Escritura, a participação litúrgica ou o sentido de *comunidade*.

Pe. Mario conta, em conversa privada durante a compilação deste material biográfico, que, quando Kiko e Carmen chegaram a Roma no verão de 1968, D. Dino Torreggiani levou-os ao Santuário de Pompeia, e, diante do quadro de Nossa Senhora do Rosário — que representa o menino Jesus dando o Rosário a Santo Domingo e a Virgem Maria oferecendo-o a Santa Catarina de Sena —, colocaram a evangelização do Caminho sob sua proteção especial.

Mais tarde, D. Dino levou Kiko a uma paróquia do centro de Roma, que estava dirigida pelos Servos da Igreja, e ali lhe deixaram um quarto com uma cama para dormir, que era parte de um aposento que havia abrigado Napoleão Bonaparte. Kiko narra assim os inícios em Roma:

> Era muito bonito, estava decorado com ramos, com flores. Eu queria ir aos barracos e então fomos falar com o pároco de São Judas Tadeu porque ao redor da paróquia estava tudo cheio de barracos. Então o pároco chamou uma freira que se ocupava de assistir os pobres, que me disse: "Não sei se há algum barraco livre ou algum lugar; creio que não; de qualquer forma, vou falar com alguém que tem um galinheiro muito grande para ver se lhe dá a metade". Foi falar com ele e me deixou a metade do galinheiro. Então o Pe. Romano Fucini, que se tornara amigo de Carmen, me disse: "Vamos procurar no lixão, porque há gente que abandona muitas coisas". E trouxemos umas portas e com essas portas fizemos uma parede e com uma telha transparente colocamos o teto acima. Assim fiz um pequeno barraco. Depois conseguimos uma cama para mim e alguns beliches para os seminaristas, um fogãozinho elétrico que me tinham dado, e esse era meu barraco. Os seminaristas ficaram somente durante o verão. Também havia dois "Romanos" que nos ajudavam: Romano Matrone e Romano Fucini. Ali me conheceu também o Pe. Mario Pezzi, que veio me ver, não sei quem lhe tinha falado de mim, porque por ali passava muita gente. Também vieram alguns garotos dos Mártires Canadenses que trabalhavam por ali; era um grupo [de jovens] que visitavam [sic] os pobres, e me convidaram para ir à sua paróquia. Estavam impressionados comigo e me disseram: "Temos um retiro junto ao lago Nemi". Era realmente o encontro de

todos os grupos, politicamente, de esquerda dessa época que trabalham nas paróquias. Disseram-me: "Por que você não vem?". E eu lhes respondi: "Mas querem que eu vá falar lá? Estão loucos perdidos! Mas, bom, eu vou".

Eu levava um sobretudo verde, uma barba comprida e uma aparência estranhíssima. Aquilo estava cheio de grupos e eu lhes contei minha experiência. Ficaram todos surpresos porque, devido à minha aparência, esperavam outra coisa, mas ao me ouvir, minha experiência era contrária ao que eles estavam fazendo.

No fundo eram grupos de jovens politizados. Em todas as paróquias havia esses grupos de esquerda, na época chamados "comunidades de base". Ali este grupo dos Mártires Canadenses me disse: "Por que você não vem à nossa paróquia e vê o que estamos fazendo?". Então, fomos à missa que faziam com o Pe. Amadei e estavam todos os jovens sentados no chão, com seus violões e seus cantos. Eles me perguntaram: "O que acha disso?". E eu lhe disse: "Olhe!, não se renova a Igreja somente com violões". "Ah, não? Então, com o quê?", perguntaram-me. E lhes respondi: "Com o Mistério Pascal".

"E o que é isso?", perguntaram-me esses jovens surpresos porque não tinham ouvido falar disso em sua vida. Ao final lhes disse: "Se querem, eu lhes explico, mas tem que ser em uma convivência".

Então, levei esse grupo a uma casa na montanha e estivemos ali durante cinco dias com eles e os convenci: o *kerygma*… tudo…, e me disseram: "Por que não começamos isso também na paróquia?". Eu lhes disse: "Mas não faço isso somente com os jovens". Por isso chamaram alguns matrimônios adultos: vieram, por exemplo, Franco e Margherita Voltaggio, Giampiero e Anna Donini e outros irmãos e com eles fizemos assim as catequeses nos Mártires Canadenses[10].

Margherita Voltaggio[11] se lembra de que escutar Kiko e Carmen naquelas primeiras catequeses de Roma renovou o seu matrimônio, que, na época, passava por dificuldades, e ajudou sua família de modo surpreendente: "Mudou nossas vidas, a de Franco e a minha, completamente". Para aqueles irmãos, Kiko e Carmen, à primeira vista, pareciam dois carismáticos, espanhóis, um tanto extravagantes, mas, conforme lhes pregavam, conseguiam transmitir o amor de Deus muito fortemente, de um modo muito existencial. Carmen, além disso, falava sobre a Escritura de uma forma inédita. Kiko segue contando:

---

10. Testemunho contado por Kiko para este livro em 7 de dezembro de 2020.
11. Entrevista realizada para este livro com Margherita Voltaggio, em seu domicílio de Roma, em setembro de 2017.

Ao chegar a Roma, Carmen alojou-se com as freiras de Santa Brígida[12], que lhe deram um quarto; depois uma senhora lhe deixou uma choupana, um espaço em um barraco, em frente ao de Kiko, a uns 100 metros. Mas, após um pouco de tempo, expulsou-a porque a gente que nos visitava não lhe deixava dormir. Por isso Carmen teve de voltar com as freiras de Santa Brígida.

Após o verão, o sacerdote sevilhano e os seminaristas que o acompanhavam regressaram à Espanha.

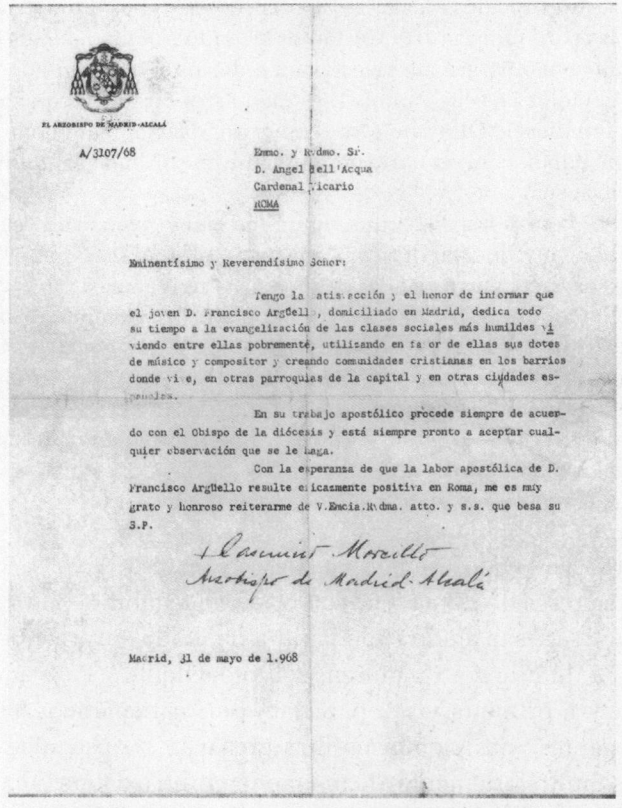

Carta de apresentação de Mons. Casimiro Morcillo,
com a qual Kiko e Carmen vão a Roma.

---

12. Carmen ficou muito agradecida pela acolhida que lhe deram essas religiosas; e Kiko, cada vez que se lembra de sua chegada a Roma, fala com gratidão dessa casa localizada em uma das mais famosas praças de Roma: a igreja de Santa Brígida situa-se no bairro da Regola, com vista para a praça Farnese. Faz parte de um complexo de edifícios que inclui a casa em que viveram Santa Brígida e sua filha Santa Catarina de 1350 até sua morte.

20
O PRESBÍTERO DA EQUIPE

O Pe. Francesco Cuppini

Em 8 de setembro de 1968, Kiko e Carmen são convidados a pregar para os Servos da Igreja de Ventoso[1]; e o jovem pároco dali, D. Francesco Cuppini[2], escutou as catequeses e ficou muito impressionado. Ao terminar, perguntou-lhes se podia ir com eles. Então pediu permissão ao bispo de Bolonha, que lhe concedeu três anos. Kiko e Carmen estavam sozinhos, precisavam de um padre para sua equipe. A oferta do Pe. Cuppini lhes pareceu muito boa. Esse foi o primeiro presbítero que esteve com eles formando a equipe internacional, até que o bispo voltou a chamá-lo. Kiko disse-nos que esse presbítero era muito bom, que lhes fez um grande serviço e que era um sacerdote muito humilde.

Cuppini escreveu em seu diário a impressão que teve de Kiko e Carmen ao conhecê-los:

> Veio um espanhol, Kiko, e uma espanhola, Carmen. Têm um grande carisma. Seguem o Senhor à maneira apostólica e falam d'Ele como eu nunca havia escutado alguém falar. Pouco a pouco surgiu em meu espírito o desejo de segui-los. Esse desejo cresceu e se fez poderoso. Falei com eles, e eles consideraram isso uma sorte. Faz tempo que sentem a necessidade de um sacerdote que constitua com eles uma comunidade perfeita. Finalizados os exercícios, acompanhei-os até Roma. Kiko vive em um barraco no Borghetto Latino, no final da via Ápia Nova, na paróquia de São Judas Tadeu, onde começará nestes dias a formar uma comunidade cristã. De fato, eles creem que têm da parte de Deus a missão de renovar a estrutura da paróquia; experiência que já fizeram na Espanha.

---

1. O povoado de Ventoso é uma aldeia de Scandiano, município de cerca de 5 mil habitantes, a 15 quilômetros de Reggio Emilia.
2. Francesco Cuppini (Argelato, Bolonha, 1932 — 28 de janeiro de 2015) é um presbítero da diocese de Bolonha, ordenado sacerdote em 25 de julho de 1955. Acompanhou Kiko e Carmen na equipe internacional do Caminho Neocatecumenal entre 1968 e 1971. Temos seus testemunhos e notas em T. ZANNI, *Intervista a Francesco Cuppini. Frammenti di storia del Cammino Neocatecumenale e della Chiesa di Bologna*, Nápoles, Chirico, 2016.

Depois de Roma, irão a Portugal, e dois bispos chamaram-nos para ir à América Latina[3].

Em 14 de setembro, Cuppini diz que, ao se encontrar com alguns de seus superiores, manifestou-lhes sua vontade de seguir Kiko, e acrescenta: "Animaram-me". Alguns dias depois, em 20 de setembro, fala com D. Giuseppe Dossetti[4] e manifesta-lhe sua decisão: "Não me disse nem sim, nem não"; "é preciso pensar, falaremos amanhã".

No dia seguinte:

> Disse-me que, por enquanto, posso ir com Kiko a Roma para experimentar: ele se faz responsável diante do cardeal de Bolonha, que me confiara a D. Dino Torreggiani. Disse-me que não o preocupava a forma de vida... mas que é necessário rezar muito para superar as possíveis crises que seguramente virão[5].

A disposição de Francesco Cuppini, naquela época, é a que expressa ao continuar:

> Confessei-me. De minha parte vejo cada vez mais clara a vontade de Deus em mim: partir. [...] Certamente não me havia acontecido nunca estar apaixonado assim por uma coisa. Estou verdadeiramente cheio de amor, e estou bem assim. Tudo, absolutamente tudo, passa a um segundo plano[6].

Assim, acompanhados por esse presbítero, Kiko e Carmen começaram em setembro as catequeses na paróquia dos Mártires Canadenses e fizeram a convivência final nos dias 1º, 2 e 3 de novembro de 1968; assim nasceu a primeira comunidade de Roma, com cerca de cinquenta irmãos. Antes de começar essas

---

3. Cf. T. ZANNI, *Intervista a Francesco Cuppini*, op. cit., 196.
4. Giuseppe Dossetti nasceu em Gênova em 13 de fevereiro de 1913. As primeiras experiências de Dossetti na Ação Católica começaram em novembro de 1930. Em 1953, fundou a comunidade monástica de la Piccola Famiglia dell'Annunziata. Em dezembro de 1956, manifestou ao cardeal Lercaro seu desejo de ser sacerdote. Dossetti colocou o hábito clerical e se retirou ao santuário de San Luca para começar sua preparação e foi ordenado sacerdote em 6 de janeiro de 1959. O importante é que deixou uma brilhante carreira política para se fazer sacerdote e servir à Igreja. Em 1960 Giuseppe Dossetti participou nos trabalhos do Concílio Vaticano II como colaborador do cardeal Lercaro. Ao final, foi nomeado pró-vigário de Bolonha. Dossetti morreu em Monteveglio em 15 de dezembro de 1996.
5. Cf. T. ZANNI, *Intervista a Francesco Cuppini*, op. cit., 196.
6. Cf. ibid.

catequeses, eles haviam se apresentado ao cardeal Dell'Acqua com a já citada carta de Mons. Morcillo.

O cardeal vigário os escutou de maneira acolhedora e os autorizou a dar essas catequeses sempre que os párocos estivessem de acordo. Além disso, encaminhou-lhes para falar com Monsenhor Ugo Poletti, vice-administrador da diocese. Muito pouco tempo depois, Mons. Poletti seria o novo cardeal vigário, e sua administração foi imensamente longa. Desde o primeiro momento, encontrou no catecumenato de Kiko e Carmen uma resposta para a situação das paróquias naqueles anos e, providencialmente, deu um apoio fundamental para o Caminho Neocatecumenal e sua expansão na diocese de Roma.

Em alguns meses, e ao longo do ano seguinte, as catequeses foram ministradas em diferentes paróquias de Roma: Santa Francesca Cabrini, Natividad e San Luis Gonzaga, em Parioli.

Também em Florença, Vingone; mais tarde, São Bartolomeu e Santa Maria de Scandicci; San Antonio al Romito. O arcebispo D. Casimiro Morcillo era bom amigo do cardeal Florit, arcebispo de Florença, com quem havia estado no Concílio. Por isso havia escrito uma carta de apresentação a Kiko, para que Mons. Florit lhes permitisse evangelizar ali.

Depois, entre 1968 e 1971, o Caminho vai se estendendo na Itália: na paróquia de San Salvatore, em Ivrea.

Alternativamente, Kiko e Carmen, acompanhados pelo Pe. Cuppini, vão e vêm catequizando em Madri nas paróquias de Virgem de la Paloma, San Sebastián, San Roque, Santa Catalina Labouré, El Tránsito e San José.

Este "ir e vir" de um lugar a outro e a enorme atividade dessa jovem equipe é surpreendente. Em Roma, na paróquia de la Natividad, um jovem presbítero espanhol de Ávila incorporou-se a essa comunidade. Esse jovem presbítero atualmente é o cardeal arcebispo de Valladolid e chegou a ser presidente da Conferência Episcopal Espanhola. Referimo-nos ao cardeal Ricardo Blázquez. Ele mesmo se lembra assim desse momento:

> Acompanhei as catequeses na Paróquia de la Natividad, por onde andei no tempo em que se prolongaram meus estudos em Roma. Tive a convicção de que estava nascendo algo novo, de grande vigor e alcance, em sintonia com o Concílio; impressionou-me particularmente a atualização da teologia de São Paulo para a vida do homem atual. Kiko e Carmen, acompanhados de um presbítero, formavam a equipe dos iniciadores do Caminho, uma palavra na qual ressoa o eco dos Atos dos Apóstolos. [...] Carmen havia tido como professor Pedro Farnés[7].

---

7. R. BLÁZQUEZ, "Prólogo", em C. HERNÁNDEZ, *Diários 1979-1981*, Rio de Janeiro, Vozes, 2018, IX-X.

O Pe. Jesús Blázquez

Entre 1968 e o verão de 1971, D. Francesco Cuppini foi o presbítero que acompanhou Kiko e Carmen. Mas, no final de julho de 1971, ele teve de ser reincorporado à sua diocese de Bolonha, chamado por seu bispo. Nesse momento, o jovem presbítero Jesús Blázquez substituiu D. Francesco Cuppini. Jesús era seminarista em Ávila quando escutou as catequeses de Kiko e Carmen no outono de 1967, e esteve muito próximo deles desde então; foi um dos seminaristas que os acompanhou em Roma. Depois, foi o primeiro catequista itinerante no sul da Espanha e na América Latina, deu início ao Caminho Neocatecumenal na Colômbia, onde chegou a ser, até sua morte, o itinerante responsável dessa nação, na qual nasceram tantas comunidades e suscitaram-se numerosíssimas vocações. Deixemos que ele mesmo conte sua história:

> Sou presbítero diocesano da diocese de Ávila, tenho 57 anos. Meu primeiro encontro com Jesus Cristo e com o Caminho também foi em outubro e novembro de 1967, em Ávila. Eu estudava no Seminário.
> Venho de uma família camponesa, campo, gado. Na minha família somos quatro irmãos, eu sou o quarto. Fiz meus estudos de Humanidades (como se chamavam na época, eram cinco anos de Ensino Médio) em um Seminário menor; estudei três anos de Filosofia e quatro de Teologia. O encontro com Jesus Cristo e com o Caminho — com Kiko — ocorreu em Ávila em uma reunião de jovens, um encontro de pastoral do Seminário, que era obrigatório. Era o ano de 1967. Assim nasceu uma comunidade em Ávila, a primeira. Justo nessa época, estando em Ávila, Kiko e Carmen conheceram D. Dino Torreggianni, que lhes convidou para ir a Roma; eu era um desses seminaristas que participaram da catequização no final do período letivo, em junho de 1968.
> Depois houve uma convivência de Fuentes e ali estivemos de 1º a 20 de agosto. Eu estava contente, feliz. Ali Kiko formou algumas equipes para evangelizar: fez-se uma equipe para a América, outra equipe para a África. Na equipe da América, estavam Carmelo e Dulce com José Mari Garciandía, Bubi, eu e alguém mais.
> O problema era pedir autorização a D. Maximino Romero de Lema [seu bispo]. Lembro-me de que de Fuentes fomos de ônibus até Ávila, descemos do ônibus e Bubi e eu fomos ao Bispado. Bubi era seminarista. Eu entrei primeiro para saudá-lo, contei-lhe, disse-lhe que vocês tinham feito algumas equipes, que eu queria ser itinerante. E, com surpresa, vejo que D. Maximino me diz: "Muito bem, eu lhe dou permissão, pode ir. Mas antes você tem de ir como pároco por um mês a um povoado para substituir um padre, e depois pode partir". Eu fiquei muito surpreso, saio e digo a Bubi: "Vai dizer sim a você porque disse sim a mim". Efetivamente, Bubi entra, diz-lhe o mesmo, e foi quando, neste ano, evangelizamos em Sevi-

lha, evangelizamos em Barcelona, em Cuenca e em Calahorra. Tivemos a convivência de Israel. Ali você fez as equipes e nos coube a Colômbia. Fomos à Colômbia em 1970; em 12 de outubro de 1970 nós chegávamos, a primeira equipe, a Bogotá. Eu fiquei pouco tempo, fiquei um ano, depois tivemos a convivência em Brucoli, depois voltei a Sevilha outra vez. Em seguida estive com vocês na equipe. Por sorteio, me coube de novo Sevilha, quando veio aqui Nicanor[8], a quem coube Valência; e eu fui com Luiz Rivas, que é o responsável da minha comunidade atualmente. Estive em Sevilha até 1982; e em 1982 vocês voltaram a me enviar à Colômbia, onde permaneço até agora. Estive quatros anos na equipe com vocês. D. Maximino deixou-me itinerante "por tempo indefinido, segundo nosso beneplácito". E, depois, todos os bispos que tive usaram a mesma fórmula, todos foram me deixando.

O que posso dizer depois desses anos? Proclamar a fidelidade do Senhor comigo. Não tenho nenhuma perspectiva adiante, digo-lhes sinceramente, venho a esta convivência muito sereno interiormente. Quero amar a Igreja, desejo servi-la porque me amou, servi-la também desde o Caminho. Não sei como será — não sei de estatutos ou não estatutos —, eu sei que pertenço à Igreja, que tenho um Batismo, que Jesus Cristo é o Senhor, que ajudar as pessoas é o importante, dar a vida pelas pessoas. Estou vendo as dificuldades enormes que há na vida das pessoas, e da situação na Colômbia poderíamos contar cada dia milagres e tragédias, muitas. Vocês me conhecem muito bem, sabem o que sou: castelhano — quadrado —, mas eu amo o Caminho, amo a Igreja, sou bastante leal porque estou agradecido a ela porque existencialmente eu estava morto. É verdade que, às vezes, são frases rápidas que se dizem, mas os conteúdos estão por trás delas. Eu tinha verdadeiros problemas. Quanto à evangelização na Colômbia, pode ir qualquer um, estou disposto a mudar, mas eu ali vi o Senhor, vejo que continua. Nesse momento, a abertura à pregação é enorme. Com o Caminho há suas dificuldades, as normais em todos os lugares. Neste momento (fala do ano 2001) há na Colômbia quase 750 comunidades, a realidade cresceu enormemente. Os dois bispos mais importantes estão muito bem com o Caminho e conosco, a equipe itinerante; mas isso já está tocando outro aspecto. Eu pessoalmente estou assim, sereno, tranquilo. Se querem que eu continue, continuo, se querem me tirar, tirem-me dos 12.

---

8. Nicanor Martínez (presb.) pertence à primeira comunidade da paróquia Nuestra Señora de La Paloma, de Madri, é catequista itinerante responsável da região do Levante espanhol, de Valência, de Múrcia e das Ilhas Baleares. Começou as catequeses em Valência em 1973, e em toda essa região foram enormes os frutos; nestas sete dioceses, o Caminho está aberto em 104 paróquias com 532 comunidades neocatecumenais e inúmeras vocações.

Nada me pertence, nada exijo. A única coisa que desejo é uma liberdade interior para servir o Senhor pelo resto da minha vida[9].

Jesús Blázquez faleceu em 4 de março de 2021.

O Pe. Mario Pezzi

Ao mesmo tempo que Jesús os acompanhava na equipe, outro jovem presbítero, italiano e missionário comboniano[10], o Pe. Mario Pezzi, foi convidado por Kiko e Carmen para fazer parte de sua equipe nos períodos em que evangelizaram na Itália, sobretudo em Roma, em Florença e em Ivrea. Nesse primeiro momento, o Pe. Mario foi enviado para evangelizar com uma equipe itinerante a Lombardia e, em seguida, a Catânia (Sicília); depois, foi a Portugal; participou, ao mesmo tempo, como presbítero, com Kiko e Carmen, nas convivências das primeiras etapas do Caminho de suas comunidades na Itália.

Mais tarde, em dezembro de 1981, levando consigo uma carta do superior geral dos Combonianos, foi enviado à África como missionário comboniano itinerante, com outro catequista itinerante, para iniciar o Caminho em Jartum

---

9. Testemunho de Jesús Blázquez em 11 de janeiro de 2001, na Convivência Mundial de Itinerantes, celebrada em San Pedro del Pinatar, Múrcia, e La Pizarra, Madri, 11-21 de janeiro de 2001.

10. Os Missionários Combonianos do Coração de Jesus são uma congregação religiosa católica de direito pontifício, fundada por Daniel Comboni em 1º de junho de 1867, em Verona, Itália. Daniel Comboni (Bréscia, 15 de março de 1831 — Jartum, 10 de outubro de 1881) foi um sacerdote e missionário destinado ao Vicariato Apostólico da África Central, em 1858, atual Arquidiocese de Jartum. Em 1º de junho de 1867, Comboni fundou em Verona um seminário para as missões estrangeiras, uma espécie de companhia de sacerdotes e leigos, sem voto algum, contando com a colaboração dos jesuítas para a educação dos futuros missionários. Comboni deu à Companhia o nome de "Filhos do Sagrado Coração de Jesus". Em 8 de dezembro de 1871, o bispo de Verona aprovou o Instituto, convertendo-o em uma sociedade de direito diocesano. Em 1877 o fundador foi nomeado Vigário Apostólico da África Central e se transferiu para Jartum. Daniel Comboni participou no Concílio Vaticano I como teólogo do bispo de Verona, e foi capaz de convencer setenta bispos a assinar uma petição para a evangelização da África. Em 1881, foi surpreendido por uma forte tormenta em meio à selva e contraiu uma grave enfermidade, que o levou à morte em 10 de outubro desse mesmo ano, aos 50 anos. O Pe. Daniel Comboni foi beatificado pelo Papa João Paulo II em 17 de março de 1996 e foi posteriormente canonizado pelo mesmo pontífice em 5 de outubro de 2003, na Basílica de São Pedro, na Cidade do Vaticano. Cf. D. AGASSO, *Daniel Comboni. Profeta de África*, Madri, Mundo Negro, 1988.

(Sudão), coração das missões combonianas e, a seguir, em março de 1982, a Kampala (Uganda).

Em 1982, foi chamado a fazer parte, em tempo integral, da equipe responsável pelo Caminho Neocatecumenal com Kiko e Carmen, acompanhando-os sempre na relação com os papas, com a Santa Sé, com os bispos, em todas as etapas, nas convivências mundiais dos itinerantes e nas viagens e nos encontros internacionais, até hoje.

É importante deter-nos nesse ponto da história de Carmen e conhecer o Pe. Mario Pezzi.

Ele foi um dos presbíteros que saíram em uma das três primeiras equipes itinerantes na Itália, para iniciar o Caminho nas dioceses de Bréscia e Milão, ao lado de Gregorio Sacristán e outro rapaz de Roma, com Franco e Margherita Voltaggio.

Nasceu em Gottolengo (Bréscia), em 19 de setembro de 1942, e com apenas 10 anos entrou no seminário dos padres Combonianos. Concluído o Noviciado, foi enviado por seus superiores a Roma em 1965, para completar os estudos de Teologia. Foi ordenado sacerdote pelo bispo auxiliar de Bréscia, em sua própria paróquia de Gottolengo, em 18 de março de 1969.

Após a Páscoa, voltou a Roma, designado por seus superiores para fazer o trabalho na paróquia de San Juan de Dios. No final de junho, entrou em contato com as primeiras comunidades da paróquia dos Mártires Canadenses, e no fim do mês de outubro conheceu Kiko e Carmen em Roma, participando nas catequeses. Em 15 de fevereiro de 1970, no final das catequeses, passou a ser o presbítero da comunidade que nasceu na paróquia San Juan de Dios e manteve, desde então, encontros com Kiko e D. Francesco nos barracos do Borghetto Latino. Escreve o Pe. Mario:

> Kiko convidou-me para a primeira convivência de itinerantes em Israel em 1970. Deus havia se servido de Carmen, que com uma companheira já havia percorrido toda a Terra Santa, desde o Líbano até o Sinai, sem dinheiro, confiando no Senhor: assim havia conhecido muitos freis franciscanos e muitos Institutos de freiras. Graças a ela, o Senhor nos levou em seguida à Terra Santa, porque era o desejo de Kiko e Carmen formar-nos sobre os lugares da história da salvação de Israel, sobre os passos de Jesus. Portanto, não era uma viagem turística, não estávamos em um hotel, estávamos com freis e freiras. Isso foi muito importante para nossa formação, porque depois se fizeram convivências similares em 1972, em 1974, em 1978. Naquela primeira convivência de Israel, estivemos 20 dias, e essa formação para nós foi fundamental. Nessa convivência, Kiko e Carmen pela primeira vez nos enviaram de dois em dois, sem dinheiro, desde o Monte das Bem-Aventuranças até Nazaré, durante dois dias; e ali vimos

sinais de que o Senhor nos acompanhava. Há muitíssimas "florezinhas" sobre essas convivências[11].

No mês de julho de 1971, o Pe. Mario foi convidado por Kiko e Carmen para integrar a equipe, na Itália, para visitar e acompanhar as comunidades.

No final de agosto de 1979, ocorreu um inesperado encontro com o Papa João Paulo II em Castel Gandolfo, acompanhando seu pároco D. Francesco Vergine, que era velho amigo do Papa. No dia seguinte, Mario introduziu Kiko e Carmen para participar na missa com o Papa, após a qual os cumprimentou e falou com eles. Mais tarde, em setembro de 1979, acompanhou Kiko e Carmen em seu primeiro encontro com o papa João Paulo II. Em agosto de 1992, foi convidado pelo novo Conselho de superiores a deixar o Instituto dos Missionários Combonianos para passar a ser incardinado pelo cardeal vigário de Roma, Camillo Ruini, como presbítero itinerante.

Desde a primeira aprovação dos Estatutos do Caminho Neocatecumenal, em 2002, foi nomeado pela Santa Sé como "presbítero da Equipe Internacional do Caminho Neocatecumenal", acompanhando Kiko Argüello e Carmen Hernández.

O Pe. Mario sempre diz, com sincera humildade: "Eu não sou iniciador do Caminho, só fui chamado para colaborar com Kiko e Carmen como presbítero"[12].

Ele sempre viu Kiko e Carmen como seus catequistas.

Uma mulher escatológica

O Pe. Mario Pezzi teve uma grande proximidade, comunhão e confiança com Carmen. Ele a acompanhou como presbítero e, muito especialmente, em suas enfermidades e em seus últimos anos de vida:

> Sempre houve uma grande afinidade entre mim e Carmen, porque se eu fui chamado a ser presbítero da equipe (além dos feitos que o Senhor havia disposto), foi porque ela intuiu em mim uma vocação para esse serviço, também por minha sensibilidade com a renovação do Concílio Vaticano II. Eu buscava uma forma de ser cristão "não devocionista", e isso encontrei em Kiko e Carmen. Isso quando o Senhor me chamou. Quando me tornei presbítero permanente da equipe, em 82, lembro-me perfeitamente

---

11. M. PEZZI, "'Mirabilia Dei' nos 50 anos do Caminho Neocatecumenal", Convivência de Início de Curso 2016-2017, em Porto San Giorgio, 20-23 de setembro de 2018.
12. O relato nestas páginas e os dados de sua vida são frutos de diferentes entrevistas feitas com o Pe. Mario, cuja última revisão data de 21 de janeiro de 2021.

de um dia em que íamos de carro a Zamora; e Carmen, para me animar, me disse: "Não se preocupe! Depois de um ano você já vai a outra parte, em missão, porque com Kiko é impossível ficar mais tempo". Mas depois passaram todos esses anos, e o Senhor manteve essa equipe.

Também senti sempre uma grande afinidade espiritual com ela... Eu percebia seu sofrimento interior, suas noites escuras, e procurei estar próximo dela, tentei ajudá-la.

Não posso negar que entre mim e Carmen houve também alguns momentos de tensão... porque Carmen tinha um olhar sobre a missão que estava muitas vezes à nossa frente, muito mais longe, além, pois sua visão da evangelização era muito maior, avançada e profunda. Por isso eu a chamava: "Mulher escatológica". Porque ela tinha intuições surpreendentes, que para mim, às vezes, pareciam arriscadas e até, às vezes, incompreensíveis. Por outra parte, tinha muitas coisas em seu interior que desejava expressar e comunicar e que, às vezes, não conseguia. Sempre estudava, lia, relacionava para transformá-lo em evangelização. Tinha a capacidade de relacionar e concatenar ideias a grande velocidade[13].

Quando insistimos com o Pe. Mario para que definisse, um pouco mais, essa acertada denominação de Carmen como "mulher escatológica", ele nos respondeu:

> É muito difícil dar exemplos porque era todo o seu modo de viver. Precisamente Carmen era difícil de determinar, ia além da realidade, ia ao essencial das coisas, sem parar nas coisas secundárias. Tinha uma visão profética, e olhava tudo em função da vida eterna, escatologicamente. Seus Profetas preferidos eram o Profeta Jeremias, por sua firmeza em confiar no Senhor e não buscar alianças com outros povos, e também o Profeta Isaías: gostava muito de sua visão profética anunciando o Servo de Iahweh, e a reconstrução futura da Nova Jerusalém.
>
> Vivia sempre na presença de Deus. Lembro que, em seus momentos de noite mais escura, dizia que vivia em trevas, que já não cria em Deus; e Kiko lhe dizia: "Carmen, não lhe falta a fé, é que nesses momentos lhe falta o sentimento da fé!".
>
> E eu, para ajudá-la, lhe dizia: "Carmen, você é a mais ateia de tantos cristãos, porque passa dia e noite rezando e invocando o Senhor".
>
> Além disso, não se deixava condicionar pelas coisas nem pelas pessoas, a tal ponto que não lhe importava o que pensassem dela, porque tinha uma relação íntima com Jesus Cristo que a levava a pensar sempre no Céu[14].

---

13. Entrevista com Mario Pezzi para este livro, realizada em Madri, em 20 de outubro de 2019.
14. Alguns aspectos completados em conversa com Mario Pezzi em 21 de janeiro de 2021.

Kiko, Carmen e Pe. Mario.

21
A ITINERÂNCIA
(Roma – Madri, 1970)

Uma grande comunhão

Em 3 de janeiro de 1970, Kiko e Carmen estão em Lisboa. Em 11 de janeiro já estão de volta a Roma. Em 13 de janeiro começaram uma recatequização das sete comunidades que já havia em Argüelles, com 120 irmãos. Kiko e Carmen haviam catequizado as três primeiras e, a partir da quarta, eram fruto da equipe de catequistas da primeira comunidade.

Em 14 de fevereiro, fez-se uma convivência no convento dos padres dominicanos de Alcobendas[1].

Em 20 de janeiro, encontram-se com Mons. Poletti, em Roma; depois visitam a paróquia de Santa Francesca. Em 27 de janeiro, vão a Sena e Florença; em seguida, a Turin, e no dia 29, a Ivrea, onde iniciam as catequeses em 3 de fevereiro. Durante esse período, ocorre um acontecimento importante na vida de Carmen: o estado de saúde de Antonio Hernández, seu pai, se agrava naquele inverno, e Carmen teve que voltar rapidamente a Madri, à casa de sua família. Ele falece em 28 de fevereiro de 1970. Nesses dias Carmen não tem ocasião de ligar para Kiko de sua casa. Sempre há muita gente, e onde está o telefone quase não há privacidade. Por essa razão, escreve a Kiko uma longa carta a qual redige por partes e a acaba em 6 de março, após o enterro de seu pai:

> Meu pai tornou-se mais vivo que nunca no espírito de todos e uniu em oração e fé todos os irmãos ao redor de minha mãe. Reunimo-nos todos à noite para rezar, meus irmãos trazem seus filhos e aqui entre recitações do rosário nos une um espírito maravilhoso. Talvez algum dia celebremos a Eucaristia também em casa [...].
>
> Deus me concedeu seu Espírito, não podia nem sonhar com esta fé maravilhosa, iluminada, gozosa. Sem dúvida, foi uma alegria e fortaleza para todos. A morte de meu pai foi uma maravilha, morreu serenamente, conscientemente, santamente, disse muitas coisas, falava com Deus continuamente e não sofreu muito, já lhe contarei detalhadamente. Os médi-

---
1. Cf. T. ZANNI, *Intervista a Francesco Cuppini. Frammenti di storia del Cammino Neocatecumenale e della Chies adi Bologna*, Nápoles, Chirico, 2016, 60.

cos finalmente não sabiam o que tinha, ia vê-lo o especialista de pulmão de La Concepción, pois este opinava que de nenhuma maneira era câncer, devia ser alguma bolsa de pus que o oprimia. Enfim, uma confusão de médicos. Meus irmãos estão um pouco furiosos, pois no outro hospital não deixaram passar a tempo a visita do especialista de La Concepción. Mas é melhor esquecer tudo isso pelo bem de Milagros. Eu também opino como meus irmãos, quase parece que foi um descuido, pois estava cheio de vida [...].

Enterramos meu pai em Ólvega e foi uma maravilha. Deu-me uma alegria e consolação enorme a terra, voltar à terra-mãe. Todos beijamos a terra e a jogamos sobre ele. Veio-me uma fé enorme, inconcebível, com vontade de cantar, como liturgia da Páscoa. A volta pelos campos de Castilla, ao entardecer em um dia ensolarado, era uma maravilha de serenidade, todos em caravana nos carros, parecia voltarmos da semeadura, que havíamos semeado na terra a ressurreição e o Espírito. Todos estávamos arrebatados por algo grande, irracional, e estávamos contentes como um triunfo e muito serenos. Todos os meus irmãos, é maravilhoso como todos se uniram [...][2].

Acabamos de enterrar meu pai, são 6 horas da tarde, vamos voltando com os carros em caravana, cruzando toda Castilla ao cair o sol, e estou me lembrando de ti, porque já cai a tarde, porque me sinto totalmente feliz. Caminharei na presença do Senhor no país da Vida. Sinto vontade de cair ao lado da cova e do caixão e à terra, sem medo, com alegria, com uma fé iluminada, como uma realidade seu espírito presente faz-me vivente. É uma experiência impensável e que não podia nem sonhar[3].

Enfim, Deus assim o quis, chamou-nos todos; e os nove, ao redor da cama, fizemos uma oração juntos enquanto morria, cinco minutos e rezamos o Pai-Nosso juntos. Foi uma coisa sagrada, invejável, maravilhosa, ficou com um rosto sereno, santo, lúcido, com inteligência. É uma lástima que não o tenha conhecido, pois era um homem criativo, muito bom. Por isso não sabia de organização nem de administrações e morreu assim, como foi, sem fazer testamento. Meus irmãos estão todos muito bem, meu irmão mais velho disse que tudo será feito como quisermos. Pediu-me para ficar até que tudo esteja resolvido; pois, para os negócios, bancos, assinaturas e demais, é muito urgente que se solucionem as coisas. Eu me encontro totalmente desapegada e não me custa nada de verdade deixar absolutamente tudo, até a menor peseta. Reze por mim para que se faça tudo com a potência e a bênção do Senhor[4].

---

2. Carta de Carmen Hernández de Madri dirigida a Kiko Argüello em Ivrea. Cf. *Documentos Carmen Hernández*, XVIII: Carta datada em Madri em 6 de março de 1970 (CNC 232).

3. Agenda-Diário P 9, anotação do dia 2 de março de 1970.

4. Carta de Carmen Hernández a Kiko Argüello de 6 de março de 1970 (CNC 232).

Junto a essa experiência de vida e ressurreição, Carmen consola Kiko, mostrando uma autêntica e profunda comunhão com ele, que está muito abatido porque recebeu uma carta muito dura do padre sacramentino Guglielo Amadei, vice-paróco de Nossa Senhora do Santo Sacramento e dos Santos Mártires Canadenses, de Roma. Kiko escrevera a Carmen:

> Se você leu a carta, pode imaginar como me encontro [...]. Neste momento não sei nada, sinto-me confuso e com vontade de me refugiar em Jesus Cristo. Vejo ao longe uma forte perseguição, espero que o Senhor me dê força de suportá-la. Reze por mim, ajude-me [...]. A fé me diz que tudo é providência de Deus e que o Senhor tirará um grande bem disso. Verdadeiramente eu não lhe guardo nenhum rancor. Mas estou passando um pouco de crise, sinto-me mais pecador que nunca e fraco[5].

Por isso, Carmen responde-lhe:

> Acabo de receber sua carta. Queria falar o mais rápido possível com você pelo telefone, mas são 2h30 e você já não estará. Esperarei até o domingo se não lhe telefonar antes. O que acontece é que aqui o telefone está no meio da casa, cheia de gente. Não posso lhe falar à vontade e fico ainda mais insatisfeita. Por fim, obrigada por sua carta. Vejo que o Senhor o fez sofrer de angústia por toda a angústia de que nos libertou [...].
> Kiko, tudo vai muito bem, o Espírito do Senhor que semeia é o que vive e o que combate. Não se preocupe e abandone-se à fé, descansando em todas as coisas [...].
> Devem reunir-se responsáveis, a equipe, as equipes e conversar e resolver em comum. Depois consultar o pároco, ou chamar o pároco para falarem juntos, não sei. Enfim, Kiko, não sofra, o Senhor vence sempre, deixe passar o tempo. Faça visita às outras comunidades de Roma na última semana, confirme-as na fé, prepare-as para a Páscoa.
> Estou contente, Kiko, de ter experimentado tão próxima a morte. Verdadeiramente é um monstro o que criamos com a imaginação. A realidade é OUTRA e é verdadeiramente o limite da ressurreição, abrir-se à vida e ao horizonte, desvendar-se o Mistério e assombrar-se no infinito. E isso não se pode racionalizar, somente pode ser vivido em paz, na alegria e na fé.
> Bom, não sofra, não dê importância aos comentários. É quase melhor ignorar tudo e preparar a Páscoa juntos com uma equipe, como for mais conveniente e seja o pensar unânime. Em comunhão. Não tenha medo[6].

---

5. Carta de Kiko a Carmen Hernández. Cf. *Documentos Carmen Hernández*, XVIII: Carta datada em Ivrea em 2 de março de 1970 (CNC 32).
6. Carta de Carmen Hernández a Kiko Argüello. Cf. *Documentos Carmen Hernández*, XVIII: Carta de 6 de março de 1970 (CNC 232).

Além disso, junto a essas palavras de consolação, Carmen tranquiliza Kiko com relação às comunidades de Madri e aproveita essas semanas para visitar os irmãos:

> Agora volto de Argüelles, são 12 horas. Seus pais, sua tia, Fernando Ignacio, todos muito bem. Convidaram-me à sua casa, têm estado muito unidos em tudo. Kiko, estavam todos, todos da 1ª comunidade. Estou pensando que verdadeiramente é milagroso. Sabe? Todos... É impossível que continuassem se verdadeiramente não se tivesse dado o Espírito Santo. Eu saí na homilia e lhes falei de como o Cristo Ressuscitado apareceu em Argüelles a princípio se revelando a nós, etc.
>
> Bom, Kiko, sinto entrar a fundo em Argüelles e vou fazê-lo. Irei segunda-feira à reunião privada da 1ª comunidade, e combinei de falar com Mª Luisa. Também o responsável me deu muitos abraços e quer que conversemos; enfim, reze. Com a ajuda de Jesús Blázquez e Bubi ou José Agudo, de outros, José Mª Soler, que, no entanto, não vi, Paco de Canillejas, quero percorrer todas as comunidades lentamente e falar com todos os irmãos. Bom, na segunda, Carmelo e eu vamos visitar Mons. Morcillo à primeira hora. Nesta noite vou às catequeses que dão em Barajas, com J. Mª Soler, e amanhã lhe telefono[7].

Uma vida de evangelização

Em 1970 a atividade que Kiko, Carmen e o Pe. Cuppini vivem é gigantesca: vão desenvolvendo uma intensa evangelização que vale a pena detalhar para entender bem este carisma itinerante que estão iniciando.

Em 6 de março de 1970, celebram a Eucaristia com os irmãos de Argüelles e no dia 10 catequizam em Canillejas; no dia 12 fazem um encontro de catequistas em Argüelles. No dia 19 vão visitar os irmãos de Zamora; em 21 e 22 de março celebram uma convivência em Barajas. Visitas em Argüelles, Aluche, etc. Em 5 de abril fazem a convivência com Canillejas; em 10 de abril, uma convivência em Majadahonda, no meio do mês, com a quinta comunidade de Argüelles. Em seguida, visitarão a 3ª e a 2ª comunidade. No dia 21 com Canillas; no dia 22 visitam a 2ª de Argüelles. Em 23 de abril encontram-se com os responsáveis de Cristo Rei de Argüelles, e Carmen já percebe um ambiente um pouco aquecido; ela diz: "Assembleia Geral quente. Há que ensinar as celebrações fazendo assembleia".

No fim do mês, em 29 de abril, encontram-se com os irmãos da paróquia Virgem de La Paloma.

---

7. Ibid.

De 1º a 3 de maio de 1970, Kiko e Carmen têm uma convivência com a 1ª comunidade de Argüelles e no dia 4 viajam a Lisboa. Estão de novo em Madri para Pentecostes, que foi em 17 de maio.

Em 26 de maio vão a Roma, encontram-se com a comunidade de Santa Francesca, e em 27, com a 1ª comunidade dos Mártires Canadenses.

Permanecem em Roma até os primeiros dias de julho, quando viajam a Florença. Dia 7 vão a Bolonha e de 17 a 19 de julho realizam uma convivência com os irmãos de San Antonio al Romito, de Florença.

Em seguida, nesse verão, fazem uma viagem, de Roma a Israel, com os itinerantes da Itália e da Espanha, traçando este percurso:

— 25 de julho, 1970: Israel. Betânia.
— 26 de julho, 1970: Batismo. Deserto.
— 30 de julho, 1970: Nazaré. Galileia.
— 31 de julho, 1970: Tiberíades.
— 1º de agosto, 1970: Monte das Bem-Aventuranças.
— 2 de agosto, 1970: Monte Tabor.
— 3 de agosto, 1970: Saída dois a dois.
— 5 de agosto, 1970: Samaria.
— 6 de agosto, 1970: Jerusalém.
— 10 de agosto, 1970: retorno a Roma.

Dali vão a Madri: de 11 a 13 de setembro de 1970, fazem a convivência de catequistas. Em outubro Carmen escreve:

> Jesus, vens à noite, tua dulcíssima paz, obrigado, Jesus. Bendito sejas. Visita-nos, Deus grande, de surpresa, um sofrimento de dor, e te fazes presente misteriosamente fazendo-te SENHOR da VIDA, de tudo quanto gozamos, oh, Senhor! És grande, seja Bendito e louvado, tu sabes todas as coisas. Dou-te graças por tudo, por mim mesma, e me alegro, Senhor, em ti por essa doce felicidade com que me invades nesta noite, obrigado, Jesus[8].

De 15 a 21 de outubro de 1970, Kiko e Carmen vão a Barcelona. Ela se lembra do tempo de prova que passou nesta cidade, na sua saída das *Missionárias de Cristo Jesus*, e escreve:

> Jesus, meu amor, como te fazes suave e gozoso depois da dor que avassala a vida. Parece inacreditável como em minutos esquecemos. Doce Jesus, obrigado, te amo, espero em ti, confio em teu AMOR. Tu és fiel e SANTO, bendito sejas. Jesus, alcançam-me tuas ternuras e viverei. Jesus,

---

8. *Documentos Carmen Hernández*, XXXII: Anotação de 10 de outubro de 1970.

Doce Senhor, Pai nosso, obrigado. Meu Jesus, te amo, tem compaixão de mim[9].

Em novembro novamente estão em Roma, encontram-se com as primeiras comunidades e se reúnem com os responsáveis e catequistas. Carmen e Kiko vão desenvolvendo o catecumenato. Carmen escreve:

> A. Atenção, triunfalismos, "non arrivato", esquema experimentado.
> B. 1º Final, plano catecumenato, responsabilidade, catequistas, comunidade em chegada, autoridade absoluta.
> Os peixes serão muito abundantes, porque ali onde entra esta água tudo se cura, e a vida prospera em todas as partes aonde chega a torrente[10].

De 26 de novembro a 8 de dezembro de 1970, vão visitando comunidades, Carmen vai enumerando brevemente o estado de todas essas comunidades de Madri e arredores:

> Hortaleza, Bellido. 2 anos. 1º escrutínio, tema Davi.
> Begoña, Ángel. 3 anos, de 40 a 25, sem escrutínios, para janeiro.
> Villaverde, Ignacio, 35, só aos sábados.
> Toledo, 40 trabalhadores, seminaristas.
> Pio XII, 3 anos, 36, 1º escrutínio, vão pelo Êxodo.
> 2ª de Argüelles, julho, de 37 a 30.
> 2ª Canillejas, de 27 a 16. 1ª Canillejas, 3 anos, padres.
> Canillas, 1 ano, 20 pessoas. 6ª Argüelles, Valentín, catequista Valeriano, 12 ou 13. Sacramentinos, Anastasio, 25, Eucaristia. Terças e quintas-feiras. Plano humano, falha a oração.
> 2ª Pio XII, 1 ano e meio de caminho, terças, sextas-feiras, Eucaristia. Mais frequência 28, a Palavra não funciona muito.
> Barajas, 7 meses, 25 irmãos, quartas-feiras, palavra, Eucaristia. Sábado.
> La Paloma, 2 comunidades: 1ª são 32 irmãos, quartas-feiras e sábado Eucaristia. Grupinhos mais humanos. 2ª de La Paloma, Lorenzo Ruiz, são 23 irmãos.
> 5ª de Argüelles, tem 1 ano e meio, um pouco cambaleando, segundas. Eucaristia. E sextas-feiras toda a paróquia, 30 a 23, jovens.
> Peñalver, tem 2 anos, 18, paróquia dos Dominicanos, Virgem do Rosário de Filipinas, terças-feiras Palavra e sábado Eucaristia...

É uma relação, uma por uma, de suas comunidades e do estado de cada uma nesse primeiro momento do Caminho. Destaca, nessas notas, sua preo-

---

9. Ibid., Anotação de 21 de outubro de 1970.
10. Cf. Ezequiel 47,9.

cupação pela constância nas celebrações e na Eucaristia semanal, que assinala em todos os casos. Em dezembro eles se encontram com o Pe. Farnés, a quem pedem constantemente conselhos sobre os aspectos litúrgicos da experiência que eles estão desenvolvendo e sobre a preocupação com os temas pascais. Encerram o ano com uma convivência de catequistas que realizam de 26 a 30 de dezembro.

22
COM DORES DE PARTO
(1970-1971)

Aparecendo Tu..., tudo se faz caminho

No ano de 1971, Kiko e Carmen continuam essa intensa evangelização. Em fevereiro, Carmen descreve, em um momento de cansaço, seu intenso amor a Jesus:

> Jesus, onde estás? Não vejo as belezas da vida, de quantas maravilhas me rodeias, me cumulas de companhia, de amor, de tudo, e me encontro só, triste e totalmente insuportável. Jesus, vem, aparece no horizonte saltando como cervo, como na juventude, que eras minha alegria e me enchias de vida e de Espírito. Oh, Tu! Dulcíssimo! Onde estás? Espírito de Santidade e vida, vem, vem, unge-me de tua bondade, da doçura de teu amor, vem, olha que estou amargurada, que sou totalmente estéril e que não sei viver. Vem, que estou muito triste, muito impotente. VEM, JESUS, envia-me teu Espírito e VEM, VEM TU[1].

Em abril, regressam a Roma para fazer a convivência dos segundos escrutínios com a primeira comunidade dos Mártires Canadenses (8-10 de abril de 1971). Durante esse mês, vão escrutando os irmãos. Carmen mostra-se consolada:

> Aparecendo Tu, ilumina-se a terra, tudo se faz caminho, esperança e paraíso. Vem, Jesus, Tu, o ressuscitado, capaz de dar vida, faz aparecer tua piedosíssima misericórdia. Confio em ti, espero em ti. Somente tua presença faz feliz a experiência, o hoje, o ontem e cheio de matizes o dia. Jesus[2].

Entre o fim do mês de abril e maio, visitam Santa Francesca Cabrini, San Luis Gonzaga, Perugia e Florença. No verão viajam a Bréscia, Bolzano, Trieste, Milão e Ivrea. Segundo recorda o Pe. Mario Pezzi, que já os acompanhava nesse momento:

---

1. Agenda-Diário P 9, anotação do dia 6 de fevereiro de 1971.
2. Ibid., anotação do dia 26 de abril de 1971.

Esta foi a primeira viagem que fizemos de visita às primeiras comunidades do norte da Itália e se realizou entre os meses de julho e agosto [1971]. Lembro que íamos em um pequeno carro, um "dois cavalos". Francesco Cuppini o conduzia, levando Kiko, Carmen e eu [Pe. Mario]. Lembro-me disso muito bem, porque passamos pela primeira comunidade de meu povoado (Gottolengo) e em seguida pela primeira Comunidade de Milão, na paróquia de Mezzate[3].

Fazem o primeiro escrutínio com a comunidade de San Luigi Gonzaga (19-25 de maio de 1971), coincidindo com a festa da Ascensão. Em 26-27 de maio, vão a Catânia, onde haviam nascido duas comunidades durante o tempo da Quaresma de 1971. Ali Carmen escreve contemplando o Etna:

> Catânia de madrugada, sai o sol por cima das nuvens. Jesus, meu coração começa a suavizar-se, crendo em ti, em teu poder.
> Estou na vida como aquele a quem já nada interessa nem surpreende. Meu Jesus, ando por novas cidades como nada[4].

Continuando nosso relato, no fim de maio voltam a Roma para fazer, agora, o primeiro escrutínio com a comunidade de Santa Francesca Cabrini (29 de maio a 2 de junho de 1971), de onde Carmen sai bastante consolada:

> Dia sereno, meu Jesus, em paz entramos no oásis com Sta. Francesca. Mantém-me na paz, na espera de teu Espírito, em silêncio, vem, Jesus.
> Consolador Dulcíssimo, Luz beatíssima. Obrigado, Jesus, parece-me impossível, Senhor.
> Com Santa Francesca, as riquezas e a paz para nós. Jesus, te amo, cercado pelo lago sonâmbulo, nos caminhos da história, na vida, assim tu conduzes teu povo. Doce Jesus, Tu me dás a paz, nesta mudez quero encontrar um porto. Obrigada pela contemplação a que me chamas[5].

Celebram esta etapa coincidindo com Pentecostes. Além disso, nesse dia, 30 de maio de 1971, morre Mons. Casimiro Morcillo. Em 9 de junho de 1971, outro primeiro escrutínio. Dessa vez com a Comunidade de la Natividad (10-13 de junho de 1971). A etapa coincide com a solenidade de Corpus Christi:

---

3. Testemunho do Pe. Mario Pezzi recebido para este livro, em 15 de dezembro de 2020.
4. *Documentos Carmen Hernández*, XXXII: Diários íntimos e escritos 1970-1971, 26-27 de maio de 1971.
5. *Documentos Carmen Hernández*, XXXII: Diários íntimos e escritos 1970-1971, 29-31 de maio de 1971.

Meu Jesus, inscrição ao catecumenato, Natividad, tu levantas a cruz sobre nós e iluminas o Sinai com tua presença. Obrigada, Senhor, por esse convite ao amor[6].

De 19 a 24 de junho, vão a Paris. Estão em Saint-Germain-des-Prés, e no dia 25 retornam a Milão. Isso é seguido de inúmeras viagens e visitas às comunidades. Mais tarde, entre 31 de agosto e 4 de setembro, fazem a convivência de catequistas da Espanha, no convento dos dominicanos em Ávila. E, pouco depois, de 23 a 28 de setembro de 1971, em Frascati, perto de Roma, a convivência de catequistas da Itália.

Até o final do ano, seu trabalho apostólico é enorme: da Itália vão a Barcelona. Em seguida vão a Madri, onde Carmen padece certa tribulação pela incompreensão que sente, às vezes, da parte de sua família. Por isso pede ao Senhor: "Jesus, faz-me livre, Jesus, para viver a história conforme tu queiras"[7].

Termina esse ano em Roma, concretamente com uma convivência com os párocos de Roma (14-15 de dezembro) e outra sobre as riquezas com a primeira comunidade dos Mártires Canadenses (18-19 de dezembro). Em Roma, nessas últimas jornadas de 1971, Carmen manifesta muito bem seu estado:

> Jesus, tu és o forte, tuas são as iniciativas e a vitória, tu és o amor. Jesus, se viesses a tua noite nesta noite, se verdadeiramente tu fosses realidade, Jesus, verias devaneios de menina, complexos de adolescente. Onde estão, Senhor, aqueles zelosíssimos amores com que maravilhosamente me consolaste na juventude? Onde te escondes, quando começam a faltar-me as forças, quando é noite e a vida declina?
>
> Jesus, vem, se tudo é verdade e tu estás presente como uma doce respiração e é verdade o passado, o futuro, e estás comigo, beija-me, Jesus. E amanhã iremos a sós em meio a este mundo de consumo que te festeja. Jesus, vamos livres, desatados, felizes, crendo e amando-nos. Eu te darei de teu amor, com que doce e suavemente virás a mim. Vem, Jesus, faz verdadeira a vida, Jesus, faze-a eterna. Diz-me quem é o homem, Jesus, meu Senhor[8].

---

6. Ibid., 12 de junho de 1971.
7. Ibid., 28 de novembro de 1971.
8. *Documentos Carmen Hernández*, XXXII: Diários íntimos e escritos 1970-1971, 19 de dezembro de 1971.

Admiro-me de que tão depressa abandoneis aquele que vos chamou pela graça de Cristo

O detalhe de frescor e força deste primeiro momento de expansão do Caminho e seu crescimento evidenciam a intensidade apostólica de seus inícios e iniciadores: catequeses, etapas, visitas aos irmãos, escuta mais reservada de irmãos com dificuldades. Carmen sempre fala em suas agendas e seus diários das *ovelhas perdidas*, a quem prestam tanta atenção Kiko e ela, oportuna e inoportunamente. É frequente que após as reuniões fiquem até muito tarde para falar com irmãos que passam por diferentes situações de dificuldade. Além disso, reuniões com catequistas e com párocos, visitas a bispos. Sua vida converteu-se em um ir e vir contínuo entre Espanha, Itália, Portugal e também França, porque Kiko e Carmen, entre janeiro e abril de 1973, com alguns itinerantes, catequizaram na paróquia Saint-Germain-des-Prés, em Paris, formando uma primeira comunidade.

Entretanto, em todo esse processo intenso e cansativo, Carmen e Kiko também vão experimentar os problemas da evangelização, à semelhança de Paulo com os Gálatas: "Admiro-me de que tão depressa abandoneis aquele que vos chamou pela graça de Cristo, e passeis a outro evangelho. Não é que haja outro, mas há alguns que vos estão perturbando e querendo corromper o Evangelho de Cristo". Dizia o apóstolo com pena: "Por quem sofro de novo as dores do parto, até que Cristo seja formado em vós" (Gl 1,6-7; 4,9).

O zelo apostólico vai acompanhado pela prova e, às vezes, pela tristeza de ser questionado e rejeitado por alguns. Em Argüelles, em Cristo Rei, a primeira paróquia de Madri, onde Kiko e Carmen já haviam formado sete comunidades, três diretamente catequizadas por eles e outras por irmãos da primeira, vão encontrar uma difícil prova. A partir de 1970, após voltarem de Roma, e após toda essa atividade, eles descobrem que, em alguns casos, a celebração da Palavra havia sido substituída por palestras e conferências para as quais convidavam professores do Instituto de Pastoral. Nesse momento, todo mundo buscava ter uma comunidade e fazer um catecumenato, mas ninguém sabia como fazê-lo, e esses professores, ao ver essas comunidades, quiseram vê-las um pouco por dentro. Era uma surpresa haver encontrado uma comunidade cristã, fora dos textos e da teoria, pois ninguém sabia como fazê-la. Viram que era um evento importante, a aparição de uma comunidade cristã, e por isso alguns desses professores se ofereceram para lhes dar conferências e ter encontros com eles. Mas, no fundo, esses professores buscavam um tipo de comunidade de *compromisso*, onde prevalecia o *teórico* e sempre em uma *linha social e humanista*. Isso supõe um ponto de inflexão, pois o catecumenato e a iniciação cristã de Kiko e

Carmen vão em uma direção muito diferente desse *compromisso* e dessas teologias. Inclusive, chegam a pedir ajuda ao arcebispo, D. Casimiro Morcillo, que presidiu uma reunião em Majadahonda com esses primeiros catequistas. E ali Carmen propôs a Mons. Morcillo um exemplo muito interessante sobre o que é este catecumenato:

> Queremos dar um exemplo que esclareça esta ideia, e é o exemplo da maionese: a maionese desandada. A única maneira de recuperá-la não é lhe dar muitas voltas... Pela experiência que temos, vimos que recuperar a maionese consiste em separar um pouquinho dela e começar a lhe dar um ritmo novo. E começa a recuperar-se um pouquinho; e então começa a se transferir pouquinho a pouquinho. Mas nisso há que ter muita paciência porque o caminho de transferir para fazê-la de novo é este caminho, é um neocatecumenato, "que é uma educação na fé vivente: que o catecúmeno comece a escutar a Palavra de Deus, que se encontre pessoalmente com essa Palavra; este é um processo muito longo". E então nos encontramos com este problema: que alguns que viram surgir uma fé vivente querem imediatamente aplicá-lo a todas as pessoas. E é como pegar o pouquinho de maionese e misturá-la com a maioria que está separada (ou seja, fazer justamente o contrário). E então aquilo é um desastre, desanda tudo... Por isso o pároco não deve instrumentalizar este pequeno grupo que começa a surgir, mas sim apoiar o neocatecumenato. E deixar que vá pouco a pouco... E isso não quer dizer que se desuna a paróquia; em vez disso, esta comunidade vai fazer um serviço à paróquia; e não imediatamente, mas sim em um futuro mais lento[9].

Kiko lembra-se muito bem de todos esses acontecimentos:

> Disseram ao pároco de Argüelles que eu havia dito que não concordava com isso de substituir a Palavra por conferências. E era verdade, haviam ido alguns professores de Pastoral para lhes dar palestras na paróquia. E meus irmãos, os irmãos que eu havia catequizado, já não celebravam a Palavra! Não celebravam nada. Tudo eram conferências. Alguns irmãos estavam contentes com isso. Eram uma espécie de superapóstolos. Eu lhes disse que, efetivamente, não estava de acordo.
>
> Já desde aquele momento tivemos que deixar a paróquia de Argüelles, porque Carmen e eu levávamos outra coisa. Demo-nos conta de que alguns deles não haviam entendido nada. Já dizia São Paulo: referindo-se "àqueles eminentes apóstolos"[10], de seu tempo, que eram mestres, gente

---

9. Palavras de Carmen Hernández na Reunião de catequistas com o arcebispo de Madri, D. Casimiro Morcillo, em Majadahonda, Madri, em 10-12 de abril de 1970.
10. Cf. 2 Coríntios 11,4-5: "Com efeito, se vem alguém e vos proclama outro Jesus diferente daquele que vos proclamamos, ou se acolheis um espírito diverso do que rece-

que sabia muito do Antigo Testamento e que levavam suas obras. Porém, o Evangelho não está em conferências, mas sim em ações do Espírito Santo[11]. Isso é exatamente como nos aconteceu ali. Argüelles é um dos melhores bairros de Madri, uma região burguesa próxima à Cidade Universitária. Alguns não entendiam isso que Carmen e eu dizíamos:

— Convertam-se!
— Como? Convertermo-nos nós? Converta-se você!

Diziam também: "Como um leigo me diz para eu me converter! Onde já se viu isso? Com que autoridade diz para eu me converter? O máximo que você pode fazer aqui é dar sua experiência, e nós lhe damos a nossa: desde quando se prega nas paróquias ou se chama à conversão?".

É verdade que isso não havia sido feito em nenhuma parte naquele tempo. Isso nós fizemos como pioneiros, isso de chamar à conversão. E tudo desmoronou. Depois me chamaram outra vez para ver se, por favor, podia ir refazer aquilo. Então fizemos uma convivência nos Dominicanos[12], em Alcobendas, com os que quiseram vir e com eles tentamos reestruturar o Caminho em Argüelles. Inclusive, diziam-me: "Escuta! Você prega muito bem! É maravilhoso! Mas, rapaz, nunca ouvi nada parecido!".

Ali em Argüelles comecei a conhecer o Instituto de Pastoral. Apresentaram-me a Casiano Floristán, que escreveu um livro sobre o catecumenato, que foi utilizado pela Ação Católica Italiana. Então, surpreendido com minha experiência dos barracos em Palomeras, diz-me: "Pensei em fazer um congresso ou encontro e você podia vir dar uma conferência e falar com os sacerdotes". Quando fui, estava cheio; havia também um sacerdote chamado Mariano Gamo, que estava em Moratalaz e que era comunista, outro da fábrica de Pegaso, e os três tinham um catecumenato. Mariano Gamo tinha um catecumenato político e utilizava o Êxodo em chave política. Havia outro, chamado Sardinero, que estava na fábrica de Pegaso, e depois estava eu e falava do catecumenato. De tudo o que disse, só um sacerdote me escutou. Era um sacerdote de Lisboa, o pároco de Penha de

---

bestes ou um evangelho diverso daquele que abraçastes, vós o suportais de bom grado. Todavia, julgo não ser inferior, em coisa alguma, a esses '*eminentes apóstolos*'!". Termo que aparece frequentemente: 1Cor 2,1-5; 2Cor 11,4-23; 12,11-13; Gl 1,6-9.

11. Cf. Atos 15,1-4; refere-se a alguns mestres da lei mais judaizantes.
12. Em 13 de janeiro de 1970, Kiko e Carmen começaram uma recatequização das sete comunidades que havia em Argüelles, com 120 irmãos. Em 14 de fevereiro, fez-se uma convivência no Convento dos Padres Dominicanos de Alcobendas, onde se reestruturaram as comunidades da seguinte forma: uniram-se a 1ª e a 2ª comunidade, formando uma nova primeira, com 34 irmãos; forma-se uma 2ª comunidade da junção da 4ª com a 5ª; forma-se uma 3ª comunidade, unindo a atual 3ª com os irmãos mais jovens da 6ª e da 7ª comunidade. Cf. T. ZANNI, *Intervista a Francesco Cuppini. Frammenti di storia del Cammino Neocatecumenale e della Chies adi Bologna*, Nápoles, Chirico, 2016, 60. Informações e testemunho dos irmãos de Argüelles.

França, que me convidou a ir a Portugal. E graças a ele iniciamos o Caminho em todo o Portugal[13].

Kiko refere-se ao Pe. João de Brito, religioso do Sagrado Coração e pároco de Penha de França em Lisboa (Portugal). Graças a ele, Kiko e Carmen foram a Lisboa em 24 de novembro de 1968, iniciando em 7 de dezembro algumas catequeses das quais nasceu uma primeira comunidade, abrindo-se o Caminho em Portugal.

Por toda essa situação, os irmãos mais antigos de Palomeras e a maioria dos irmãos dessas primeiras comunidades de Argüelles passaram, a partir de 1975, a formar a comunidade do Centro Neocatecumenal de Madri, reunindo-se, desde então, no subsolo da casa dos pais de Kiko Argüello, na rua Blasco de Garay. Um local que era o antigo depósito de carvão do edifício e que puderam comprar graças a algum dinheiro que Carmen recebeu de uma herança familiar.

Habilitaram essa planta baixa que Kiko desenhou como sala para a liturgia. Desde então, essa sala abriga o Centro Neocatecumenal Diocesano de Madri. Ali está a primeira e mais antiga comunidade neocatecumenal. O restante dos irmãos de Cristo Rei de Argüelles foi acolhido em outras paróquias de Madri, onde já se havia aberto o Caminho Neocatecumenal, como San José, junto à rua de Alcalá, ou San Sebastián.

---

13. Testemunho de Kiko Argüello sobre as comunidades da paróquia de Argüelles, recolhido em 22 de novembro de 2020 para este livro.

23
AS ASAS DA POMBA
(Roma–Madri, 1970-1976)

São Paulo VI e o Caminho Neocatecumenal

Estando em Paris, em setembro de 1980, bem no final de uma década de incansável itinerância e apostolado, anos em que o crescimento do Caminho Neocatecumenal superou tudo aquilo que Kiko e Carmen poderiam imaginar, Carmen escreve em seu diário um fragmento do salmo 68: "Enquanto vós dormis, cobrem-se de prata as asas da pomba e suas penas do resplendor do ouro"[1]. O Caminho Neocatecumenal cresce em "uma medida generosa, calcada, sacudida, transbordante", como indica o Evangelho (cf. Lc 6,36-38), sobretudo na Itália e na Espanha, mas já alcançando quase todo o mundo. Eles veem como o Senhor os precede, que são numerosos os catequistas itinerantes e as equipes em diferentes zonas e regiões que levam esta mensagem a toda parte. Veem como cresceram as comunidades. Carmen comenta:

> Meu dulcíssimo Jesus, faze soar em meu coração teu amor, os consolos de tua presença indescritível. Meu Jesus, no fundo de tantos anos de sofrimento se me torna inefável o teu revelar-te. Jesus dulcíssimo, teu Espírito recobre de prata teu atuar misterioso, secreto, poderoso, grande. Grande, eterno teu Amor. Prostro-me diante de Ti, Senhor. Tu me convenceste de pecado. Tu és mais forte. Tu me amas. Também eu te desejo, Senhor. Não te afastes de mim[2].

Para compreender a importância desses anos, temos de situar-nos na primeira audiência do Caminho Neocatecumenal com São Paulo VI, no dia 8 de maio de 1974, e reconstruir o contexto em que se deu esse encontro.

O Pe. Mario explica a importância que terá São Paulo VI[3], depois de concluir o Concílio Vaticano II, em 8 de dezembro de 1965, festa da Imaculada

---

1. Salmos 68,14: "Permanecereis em repouso entre os muros do aprisco, quando as asas da Pomba se cobrem de prata e suas penas com um reflexo de ouro pálido". Esse salmo está relacionado ao cântico de Débora, única mulher juíza de Israel, que propiciou aos israelitas a vitória sobre o general Sísara.
2. C. HERNÁNDEZ, *Diários 1979-1981*, Rio de Janeiro, Vozes, 2018, 153-154.
3. Contribuições do Pe. Mario Pezzi para este livro, em maio de 2021.

Conceição[4]. O Concílio havia efetuado a Constituição *Sacrosanctum Concilium*[5], fruto também dos estudos do Movimento Litúrgico. E, para a aplicação efetiva dessa renovação conciliar, o Papa criou uma Comissão Litúrgica, da qual Mons. Annibale Bugnini foi secretário desde 1964, reforma que culmina com a publicação do Missal Romano, em 1969. Mons. Bugnini era, nessa época, secretário da Congregação para o Culto Divino[6]:

> O que ocorreu foi que, após as primeiras catequeses em quatro paróquias de Roma, começaram alguns ataques, a partir de 1970, devido às formas litúrgicas. Em 1972, estando Kiko e Carmen em Madri, foram convocados urgentemente por Mons. Poletti, vice-gerente da diocese de Roma, para ir a Roma, porque um bispo auxiliar, Mons. Zanera, havia apresentado uma denúncia contra o Caminho Neocatecumenal, na Congregação do Culto Divino: segundo dizia, nas comunidades faziam-se exorcismos públicos em alguns de seus ritos. Kiko e Carmen apresentaram-se diante de um tribunal presidido por Mons. Bugnini e com vários *experts* em liturgia. Também lhes acompanhou o Pe. Amadei, da paróquia dos Mártires Canadenses. Depois de escutá-los, Mons. Bugnini ficou muito impressionado com o que disseram sobre o Neocatecumenato e percebeu que o Espírito Santo havia suscitado por meio de Kiko e Carmen a prática que eles tentavam delimitar no *Ordo initiationis christianae adultorum* (1972) e que estavam preparando. Como resultado disso, já em 1973, enviaram *experts* para ver as celebrações nas comunidades de Roma, e ficaram muito contentes.
>
> No fim do ano 1973, Mons. Bugnini recebeu nossa equipe e prometeu a Kiko e Carmen que ia publicar uma *Laudatio* sobre o Caminho, na próxima edição da revista *Notitiae*[7]. O artigo foi publicado posteriormente na revista *Notitiae* em agosto de 1974[8].

---

4. Em 7 de dezembro foi a última sessão pública solene: promulgou-se a constituição pastoral *Gaudium et spes*, os decretos *Ad gentes* e *Presbyterorum ordinis*, a declaração *Dignitatis humanae*. Além disso, leu-se a declaração comum que retirava as excomunhões recíprocas com a Igreja ortodoxa.
5. Em 4 de dezembro de 1965.
6. Em 16 de julho de 1975, o Papa Paulo VI anunciou a fusão da Congregação de Mons. Bugnini com a Congregação para os Sacramentos, ficando com o nome de Congregação para o Culto Divino e a disciplina dos Sacramentos, da qual Bugnini não seria secretário.
7. A revista *Notitiae* foi criada em 1965 como instrumento de informação e documentação sobre os trabalhos e atividades do Consilium ad exsequendam Constitutionem de Sacra Liturgia.
8. Colaborações do Pe. Mario Pezzi, para este livro, em maio de 2021.

A audiência do Papa Paulo VI, no dia 8 de maio, dia da Virgem de Pompeia, foi fundamental nos primeiros anos de expansão do Caminho Neocatecumenal.

São Paulo VI havia convocado a III Assembleia Geral do Sínodo dos Bispos sobre a Evangelização no mundo contemporâneo, em 27 de setembro de 1974. Em vista desse Sínodo, o secretário da Congregação do Clero, que era Mons. Maximino Romero de Lema, de quem falamos anteriormente quando foi bispo de Ávila[9], convidou Kiko e Carmen para dar a experiência da evangelização do Caminho, já difundido em diversas nações. Convocaram em Roma uma convivência de bispos, párocos e catequistas, como preparação, para dar uma contribuição dessa experiência, da qual apresentaram uma síntese, ao final, à Congregação do Clero; todos os participantes foram convidados a essa audiência do Papa, no dia 8 de maio. Nessa importante ocasião, o Papa acolheu-os com um afeto enorme e intuiu nessa nova realidade, com espírito profético, a essência desse novo Caminho, dizendo-lhes:

> Quanta alegria e quanta esperança nos dais com vossa presença e com vossa atividade!
>
> Sabemos que em vossas comunidades vós vos aplicais juntos em compreender e desenvolver as riquezas do vosso Batismo e as consequências de vossa pertença a Cristo. Esse empenho vos leva a ter consciência de que a vida cristã outra coisa não é senão uma coerência, um dinamismo permanente, oriundo do fato da aceitação de estar com Cristo e de prolongar a Sua presença e a Sua missão no mundo.
>
> Esse propósito é para vós um modo consciente e autêntico de viver a vocação cristã, mas se traduz também em testemunho eficaz para os outros num estímulo à descoberta e à recuperação de valores cristãos verdadeiros, autênticos, efetivos, que poderiam de outra forma permanecer quase que esquecidos. [...]
>
> Viver e promover esse despertar é o que chamais de forma "pós-batismo", que poderá renovar nas comunidades cristãs de hoje os efeitos de maturidade e de aprofundamento que na Igreja primitiva eram realizados pelo período de preparação ao Batismo[10].

---

9. Paulo VI, que, desde antes de ser eleito Papa, conhecia Maximino Romero de Lema, nomeou-o membro do Sínodo dos Bispos em 1971. Em 1973, aconselhado por Mons. Giovanni Benelli, amigo de Mons. Romero de Lema, chamou-o a Roma, nomeando-o secretário da Congregação para o Clero no marco de internacionalização da Cúria Romana. Substituiu Mons. Pietro Palazzini, feito cardeal no consistório de 5 de março de 1973. Nesse momento, o prefeito era o cardeal John Joseph Wright.

10. PAULO VI, *Audiência* de 8 de maio de 1974 (Introdução e textos recolhidos de *Notitiae* 95-96 [1974] 230) (*apud* PASOTTI, E. (Org.). *O Caminho Neocatecumenal segundo Paulo VI e João Paulo II*. Tradução: Orlando Soares Moreira, São Paulo, Loyola, 1993, 25-26.

Três anos mais tarde, o Papa Paulo VI convocou a VI Assembleia Geral Ordinária do Sínodo dos Bispos sobre "O catecismo de nosso tempo"[11]. Kiko lembra que, por intermédio do Mons. Maximino Romero, fez chegar a São Paulo VI um folheto impresso pelo Centro Neocatecumenal de Roma no qual expõe as fases fundamentais do "Neocatecumenato". O Papa tinha uma séria preocupação com a evangelização e com o catecumenato; de fato, dedicou, posteriormente, onze catequeses sobre o tema "Reconstruir a Igreja"[12].

São Paulo VI, no nono aniversário de sua eleição como Papa, na homilia "Ser fortes na fé", disse:

> Por meio de alguma fissura, a fumaça de Satanás entrou no templo de Deus: a dúvida, a incerteza, o problemático, a inquietação, o descontentamento, a confrontação... Acreditava-se que, após o Concílio, viria um dia de sol para a história da Igreja. Mas veio uma jornada de nuvens, de tempestade, de incerteza... Nós buscamos cavar novos abismos em lugar de preenchê-los. [...]
>
> Uma potência hostil interveio. Seu nome é diabo, esse ser misterioso de que São Pedro fala em sua primeira Carta. Quantas vezes, no Evangelho, Cristo nos fala desse inimigo dos homens?
>
> Nós cremos que um ser sobrenatural veio ao mundo precisamente para perturbar a paz, para afogar os frutos do Concílio ecumênico e para impedir a Igreja de cantar sua alegria por ter retomado plenamente a consciência dela mesma[13].

Isso dá o contexto adequado para compreender suas palavras quando, em 12 de janeiro de 1977, convidou Kiko e Carmen, com bispos, presbíteros, responsáveis e catequistas do Caminho Neocatecumenal, convocados em uma convivência para dar uma contribuição aos padres Sinodais. Por isso, dedicou sua alocução inteira às "comunidades neocatecumenais", falando de "neocatecumenato", um nome que Kiko e Carmen propuseram e que a Congregação do Culto aceitou. Nessa alocução, disse:

> Agora, pois, saudamos, em primeiro lugar, o grande grupo, que constitui a parte principal desta audiência. Diremos alguma coisa a vocês de-

---

11. De 30 de setembro a 29 de outubro de 1977.
12. *L'Osservatore Romano*, ed. semanal em língua espanhola (9-7-1972) 1-2.
13. Mais tarde, São Paulo VI, em seu *Discurso pelos 70 anos das aparições de Fátima*, em 13 de outubro de 1977, acrescentou: "A cauda do demônio está levando a cabo a desintegração do mundo católico. A obscuridade de Satanás entrou no mundo católico, difundindo-se até chegar inclusive a seus níveis mais altos. A apostasia, a perda de fé, estão se difundindo no mundo e nos níveis mais altos da Igreja".

pois. São párocos e missionários leigos das comunidades neocatecumenais. Provêm de diversos países e, como veem, formam uma comunidade muito variada: sacerdotes, religiosos, seculares, etc. Damos a todos uma cordial boa-vinda.

A palavra "Catecumenato" se refere ao Batismo. Catecumenato era o período de preparação para o Batismo. Agora o Batismo não tem mais, ao menos de modo amplo e didático, esse desenvolvimento. E então estes dizem: "Pois bem, faremos isso depois do Batismo". A graça santificante não foi suficiente. Mais, a graça santificante não fez senão acender um fogo que depois deve ser iluminador e se propagar na vida. Santo Agostinho faz referência a isso: "Não podemos antecipar? Façamos depois o Catecumenato", ou seja, a instrução, o acabamento e a educação, toda a parte educativa da Igreja, depois do Batismo. [...]

É o renascimento da palavra "Catecumenato", que certamente não quer invalidar nem diminuir a importância da disciplina batismal vigente, mas a quer aplicar com um método de evangelização gradual e intensivo que lembra e renova de certo modo o Catecumenato de outros tempos. Quem foi batizado tem necessidade de entender, de repensar, de valorizar, de acolher a inestimável felicidade do Sacramento recebido[14].

Nessa mesma Audiência, o Papa saudou, no final, aos dois iniciadores, Kiko e Carmen, e então disse a Kiko: "Seja humilde e fiel à Igreja e a Igreja lhe será fiel".

Kiko mostrou ao Papa um livrinho com os textos de suas catequeses, *Reconstruir a Igreja*, algo que São Paulo VI recebeu surpreso, dizendo a Kiko: "Mas pelo menos há alguém que lê o que o Papa diz!"[15].

Nesse momento, Carmen pediu a bênção a São Paulo VI, e Kiko lembra que:

> O Papa deu-nos uma medalha, e Carmen lhe disse: "Em vez de uma medalha, preferiria, Padre, que me impusesse as mãos", o que Paulo VI, sorrindo, aceitou. Ela ajoelhou-se diante dele e São Paulo VI impôs as mãos sobre Carmen e depois sobre mim[16].

---

14. *Alocução "Depois do Batismo"*, na audiência geral do dia 12 de janeiro de 1977 (Texto retirado de *L'Osservatore Romano* [13-1-1977]) (*apud* PASOTTI, E. (Org.). *O Caminho Neocatecumenal segundo Paulo VI e João Paulo II*. Tradução: Orlando Soares Moreira, São Paulo, Loyola, 1993, 28-29.
15. Nesse dia, 8 de maio de 1974, Kiko e Carmen recebem um impulso fundamental, cf. E. PASOTTI, *El Camino Neocatecumenal según Pablo VI y Juan Pablo II*, Madri, San Pablo, 1995, 17-18.
16. Testemunho de Kiko para este livro, recebido em dezembro de 2020. O Pe. Mario conta-o assim: "Carmen, enquanto o Papa estava lhe dando um rosário, ajoelhou-se

O Senhor anuncia uma notícia[17]

O Pe. Mario Pezzi é a melhor testemunha e o mais autorizado para documentar o começo dessa história que nos transmitiu na Convivência de Início de Curso de 2018, por ocasião do 50º aniversário do Caminho na Itália[18]:

> Vimos o espírito, o zelo que Deus comunicou a Kiko e Carmen desde os primeiros tempos dos barracos e que depois, em pouco tempo, desenvolveu-se muito depressa: em 1967, deram catequeses em Madri, depois em Zamora, depois em Ávila; depois o Senhor levou-os a Roma, à paróquia dos Mártires Canadenses... Depois, em 1970, a Florença e a Ivrea. Mais tarde, foram a Paris, a St. Germain-des-Prés.
>
> A primeira convivência de catequistas, da qual participaram também alguns irmãos de Roma, foi em 1969 — depois das catequeses de Kiko e Carmen nos Mártires Canadenses —, em Fuentes de Carbonero, um povoadozinho abandonado de Segóvia, em uma igreja destruída que Kiko, em suas "excursões místicas", havia encontrado. Ali já tinham feito encontros com os irmãos dos barracos, algumas vezes, e em 1969 Kiko organizou uma convivência de 20 dias, mas uma convivência um tanto especial, porque não havia nem hotéis, nem casas, nem nada; havia um riacho próximo à igreja, acamparam com umas tendas e ficaram 20 dias falando do Evangelho, sobretudo do Evangelho de São Mateus, do envio dos 12 por Jesus Cristo. Nessa convivência, formaram a primeira equipe destinada a Colômbia: o matrimônio Carmelo e Dulce, o presbítero José María Garciandía, Bubi e Jesús Blázquez.
>
> Depois dessa convivência, a equipe que havia sido formada para a Colômbia deu catequeses em Sevilha. Depois, em dezembro de 1969, foram a Barcelona, à paróquia da Buena Nueva, depois a Calahorra, a Cuenca e, por último, a Baracaldo, no País Basco, onde fazia frio, neve e gelo... uma odisseia, uma aventura que viveram. Apesar de todas as dificuldades, viram o Senhor, que os precedia e potenciava.
>
> Em 1968, depois de haver catequizado a primeira comunidade dos Mártires Canadenses e tendo que ir a Lisboa, Kiko e Carmen e D. Francesco Cuppini designaram alguns irmãos para dar catequeses na Quaresma, e foram. Pude escutar a experiência de Franco Voltaggio e de Giampiero Donnini que, pobrezinhos, davam catequeses com apenas algumas notas de Kiko e a pouca experiência que tinham, nem sequer seis meses de Caminho, mas nasceram duas belas comunidades. Daí, vê-se como Kiko e

---

a seus pés e disse: 'Nada de lembranças, Padre, imponha-me suas mãos'. Algo que São Paulo VI fez com a admiração de todos".

17. Cf. Salmos 68,12-13.
18. M. PEZZI, "'Mirabilia Dei', nos 50 anos do Caminho Neocatecumenal", Convivência de Início de Curso, Porto San Giorgio, 20-23 de setembro de 2018.

Carmen — e isso é importantíssimo também para nós hoje — confiavam que, ainda que os catequistas não tivessem experiência, o Senhor os acompanharia e os ajudaria. Isso é muito importante também para nós, repito, para ver nos catequistas, apesar de todas as limitações ou defeitos que possam ter, que é o Senhor que os acompanha.

Pouco tempo depois, chegaram as petições de catequeses de fora de Roma e então Kiko e Carmen começaram a pedir voluntários: aquele que estivesse disponível para dedicar sua própria vida à evangelização. Assim nascem os itinerantes. Kiko e Carmen sempre proclamavam o primeiro capítulo de Ezequiel: a *Merkabá*, o carro de fogo do Senhor. Viram nesse carro um sinal da evangelização, mas, para subir nesse carro, perguntavam àquele que queria ir à missão sobre sua disponibilidade para ir a qualquer parte e sobre a eleição de estado, quer dizer, se eram célibes, se estavam dispostos a permanecer célibes, e, se eram casados, a permanecer casados, e, nesse caso, o matrimônio devia estar de acordo para partir à missão[19].

Em 1970, fez-se uma primeira convivência de itinerantes em Israel. Depois de voltarem dessa convivência, sentados em umas tábuas à entrada do barraco de Kiko, no Borghetto Latino, formaram as primeiras equipes itinerantes da Itália:

> Kiko havia reunido os primeiros itinerantes da Itália. Éramos treze ou quinze. Havia três petições de catequeses fora de Roma: uma em Bolzano, outra em Bréscia e Milão, e a terceira em Perúgia. Ali, sentados sobre as tábuas, formaram-se as três primeiras equipes de catequistas itinerantes para a Itália, constituídas por um presbítero e dois itinerantes[20].

---

19. No capítulo, incluem-se diferentes colaborações e revisões do Pe. Mario Pezzi, para este livro, em maio de 2021.
20. M. PEZZI, "'Mirabilia Dei'...", op. cit.

24
SE O SENHOR NÃO CONSTRÓI A CASA
(1977-1979)

A aclamação dos 12: o sinal dos peixes (os Céfalos)

Em 1977, produz-se um considerável aumento das equipes itinerantes e uma grande expansão do Caminho e das comunidades nas diferentes nações. É verdadeiramente um momento maravilhoso. Em torno de Kiko e Carmen, muitos presbíteros, casais, moços e moças solteiros ofereceram-se a serviço da evangelização; e o número de comunidades cresce e cresce, particularmente na Itália e na Espanha, e alcança os cinco continentes. Por isso, Kiko e Carmen pediram ao Senhor que os iluminasse para ter uma ajuda e manter a comunhão entre todas as equipes espalhadas por tantos países.

> Nesse verão, hospedavam-nos Mimmo e Angela Gennarini, pais de Stefano, Giuseppe e Anna, em sua casa de Santa Marinella, diante do mar. Stefano e Giuseppe gostavam de lançar as redes. Kiko e Carmen tiveram a inspiração de pedir na Assunção da Virgem: "Dá-nos um sinal do que temos que fazer para manter esta unidade". Lançaram as redes pela tarde e, na manhã seguinte, no dia 15 de agosto de 1977, encontraram 12 peixes grandes, 12 "Céfalos". Entenderam que o Senhor os convidava a aclamar entre todos os itinerantes 12 irmãos, que fossem testemunhas da Obra de Deus no Caminho... Pouco depois de um ano, em dezembro, Kiko e Carmen pensaram eleger por aclamação "aos 12" dentre os itinerantes: em uma longa Convivência de itinerantes das Nações — éramos aproximadamente 120 —, em um hotel de Catânia, fizeram a aclamação de 12 irmãos[1].

Desde esse momento, Kiko e Carmen prepararam essa convivência mundial, que se celebrou em Acireale (Catânia) entre 2 e 16 de abril de 1978 com todos os itinerantes que estavam em missão nas nações. Eles convidaram os 120 itinerantes presentes a aclamar 12 irmãos — chamados "Céfalos", ou "cabeças", devido ao nome, em italiano, de um peixe que tem a cabeça grande, e com referência às 12 tribos de Israel e dos 12 apóstolos. A aclamação era

---

1. M. PEZZI, "'Mirabilia Dei', nos 50 anos do Caminho Neocatecumenal", Convivência de Início de curso, Porto San Giorgio 20-23 de setembro de 2018.

uma novidade no Caminho. Cada itinerante devia indicar o nome de um irmão e dizer por que acreditava que podia ser um dos 12. A aclamação durou muito tempo. No final de cada turno, aclamava-se o nome daquele que tinha mais preferências.

A aclamação desses irmãos fez-se na seguinte ordem:

1. *José Agudo*, da comunidade dos barracos de Palomeras Altas, Madri. Hoje na comunidade do Centro Neocatecumenal, Madri.
2. *Franco Voltaggio* († 2007), da primeira comunidade da paróquia Nossa Senhora do Santíssimo Sacramento e Santos Mártires Canadenses, Roma. Após seu falecimento, em 30 de abril de 2007, em Haifa (Israel), foi eleito *Javier Sotil (presb.)*, da primeira comunidade de Barcelona, que, depois de muitos anos na paróquia Maria Auxiliadora, Barcelona, hoje está na paróquia de Santas Juliana e Semproniana, San Adrián de Besós.
3. *Jesús Blázquez (presb.,* † 2021), começou em Ávila e pertenceu à primeira comunidade da paróquia Nossa Senhora do Trânsito, em Madri.
4. *Giampiero Donnini*, da primeira comunidade da paróquia Nossa Senhora do Santíssimo Sacramento e Santos Mártires Canadenses, Roma.
5. *Gregorio Sacristán (presb.)*, da primeira comunidade da paróquia da Natividade de Nosso Senhor Jesus Cristo, Roma.
6. *Stefano Gennarini*, da primeira comunidade da paróquia de São Luís Gonzaga, Roma.
7. *Diego Martínez (presb.,* † 2018), da segunda comunidade da paróquia de Santos Timóteo e Tito, Bogotá, Colômbia. Após sua renúncia, foi designado *Ezechiele Pasotti (presb.)*, da primeira comunidade da paróquia de São Leonardo Murialdo, Roma.
8. *Mario Pezzi (presb.)*, hoje da primeira comunidade da paróquia Sagrada Família, Roma. Em 2002, a Santa Sé estabeleceu oficialmente, mediante Estatuto, que Kiko, Carmen e Mario constituíssem a equipe responsável internacional do Caminho, com caráter vitalício, razão pela qual, em seu lugar, foi designado *Rino Rossi (presb.)*, da segunda comunidade da paróquia de Nossa Senhora do Santíssimo Sacramento e Santos Mártires Canadenses, Roma.
9. *Giuseppe (Pino) Manzari*, da primeira comunidade da paróquia de Nossa Senhora do Santíssimo Sacramento e Santos Mártires Canadenses, Roma. Em consequência de sua enfermidade, foi acrescentado entre "os 12" *Segundo Tejado (presb.)*, da primeira comunidade da paróquia de São Roque, Madri.

10. *Giuseppe Gennarini*, da primeira comunidade da paróquia de São Luís Gonzaga, Roma.
11. *Angelo Stefanini (presb.)*, após sua renúncia, foi designado *Adelchi Chinaglia*, da primeira comunidade da paróquia Santa Maria Formosa, Veneza.
12. *José María Garciandía (presb.)*, da primeira comunidade do Centro Neocatecumenal, Madri.

> O Senhor quis confirmar sua aprovação com um sinal visível quando, no final, Kiko disse: "Esta aclamação é um terremoto para o Caminho e para a Igreja". Nesse mesmo momento, o salão do hotel começou a tremer: foi realmente um movimento sísmico, um terremoto real que se produziu em Catânia. E enquanto os hóspedes do hotel saíam correndo gritando aterrorizados, todos ali presentes [naquela convivência] explodiram em um forte aplauso para o Senhor, que havia querido nos confirmar com esse sinal[2].

O espírito de Kiko e Carmen, nesse momento tão constitutivo no Caminho Neocatecumenal, atém-se ao Salmo 126: "Se o Senhor não constrói a casa, em vão trabalham os construtores; se o Senhor não guarda a cidade, em vão vigiam as sentinelas". Tudo está nas mãos do Senhor, tudo é obra Sua.

Graça após Graça

Nesse momento, Carmen alcança uma compreensão muito completa da história que o Senhor foi traçando com ela e da obra que levava adiante com Kiko. Carmen revisa toda a sua vida, assinalando momentos de intenso encontro com a graça do Senhor:
— Assim, recorda que, na Catedral de Tudela, sendo criança, ao escutar o Evangelho da pesca milagrosa, sentiu pela primeira vez o chamado à evangelização[3].
— Mais tarde, em Madri, em seus anos de estudante e durante o tempo de Universidade, experimentou o que denomina aqui "um Pentecostes", através da virtude da oração, da meditação da Palavra de Deus e de sua participação diária na Eucaristia[4].

---

2. Testemunho do Pe. Mario para este livro, de 15 de dezembro de 2020.
3. Ver capítulo 2 (por volta de 1940).
4. Ver capítulos 3 e 4 (entre 1945-1952).

— Em seguida, durante seu noviciado em Xavier, com as Missionárias de Cristo Jesus, conta como recebeu a graça de encontrar o sentido do *Shemá* (cf. Dt 6,4-9): "um amor a Deus com toda a mente, com todo o coração e com todas as forças"[5].

— Continuando sua vida religiosa, durante seus estudos teológicos em Valência, passando, em seguida, por sua preparação em Londres até voltar a Barcelona, diz que seguiu um primeiro processo de *kénosis*: um caminho de humildade e descida que culminou em sua própria experiência vital de ressurreição e vida eterna[6].

— O momento mais intenso dessa prova foi vivido em Barcelona: com sua saída da vida religiosa. Descobriu, então, as figuras de Abraão e Isaac e a profundidade da cruz de Jesus Cristo[7].

— Justamente nesses dois anos, em Barcelona, adentrou neste mistério da cruz e aprofundou-se em seus descobrimentos litúrgicos, com a ajuda do Pe. Farnés, mergulhando na Páscoa e na Eucaristia. Além disso, descobriu a profundidade do sacramento da Reconciliação e da Penitência[8].

— Sua viagem a Israel abriu-lhe ainda mais as Escrituras e iluminou as fontes bíblicas. Também conheceu a possibilidade de colaboração entre "homens e mulheres" na evangelização e no serviço na Igreja, quando compartilhou um tempo com o Pe. Gauthier e seus colaboradores[9].

— Carmen viveu seu regresso de Israel como uma "*kénosis* total": um completo abaixamento ou um ir a "zero"; também fala de "destruição do reino", pois não sabia, nessa época, "para onde se dirigir" ou "que caminho tomar", uma vez desprendida de seus projetos pessoais[10].

— É nesse ponto de sua vida que conhece Kiko Argüello e [juntos] formam a comunidade de Palomeras. Ali experimentam ambos uma relação surpreendente com a Palavra de Deus e a liturgia[11].

— A experiência de Palomeras e de ir catequizar em algumas paróquias de Madri constitui um tempo em que a graça de Deus lhe faz experimentar outra *kénosis*: Carmen fala de um "desmoronamento de seus

---

5. Ver capítulo 5 (entre 1953-1957).
6. Ver capítulos 7 e 8 (entre 1960-1962).
7. Ver capítulos 8 e 9 (1961-1962).
8. Ver capítulo 10 (1962-1963).
9. Ver capítulos 11, 12 e 13 (1963-1964).
10. Ver capítulo 14 (1964).
11. Ver capítulos 15 e 16 (1964-1965).

próprios esquemas", mas, além disso, também vê realizada aquela promessa sentida desde criança de ser missionária e dedicar sua vida inteira à evangelização. É uma vocação que descobre cumprida agora quando dá catequeses em Madri com Kiko Argüello, confirmados por Mons. Casimiro Morcillo. É um tempo também de renúncia interior: a seus conceitos, a seus afetos, a suas aspirações, para se consagrar exclusivamente ao Senhor através da evangelização[12].

— Por último, quando Kiko e ela chegam a Roma e iniciam ali suas primeiras catequeses, começando o Caminho na Itália, Carmen percebe haver alcançado uma "síntese mais séria"; completa-se essa forma de evangelização e é consciente de que isso supõe "não algo padrão" ou uma "criação de Kiko e Carmen", mas sim uma verdadeira obra que o Senhor conduz e realiza[13].

— Esta pregação de Kiko e Carmen consuma-se, finalmente, com a formação das primeiras equipes itinerantes e com a saída e o envio desses irmãos para anunciar o evangelho[14].

Carmen pensa muito bem em todas as coisas, em tudo o que está vivendo no final da década de 70 e nessas "graças" que recebeu; aceita ocupar esse segundo plano dentro da equipe, mantendo sempre uma grande liberdade e intuição para ajudar e confrontar essa missão com Kiko Argüello.

Outro aspecto dessa obra que "O SENHOR FEZ" — segundo as palavras de Carmen — se mostra nas primeiras catequeses que foram se articulando. Kiko e ela foram-nas plasmando com sua própria história. Por exemplo, ela fala da catequese de Abraão e recorda que, nos anos 1955-1956, estando no campo, em Xavier, às 6h da manhã, olhando o firmamento e vendo a infinidade de estrelas, veio-lhe à cabeça aquela promessa que Deus fizera a Abraão. A partir daí começou a se aprofundar nessa Palavra e a submergir nela. Kiko, por sua vez, que é um artista, também havia interiorizado muito bem essa Palavra de outro modo e, assim, entre os dois, com sua própria vida, foram dando forma a essa catequese de Abraão.

Carmen, por sua vez, tinha a experiência de sua *kénosis*, que viveu em seu último período de vida religiosa, entre Londres e Barcelona (1962), o que a levou a experimentar de um modo muito existencial a renúncia a Isaac, a dor da subida ao Monte Moriá para sacrificar "o que mais ama" — em seu caso, foi sair das Missionárias de Cristo Jesus. Carmen, com sua experiência, descobre o que

---

12. Ver capítulo 17 (1965-1966).
13. Ver capítulo 19 (1968).
14. Ver capítulos 21 ao 24 (1970-1979).

é verdadeiramente "a promessa" e "o que é a fé". Como? "No impossível", diz, "em descobrir que Deus é Todo-Poderoso e imensurável".

Em seguida, quando, em 1964, esteve em Berseba, aprofundou-se ainda mais na figura de Abraão. A palavra associada com a vida passa a ser "catequese". Como dizem Kiko e Carmen, "a catequese é uma vida já escrita, uma palavra que explicita a própria experiência de fé".

O primeiro esboço dessa catequese apareceu, pela primeira vez, em Cubas de la Sagra, na convivência final da comunidade de Argüelles. Ali, Carmen, ao falar da Eucaristia, recorreu à figura de Abraão, "à promessa": para explicar por que o Êxodo, por que a Páscoa e por que a Ressurreição já estavam antecipados no sacrifício de Isaac.

Durante o período das primeiras catequeses para a formação de uma comunidade no seio das paróquias, é o *kerygma* o fio condutor que entrecruza todas elas, até chegar à diferença entre Escritura e Palavra. Dessa forma, cada uma das catequeses tem sua própria história, e em todas elas está Kiko e está Carmen em uma síntese surpreendente e providencial, algo que o cardeal Ricardo Blázquez recordou muito bem:

> Kiko e Carmen, apesar das diferenças e às vezes das disputas, compreenderam que se dedicavam à missão evangelizadora que os ultrapassa. Ambos são personalidades vigorosas e, embora a missão os tenha ido polindo, os traços peculiares estiveram sempre vivos. Deus surpreende com sua atuação que toca o coração, apesar da limitação dos mensageiros de sua misericórdia. Os dois inseparavelmente eram chamados a participar dos trabalhos pelo Evangelho (cf. 2Tm 1,8-12)[15].

---

15. R. BLÁZQUEZ, "Prólogo", em C. HERNÁNDEZ, *Diários 1979-1981*, Rio de Janeiro, Vozes, 2018, XI.

25
GEMO COMO UMA POMBA
(1979-1983)

Choro até o amanhecer[1]

Na apresentação dos *Diários 1979-1981* de Carmen, tanto na Espanha como na Itália, Kiko repetiu:

> Dizem os Pais do Deserto: "Ama a Cristo e milhares te seguirão" [...] Parece que o Senhor Jesus lhe fechou todas as portas através de um sofrimento intenso, para que ela se unisse a Ele, só a Ele; daí a liberdade extrema de Carmen: nada do mundo lhe interessava, só o amor a Cristo.
> É verdadeiramente heroico que Carmen tenha estado comigo por 50 anos, sempre sofrendo em silêncio, sem mostrar o sofrimento a ninguém, sozinha com Ele. [...]
> Agora compreendo melhor tantos frutos do Caminho.

Kiko e Carmen continuam sua intensa itinerância com viagens, visitas às comunidades, etapas, encontros com párocos e bispos, convivências com os itinerantes e catequistas; momentos de grande desenvolvimento, em que o Caminho vai crescendo como uma realidade eclesial de grande força e expansão. Carmen, todavia, não experimenta o menor triunfalismo; muito ao contrário, são, diz ela, seus "complexos", suas "angústias" o que afetam seu ânimo; leva consigo esta agitação e esta prova. Além disso, no início de 1979, fica doente e é submetida a uma cirurgia de caráter ginecológico, da qual demora tempo para se restabelecer[2]. Nessa situação de dor e desânimo, a convalescência prolonga-se até o verão. Estando em Santa Marinella, na casa da família Gennarini,

---

1. Os títulos aludem ao cântico de Ezequias (Is 38,10-20), que manifesta a experiência existencial de enfermidade grave e dor, assim como o consolo e a cura do Senhor: "Pipilo como a andorinha, gemo como a pomba... a minha amargura se transforma em bem-estar. Tu preservaste a minha alma do abismo do nada. Lançaste atrás de ti todos os meus pecados".
2. C. HERNÁNDEZ, *Diários 1979-1981*, Rio de Janeiro, Vozes, 2018, 18-25. Fizeram os exames no Hospital de La Paz, em Madri, e em 20 de fevereiro as análises; mas foi operada na clínica de La Paloma (atualmente Hospital Virgem de La Paloma) no dia

manifesta melhora na saúde e melhor estado de ânimo. Mas, depois dessa etapa de sua vida, Carmen passa a experimentar, com frequência, um grande sofrimento e uma miséria existencial. Nesse andar pelos caminhos, de um lado ao outro, quase sem ter onde reclinar a cabeça, às vezes, sente-se com poucas forças. Por outro lado, experimenta uma enorme responsabilidade, um grande peso diante do crescimento do Caminho, que a ultrapassa. Não perde a confiança, como mostra sempre em seus diários íntimos, de que é o Senhor que leva essa realidade eclesial, mas há "sim" momentos nos quais fluem seus complexos e sua incapacidade. Custa-lhe falar, manifestar-se, tudo isso vivido em estrita intimidade com o Senhor:

> Gemo como uma pomba[3]. [...] Tudo me é peso fracassante: itinerantes, comunidades, bispos... A própria vida. Tudo é temor, inquietude, desilusão, morte. *Meu Jesus Ressuscitado*, vem em tuas aparições de vida iluminar minha terra, enche de futuro o horizonte. Vem, Jesus, destruir a morte[4].

Após essa aclamação ao Senhor Jesus, de 14 de março de 1979, em 6 de maio de 1979, ela declara:

> Durmo em paz e acordo triste na ânsia. Como é possível, Senhor? Tudo me rodeia inquietante, ameaçador, perigoso. Por quê? Para mim ninguém importa, a não ser Tu, Senhor[5].

Encontramos aqui uma vivência muito próxima à que conta com detalhe, em suas cartas, a Madre Teresa de Calcutá, contemporânea de Carmen e que manifesta semelhantes dores internas[6]:

> Não pense (diz a seu diretor) que minha vida espiritual está semeada de rosa, essa é a flor que quase nunca encontro em meu caminho. Tudo o

---

23 de fevereiro. O ginecologista, doutor Enrique Parache Guillén, realizou a intervenção. Ingressou no hospital entre 22 de fevereiro e 1º de março.

3. Cf. Isaías 38,14.
4. Cf. Isaías 25,8.
5. C. HERNÁNDEZ, *Diários 1979-1981* op. cit., p. 28 e 35.
6. Madre Teresa de Calcutá dizia a suas filhas, as Missionárias da Caridade: "Queridas filhas, sem sofrimento nosso trabalho seria somente trabalho social, muito bom e útil, mas não seria a obra de Jesus Cristo, não participaria da redenção. Jesus desejava nos ajudar compartilhando nossa vida, nossa solidão, nossa agonia e morte. Tudo isso Ele o assumiu em si mesmo, e o levou à noite mais escura. Somente sendo um de nós podia nos redimir".

contrário, mais frequentemente, tenho a "escuridão" por companheira. E quando a noite faz-se mais espessa — e parece que vou terminar no inferno —, então simplesmente me entrego a Jesus... Esta solidão — este contínuo desejo de Deus — causa-me essa dor no profundo de meu coração. A escuridão é tal que realmente não vejo nem com a mente nem com o coração... Quando a dor do desejo é tão grande, só sinto falta uma e outra vez de Deus... Jesus, ouve minha oração, se isso te compraz! Se minha dor e sofrimento, minha escuridão e separação dão-te uma gota de consolação, faz comigo o que queiras, todo o tempo que desejes. Não olhes meus sentimentos nem minha dor[7].

Carmen compartilha sentimentos parecidos. E se à Madre Teresa Jesus Cristo está chamando com essas escuridões, dizendo-lhe "Vem, sê tu minha luz!", também está chamando Carmen Hernández, com suas escuridões, a ser sua luz para os outros: naqueles que escutam sua pregação, em seus catecúmenos, naqueles que falam com Kiko e com ela em particular, no final dos encontros, com problemas e sofrimentos, e a quem Carmen chama as "ovelhas perdidas". Kiko e ela tratam de discernir e pôr luz naquelas que o Senhor lhes confia em meio a essa missão. São numerosos os irmãos, às vezes, presbíteros, casados, jovens, a quem escutam para lhes dar uma palavra da parte do Senhor.

É frequente para Carmen experimentar a aridez e o vazio ao falar em público diante de muita gente, às vezes, sacerdotes e bispos. Com o tempo, busca cada vez mais a intimidade com o Senhor enquanto sofre toda essa exterioridade à qual está continuamente exposta. Kiko é diferente, muito expressivo, mas ela, em sua timidez e reserva, carrega essa dificuldade em seu interior. Experimenta muitas *noites escuras* e tempos de secura, ainda que dessas aflições, como vemos na intimidade de seus diários, sempre mostre um profundo amor a Jesus Cristo. Em todas as ocasiões e até o último alento de sua vida.

> Jesus, meu Jesus, grito a Ti noite e dia. VEM, vem, Amor de minha juventude e de minha esperança. Infunde-me energia, que me perco no nada. Vem, Jesus. Eu te amo.
> Jesus, é enfermidade, é a noite? São os complexos "nativos". O que está acontecendo comigo, Senhor? Estou enferma. Passo o dia inteiro num sofrimento vivo.
> Jesus, acordo triste e com medo e no nada. Tudo isto, para quê? Jesus, dize à minha alma que és Tu que estás por trás de tudo isto.
> Jesus, como é misteriosa a vida, como são misteriosos os homens. Jesus, é possível? Vem, Senhor, tem compaixão de mim, faze brilhar tua face,

---

7. B. KOLODIEJCHUK, MC, *Ven, sé mi luz. Las cartas privadas de la Santa de Calcuta*, Barcelona, Planeta, 2009, 7, 15, 37-38.

vem. É noite. Nada me interessa e nada vejo. Sem Ti só existe o nada. Sem Ti como tudo é possível[8]?

"Oh, chama viva de amor!"

Esta constante agitação, esta *peneira*, que é, sem dúvida, uma experiência dolorosa, muitas vezes de profunda tristeza e muito frequente, dá-se em pessoas, particularmente mulheres, cuja proximidade com o Senhor foi grande. É a experiência de alguém cujo amor por Jesus Cristo teve momentos intensos e claros, fazendo que seu viver cotidiano seja um gemido e um anseio. Trata-se de um acontecimento existencial e muito vivo que São João da Cruz demonstrou com extraordinária expressividade em sua *Noite escura da alma*[9] e em seu *Cântico espiritual*[10], expressando-o nesses magníficos poemas da mística castelhana e universal. Neste verão de 1979, Carmen vai encontrar consolo e sentido justamente nos versos do místico de Fontiveros[11], meditando e recitando sua obra, como anota em seu caderno:

> Oh! chama de amor viva
> Que ternamente feres
> De minha alma no mais profundo centro!
> Pois não és mais esquiva,
> Acaba já, se queres;
> Ah! rompe a tela deste doce encontro[12].

Uma experiência que também Santo Inácio de Loyola descrevia em seus *Exercícios Espirituais* em termos de *desolação e consolação*[13]. É uma vivência polarizante própria do combate espiritual e muito característica do *gênio femi-*

---

8. Sirvam de exemplo estas primeiras anotações de seus diários pessoais já publicados, escritas entre janeiro e fevereiro de 1979. Cf. C. HERNÁNDEZ, *Diários 1979-1981*, op. cit., ver números 1, 11, 21, 35, 38.
9. Assim começa a *Noite escura*, de São João: "Em uma noite escura / com ânsias, em amores inflamada, / ó ditosa ventura! / saí sem ser notada, / estando já minha casa sossegada".
10. Os versos no início do *Cântico espiritual*, que refletem essa ausência do Amado de modo incomparável: "Onde te escondeste, / Amado, e me deixaste com gemido? / Como o cervo fugiste, / havendo me ferido; / saí atrás de ti clamando, e eras ido".
11. São João da Cruz nasceu em Fontiveros, província de Ávila.
12. Anotações de 13 de agosto de 1979, em C. HERNÁNDEZ, *Diários 1979-1981*, op. cit., n. 118-124. Cf. SÃO JOÃO DA CRUZ, *Chama viva de amor*, Rio de Janeiro, Vozes, 2002, 37.
13. Santo Inácio descreve este *combate entre o estado de desolação e o estado de consolação*: o primeiro, a desolação: "É toda obscuridade e confusão interior, toda pro-

nino em mulheres às quais o Espírito Santo suscitou impulsionar novos dinamismos e reformas na Igreja[14].

Trata-se de uma experiência que encontramos também em Santa Teresa de Ávila, como detalha na Sexta Morada de seu *Castelo interior*[15]:

> Conheço uma pessoa [Santa Teresa de Jesus refere-se a si mesma][16] que, em quarenta anos decorridos desde que lhe começou o Senhor a conceder a graça referida, pode com verdade dizer que jamais passou um dia sem dores e diversos padecimentos, vindos da falta de saúde corporal, sem falar em outras grandes provações. [...] Vê-se de fato combalida de muitas penas, com um aperto interior tão sensível e intolerável que não sei a que se possa comparar senão aos tormentos dos réprobos no Inferno, pois durante a tempestade nenhum consolo dá alívio. [...] Em suma, nenhum remédio há nesta tempestade senão aguardar a misericórdia de Deus, que, a qualquer hora com uma só palavra sua, ou uma ocasião repentina, a livra de tudo, tão depressa que não resta vestígio de nuvem naquela alma, tão cheia fica de sol e de muito maior consolo[17].

Não nos esqueçamos de que Santa Teresinha do Menino Jesus[18] viveu isso também, e muito intensamente:

---

pensão às coisas mundanas e baixas, toda perturbação, inquietude ou tentação contra a fé, a esperança e o amor".
Com relação ao segundo, diz: "Chamo consolação espiritual quando na alma se produz alguma moção interior, com a qual a alma vem se encher do amor de seu Criador e Senhor, quando nenhuma coisa criada sobre a face da terra pode se amar, a não ser só o Criador de todas as coisas, Deus é o centro e todo uno, todo o ser está captado por essa presença de Deus que o cumula todo e encontra n'Ele sua razão de ser, nada pode ser vivido, entendido, amado, gozado, sofrido a não ser só em Deus".

14. Cf. FRANCISCO, Exortação apostólica *Gaudete et exsultate*, 12: "A propósito de tais formas distintas, quero assinalar que também o 'gênio feminino' manifesta-se em estilos femininos de santidade, indispensáveis para refletir a santidade de Deus neste mundo. E, precisamente em períodos nos quais as mulheres estiveram mais excluídas, o Espírito Santo suscitou santas, cujo fascínio provocou novos dinamismos espirituais e reformas importantes na Igreja. Podemos citar Santa Hildegarda de Bingen, Santa Brígida, Santa Catarina de Sena, Santa Teresa de Ávila ou Santa Teresa de Lisieux; mas interessa-me sobretudo lembrar-me de tantas mulheres desconhecidas ou esquecidas que sustentaram e transformaram, cada uma a seu modo, famílias e comunidades com a força do seu testemunho".
15. TERESA DE JESUS, *As moradas. Castelo interior*, Dois Irmãos, Minha Biblioteca Católica, 2019.
16. 6ª Morada, cap. 1 e 7.
17. 6ª Morada, cap. 1, 9 e 10.
18. SANTA TERESA DO MENINO JESUS, *Obras completas, escritos e últimos colóquios*, São Paulo, Paulus, 2002.

O Bom Deus dignou-se fazer minha alma passar por muitos gêneros de provações. Sofri muito desde que estou na terra, mas, se em minha infância sofri com tristeza, não é mais assim que sofro agora: é na alegria e na paz. [...] Ah! Se a provação que padeço há um ano aparecesse aos olhares... Que espanto[19]!

Uma experiência que se agrava a partir da Páscoa de 1896, quando Teresinha entra em uma escuridão em que sua fé e sua esperança se submetem a um duro combate, ao mesmo tempo em que a tuberculose vai debilitando e minando sua saúde.

Já reunimos o paralelismo dessa mesma experiência com Santa Teresa de Calcutá:

> Não há fé em meu coração, não há amor, não há confiança, há tanta dor; a dor de desejar, de não ser querida. Amo a Deus com toda a força de minha alma[20].

> Há tanta contradição em minha alma: um profundo desejo de Deus, tão profundo que machuca; em sofrimento contínuo e, com ele, o sentimento de não ser querida por Deus, rejeitada, vazia, sem fé, sem amor, sem zelo[21].

> Sinto em minha alma essa terrível dor da perda, de que Deus não me queira, de que Deus não é Deus, de que Deus realmente não exista[22].

Madre Teresa manifesta esse sofrimento, que poderia ser a forma da qual Deus se servia para identificá-la com Cristo crucificado e abandonado, dando como fruto a grande missão que realizou de serviço aos pobres e desesperançados. Em Carmen Hernández, o Senhor serve-se dessa prova interior tão constante em seu caminhar, para associar seu amor a Cristo, profundo e apaixonado, com a evangelização mesma. O noivado da juventude com Jesus transforma-se em sua maturidade em um noivado com a própria missão e o serviço da evangelização, o que proporcionará abundantes frutos:

> Meu Jesus, misterioso, grandioso na Cruz, eu te amo. Em plena escuridão e dor, Tu és meu único amor. Em plena incredulidade minha, só tenho fé em Ti e te amo. Tem compaixão de mim. Visita-me porque tenho medo, terror, grande tristeza, desapego de tudo, vontade de esconder-me e desaparecer muda, muda, muda absolutamente e tristíssima.

---

19. *História de uma alma*, cap. IX.
20. Carta de Teresa de Calcutá de 1959, em B. KOLODIEJCHUK, MC, *Ven, sé mi luz...*, op. cit.
21. Carta de Teresa de Calcutá de 1967, ibid.
22. Carta de Teresa de Calcutá de 1997, ibid.

> Grandiosas tuas obras, Senhor dos céus. Tantos bandos de pássaros... Grande és e maravilhoso, imprevisível, infinito. Senhor, prostro-me diante de Ti. Deseja-me. Arranca de meus lábios este *Abba*, grandíssimo, santíssimo[23].
>
> Levanto, o coração desgastado. Meu Jesus, a tristeza navega pairando como uma nuvem que quer me cobrir consumindo-me a alma. [...] Por que tanto sofrimento e angústia? A mudez por quê? Meu Jesus, Tu me deste um dia de liberdade, de luz, e continuo buscando-te envolto em luz e vida. [...] Anima-me. Levanta-me[24]!

Kiko Argüello diz estar surpreso ao conhecer essa situação interior de Carmen:

> Não sabíamos muito desse grande sofrimento, mas sim de seu amor a Jesus Cristo, de sua enorme liberdade e de seu amor ao Papa... Considero que, se esta obra [o Caminho Neocatecumenal] estendeu-se de tal maneira com mais de um milhão e meio de membros, 117 seminários e milhares de comunidades, é por causa de um amor a Cristo como o de Carmen... Dada a importância da missão que Deus lhe havia confiado... Ama a Cristo e te seguirão milhares..., não é a Kiko Argüello que seguem, é a Cristo[25].

Unges-me com azeite novo

Entre 22 e 25 de setembro de 1983, Kiko e Carmen, junto ao Pe. Mario, celebram a convivência em Arcinazzo com os catequistas da Itália. Os irmãos de Carmen telefonam a ela para lhe comunicar que sua mãe, Clementa Barrera Isla, de 86 anos, se encontra em estado muito, muito grave. Carmen viaja de Roma até Ólvega e chega a tempo de vê-la:

> Meu Jesus! A viagem. Finalmente, ÓLVEGA. Minha mãe está VIVA e lhe deram a unção dos enfermos. Que difícil falar! A família! Todos muito velhos e com achaques... Eu estou serena. Meu Jesus! Ajuda-me. Tu és a ressurreição e a vida. Meu Jesus! Jesus!

---

23. Anotação de seus diários feita em Roma em 26 de fevereiro de 1980. Cf. C. HERNÁNDEZ, *Diários 1979-1981*, op. cit., n. 197.
24. Anotação de seus diários feita em Madri em 28 de março de 1980. Cf. ibid., n. 227.
25. Da intervenção de Kiko Argüello na apresentação do livro C. HERNÁNDEZ, *Diários 1979-1981*, op. cit., na Univerdidade Francisco de Vitoria, em Madri, em 30 de junho de 2017.

Na madrugada de 28 de setembro, sua mãe passa ao Pai celestial:

> A igreja, a missa. Meu Jesus! OBRIGADA! D. José... A UNÇÃO e a Eucaristia. Todos juntos. E agora dorme profundamente. Dormir no SENHOR. Meu Jesus! Misterioso, santo. Ai! Não há palavras para o mistério. Meu Jesus.
>
> Sete e meia: minha mãe dorme no SENHOR[26]. Verdadeiramente. "Os que dormiram...". Obrigada, meu Jesus, pela UNÇÃO, pela Eucaristia e por esta morte santa. Impressionou-me como justificas a velhice até nos fazer inocentes como um menino pequeno. Meu Jesus! Que difícil tua linguagem, os Salmos, a Escritura! Tudo impossível! Parece-me um milagre o quanto estás fazendo com o Caminho. Um canto, uma palavra de VIDA, de Ressurreição. Creio em Ti, Senhor. Mostra-te. Vem. Vela por minha mãe. Minha mãe ficou lindíssima. Aqui dizem como uma Virgem. Verdadeiramente[27].

Em 29 de setembro ocorre o enterro em Ólvega, e dia 30 ela regressa a Madri, à casa da família, da rua Narváez, para essa mesma noite começar a Convivência de Catequistas, na Espanha[28]. No dia seguinte, nas Laudes, ela apresenta esta catequese extraordinária:

> Quando saí de Roma, pois minha mãe estava morrendo, pedi ao Senhor poder fazer com ela algum ato de preparação para a morte, e tenho verdadeiramente que dar graças ao Senhor porque isso que diz o Salmo, "Unges-me com azeite novo e me dás a força de um búfalo", eu o vi no poder da unção, irmãos.
>
> Chegou ali onde estávamos com minha mãe um das comunidades e a força que Deus deu a este homem. A unção foi verdadeiramente um bálsamo do Espírito Santo que levou a toda a família, a meus irmãos, ao mais incrédulo, ao mais apegado ao dinheiro dentro de toda minha casa. Foi uma coisa fantástica!...
>
> Ou seja, vi a impotência da medicina e a impotência do dinheiro, que não é questão de levá-la a nenhuma parte nem de lhe fazer tudo isso, que a fé tem a única palavra para a Vida.
>
> Dizia-lhes isso porque é um Salmo que fala da misericórdia. Por que a conversão? Imaginem que a morte está agindo em nós, a decomposição de nosso corpo mortal corruptível. Vocês já sabem que "entranhas de misericórdia" é o poder criativo da Ressurreição, a Conversão. Então não pode parar. A morte está continuamente atuando em nós, levando-nos a des-

---

26. Clementa Barrera Isla, mãe de Carmen Hernández, morre aos 86 anos.
27. *Documentos Carmen Hernández*, XXXIV: Anotações de 27-28 de setembro de 1983. Diários.
28. Desde a noite de 30 de setembro até 2 de outubro celebraram no Valle de los Caídos a Convivência de Catequistas de Início de Curso 1983-1984.

> *Há que fazer comunidades cristãs como a Sagrada Família de Nazaré, que vivam em humildade, simplicidade e louvor. O outro é Cristo.*

Acima: *1970 – Convivência em Fuentes.*

Basílica de São Pedro:
Centro: *1983 – Primeira Comunidade da Paróquia dos Mártires Canadenses (Roma).*
Abaixo: *1986 – Comunidade do Centro e primeira do Trânsito (Madri).*

>
PRIMEIRAS CONVIVÊNCIAS DE ITINERANTES

À direita:
>   1970 – Betânia (Terra Santa).
>   1971 – Brucoli (Sicília).
>   1978 – Peregrinação ao Monte Sinai.
>   Kiko, Carmen e o arcebispo Maximino Romero de Lema, com "Os 12".

Galeria de fotos 4 | 3

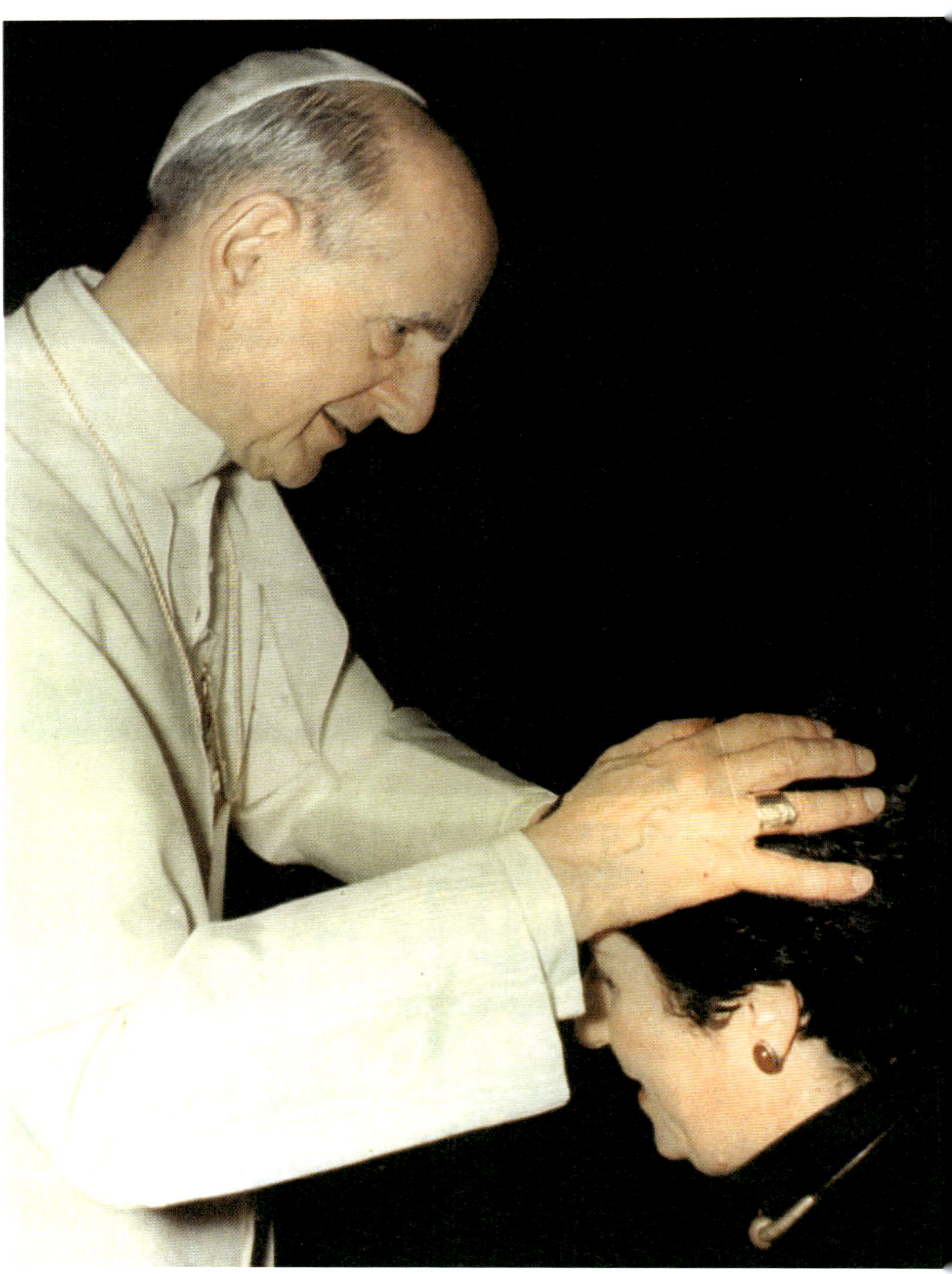

S. PAULO VI

1977 – Audiência com o
Papa Paulo VI.

Acima: *1971 – Kiko e Carmen em Roma.*
Abaixo: *1971 – Kiko, Carmen e Pe. Mario durante uma Convivência de itinerantes em Roma.*

"

JOÃO PAULO I

1974 – Carmen com o Patriarca de Veneza Albino Luciani, futuro Papa João Paulo I, e com o itinerante Toni Spandri.

"

S. JOÃO PAULO II

Vosso Caminho consiste essencialmente nisto: descobrir o Mistério do Batismo, descobrir seu conteúdo pleno e descobrir assim o que significa ser cristão, crente.

1980 – Carmen e Pe. Mario saúdam o Papa João Paulo II em visita à Paróquia dos Mártires Canadenses.

Acima: *1984 – Kiko e Carmen em Roma.*
Abaixo: *1984 – Mar da Galileia, Kiko e Carmen.*

Acima: *1985 – Capela Sistina, Encontro Vocacional do Papa João Paulo II com os jovens do Caminho.*

Abaixo: *1982 – Encontro com os itinerantes na Sala Clementina.*

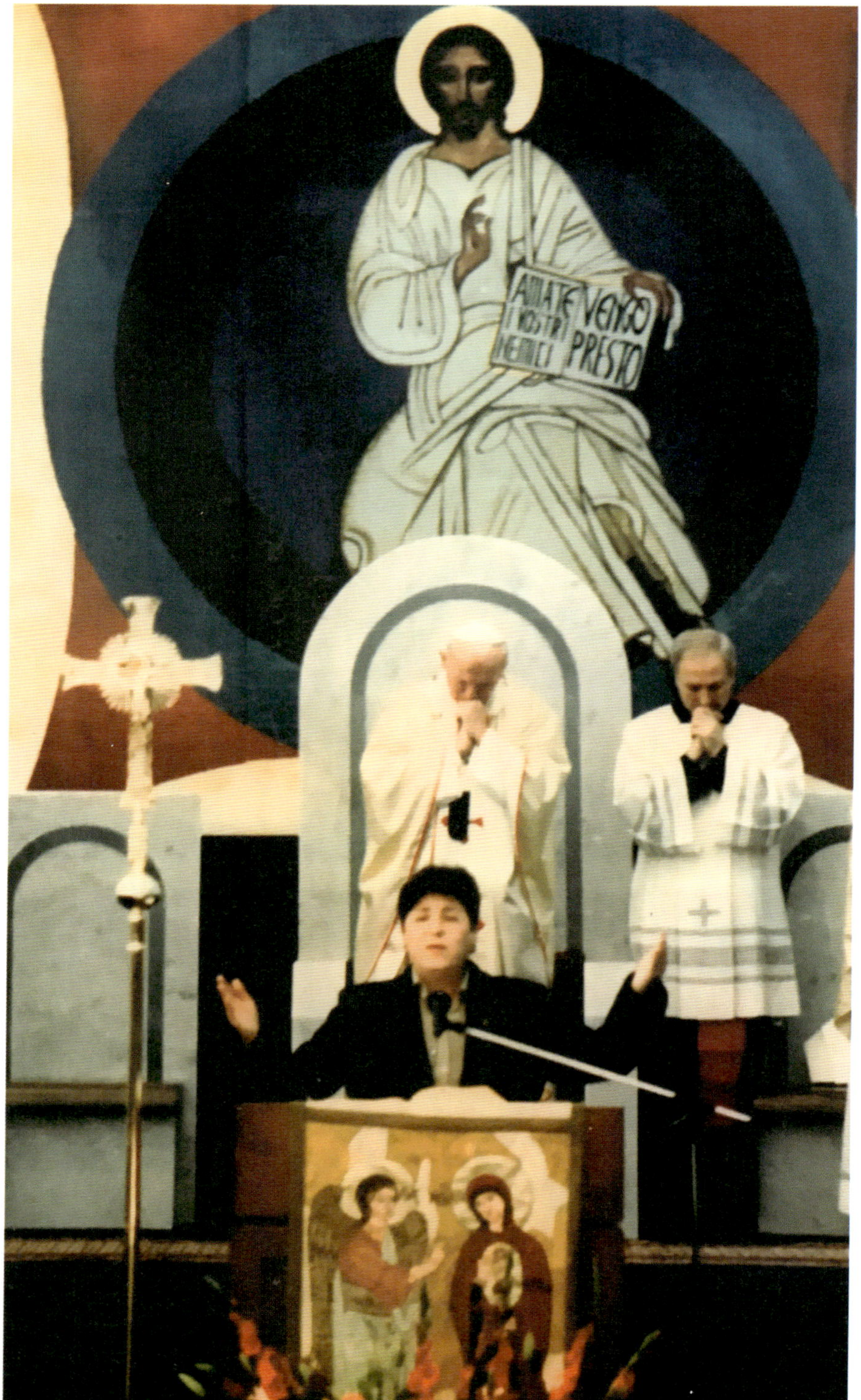
AMATE I VOSTRI NEMICI
VENGO PRESTO

"
1988
PORTO SAN GIORGIO

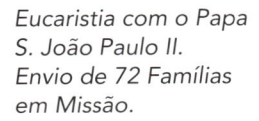

Eucaristia com o Papa S. João Paulo II. Envio de 72 Famílias em Missão.

Acima: *1991 – O Santo Padre João Paulo II com os primeiros reitores dos Seminários* Redemptoris Mater, *acompanhados pelo bispo Giulio Salimei e pelos arcebispos Paul Josef Cordes e Maximino Romero de Lema.*

Abaixo: *1992 – Santo Domingo (República Dominicana).*

CONVIVÊNCIA DE BISPOS

Acima: *1994 – Convivência de Bispos da África.*
Abaixo: *2008 – Convivência de Bispos na Domus Galilaeae.*

1987 – Roma. O Papa João Paulo II saúda Carmen durante o envio das Famílias em Missão.

compor o corpo; pois a "incorruptibilidade", que é o princípio da Ressurreição, é contínua, contínua, contínua porque é um valor do Espírito, que não se vê com os olhos e é essencial à vida.

Por isso, a Igreja caminha em conversão, não pode parar um minuto; se você para um minuto, entra no poder da morte, que se apodera de você. Assim como a velhice vai nos comendo, o poder do Espírito lhe regenera, o poder da conversão. Por isso digo que o Sínodo[29] realiza-se aqui nesta manhã, o poder da Reconciliação[30].

---

29. Nesse mesmo momento, está sendo celebrada a VI Assembleia Geral Ordinária do Sínodo dos Bispos (29/set. a 29/out. de 1983) sobre "A penitência e o perdão na missão da Igreja".
30. *Documentos Carmen Hernández*, XXXIV.

26
A SAGRADA FAMÍLIA DE NAZARÉ
(1984-1990)

As Famílias em Missão

No coração do Caminho Neocatecumenal está a inspiração da Virgem a Kiko Argüello de "fazer comunidades cristãs como a Família de Nazaré". Com o tempo, uma das renovações fundamentais que esse Caminho vai aportar à Igreja atual é a vocação de Famílias em Missão e, mais tarde, as Missões *ad Gentes*, famílias inteiras com seus filhos, dispostas a ser enviadas a qualquer parte do mundo para evangelizar, apoiar a Igreja e dar testemunho da família cristã em lugares onde quase não há presença do cristianismo. O Pe. Mario recorda tudo isso de forma bem detalhada:

> Na convivência de itinerantes da Itália e da Europa, em janeiro de 1985, Kiko e Carmen escutaram a experiência dos itinerantes do norte da Europa, sobre a situação do Caminho na Finlândia, na Suécia, na Dinamarca, no norte da Alemanha, na Holanda e no norte da França. Notaram que, nessas regiões, o Caminho não entraria passando pelas paróquias, porque aqui havia uma barreira muito grande: os conselhos pastorais, porque, nessas regiões, predominantemente luteranas, com uma minoria católica, os conselhos pastorais não tinham somente o poder consultivo, mas também deliberativo, e o padre era um a mais. Havia párocos que queriam o Caminho, mas não podiam pedir as catequeses porque o conselho pastoral se opunha.
> No fim daquela convivência, o Senhor inspirou a Kiko e Carmen uma nova forma de evangelização, já não somente através das paróquias, mas através do envio de famílias, com seus filhos, com a certeza de que os sinais de uma família cristã poderiam atrair os pagãos. Vendo sua vida, sua experiência de família e vivendo no lugar, não como os itinerantes que iam e vinham, mas com as pessoas podendo conhecê-las e vê-las.
> Em 11 de novembro de 1985, Kiko, por meio de uma carta, apresenta ao Papa São João Paulo II um plano de *implantatio Ecclesiae*, nos países mais descristianizados do norte da Europa, mediante o envio de famílias, com seus filhos, acompanhadas por um presbítero e por um jovem salmista leigo, que viviam estavelmente no lugar. No domingo 24 de novembro de 1985, festa de Cristo Rei, por ocasião da inauguração da II Assembleia

Extraordinária do Sínodo dos Bispos, para o XX aniversário da conclusão do Concílio Vaticano II, o Papa convida-nos para jantar. Durante o jantar, Kiko apresenta ao Santo Padre um mapa grande do norte da Europa e lhe diz: "Santidade, um plano de *implantatio Ecclesiae in terra nullius*", o Papa olhou-o e gostou muito da ideia[1].

Anos mais tarde, em 15 de janeiro de 1986, o Papa João Paulo II envia as três primeiras Famílias em Missão:

> O Papa, no final da Audiência de quarta-feira, em uma sala e de forma privada, enviou as três primeiras Famílias em Missão, acompanhadas por três presbíteros com seus *regula socii*.
> A família de Óscar e Paola, com seus filhos, a Oulu, no norte da Finlândia, próximo do Polo Norte, onde não existia nenhuma paróquia católica. A família de Gigi e María, com seus filhos, ao bairro chinês de Hamburgo, e a família de Giuliano e Danielle, com suas duas filhas, a um bairro periférico de Estrasburgo. Estas foram as três primeiras Famílias em Missão.

Em 1987, o Papa envia as três primeiras famílias aos "pueblos jóvenes" de Lima:

> Em 26 de abril de 1987, o Papa, em uma audiência privada, enviava as três primeiras famílias espanholas aos "pueblos jóvenes" da cidade de Lima, no Peru. Kiko e Carmen pensaram em enviar, para essa difícil missão, três famílias entre seus colaboradores mais próximos de Madri: José Agudo e Rosario, José María Soler e Carmenchu, Melchior e Elvira para as regiões de "los pueblos jóvenes"[2].

Anos mais tarde, em 3 de junho de 1988, João Paulo II envia outras 12 Famílias em Missão para a América do Sul:

> No decorrer de uma Audiência privada na Sala Clementina, o Santo Padre entrega o crucifixo a 12 famílias que partem para a América do Sul, para viver em meio aos pobres, dando testemunho do Evangelho nos "pueblos jóvenes", ao redor de Lima, Peru, entre os mineiros de Coronel, Chile, e nas regiões de palafitas de Guayaquil, Equador.

Kiko e Carmen tiveram a inspiração de enviar essas Famílias em Missão, mas sempre com muita preocupação, razão pela qual quiseram que o próprio

---

1. M. PEZZI, "'Mirabilia Dei' nos 50 anos do Caminho Neocatecumenal", Convivência de Início de Curso, Porto San Giorgio, 20-23 de setembro de 2018.
2. Ibid.

Papa fizesse o envio. Além disso, procuraram visitar todas elas e fazer logo convivências com essas famílias e seus filhos, pois queriam comprovar *in situ* como se desenvolvia aquela missão, os problemas e as dificuldades dessas famílias, pela responsabilidade que isso implicava. Graças à evangelização conduzida por essas famílias durante todos esses anos, surgiram muitas comunidades nas periferias de grandes cidades da América e da Ásia, o que permitiu abrir o Caminho no descristianizado norte da Europa.

A *Missio ad gentes*

Dessa experiência de Famílias em Missão surgem outros carismas dentro do Caminho Neocatecumenal, como os Seminários *Redemptoris Mater* (dos quais falaremos mais adiante) e, posteriormente, após essa vocação e experiência de evangelização, as chamadas Missões *ad gentes*:

> Vinte anos depois das Famílias em Missão, sobretudo na Alemanha e na Holanda, o Senhor inspirou a Kiko e Carmen uma nova forma de evangelização, as *Missio ad gentes*, como resposta à progressiva descristianização e secularização da Europa.
>
> O Papa João Paulo II, no IV Simpósio dos Bispos da Europa (17 de outubro de 1985), propunha "a volta ao primeiríssimo modelo apostólico", quando os cristãos reuniam-se nas casas para escutar a Palavra e celebrar a Eucaristia. Kiko e Carmen pensaram em reagrupar as primeiras famílias enviadas em missão ao Norte da Europa, para formar com elas as primeiras *Missio ad gentes*.
>
> Em 12 de janeiro de 2006, o Papa Bento XVI envia sete presbíteros destinados a serem parte das primeiras sete *Missio ad gentes* na Europa, com 220 Famílias em Missão com seus filhos, entregando-lhes o crucifixo.
>
> No fim de maio, Kiko e Carmen convidam para uma Convivência em Porto San Giorgio os sete presbíteros enviados pelo Papa e as primeiras Famílias em Missão, já enviadas há 20 anos, à Alemanha, à Holanda e à França, com seus filhos, com alguns seminaristas, como *regula socci* dos presbíteros, e algumas irmãs, que já haviam acompanhado as Famílias em Missão.
>
> Kiko e Carmen formaram as primeiras sete *Missio ad gentes*: duas para Chemnitz, a antiga Karl-Marx-Stadt, na Alemanha; uma para Almere e outra para Amsterdã, na Holanda; uma para Toulon, outra para Avignon e para Marselha, que depois passou a Montpellier, na França.
>
> O Senhor confirmou as *Missio ad gentes* como uma forma eficaz de presença da Igreja e da evangelização que, em poucos anos, formou comunidades de pagãos que nunca tinham colocado um pé na Igreja, atraídos

pelo estilo de vida e pelo ambiente dessas famílias, em lugares onde a família já estava destruída[3].

São João Paulo II e o Caminho Neocatecumenal

Carmen se destacou por seu grande amor à Igreja e também à figura de Pedro, dentre os sucessivos papas que conheceu: Pio XII, sobre quem desenvolveu seu trabalho final de estudos em Ciências Sagradas; um amor também manifestado a Paulo VI, como já narramos; em seguida, a João Paulo I (Albino Luciani), o Papa do sorriso, com quem Kiko e Carmen tiveram uma relação muito cordial quando era Patriarca de Veneza — há, de fato, uma fotografia muito bonita de Carmen e ele conversando, na qual se ressalta a amistosa cordialidade do encontro. Contudo, em virtude do breve pontificado desse Papa, foi logo depois, com seu sucessor, São João Paulo II, com quem manteve uma relação mais profunda. Ele foi quem mais acompanhou o Caminho Neocatecumenal em toda a sua expansão e em seu crescimento como realidade da Igreja. É, além disso, "o Papa da família": viu com grande perspectiva e dom profético a importância da família na evangelização e na própria missão da Igreja[4]. Com Carmen, alcançou um grau de confiança elevado e pessoal. São muitas as anedotas de seus encontros e conversas, e algumas delas muito divertidas, como o fato de que Carmen fumasse dentro das estâncias papais com a cumplicidade do próprio pontífice. Mas o mais importante é que sob seu papado podemos situar os marcos da história do Caminho Neocatecumenal; por exemplo, o discurso que fez no encontro com os neocatecúmenos para preparar o Sínodo dos Bispos *Reconciliação e penitência* (10 de fevereiro de 1983); o documento da Congregação para o Culto Divino sobre a Eucaristia do Caminho Neocatecumenal (19 de dezembro de 1988); a celebração da Eucaristia com as Famílias em Missão e itinerantes do Caminho Neocatecumenal em Porto San Giorgio (30 de dezembro de 1988)[5]; o decreto de Elevação do Seminário *Re-*

---

3. M. PEZZI, "'Mirabilia Dei' nos 50 anos do Caminho Neocatecumenal", op. cit.
4. Conforme consta na Carta *Gratissimam sane*, do Sumo Pontífice João Paulo II às Famílias (2-2-1994): "Dentre essas numerosas estradas, a primeira e a mais importante é a família: uma via comum, mesmo se permanece particular, única e irrepetível, como irrepetível é cada homem; uma via da qual o ser humano não pode se separar".
5. Já havia presidido, em Castel Gandolfo, outras celebrações da Eucaristia, como com os itinerantes e as Famílias em Missão, com a presença de Mons. Cordes (cf. *Il Cammino Neocatecumenale nei discorsi di Paolo VI, Giovanni Paolo II e Benedetto XVI* [Centro Neocatecumenal, Roma, 2011], 28 de dezembro de 1986, p. 156-159).

demptoris Mater de Roma (4 de novembro de 1988); a Carta *Ogniqualvolta* dirigida a Mons. Cordes sobre o Caminho Neocatecumenal (30 de agosto de 1990); o processo de elaboração e o posterior decreto de aprovação dos Estatutos do Caminho Neocatecumenal *ad experimentum*, dado no Vaticano em 29 de junho de 2002. Além de vários encontros mais particulares com catequistas itinerantes no interior do Palácio Papal de Castel Gandolfo. No último deles, em 21 de setembro de 2002, com itinerantes e presbíteros para celebrar a primeira aprovação dos Estatutos, o Papa dirigiu palavras muito carinhosas a Carmen, afirmando sua essencial contribuição ao Caminho: "Sem Carmen, o Caminho não poderia existir"[6].

Dez anos antes, o Papa já havia especificado, se referindo ao Caminho na Carta *Ogniqualvolta*:

> Entre as realidades geradas pelo Espírito em nossos dias figuram as Comunidades Neocatecumenais, iniciadas pelo senhor Kiko Argüello e pela senhora Carmen Hernández (Madri, Espanha), cuja eficácia para a renovação da vida cristã era saudada por meu predecessor Paulo VI como fruto do Concílio. [...] Também eu, nos muitos encontros como Bispo de Roma, nas paróquias romanas, com as Comunidades Neocatecumenais e com seus pastores, bem como nas viagens apostólicas por muitas nações, pude constatar copiosos frutos de conversão pessoal e de fecundo impulso missionário.
>
> Essas Comunidades tornam visível nas paróquias o sinal da Igreja missionária e "se esforçam por abrir a estrada à evangelização daqueles que praticamente abandonaram a vida cristã, oferecendo-lhes um itinerário de tipo catecumenal que percorre todas aquelas fases que na Igreja primitiva os catecúmenos percorriam antes de receber o sacramento do Batismo; reaproxima-os da Igreja e de Cristo"[7]. São o anúncio do Evangelho, o testemunho em pequenas comunidades e a celebração eucarística em grupo que permitem que seus membros se ponham a serviço da renovação da Igreja. [...]
>
> Acolhendo o pedido a mim feito, reconheço o Caminho Neocatecumenal como um itinerário de formação católica válida para a sociedade e para os tempos de hoje[8].

Um momento especialmente significativo e decisivo para Carmen foi quando, em 30 de dezembro de 1988, na Solenidade da Sagrada Família, o

---

6. *L'Osservatore Romano* (22-9-2002). Cf. *Il Cammino Neocatecumenale nei discorsi...*, op. cit., 326-330.
7. *Comunicado sobre as celebrações nos grupos do "Caminho Neocatecumenal"*: *L'Osservatore Romano* (24-12-1988).
8. Carta *Ogniqualvolta* de Sua Santidade João Paulo II ao venerado irmão Mons. Paul Josef Cordes, de 30 de agosto de 1990.

Papa São João Paulo II presidiu a Eucaristia na *Tenda da Reunião*[9], em Porto San Giorgio, com as primeiras famílias que haviam partido em Missão e todos os itinerantes. Ali, São João Paulo II celebrou pela primeira vez com o sinal da paz antes do ofertório e a comunhão sob as duas espécies, ou seja, com alguns elementos da liturgia com os quais celebram as comunidades do Caminho. A Congregação para o Culto Divino já havia dado sua aprovação a "algumas particularidades" na Celebração da Eucaristia das comunidades neocatecumenais[10]. Após essa Eucaristia, São João Paulo II, ali mesmo, enviou 72 famílias em Missão a diferentes partes do mundo, entregando-lhes um crucifixo e confirmando esse novo carisma. Em sua homilia, afirmou: "Trindade em missão, família em missão".

Kiko, Carmen e Mario Pezzi estavam extasiados pela alegria. A presença do Santo Padre nesse momento é histórica e crucial para o Caminho Neocatecumenal.

Nessa Eucaristia, que o Papa celebra com todos os sinais desejados pela renovação litúrgica do Concílio, Carmen fez uma monição à leitura do Primeiro Livro de Samuel[11] muito significativa, da qual é importante lembrar:

> Irmãos, hoje vejo que se cumpre como um evento, como a Palavra de Deus, fatos, a Palavra, a Escritura que proclamaremos hoje se faz realidade na Igreja no meio de nós.
>
> Ana, a mãe de Samuel, que conhecia e chorava sua esterilidade, que realmente conhecia o ridículo, a aflição e chorava... O sacerdote pensou que estava bêbada, mas ela lhe diz: "Não estou bêbada, mas é minha amargura, minha situação, e peço ao Senhor uma saída".
>
> Vejo que se vocês estão aqui é porque experimentaram verdadeiramente o nascer da morte e a fé em Jesus Cristo vivendo em nós. E, como Ana, podemos nos apresentar hoje à Igreja, tão bem representada pelo Santo Padre, para lhe oferecer toda a nossa vida, esta fé no Senhor, que é nosso filho que carregamos, para nos colocar a serviço da Igreja na evangelização.
>
> Ana, cheia de gratidão, exulta, preâmbulo a todo o *Magnificat* da Virgem. Acredito que toda a assembleia poderia dizer como Ana: "Eu sou essa mulher! Você se lembra daquela mulher em que se cumpriu a obra do Senhor? Este menino não é meu, é obra do Senhor!".

---

9. Para essa convivência instalou-se uma tenda, onde atualmente está a estrutura fixa que acolhe as grandes reuniões no Centro Internacional Servo de Iahweh, em Porto San Giorgio (Itália).
10. Roma, 19 de dezembro de 1988 (cf. *Il Cammino Neocatecumenale nei discorsi...*, op. cit., 372).
11. Cf. 1 Samuel 1,20-28, onde Ana consagra seu filho Samuel ao Senhor.

> Estou feliz com a presença do Santo Padre aqui. Apesar de meus sofrimentos, vejo como Deus se manifesta ainda hoje com sua própria palavra, que é eterna.
> Não queria que Ele, que é imenso, que não entra em nenhuma parte do universo, dos muitos universos que a ciência descobriu, não queria que sua Palavra aterrissasse em nenhuma Universidade do mundo, mas que sua Palavra se fizesse carne, fazendo visível a enorme imensidade do amor de Deus, na família, esta família de Nazaré.
> Também hoje na Igreja, a Palavra, de que todos os homens necessitam, esta Palavra se cumpre hoje no meio de nós porque nos tirou de nossa esterilidade, do nada, realizou uma obra maravilhosa porque a Igreja tem, neste nosso século, uma imensa perspectiva de vida para nossa geração. Escutemos esta palavra, irmãos, e tenhamos coragem porque temos uma oportunidade fantástica de dar a vida ao Senhor[12].

Após a volta do Papa a Roma, nessa mesma convivência, Carmen comentava:

> Disse ao Papa no almoço: "Padre, gostou?"... Estava encantado e lhe disse: "Padre, fazemos ainda melhor!". Quase consegui fazer um pouco de catequese, dizendo: "Padre, é muito importante ter um pouco de espaço entre o pão e o vinho — como na Páscoa — para passar da escravidão à liberdade, o memorial do Senhor: a ressurreição não pode ser explicada, tem que ser experimentada". Disse muitas coisas, e o Papa tem muita estima por nós, muita...
> Disse ao Papa: "Faremos a próxima no Vaticano! Este não é um rito especial no Neocatecumenato, é o Concílio Vaticano II levado à prática!". Disse-lhe muitas coisas[13]!

Esse grande fruto do Caminho Neocatecumenal, as Famílias em Missão dentro da nova evangelização promovida por São João Paulo II, teve seu reconhecimento público quando, na quarta-feira 13 de maio de 2009, o Pontifício Instituto João Paulo II para Estudos sobre o Matrimônio e a Família — festa da Virgem de Fátima e em seu 28º aniversário — outorgou o doutorado *honoris causa* a Kiko Argüello. Na *Laudatio* do ato acadêmico, o professor doutor José Noriega declarou:

> O Instituto Pontifício João Paulo II outorga hoje a Kiko Argüello o Doutorado *honoris causa* porque reconhece no itinerário de formação cristã

---

12. *Documentos Carmen Hernández*, XIII: Convivência de Famílias em Porto San Giorgio, 26-30 de dezembro de 1988, p. 79.
13. Ibid., p. 80.

pós-batismal, iniciado por ele com Carmen Hernández, uma fecundidade muito especial pela plena valorização da família como sujeito eclesial e social, em plena consonância com a forma de pensar de João Paulo II, que gerou abundantes frutos em todo o mundo.

O redescobrimento da fecundidade do batismo na vida matrimonial teve um dos seus frutos mais significativos no descobrimento da santidade do ato conjugal entre os esposos... *As famílias do Caminho Neocatecumenal entenderam rápido e adotaram uma forma de liturgia doméstica*: a cada dia no matrimônio, mas ainda mais especialmente toda a família no domingo, na celebração das Laudes, vivida como um espaço onde se favorece o diálogo com Deus em um diálogo familiar. Desse modo, a grande missão de transmitir a fé aos filhos encontrou no âmbito próprio do testemunho dos pais, os quais ajudam os filhos a compreender a relevância da Palavra na própria história concreta... É aqui que se reconhece uma das razões principais do grande fruto de vocações que as famílias do Caminho souberam conduzir...

No contexto de uma secularização espantosa de grandes regiões da terra onde a fé está em perigo de se apagar como uma chama que não encontra mais onde se nutrir, o Caminho Neocatecumenal soube colocar Deus presente de uma maneira singular: estou falando do *grande testemunho das Famílias em Missão*[14].

---

14. *Concessão do Doutorado Honoris Causa a Kiko Argüello* (Pontifício Instituto João Paulo II para Estudos sobre o Matrimônio e a Família — Centro Neocatecumenal de Roma, 2009) 11 ss.

27
VOCAÇÕES NO CAMINHO NEOCATECUMENAL

Um fruto das famílias: o chamado ao sacerdócio e à vida religiosa e missionária

Ao mesmo tempo em que surge esse chamado à missão, a *iniciação cristã* que o Caminho está levando a tantos matrimônios e famílias tem outro importante fruto em seu seio: em alguns dos filhos das muitas famílias das comunidades neocatecumenais, o Senhor suscita vocações tanto ao sacerdócio como à vida religiosa. Diante desse fato, Kiko, Carmen e Pe. Mario convocaram um primeiro encontro com 400 jovens do Caminho, aspirantes ao Presbiterado, que teve lugar, em um retiro de três dias, no Centro Neocatecumenal de Porto San Giorgio e que foi concluído com uma Eucaristia presidida pelo Papa João Paulo II diante da Gruta da Virgem de Lourdes dos Jardins Vaticanos no dia 3 de julho de 1983[1].

Além disso, essa nova forma de evangelização com famílias vai suscitar a necessidade de presbíteros que as acompanhem em seus lugares de missão. Nesse ponto, o sopro do Espírito moveria os corações de muitíssimos jovens que, vendo suas famílias, os matrimônios de seus pais reconstruídos e salvos pela Igreja e acompanhados por suas comunidades, sentem o chamado do Senhor ao sacerdócio. Há um florescimento mais visível das vocações a partir de quando o Papa São João Paulo II convocou um primeiro "Jubileu dos Jovens" em Roma, por ocasião do Ano Santo da Redenção. Essa foi a primeira vez que a Igreja Católica organizou uma grande reunião de jovens. Foram a esse primeiro encontro com João Paulo II, celebrado no sábado 14 de abril de 1984, muitíssimos moços e moças do Caminho. Esses jovens encontraram-se na manhã seguinte na praça da Basílica de São João de Latrão para participar da missa. Em seguida, partiram em uma longa procissão em direção à praça de São Pedro, na Cidade do Vaticano, onde se encontraram com o Papa. Nessa ocasião, as portas

---

1. *Il Cammino Neocatecumenale nei discorsi di Paolo VI, Giovanni Paolo II e Benedetto XVI* (Centro Neocatecumenal, Roma, 2011). Eucaristia nos Jardins Vaticanos, 3 de julho de 1983, p. 113-118.

da Basílica de São Pedro foram abertas pela Madre Teresa de Calcutá. No dia seguinte, 15 de abril, o Papa concluiu o Jubileu dos Jovens com o Ângelus no Domingo de Ramos.

No encontro do Caminho Neocatecumenal, reuniram-se 300 mil pessoas, em sua maioria, italianas, mas houve importante presença de jovens de outros países. Nessa ocasião, e dentro dessas jornadas, o Senhor inspirou Kiko e Carmen a fazer um chamado vocacional. E, pela primeira vez, numerosas vocações foram suscitadas, algumas para a itinerância e a evangelização, muitas outras foram para o presbiterado.

No ano seguinte, por ocasião do Ano Internacional da Juventude, já foi organizada uma Jornada da Juventude, durante os dias 30 e 31 de março de 1985, novamente em Roma. Com a experiência do ano anterior, houve o nascimento desses eventos periódicos denominados Jornadas Mundiais da Juventude, que passaram a ser celebrados desde então a cada dois ou três anos, por diferentes dioceses e nações do mundo, sempre com a convocação do Papa.

Nessa segunda ocasião, os iniciadores do Caminho convocaram 1.200 jovens para uma grande convivência que foi realizada nos dias anteriores a essa jornada. A característica desses jovens do Caminho é que vinham de 60 países e haviam respondido a diferentes chamados vocacionais realizados desde o ano anterior por Kiko, Carmen e pelos itinerantes responsáveis das nações. Esses jovens, com Kiko, Carmen e o Pe. Mario, tiveram uma audiência na Capela Sistina com São João Paulo II, que lhes disse:

> Vou conhecendo cada vez mais vosso Caminho Neocatecumenal e faço isso em circunstâncias diferentes e com brevidade sempre; destes fragmentos resulta um conjunto. Gostaria de dizer o que me parece essencial. No centro da vossa espiritualidade está o sacramento do Batismo. O que significa o Batismo? Muitas coisas, mas entre todas as coisas que compõem a grande teologia do sagrado Batismo, há uma: a primeira consagração da pessoa humana a Deus, em Jesus Cristo. Certamente há muitos, muitíssimos batizados que compreendem pouco ou nada do que é esta primeira consagração. Por outro lado, quem fizer uma avaliação completa, existencial, verdadeiramente religiosa de seu Batismo, alguma vez ao menos encontrar-se-á com esta realidade: sou uma pessoa consagrada a Deus. Nesta consagração primeira e principal é mais fácil detectar a vocação sacerdotal ou religiosa. [...] E assim somos itinerantes. Este é outro aspecto do vosso caminho. A Igreja apostólica era itinerante e, sem dúvida, o mais itinerante dos apóstolos era São Paulo. Hoje também a Igreja é itinerante, todos são itinerantes, também aqueles que durante toda a vida não mudam de lugar, nem de casa, pois todos somos peregrinos, e peregrinos significa mais do que itinerante; todos somos pe-

regrinos no Espírito Santo, peregrinos rumo à casa do Pai, e Cristo nos guia por meio do Espírito Santo[2].

As Jornadas Mundiais da Juventude (JMJ)

É importante destacar como Kiko e Carmen contribuíram com essas Jornadas Mundiais da Juventude, tão queridas pelos papas e que, desde então, são celebradas a cada dois ou três anos em diferentes lugares dos cinco continentes. É uma forma de ação pastoral para ajudar numerosos jovens. Essas jornadas converteram-se em um verdadeiro "encontro eclesiástico" que reúne centenas de milhares de moças e rapazes de todo o mundo. Depois dos dois grandes encontros com o Papa — com uma vigília de oração e a celebração da Eucaristia —, os iniciadores do Caminho viram aqui uma oportunidade maravilhosa para fazer um chamado vocacional e completar essas Jornadas Mundiais com encontros vocacionais que foram abençoados pelo Senhor com centenas e centenas de jovens que se levantaram. Muitas moças e muitos rapazes manifestaram sua alegria por esse chamado do Senhor e se colocaram à disposição da Igreja para entrar em mosteiros ou em seminários e, assim, se preparar para o ministério da vida religiosa ou sacerdotal.

Essas jornadas foram acompanhadas de vários dias de peregrinação, que se iniciava com uma celebração penitencial. Faziam um tempo de oração diária, Laudes, Vésperas, celebração cotidiana da Eucaristia e a experiência de evangelizar pelas diferentes cidades que atravessavam durante sua viagem... Pequenos acontecimentos, se quiser, mas capazes de tirá-los do vazio da vida cotidiana para colocá-los diante da palavra do Papa e introduzi-los na missão da Igreja. Os frutos foram muito numerosos.

O anúncio do *kerygma* por parte de Kiko e a experiência de fé de Carmen diante de milhares e milhares de jovens vão coincidir com um elemento fundamental, em que ressoa a própria história pessoal: Carmen é uma mulher muito livre, sem mais atadura que seu amor a Cristo, e que se deixa levar pela plasticidade criadora do Espírito Santo. Kiko, por sua vez, é um artista e, por sua intensa experiência de Jesus Cristo, coincide neste ponto com Carmen. Nunca quiseram ser denominados como fundadores, mas somente como iniciadores de um itinerário, de um "caminho" para a Igreja e a serviço da Igreja.

---

2. *Audiência com as vocações do Caminho Neocatecumenal*, em 31 de março de 1985 na Capela Sistina.

Os Seminários *Redemptoris Mater*

A partir dessas experiências e para acompanhar essas vocações, são iniciados centros pré-vocacionais em diferentes lugares para preparar os jovens do Caminho em seu chamado e verificá-los. Essa nova situação, essa abundância, cada vez maior, de vocações entre os jovens das comunidades neocatecumenais conjuga-se com a realidade das Famílias em Missão que partem para diferentes lugares, na maioria das vezes descristianizados, e necessitam da assistência de um presbítero. Tudo isso faz com que Kiko, Carmen e o Pe. Mario se coloquem diante do Senhor e busquem uma resposta. Assim, surgem algumas experiências pioneiras.

Na diocese de Callao, Peru, seu bispo, Mons. Ricardo Durand Flórez, SJ, pediu a Kiko e Carmen, em 1987, que vissem a possibilidade de abrir um Seminário de jovens e adultos, provenientes do Caminho Neocatecumenal, para atender às comunidades, que haviam crescido, em pouco tempo, em grande número por toda a diocese, particularmente em *los pueblos jóvenes*. Dessa forma, com a aprovação dos iniciadores e da Congregação para a Educação Católica, surgiu, em 1986, o Seminário João Paulo II para Adultos. Mais tarde, em 26 de dezembro de 1989, o próprio bispo o erigiu como Seminário Diocesano e Missionário *Redemptoris Mater* e João Paulo II[3].

Em Roma, Kiko e Carmen propuseram ao cardeal vigário Ugo Poletti constituir um pequeno núcleo de doze seminaristas, chamado Comunidade de São Lucas Evangelista, apoiados pelo reitor do Colégio Caprânica, Mons. Luciano Pacomio, que os seguiria pessoalmente em encontros periódicos. Dos doze seminaristas, quase todos tinham sido itinerantes durante longo tempo e viviam de dois em dois em algumas famílias das comunidades que os acolhiam, caminhavam em sua respectiva comunidade, faziam oração comum e estudavam na Pontifícia Universidade Gregoriana.

Em Valência, Espanha, deu-se alternativamente a mesma experiência com outro núcleo de seminaristas; todos eles haviam sido itinerantes, foram acolhidos pelo arcebispo de então, Mons. Miguel Roca Cabanellas, e viviam em famílias das comunidades da cidade.

Finalmente, a Providência vai impulsionar um passo a mais com o primeiro Seminário Diocesano Missionário *Redemptoris Mater*:

> Em 26 de agosto de 1987, dia da Virgem de Czestochowa, o Papa convidou-nos a jantar em Castel Gandolfo e, durante o jantar, quando o secretá-

---

3. Nota proporcionada pelo Pe. Mario, para este livro, em 14 de janeiro de 2021.

rio do Papa, Mons. Estanislao, saiu um momento, Kiko levantou-se, aproximou-se do Santo Padre e mostrou-lhe um álbum de fotografias da casa que o Senhor nos havia feito encontrar, dizendo ao Papa:

— Santo Padre, a Virgem de Czestochowa, no dia de sua Festa, oferece-lhe um Seminário Diocesano Missionário.

Olhando as fotografias da casa, o Papa perguntou a Kiko:

— O que diz o cardeal Poletti?

— Fazer uma coisa pequena, que não chame muito a atenção — respondeu-lhe Kiko.

— Mas esta não é tão pequena! — respondeu o Papa.

O Santo Padre mostrou-se entusiasmado e, ao término do jantar, na presença do secretário, colocando-se de pé e batendo com o punho sobre a mesa, disse:

— Isso é bom e necessário, deve-se fazer.

No final, o secretário nos disse:

— Ouviram o Papa? Com a palavra do Papa é necessário ir adiante.

Outro milagre acontece quando Kiko e Carmen, com Adelchi[4], fizeram um encontro com estas freiras franciscanas (que eram as proprietárias da casa) e o ecônomo dessas religiosas lhes perguntou:

— Quantos milhões de liras vocês têm como antecipação e garantia de compra do imóvel?

A resposta de Kiko e Carmen foi que não dispunham, sequer, de um só milhão, mas que o Senhor providenciaria.

Assim foi: em 15 de setembro, festa de Nossa Senhora das Dores, firmou-se a proposta de aquisição; e Kiko e Carmen, durante a Convivência de Início de Curso dos Catequistas da Itália e da Europa, em Arcinazzo, fizeram uma coleta entre os irmãos; e o milagre foi que, com o que conseguiram, não somente se pôde comprar a casa, mas também sobrou dinheiro para os gastos de acomodação e para a vida do primeiro ano do seminário[5].

Carmen, de alguma maneira, deixou-se levar por essa nova situação e obedeceu ao que o Espírito Santo estava suscitando. Ela realmente passou ali um tempo de combate, diante dessa nova realidade dos seminários, porque, dada sua vivência pessoal, sempre rejeitou as instituições; em repetidas ocasiões havia dito que não queria fundar nenhuma congregação nem nada parecido. Se recordarmos, em Ein Karen, próximo de Jerusalém, ela havia sentido em seu

---

4. Adelchi Chinaglia, advogado e canonista, irmão da primeira comunidade da paróquia de Santa Maria Formosa, de Veneza, ajudou Kiko, Carmen e Pe. Mario nas questões legais.
5. Cf. M. PEZZI, "'Mirabilia Dei' nos 50 anos do Caminho Neocatecumenal", Convivência de Início de Curso, Porto San Giorgio, 20-23 de setembro de 2018.

interior essa inspiração da Virgem que aos poucos foi confirmada na Galileia junto ao lago, onde ocorreu a profissão de Pedro: "É a Igreja!".

Essa inspiração da Virgem ilumina sua vida e coloca em seu coração um desejo de renovação para *a própria Igreja*, algo que virá confirmado por meio do Concílio Vaticano II. Não se trata de fundar nada, nem de criar congregações ou instituições, mas sim de renovar e servir a própria Igreja, colocar-se a serviço dos bispos, das paróquias etc. Por isso, ela teme que o Caminho se institucionalize, que se encaminhe para um clericalismo ou alguma outra estrutura regulamentada.

O que principalmente suscita dúvidas em Carmen é a ideia de fazer um seminário convencional, com casa e internato. De fato, ela teria desejado manter aquela primeira forma existente na Igreja primitiva de que os candidatos ao presbiterado se formassem em pequenos grupos, com um pároco de comprovada experiência, virtude e santidade, e que os rapazes vivessem com famílias, indo à comunidade e seguindo o Caminho. Mas uma vez mais o Espírito a conduz por sendas que ela não quer; algo que, nesse caso, vai aceitar graças a São João Paulo II. É ele quem reconhece e apoia essa iniciativa como algo que o Espírito Santo está oferecendo, um fruto do Caminho Neocatecumenal. Como nos indica o Pe. Mario:

> A inspiração de Kiko e Carmen de unir a formação específica ao presbiterado com o itinerário de formação cristã do Caminho Neocatecumenal foi a verdadeira genialidade. Participando do Caminho, dá-se uma maturidade humana nas relações com os irmãos e as irmãs de comunidade, jovens e anciãos, de diversas condições, o crescimento na fé, a conquista das principais virtudes cristãs, através das celebrações semanais da Palavra de Deus e da Eucaristia, da convivência e das diversas etapas do Caminho, em obediência a seus catequistas. Depois, o seminário completava a formação própria do presbiterado, estudando na Universidade[6].

Assim, erige-se o primeiro Seminário Diocesano Missionário *Redemptoris Mater*, o de Roma: em 14 de fevereiro de 1988, festa dos Santos Cirilo e Metódio, patronos da Europa. O cardeal Poletti, por vontade do Santo Padre, firmou o Decreto de Elevação do Colégio para a formação presbiteral, o Seminário *Redemptoris Mater* de Roma, o Estatuto e a Regra de Vida — preparada por Kiko e Carmen, graças à contribuição de Mons. Pacomio — e fez as nomeações oficiais dos formadores e do conselho pastoral.

---

6. Ibid.

Um ano depois, no período de 1989-1990, inicia-se o Seminário Diocesano Missionário *Redemptoris Mater* de Madri, com 28 seminaristas de oito nações diferentes. Após um primeiro período, vivendo acolhidos em casas de famílias do Caminho Neocatecumenal, ao iniciar o curso de 1990-1991, o seminário estabeleceu-se em uma ala do Convento San Pedro Mártir, dos padres dominicanos. No começo, os estudos realizavam-se na Universidade Pontifícia de Comillas. No dia 1º de outubro de 1991, depois de dois períodos de funcionamento *ad experimentum*, o cardeal Ángel Suquía, então arcebispo de Madri, firmou o Decreto de Elevação com o nome de Seminário Diocesano Missionário *Redemptoris Mater* Nossa Senhora de Almudena, bem como aprovou, *ad experimentum*, os Estatutos e a Regra de Vida em março do ano 1993. Posteriormente, o cardeal Antonio María Rouco Varela aprovou-os em caráter definitivo no dia 23 de março de 1999. Em seguida, o seminário uniu-se aos estudos na Faculdade de Teologia, hoje Universidade São Dâmaso.

Esses seminários são diocesanos, missionários e internacionais. Seu caráter missionário está centralizado na disponibilidade de todos os seus membros para ir a qualquer lugar do mundo em que a Igreja necessite deles e o bispo os envie. Kiko e Carmen sempre manifestaram em sua intenção que esses seminários servissem para *formar um novo tipo de presbítero para a nova evangelização*[7].

Pouco a pouco, numerosos cardeais, arcebispos e bispos de todo o mundo foram abrindo, em suas dioceses, esses seminários missionários *Redemptoris Mater*. Atualmente, são mais de 120 seminários em todo o mundo, e deles já foram formados aproximadamente 2.500 presbíteros diocesanos.

---

7. *Estatutos do Caminho Neocatecumenal*, art. 18. Cf. E. PASOTTI, "L'expérience du Chemin néocatéchuménal", em AA.VV., *Paroisses et nouvelle évangélisation. Actes du IV Colloque de Rome* (Éditions de l'Emmanuel, Dijon-Quetigny, 2009), 267-284.

28
O DIRETÓRIO CATEQUÉTICO E OS ESTATUTOS DO CAMINHO NEOCATECUMENAL

A preparação do Diretório Catequético e os Estatutos do Caminho Neocatecumenal

O Pe. Mario relata em primeira pessoa como se produziu todo o processo que levou aos Estatutos do Caminho Neocatecumenal:

> Diante da expansão e do desenvolvimento do Caminho e das dificuldades que vão surgindo nas décadas de 1980 e 1990, o cardeal Ratzinger, por intermédio do cardeal Cordes, pediu à equipe internacional a elaboração de uma síntese teológica que reunisse o conteúdo catequético desse itinerário de iniciação cristã para adultos. Em um primeiro momento, Kiko e Carmen pediram esse trabalho ao Pe. Emiliano Jiménez[1], que desenvolveu um primeiro trabalho sintético de caráter teológico.
>
> Mas, uma vez terminado, Kiko e Carmen viram que esse trabalho era insuficiente porque apresentava um pouco a teologia renovada, mas não aquilo que podia representar o conjunto do que era em si mesmo o Caminho Neocatecumenal. Então, Kiko propôs ao cardeal Ratzinger que, em vez desse trabalho sintético e visando a responder algumas acusações que chegavam à Congregação para a Doutrina da Fé, podiam entregar-lhe uma

---

1. Emiliano Jiménez Hernández (1941-2007), sacerdote e itinerante. Desde que foi ordenado sacerdote, em 1966, passou a ampliar seus estudos em Roma, onde se especializou em Teologia moral e se doutorou pela Academia Alfonsiana, em 1988, com uma tese intitulada *Eclesiologia y Teología moral*, sob a orientação do teólogo moralista Bernhard Häring. Nesses anos, conheceu o Caminho Neocatecumenal e logo partiu como catequista itinerante para a América Central. Foi nomeado vice-reitor do Seminário *Redemptoris Mater* João Paulo II, de Callao (Peru), em 1988, e desempenhou esse cargo até 2003. Depois, esteve como diretor espiritual do Seminário *Redemptoris Mater* de Roma até seu falecimento, em 2007. Entre suas numerosas obras, destacam-se: *Moral eclesial*; *¿Quién soy yo?*; *¡¿Dios?! ¡¿Para qué?!*; *La noche del Yaboc*; *Decólogo. Dez palavras de vida*; *Pai-Nosso. Fé, oração e vida*; *Las alas de la Torá* e *Eclesiástico. Resonancias bíblicas*.

a uma todas as catequeses e os diferentes passos ou etapas que conformam esse itinerário de iniciação cristã que é o Caminho Neocatecumenal, de tal forma que pudessem ser examinados pela própria Congregação para a Doutrina da Fé para que tudo isso, uma vez aprovado, formasse sua base, quer dizer, o "Diretório Catequético". Então aceitaram assim as coisas[2].

Da parte do Caminho Neocatecumenal, o Pe. Javier Sotil e o Pe. Ezechiele Pasotti, em estreito contato com Kiko, Carmen e o Pe. Mario, revisaram e apresentaram os volumes individuais das distintas etapas do Caminho à Congregação para o estudo de seus conteúdos.

Todos esses textos foram cuidadosamente revisados pela Sagrada Congregação para a Doutrina da Fé (1997-2003) e acompanhados de referências relevantes ao *Catecismo da Igreja Católica* e do Magistério da Igreja até receber a aprovação do Pontifício Conselho para os Leigos, em 26 de dezembro de 2010[3].

Mais tarde, mudaram o secretário do Conselho para os Leigos e no lugar de Mons. Paulo J. Cordes entrou Mons. Stanisław Ryłko, que já nos conhecia. Convidou-nos para elaborar alguns estatutos, como se fôssemos uma associação de leigos. No fim de 1997, tivemos uma convivência no Sinai para falar sobre isso; Kiko e Carmen não eram partidários de falar de associação laical porque não era uma expressão que correspondia com a realidade do Caminho. Após o retorno do Sinai, o Papa recebeu-nos; era, além disso, o 30º aniversário do início do Caminho em Roma (1998). Nessa ocasião, o próprio Papa São João Paulo II pede que comecem a ser elaborados esses estatutos para o Caminho. Aqui começa o trabalho com uma comissão nomeada por Kiko e Carmen com a supervisão de Mons. Ryłko. Mons. Juan Ignacio Arrieta, da *Opus Dei*, ajudou-nos muito nesse processo. Essa tarefa durou cinco anos. Nos primeiros quatro anos, Mons. Ryłko insistia sobre a associação laical, até que descobrimos que o Conselho para os Leigos não era competente para aprovar um catecumenato, mas somente podia aprovar associações laicais. Aqui, Kiko e Carmen pediram ajuda a um grupo de cardeais, entre os quais estava o cardeal Ratzinger, e escreveram uma carta a São João Paulo II, para que os estatutos respeitassem o que era em si mesmo o Caminho Neocatecumenal: uma iniciação cristã católica e NÃO uma associação laical. Então, o cardeal de Guadalajara (México) foi designado para entregar ao Papa esse pedido em nome desse grupo de cardeais. Como resposta, o Papa escreveu uma carta ao cardeal Stafford, presidente do Conselho para os Leigos, dando-lhe autoridade para aprovar o Caminho Neocatecumenal, reconhecido pela Igreja e que é uma "iniciação cristã, diocesana e dependente do bispo". Kiko teve essa inspiração em

---

2. Contribuições do Pe. Mario Pezzi para este livro, em maio de 2021.
3. E. PASOTTI, *Il Cammino Neocatecumenale. 50 anni di iniziazone cristiana degli adulti*, Siena-Nápoles, Cantagalli-Chirico, 2018, 39-30.

11 de fevereiro de 2001. Mons. Ryłko então começou a trabalhar com uma comissão formada por dois membros do Conselho para os Leigos e representantes do Caminho Neocatecumenal, que mantiveram diferentes encontros bilaterais. De nossa parte, devíamos explicar o porquê de nossas posições. Esse processo levou à aprovação *ad experimentum*, por parte do Papa João Paulo II, dos Estatutos em 2002[4].

O desenvolvimento do trabalho

O Pe. Ezechiele Pasotti, membro dessa comissão, fornece um breve relato sobre o complexo trabalho para preparar o Estatuto:

> A elaboração do texto do "Estatuto" durou cinco anos, que não são tantos. Em junho de 1996, o secretário do Papa, Mons. Stanisław Dziwisz, durante um encontro com os iniciadores do Caminho, pede que se prepare um Estatuto do Caminho Neocatecumenal. Entre janeiro-maio de 1997, elaborou-se um primeiro rascunho, muito simples e com poucos artigos, formulando a ideia do Caminho como "Obra Pontifícia para a Nova Evangelização", que foi entregue. Após um ano de estudo, em 19 de maio de 1998, os órgãos competentes da Santa Sé comunicam-nos que esta via não é factível: é necessário um "Estatuto" mais detalhado. Trabalha-se em um segundo rascunho, apresentando o Caminho não como uma associação, mas sim como uma fundação. Foi entregue em 23 de outubro de 1999 e, um ano mais tarde, em 12 de outubro do ano 2000, a Santa Sé está disposta a reconhecer o Caminho Neocatecumenal como uma "fundação internacional autônoma, com personalidade jurídica pública", constituída por um conjunto de "bens espirituais". Mas os iniciadores não se sentem cômodos com essa fórmula. De maio de 2001 até junho de 2002, trabalha-se sobre o terceiro rascunho, baseado na Carta *Ogniqualvolta*, que apresenta o Caminho Neocatecumenal como "uma modalidade de iniciação cristã". Em 18 de junho de 2002, à última hora da manhã, leu-se para Kiko, Carmen e Pe. Mario o texto do Decreto preparado pelo Conselho Pontifício para os Leigos, com o qual se aprovaria *ad experimentum* o texto dos Estatutos por cinco anos. E, em 11 de maio de 2008, o Estatuto foi aprovado de forma definitiva e o Caminho reconhecido como "uma modalidade diocesana de iniciação cristã" (Art. 1,2)[5].

Tanto o Pe. Mario Pezzi como o Pe. Pasotti destacam o intenso envolvimento de Carmen em todo esse processo, cujo ponto culminante veio, em pri-

---

4. Entrevista com o Pe. Mario Pezzi, em Madri, em 21 de janeiro de 2021.
5. Testemunho do Pe. Ezechiele Pasotti recebido em 12 de janeiro de 2021. Cf. E. PASOTTI, *Il Cammino Neocatecumenale...*, op. cit., 113-132.

meira instância, quando o Conselho Pontifício para os Leigos aprovou *ad experimentum* esses estatutos em 29 de junho de 2002, afirmando:

> O Caminho Neocatecumenal teve início em 1964, no meio dos indigentes de Palomeras Altas, em Madri (Espanha), por iniciativa do Sr. Francisco (Kiko) Argüello e da Sra. Carmen Hernández, que, a pedido dos próprios pobres com quem viviam, começaram a anunciar-lhes o Evangelho de Jesus Cristo. Com o passar dos tempos, este *kerygma* redundou numa síntese catequética, fundamentada sobre o trinômio: "Palavra de Deus-Liturgia-Comunidade", que procura conduzir as pessoas para uma comunhão fraternal e para uma fé amadurecida[6].

Carmen, em sua intervenção desse dia no Pontifício Conselho para os Leigos, falou de sua própria história, de muitos desses momentos relatados nessas páginas em que ela foi conduzida pelo Senhor, pouco a pouco, a servi-lo como iniciadora desse carisma de verdadeiro serviço à Igreja de hoje, que ela define como "um andaime":

> O mais importante é estar na Igreja, e este andaime será no fundo uma ajuda para a renovação da Igreja desejada pelo Concílio, para que a Igreja seja verdadeiramente uma luz que ilumina a globalização. Estou contente com a leitura que se fez hoje: "Tu és Pedro e sobre esta pedra edificarei minha Igreja". Esta sempre foi em mim uma fé imutável... SOMOS UMA INICIAÇÃO CRISTÃ NA IGREJA. PORTANTO, ESTAMOS NA IGREJA, NA IGREJA!..., onde eu quero estar. Para terminar, digo com Santa Teresa: Obrigado porque me permite morrer na Igreja[7].

Mais tarde, chegou o decreto de aprovação definitiva em 11 de maio de 2008, Festa de Pentecostes:

> O Caminho Neocatecumenal é um itinerário de formação católica que "está a serviço do Bispo como uma das modalidades de realização diocesana da iniciação cristã e da educação permanente à fé" (Estatuto, art. 1º, § 2º). O mesmo está dotado de personalidade jurídica pública[8].

---

6. Ocorrido no Vaticano, em 29 de junho de 2002, solenidade de São Pedro e São Paulo, apóstolos, patronos da cidade de Roma. Cf. *L'Osservatore Romano* (1º e 2-7-2002).

7. *Documentos Carmen Hernández*, XVII: Entrega do Estatuto do Caminho Neocatecumenal. Pontifício Conselho para os Leigos, 28 de junho de 2002, 187-188.

8. Cf. Decreto do Pontifício Conselho para os Leigos de 11 de maio de 2008.

A contribuição de Carmen: "Um andaime a serviço da Igreja"

Em sua resposta, Carmen estava cheia de alegria e agradecimento ao Senhor. Ressaltamos alguns momentos de sua intervenção.

> Hoje estou feliz pela Santa Mãe Igreja.
>
> Ontem à noite, chegamos às 12h e vivi esta noite como as noites anteriores aos testes de Matemática ou de Química, lendo todas as coisas, e vi coisas muito grandes da Igreja, porque conheci Pio XII e também João XXIII! Tudo graças a um salesiano. Sou grata à Igreja e a meu pai.
>
> Hoje é a festa de Santo Antônio de Pádua, que é Santo Antônio de Lisboa, é português. Hoje também é o aniversário da Virgem de Fátima... Sempre tive uma festa no dia de Santo Antônio, porque meu pai se chamava Antonio e tenho um irmão chamado Antonio e também um de seus filhos. Para mim, Santo Antônio sempre foi um dia de celebração.
>
> Para mim, os estatutos são um andaime! Porque o que me importa é a Santa Mãe Igreja e o enorme mistério de Deus no universo. A Igreja tem uma impressionante riqueza litúrgica, que é a Palavra de Deus, de que eu vivo, a Palavra de Deus, e nós não a inventamos, e sim a Igreja e toda uma história... Uma riqueza impressionante que não podemos antecipar e não sabemos absolutamente nada, que Deus é imenso, um mistério insondável, ainda hoje expõe a Transfiguração... Isso é o que o Caminho traz: o Concílio Vaticano II, a ressurreição de Jesus Cristo. Cristo ressuscitou! Isso é o que eu sabia: entrar na morte com ele. Quem não entra na morte não pode saber o que é a ressurreição. Por isso, a perseguição, o sofrimento, somente se pode explicar pela ressurreição: a vida e a vida eterna.
>
> Hoje em dia, a ciência está descobrindo a transfiguração, que estamos em movimento, um grande mistério.
>
> Digo que os estatutos são um andaime, mas o importante é a Igreja. Dou graças à Igreja por estar aqui, e o que quero é estar na Igreja. O que sempre me animou é que sempre temos estado nas mãos dos bispos, começando pelo bom Mons. Morcillo. Pelos papas, tudo o que diz Paulo VI e João Paulo II é fantástico e maravilhoso. Também Bento XVI, que é como Santo Antônio, que também sabia muita Teologia[9].

Por último, deve-se indicar que os volumes que compõem o Diretório Catequético foram aprovados pelo Decreto n. 1.436/10/AIC-110 do Pontifício Conselho para os Leigos, dado no Vaticano em 26 de dezembro de 2010, festa da Sagrada Família de Jesus, Maria e José[10]. Contém neste documento:

---

9. Cf. Convivência Internacional dos Itinerantes pela aprovação dos Estatutos do Caminho Neocatecumenal, Porto S. Giorgio, 11-15 de junho de 2008.
10. No conteúdo do Decreto consta: "Os mencionados volumes do Diretório Catequético foram revisados pela Congregação para a Doutrina da Fé de 1997 até 2003 e acom-

Com o Decreto de 11 de maio de 2008, o Conselho Pontifício para os Leigos aprovou de maneira definitiva o Estatuto do Caminho Neocatecumenal.

O Caminho Neocatecumenal realiza-se segundo as linhas propostas pelos iniciadores, contidas no Estatuto e nos 13 volumes que levam o título de Diretório Catequético do Caminho Neocatecumenal (cf. Estatuto, art. 2º, 2º). São eles:

Vol. 1: Fase de conversão ou catequeses iniciais.
Vol. 2: Primeiro escrutínio.
Vol. 3: Convivência: *Shemá*.
Vol. 4: Segundo escrutínio.
Vol. 5: Iniciação à oração.
Vol. 6: *Traditio*.
Vol. 7: *Retraditio*.
Vol. 8: *Redditio*.
Vol. 9: "Pai-Nosso — 1ª parte".
Vol. 10: "Pai-Nosso — 2ª parte".
Vol. 11: "Pai-Nosso — Conclusão".
Vol. 12: "Eleição — 1ª parte".
Vol. 13: "Eleição — parte intermediária e final".

O que se destaca especialmente, no que diz respeito a Carmen Hernández, em todo esse longo processo de trabalho é seu constante amor e a gratidão à Igreja, aos papas, e sua vontade de definir sempre o Caminho como *andaime* a serviço da própria Igreja.

---

panhados convenientemente com referências ao Catecismo da Igreja Católica sobre os temas tratados em cada catequese. Recentemente, a Congregação para a Doutrina da Fé, depois de haver examinado mais a fundo os resultados do mencionado estudo, para dar mais segurança à prática do Caminho Neocatecumenal, assim como para oferecer garantias doutrinais a todos os pastores da Igreja, considerou oportuno encomendar ao Conselho Pontifício para os Leigos — como Dicastério que acompanha essa realidade eclesial — a tarefa de dar uma aprovação específica aos volumes do Diretório Catequético do Caminho Neocatecumenal". (Cf. Carta de 20 de novembro de 2010, Prot. n. 36/75 — 33.843)

29
A LITURGIA NO CAMINHO NEOCATECUMENAL

O sacramento da reconciliação

Levaria muito tempo para detalhar tudo o que Carmen Hernández deu à práxis litúrgica dentro do Caminho Neocatecumenal. É uma contribuição que, sem dúvida, transcende a vida das próprias comunidades neocatecumenais e atinge toda a Igreja de hoje. Há todo um longo processo, muito existencial — como estamos vendo nesta biografia —, uma autêntica vivência que, segundo o Pe. Mario Pezzi, consistiu em "passar do 'devocionismo' à participação"; um processo de descoberta e compreensão da renovação litúrgica que trazia o Concílio Vaticano II, no qual exerceu um papel muito decisivo o liturgista Pe. Pedro Farnés.

Mas quais são essas linhas da renovação que Carmen propõe[1]?

Quanto ao Sacramento da Penitência, Carmen chega a compreender profundamente seu significado de "sacramento de reconciliação" e de "conversão", algo que o Concílio Vaticano II propõe e que, nas catequeses iniciais, vai explicar desta forma:

> Em primeiro lugar, como vimos, a conversão nasce da iniciativa de Deus, que chama à conversão, manifestando seu rosto. Portanto, a primeira coisa a fazer será trazer Deus à tona, que chama à conversão, ou seja, colocar em primeiro plano a Palavra de Deus, que chama à conversão. Por isso, as celebrações penitenciais recuperam esse sentido colocando Deus em primeiro plano; é a Palavra que chama à conversão, a que tem poder de chamar a comunidade à conversão. Porque a Igreja tem de se apresentar como uma comunidade em conversão, como era a Igreja primitiva, onde não acreditavam já ter chegado ou ser perfeitos, algo que nasce com o legalismo, com uma nova concepção de ver o padre e a Igreja. Diferentemente: a Igreja mostra a força e a potência de Deus, que atua nela reconhecendo suas fraquezas e se sentindo um povo em movimento, em conversão. Por

---

1. Cf. *Documentos Carmen Hernández*, I, 40-42. Encontramos um paralelismo dessa renovação em João Paulo II, *Reconciliação e penitência*, 30.

isso, essas celebrações penitenciais têm o valor de recuperar primeiro a Palavra de Deus, que chama à conversão.

Segundo: recuperar a assembleia, a Igreja que se confessa pecadora.

Terceiro: restaurar o sentido do presbítero como cabeça dessa Igreja.

Quarto: recuperar também, na absolvição do penitente, o gesto da imposição das mãos, sinal mediante o qual antigamente o bispo administrava o perdão divino e reintegrava plenamente o penitente na vida da comunidade.

Finalmente: a importância da paz; alguém se sente perdoado, no fundo, quando se sente em comunhão com os irmãos. Por isso, é importante o abraço da paz. Por isso, vocês verão que, quando não estão em paz, é porque como o pecado é comunitário, por muito oculto que seja, faz com que não se sintam em comunhão com os irmãos. Recuperar a comunhão com os irmãos é o sinal maior do perdão, de que verdadeiramente você encontrou a reconciliação.

A Palavra dirigida ao homem. Porque essas confissões que nós fazíamos de direção espiritual, de conselhinhos, surgiram ao desaparecer a Palavra de Deus que dirige o homem. A direção espiritual tem seu valor, é certo, mas não pode ser confundida com a celebração da penitência. A Palavra responde a tantos problemas que antes resolvíamos com a direção espiritual e ajuda a se reconhecer pecador[2].

O que nós fazemos é recuperar pouco a pouco esses valores do sacramento da penitência, fazendo a celebração comunitária da penitência com confissão e absolvição individual[3].

Mas sua compreensão do Sacramento do perdão e da reconciliação vai bem além das próprias formas litúrgicas e dá um contexto, um conteúdo e umas fontes fundamentais de uma riqueza formidável:

> O perdão não é uma parte anterior ao amor ou o contrário, ou o negativo, mas é, sim, o amor mais sublime que existe, um amor que não tem limites e que é infinito e é onde Deus se manifestou. Todo o amor humano, que é grande, porque Deus criou no homem a capacidade de amar, o amor romântico da juventude, todos esses amores, que são grandes e estupendos, têm sempre um limite que é a possível infidelidade ou a traição.

---

2. Cf. *Reconciliação e penitência*, 32.
3. Sobre as formas da celebração do sacramento da penitência, estabelecidas pelo *Ritual da penitência*, tenha-se em conta *Reconciliação e penitência*, 32. Carmen refere-se, do mesmo modo, a outros estudos: "Para una renovación del sacramento de la penitencia": *Phase* 37 (1967). Nessa revista há muitos artigos, entre os quais, um de caráter histórico para ver a evolução do sacramento; "La administración sacramental de la reconciliación": *Concilium* 61 (1971); "El perdón de los pecados": *Concilium* 72 (1972).

O amor que supera esse limite do homem é aquele construído sobre o perdão, ele superou a possibilidade do limite e transcendeu a eternidade, que é aquele construído no perdão[4].

A conversão

Além disso, sua compreensão da conversão e do sacramento da reconciliação em suas fontes hebraicas (na festividade do *Yom Kippur*, ou no termo *Teshuvá*, ou na concepção do *Rahamim*)[5] leva Carmen a explicar essa liturgia penitencial como um útero que regenera o pecador, formando uma nova criação. Uma visão muito constante em suas catequeses, com as quais introduz habitualmente as celebrações penitenciais:

> Eu digo sempre que a conversão é uma coisa mal entendida porque fizemos dela uma coisa da cabeça; e o máximo a que chegamos é nos expressar com a palavra grega "*metanoia*", mudança de mentalidade. Não é assim. Já em Israel, e lembro-lhes mais uma vez do *Yom Kippur*, não tem nada a ver com a mentalidade nem com a cabeça, mas sim com o útero; tem a ver com o útero porque é o voltar a nascer. A imagem perfeita que Deus tem de si mesmo na criação é o útero da mulher. Por isso, ainda dizemos "entranhas de misericórdia"; de alguma maneira unimos o perdão às entranhas, ao útero, no fundo. [...]
>
> Eu sempre lhes digo que o único que expressa bem isso é a física e a química, que, nos altos-fornos, a conversão é fazer do ferro o aço, que já é

---

4. *Documentos Carmen Hernández*, V: Convivência de Início de Curso do ano 1980, 53-57.
5. São três termos hebraicos importantes nas fontes do sacramento da reconciliação:
   – O *Yom Kippur* é o dia do perdão ou da expiação e uma das mais importantes e santas festividades hebraicas, que começa ao anoitecer do nono dia do mês de *Tishrei* e continua até o anoitecer do dia seguinte. Coincide, conforme o ano, com setembro e outubro do nosso calendário.
   – *Teshuvá* faz referência a um processo que corresponde à *conversão* ou "*metanoia*", mas que adquire um sentido muito mais profundo, não se limita a uma "mudança de mentalidade", mas, além disso, a uma regeneração profunda do coração, um voltar-se para Deus plenamente, recobrando a relação original com Ele. Essa possibilidade de recuperação e regeneração no homem, segundo os midraxes hebraicos, Deus a pensou antes mesmo da Criação.
   – *Rahamim (rehem)* faz referência às entranhas de misericórdia de Deus, mas a raiz (*rhm*) não situa a misericórdia ou a compaixão divina no coração, mas sim nas entranhas de uma mãe, em seu útero que gesta e regenera. Assim é o amor e a misericórdia de Deus, em sua reconciliação com o homem, segundo Carmen, um amor que gera novamente, criando um homem novo, renovado em Cristo.

outra substância, outra natureza, e muito mais resistente. Passar da morte à vida é a mesma coisa, uma conversão, e isso o homem não pode fazer por suas forças. Isso é uma obra de Deus em Jesus Cristo para o homem, que transformou a natureza humana de morte em uma exaltação, a Ressurreição e a Vida Eterna. [...]

Deus tem poder em Jesus Cristo para fazer em você células novas no corpo, para fazê-lo passar da corrupção à imortalidade, à Vida Eterna; atravessar as fronteiras da morte, da enfermidade, do sofrimento e de tudo[6].

As citações poderiam se multiplicar e ser extraídas de numerosas convivências de início de curso tanto na Espanha como na Itália. Também de muitas convivências de itinerantes nas quais Carmen sempre introduziu as celebrações penitenciais, convidando os irmãos à *conversão* e ao abandono no *amor de Deus*, chegando a afirmar:

O amor acalma de tal maneira a inteligência que já não necessita de explicações.

Experimentar o amor, é isso que Deus nos convida a fazer nesta manhã, aqui, mostrando sua maternidade. O poder de gestação que Deus tem, de mudar, que é o que revelou em Jesus Cristo, sua capacidade de criar. Por isso é tão importante a Virgem Maria, sua virgindade, dentro dessa imagem da Virgem, gestar o Filho em nós. Porque nós necessitamos chamar a Deus de "Pai!". Saber de onde viemos e para onde vamos e quem é o homem, e este poder que tem o sacramento da reconciliação, de nos reconciliar conosco, de sair de nossos problemas, de nossas descomunhões, de nossas enfermidades, de nossas culpas e não culpas, a uma experiência dessa maternidade imensa, de que geste em nós este filho. Este é o poder do batismo, e este é o poder que propõe sempre esse sacramento de reconciliação, que é maravilhoso.

Por isso, Deus nos convida a nos abandonar hoje em seus braços e a nos deixar amar por Ele, a experimentar esse amor imenso, que reconcilia e nos cura, nos cura, nos cura e nos dá uma missão enorme, que é levar o amor à nossa geração e tirar as pessoas de suas bagunças, de seus problemas, e abrir o céu a esta geração, dar-lhe um sentido, dar-lhe o verdadeiro "*big bang*" do universo. Ou seja, que é uma celebração maravilhosa nesta manhã, dada a nós gratuitamente e tornada visível. Eu fiquei consolada com a presença de tantos presbíteros, como um milagre, verdadeiramente um milagre da pressa que Deus tem de atuar. Porque, com tantas famílias, víamos por isso o seminário e vejo que Deus provê, provê essa comunhão imensa de dar a Igreja não como uma cabeça, mas sim como um corpo, com essas famílias, que é uma comunhão, que é o que se precisa hoje. Vejo minhas irmãs, de que é que precisam? Do amor, da comunhão, do ser.

---

6. *Documentos Carmen Hernández*, V: Convivência de Início de Curso do ano 1987, 125-126.

Ou seja, o que o homem hoje necessita verdadeiramente é do Pai, que é Deus, e desta mãe maravilhosa, ou seja, é ser em comunhão, que é o que Deus nos revelou, que Deus é e não é um solitário, como está levando esta sociedade ao homem, à solidão, mas que Deus é uma comunhão, é o amor, e chamou o homem a participar desta família, a ser um filho nesta família. A ser, a participar. E este filho, que é Jesus Cristo, é o Verbo que entra na comunhão com Deus mesmo, que é uma unidade completa, que está selada pelo Espírito, esta unidade do Pai com o Filho, esta realização perfeita do amor. E a Igreja tem hoje este poder. Como revestiu a Virgem Maria para criar nela o Filho, esta filiação, vem nos impor as mãos hoje, para dar o Espírito Santo. Aproximemo-nos para sermos curados de nossas culpas, nossos pesares, nossas angústias, para ser curados no Espírito Santo[7].

Suas próprias palavras são mais eloquentes e refletem melhor a profundidade de seu pensamento do que qualquer comentário que pudéssemos fazer a respeito. A única coisa que caberia acrescentar é que afirmações como essas são muito abundantes no conjunto de sua pregação ao longo de suas catequeses como coiniciadora do Caminho. Isso não é mais que uma pequena mostra de sua visão teológica.

A Páscoa e a Eucaristia

Todo amor comporta um profundo conhecimento e compreensão daquilo que se ama, e tal é o caso de Carmen Hernández com o sacramento da Eucaristia. Carmen vai compreender muito vivamente a liturgia "como fonte e cume da atividade da Igreja" (SC 10) e particularmente a Eucaristia como centro da vida cristã, assim como sua missão de levar os fiéis à "plena, consciente e ativa participação nas celebrações litúrgicas que a própria natureza da Liturgia exige e que é, por força do Batismo, um direito e um dever do povo cristão" de que fala o Concílio Vaticano II (SC 14). Desde criança, ela ia à missa diariamente. Na juventude, sente o chamado de Deus à missão em uma Eucaristia. Quando jovem, fora assídua à missa e à meditação e, pouco a pouco, em sua vida religiosa, foi se deixando inundar pelo mistério Pascal de Jesus Cristo morto e ressuscitado. Algo que se vai abrindo desde suas lições teológicas em Valência até sua profunda experiência de Getsêmani, em Barcelona, que a leva a compreender de um modo muito pessoal as lições do Pe. Farnés quando este ensina a

---

7. *Documentos Carmen Hernández*, X: Convivência de Itinerantes da Espanha e de Portugal de 1987, 125-126.

origem pascal da Eucaristia. Isso se completa com sua viagem à Terra Santa, em 1963 e 1964, onde, em linha com a renovação do Concílio, ela mesma se renova com um chamado a servir o Senhor na evangelização. Seu encontro com Kiko Argüello e o início do Caminho Neocatecumenal vão situar o Mistério Pascal e a Eucaristia no centro da vida dessas comunidades[8].

A contribuição mais clara e básica de Carmen a respeito da liturgia eucarística e da centralidade da Noite Pascal encontra-se em suas catequeses iniciais. Delas extraímos algumas de suas palavras:

> Ao celebrar a Última Ceia com seus apóstolos durante a refeição pascal, Jesus deu seu sentido definitivo à páscoa judaica. Com efeito, a passagem de Jesus a seu Pai por sua Morte e Ressurreição, a Páscoa nova, é antecipada na Ceia e celebrada na Eucaristia que realiza a Páscoa judaica e antecipa a Páscoa final da Igreja na glória do Reino (CIC 1340). Nesse sentido, há uma novidade, uma diferença essencial entre a Páscoa hebraica e a cristã, como entre a sombra e a realidade, segundo a expressão de alguns Padres da Igreja, mas conhecer as raízes da Eucaristia é fundamental, exatamente para poder entender esta novidade da Eucaristia cristã. [...] É um caminho que coloca o povo em liberdade e que — vocês sabem disso muito bem — os conduz ao Sinai, onde a manifestação de Deus se exprime, onde se revela todo o sentido da história do homem, que é O AMOR. "EU SOU O TEU DEUS, E AMARÁS A DEUS COM TODO O TEU CORAÇÃO, COM TODA A TUA ALMA E COM TODAS AS TUAS FORÇAS". Ou seja, a Torá é um caminho. E Jesus Cristo diz: "Eu vim para lhe dar cumprimento", ou seja, veio dar cumprimento a este caminho. Por isso, São Paulo diz: "Cristo é nossa Páscoa" (cf. 1Cor 5,7). Cristo é a realização completa deste caminho. [...]
>
> Na Páscoa hebraica, está presente o Deus atuante em toda a história, de maneira análoga a como é para nós a presença de Jesus Cristo na Eucaristia: Jesus Cristo vivo, plenitude de toda a história da salvação, está realmente presente na Eucaristia. Nesta noite, Iahweh está absolutamente presente para libertar todos os comensais que se encontram na escravidão. Deus está presente nesta noite. Por isso, Jesus Cristo não se encontra numa ceia qualquer, mas na maior liturgia do povo de Israel. Uma noite total e absolutamente sagrada, uma noite sacramental[9].

Depois, explica passo a passo o conteúdo do *Seder Pascal*, centro da Páscoa judaica, que é o que Jesus Cristo realizava nessa noite:

> Esta primeira parte começa com uma taça de vinho: o *cadesh*. Neste rito, há uma grande bênção a Deus: o *kiddush*...

---

8. E. PASOTTI, *Il Cammino Neocatecumenale. 50 anni di iniziazone cristiana degli adulti*, Siena-Nápoles, Cantagalli-Chirico, 2018, 73-87.

9. *Documentos Carmen Hernández*, I, 53-64. Cf. Diretório Catequético, 280-293 do volume das Catequeses Iniciais.

> Eis aqui o pão da miséria, que os nossos pais comeram no Egito. Quem tem fome venha comer conosco. Quem é escravo venha e faça Páscoa conosco. Este ano aqui, o próximo ano em Jerusalém, livres. [...]
> Com esta elevação do pão, a *Haggadah* começará. [...]
> Israel é um povo que nasceu diferente de todos os povos, porque foi eleito para uma missão: revelar a existência de Deus às nações. O primeiro mandamento que tem é o de transmitir a fé de geração em geração (cf. Dt 6,7). [...]
> Os hebreus dizem que não é que eles retornam à noite do Egito, mas é a noite que vem lhes perguntar "onde estamos".

Após esse memorial, a Páscoa com Jesus Cristo recobra um novo significado:

> "Isto não será mais para vós o pão da saída do Egito: Isto é o meu memorial. A minha saída deste mundo para o meu Pai, isto é o meu corpo que se entrega à morte por vós..."
> Ou seja, comungar com este pão não será mais comungar com a escravidão do Egito, agora não é mais memorial da saída do Egito. COMUNGAR COM ESTE PÃO É COMUNGAR COM O CORPO DE JESUS CRISTO, QUE SE ENTREGA À MORTE. ESTE PÃO É REALMENTE O SEU CORPO, QUE SE ENTREGA À MORTE. Não é o pão da miséria que os nossos pais comeram no deserto. É a morte do Filho do Homem, é a sua carne. O PÃO É AGORA SACRAMENTO E MEMORIAL DO CORPO DE JESUS CRISTO.
> Diz Jesus: Isto será meu memorial. [...]
> Jesus Cristo diz: "Chegou a minha hora, a hora de passar deste mundo para o meu Pai; ardentemente desejei celebrar esta Páscoa convosco, por isso eu vim". Jesus Cristo veio para realizar esta passagem da morte para a ressurreição. Portanto, chegou a sua hora. Desta obra que Ele fará, Ele nos deixa um memorial. Esta liturgia, esta Páscoa, é o memorial da saída da morte para a ressurreição, o fazer-se presente da vitória sobre a morte. Esta liturgia é o sacramento da passagem de Jesus Cristo da morte para a ressurreição. [...]
> Depois desta grande ceia, vem a terceira parte que também é um rito. Esta parte gira em torno de uma taça. [...] "Como darei graças ao Senhor? Tomarei a taça da bênção e bendirei o teu Nome"[10]. Esta taça de vinho é o ápice de toda a noite. [...]
> Entendem agora o que faz Jesus Cristo na última ceia? Nesta Páscoa em que se celebra a passagem da escravidão para a liberdade, há uma mudança de conteúdo: esta Páscoa é memorial da passagem de Jesus Cristo da morte para a sua ressurreição. ESTA PÁSCOA É A MINHA PÁSCOA, diz Jesus, A MINHA PASSAGEM DA MORTE PARA A VIDA. Jesus Cristo nos deixa a

---

10. Cf. 1 Coríntios 10,16; Salmos 116,13.

celebração pascal como memorial daquilo que veio fazer: passar deste mundo para o Pai. Deixa-nos um sacramento, um memorial, que é uma festa, uma Eucaristia, uma exultação pelos acontecimentos que o Pai fez em Jesus Cristo para nós. DEIXOU-NOS UM SACRAMENTO VIVENTE EM QUE PODEMOS PASSAR DA MORTE PARA A RESSURREIÇÃO [...]. A EUCARISTIA É UMA PROCLAMAÇÃO, UM *KERYGMA* DA PRESENÇA SACRAMENTAL, OBJETIVA, DE JESUS CRISTO RESSUSCITADO DA MORTE.

Entendem por que perguntávamos no questionário, para vocês, onde está a ressurreição na Missa?

A Eucaristia inteira é um canto glorioso da Ressurreição de Jesus Cristo. É uma Páscoa, o sacramento da passagem da morte para a Ressurreição.

Para Carmen, essa compreensão da "liturgia no Caminho Neocatecumenal"[11], principalmente nos Sacramentos da Reconciliação e da Eucaristia, foi uma forte motivação durante toda a sua vida, algo que sempre a manteve em tensão, em constante preocupação e que ela sempre defendeu com tenacidade diante das numerosas dificuldades em relação à celebração da Noite Pascal e da eucaristia semanal em pequena comunidade na véspera do domingo ou em relação à celebração penitencial.

Hoje em dia, poderiam ser coletados numerosos testemunhos de como essa compreensão litúrgica ajudou a vida de tantas pessoas: experiências de conversão através da penitencial celebrada e acompanhada pela proclamação da Palavra e contando com a acolhida de uma Assembleia, bem como numerosas conversões e intensas experiências de fé ao viver a Eucaristia e a Páscoa como um memorial de salvação e uma passagem da escravidão para a liberdade e da morte para a vida, experimentando a passagem do Senhor e a ressurreição de Jesus Cristo. São, além disso, inúmeros os adultos e jovens que, a cada semana, se encontram na Eucaristia no sábado à tarde e celebram participativamente e em seu contexto de comunidade com um grande significado pastoral[12].

---

11. É importante ressaltar, como indica muito bem o Pe. Ezechiele Pasotti, que se trata da "liturgia no Caminho", e não "do Caminho", porque este não tem uma liturgia que não seja a da própria Igreja. Por ser o Caminho Neocatecumenal um itinerário de iniciação cristã, conta, com aprovação da Santa Sé, com algumas "acentuações litúrgicas" e alguns "sinais" ligados à mesma iniciação cristã que são constitutivos desse neocatecumenato. Cf. E. PASOTTI, *Il Cammino Neocatecumenale...*, op. cit., 76, nota 78.
12. Cf. BENTO XVI, *Discurso às comunidades neocatecumenais*, 20 de janeiro de 2012: *L'Osservatore Romano* (21-1-2012). Cf. E. PASOTTI, *Il Cammino Neocatecumenale...*, op. cit., 80-82.

> *O Caminho… começou entre os habitantes dos barracos de Madri, como o grão de mostarda do Evangelho e, 30 anos depois, converteu-se em uma grande árvore, que já se estende por mais de 100 países do mundo…*
>
> (S. João Paulo II, Discurso aos Iniciadores do Caminho Neocatecumenal e Itinerantes – 1997)

1997 – Audiência do Papa João Paulo II com os itinerantes do Caminho, com o arcebispo Stanisław Ryłko.

"
1998

ENCONTRO DO PAPA S. JOÃO PAULO II COM OS MOVIMENTOS ECLESIAIS E AS NOVAS COMUNIDADES

Vigília de Pentecostes.
Da esquerda para a direita: *Andrea Riccardi (Comunidade Santo Egídio), Chiara Lubich (Movimento dos Focolares), Kiko, Mario e Carmen (Caminho Neocatecumenal), Jean Vanier (Comunidade de El Arca) e Mons. Luigi Giussani (Comunhão e Libertação).*

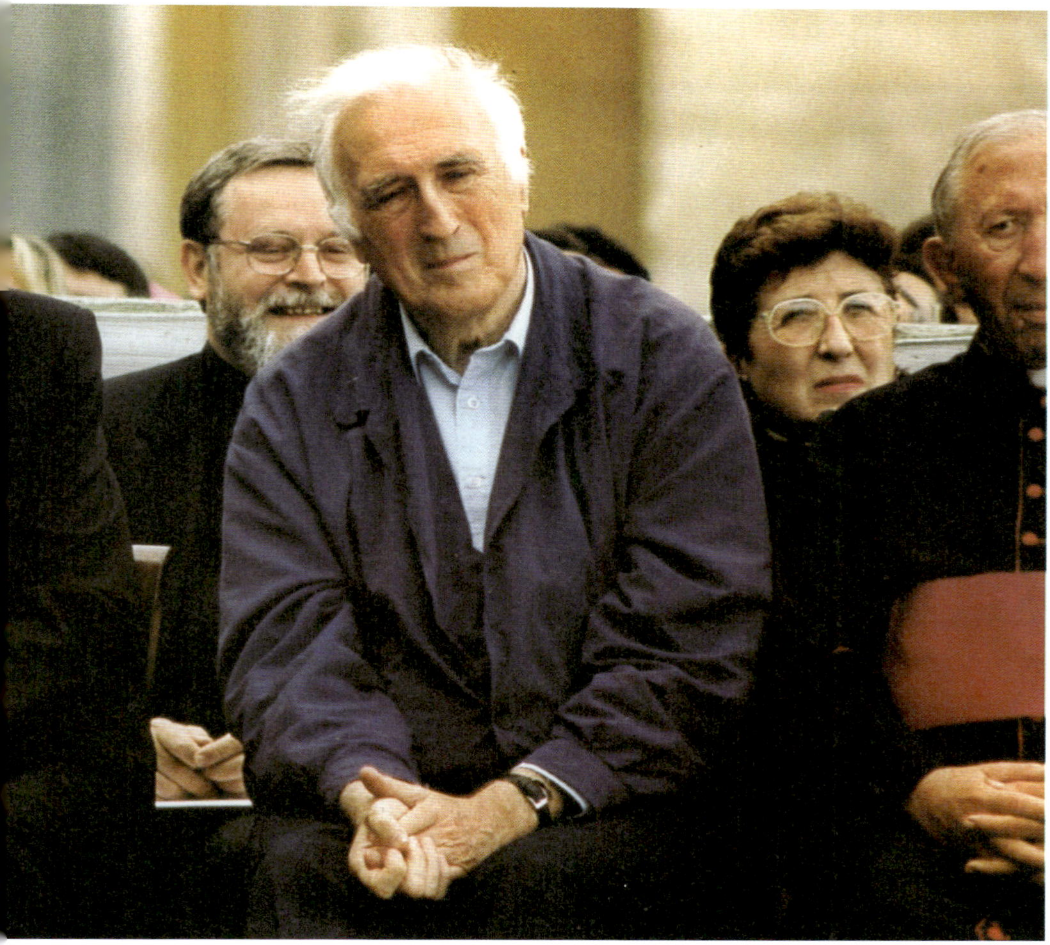

Acima, à esquerda: *1994 – Kiko e Carmen apresentam ao Papa João Paulo II o projeto da Domus Galilaeae.*
Acima, à direita: *1999 – Corazim, colocação da primeira pedra.*

Acima: *2000 – Corazim, entrada de S. João Paulo II na Domus.*
Abaixo: *2005 – Inauguração da biblioteca da Domus com a presença de muitos rabinos.*

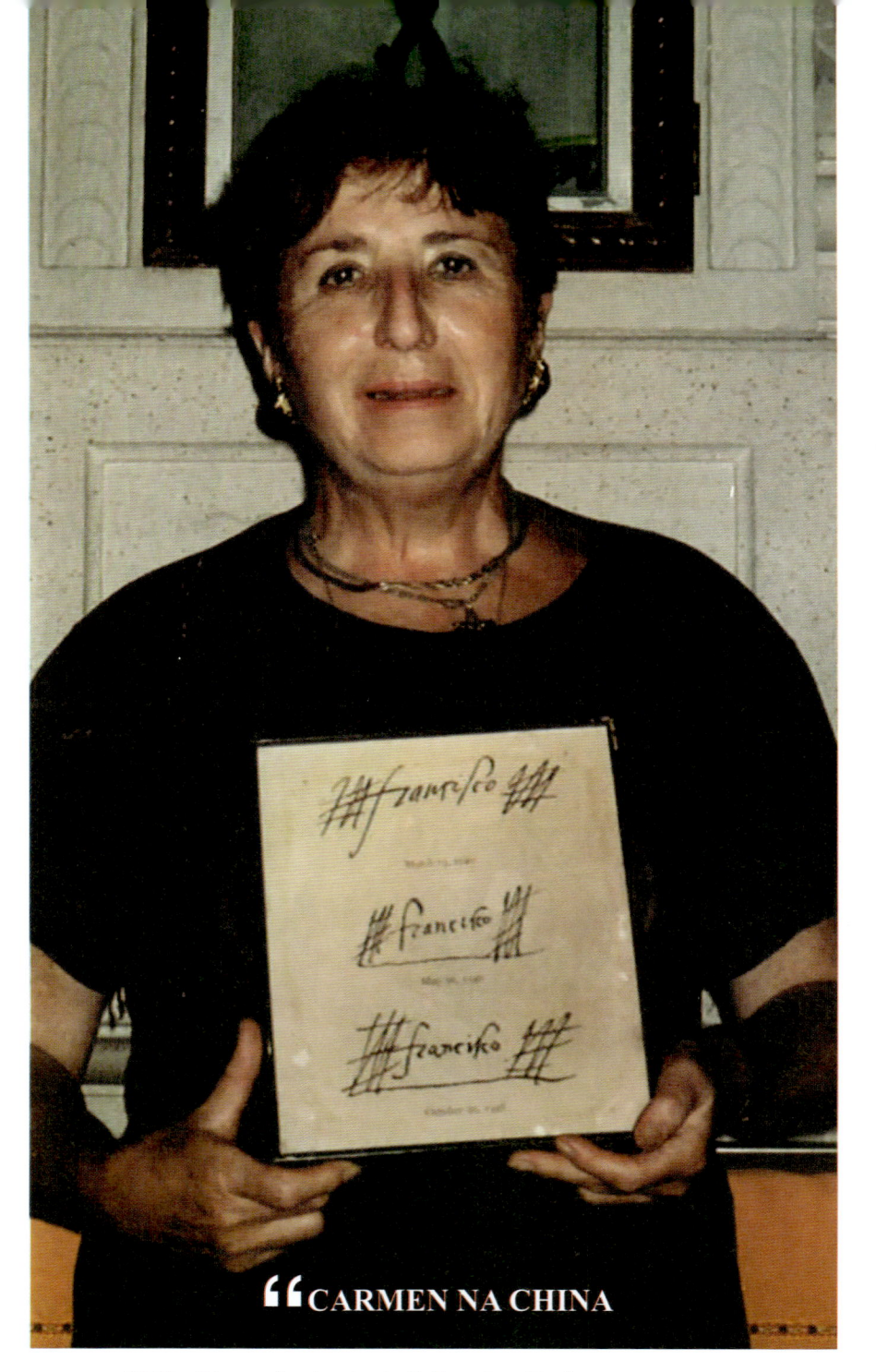

2002 – Diante do túmulo de S. Francisco Xavier.

2002-2008
ESTATUTOS DO CAMINHO

Acima: *1997 – Convivência do Sinai: Início dos trabalhos dos Estatutos (Kiko, Carmen e Pe. Mario no cume do Monte Sinai).*

Abaixo: *2008 – Pontifício Conselho para os Leigos: aprovação definitiva dos Estatutos do Caminho, reconhecido como "uma modalidade diocesana de Iniciação cristã".*

" BENTO XVI

Acima e abaixo, à esquerda: *os iniciadores com o Papa Bento XVI.*
Abaixo, à direita: *2000 – Monte das Bem-Aventuranças, Israel. Encontro Vocacional com 50 mil jovens.*

Abaixo: *2008 – Sydney.*

Acima: *Kiko, Carmen e Pe. Mario em audiência com o Papa Francisco.*
Abaixo: *Jornadas Mundiais da Juventude. Encontros Vocacionais 2002 – Toronto.*

" PAPA FRANCISCO

Abaixo: *2011 – Madri, 150 mil jovens.*

Galeria de fotos 5

2007 – Loreto, 70 mil jovens.

> *Vosso carisma é um grande dom de Deus para a Igreja de nosso tempo.*
>
> (Papa Francisco)

Acima: *2014 – Carmen com o Papa Francisco.*
Abaixo: *2015 – Washington, Doutorado "Honoris causa" em Teologia outorgado pela The Catholic University of America.*

"

MADRI
19 DE JULHO DE 2016

Vos dou a conhecer um mistério:
nem todos morreremos,
mas todos seremos transformados.
(1Cor 15,51)

Acima: *Catedral de La Almudena, funeral de Carmen, presidido pelo arcebispo de Madri, o cardeal Carlos Osoro.*
Abaixo: *Madri – Túmulo de Carmen no Seminário* Redemptoris Mater.

Kiko em oração diante do túmulo de Carmen.

30
UMA MULHER VESTIDA DE SOL[1]

A Palavra de Deus e a Virgem Maria

O Caminho Neocatecumenal sustenta-se sobre um tripé composto de Palavra, Liturgia e Comunidade. Já tratamos do suporte central desse itinerário, que é a liturgia, para mostrar o que é mais próprio de Carmen em sua contribuição para o Caminho. Descubramos o que ela diz a respeito das outras duas bases do Neocatecumenato. Não percamos de vista, além disso, que são Kiko e Carmen, ambos e cada um a partir de sua própria vivência de Jesus Cristo, que iniciam esta realidade eclesial, apresentando e conjugando por igual todos os seus elementos. Todavia, vamos nos concentrar mais no que é próprio de Carmen.

Vimos na história de sua vida como sua relação com a Escritura vem desde quando era criança, por meio dos missais devocionais, depois de escutar atentamente à Palavra na missa. Mais tarde, pelos livros clássicos de meditação espiritual dos padres La Puente ou Rodríguez, que, por meio do Pe. Sánchez Ruiz, SJ, contribuem para uma compreensão madura da Escritura que já traz consigo, à sua vida religiosa, algo que percebemos claramente nos tempos de Valência, quando aprende Teologia com os padres dominicanos Llamera e Sauras e outros bons professores. Finalmente, em sua viagem a Israel, de quase um ano, onde a Escritura abre-se a ela prodigiosamente, conhecendo a *terra de Jesus*. Seu contato com as fontes, com as raízes e com a geografia contribui do mesmo modo para uma compreensão nova, avançada, diferente; uma compreensão que vai se conformar definitivamente em seu encontro com Kiko Argüello e essa comunidade de Palomeras, onde o efeito da Escritura, a Palavra de Deus celebrada, irrompe e se realiza, transformando suas vidas:

> Tenham consciência — diz Carmen — de que este Caminho nunca foi pré-concebido, mas que é o fruto de uma experiência vivida. Kiko descobriu, nos barracos, uma palavra que chegava às pessoas: um *kerygma* vivo, fruto, também, do diálogo com as pessoas. Kiko abria a Bíblia e pergunta-

---

[1]. Apocalipse 12,1. O título do presente capítulo faz alusão à Virgem Maria, figura da Igreja, cuja importância é central na vida de Carmen Hernández e em sua pregação.

va: "E isto, para você, o que diz concretamente?". Desse modo surgiu uma série de perguntas, como: "Quem é Deus para você?". Quando fomos para Argüelles, não sabíamos nada de catecumenato. Anunciávamos Jesus Cristo, e isso criava uma atmosfera de unidade, uma comunidade. Ali, apresentou-se diante de nós, com grande surpresa, o Batismo. [...]

Parece-me fundamental que, através das suas experiências pessoais, e com a breve exposição do nascimento deste Caminho, apareça o catecumenato e, essencialmente, a Palavra que convoca e abre um caminho de conversão. Esta Palavra é o próprio Deus que já se fez presente na sua história e agora a ilumina. Esta Palavra sempre é eficaz e se cumpre. Por isso, nós falamos tanto dos barracos: porque ali vimos surgir uma Palavra potente que convocava as pessoas. Esta Palavra era o próprio Deus que criava a comunhão entre aquelas pessoas tão pobres. A comunhão criada pela Palavra de Deus é a comunidade, a Igreja.

Vocês também foram convocados por uma Palavra potente que os colocou a caminho, em comunidade; uma Palavra que está criando um corpo com vocês. Por isso, nesta catequese, tanto o acontecimento dos barracos como as suas experiências testemunham o Caminho que está para começar nas Paróquias, baseado no tripé: Palavra, Liturgia e Comunidade[2].

Sobre a Palavra de Deus e a renovação, diz:

> Falou-se muito de Revelação, mais que de Palavra. Entendemos a Revelação como um ensinamento abstrato, como uma série de ideias. Nos seminários, estudava-se a Revelação no fundo como um complexo de verdades ou de tratados sobre coisas que Deus disse. Para Israel não é desse jeito. A Palavra é um acontecimento; e os acontecimentos não podem ser recolhidos todos por escrito.
>
> Por isso, Jesus fez muito mais coisas do que aquelas que São João pôde escrever; e, por isso, ele diz que, mesmo se o mundo se enchesse de livros, todos eles não poderiam conter os acontecimentos que eles experimentaram em Cristo.
>
> A mesma coisa acontece com toda a ação do Antigo Testamento. Deus se manifestou no seu agir, e tudo isso não se pode recolher em livros escritos. A Palavra de Deus, que é a intervenção, o acontecimento, a ação de Deus, precede a Escritura. Jesus Cristo morreu e ressuscitou, e não escreveu materialmente nada, mas foi um acontecimento vivo, encarnado na história, uma Palavra viva. Realizou muitas obras e, mais ainda, deixou uma mensagem vivente no coração dos apóstolos, sem medo de que a pudessem deturpar, sem lhes dar um resumo escrito para que o pregassem. DEIXOU VIVENTE, NO ESPÍRITO, O ACONTECIMENTO DA RESSURREIÇÃO.
>
> A Palavra é muito mais que a Escritura.

---

2. *Documentos Carmen Hernández*, I, 6-7, da apresentação de Carmen nas Catequeses iniciais.

Por isso, as Escrituras nunca podem ser separadas deste corpo que as levou à vida, que as escreveu e que continua a carregá-las. Este corpo é a Igreja, o povo de Deus. Estas Escrituras sem a Igreja, sem o povo de Deus, não são nada, perderiam todo o seu valor e seriam um esqueleto morto[3].

As crianças de Israel as conhecem antes de aprender a ler, porque as recebem oralmente de outro, que lhes dá a Palavra pronunciada na fé. É a família, é o pai quem transmite a fé, não com um livro, mas sim com a sua própria vida.

Por isso o livro não é o mais importante na Igreja, nem se assim o quisermos. Por isso a Igreja defendeu tanto, contra os protestantes, a explicação e a canalização da Palavra na Tradição vivida. O escrito é menos que a Vida. É na assembleia que o livro ganha vida. Por isso o convite que se faz ao Bispo para a entrega da Bíblia não é um truque ou uma técnica, como muitos pensam, para conquistar o Bispo, mas é uma catequese que se dá às pessoas de que este livro, em si, não é nada, mas que são os apóstolos, os Bispos, os que transmitem o livro, porque eles têm o poder de abrir as Escrituras.

É na Igreja que este livro ganha vida, porque ali o Espírito é operante e vivente nos cristãos. É neste Espírito vivente que o livro recebe vida. Este Espírito é aquele que lhe dá força e alma.

Cristo ressuscitado abre a inteligência dos apóstolos para que compreendam as Escrituras (cf. Lc 24,25-27). [...]

A Palavra sempre precede, acompanha e ultrapassa a Escritura. Hoje mesmo, o Espírito em que estas Escrituras tomam vida é vivo. Por isso, uma assembleia cristã que proclama as Escrituras é sempre muito mais que o livro: é o Espírito que lhe dá vida[4].

Além disso, o Caminho Neocatecumenal é uma realidade inspirada pela Virgem Maria. Em relação a Kiko, é mais conhecido seu encontro, no dia da Imaculada Conceição de 1959, no qual a Santa Virgem Maria o inspira: "Há que fazer comunidades cristãs como a Sagrada Família de Nazaré que vivam em humildade, simplicidade e louvor; o outro é Cristo". Em relação a Carmen, a Virgem Maria foi também uma inspiração contínua em sua vida, acompanhando-a desde a infância, como recordou em um dos primeiros encontros com jovens, por ocasião da visita do Papa São João Paulo II a Saragoça e, mais tarde, em outros momentos como inspiração e modelo da mulher na Igreja:

> É um memorial da presença da Virgem Maria na minha própria história...

---

[3]. Cf. DV 10, 3; CIC 95.
[4]. Cf. *Documentos Carmen Hernández*, I: Diretório Catequético do Caminho Neocatecumenal, Catequeses iniciais.

A Virgem Maria acompanhou a evangelização, e diante das dificuldades do Apóstolo São Tiago aqui com os espanhóis, e nesta terra onde são muito teimosos..., ou seja, a Virgem sempre acompanhou a evangelização dos Apóstolos desde a morte de Jesus Cristo. Eu os saúdo. Estou muito contente de que aqui a Virgem seja para vocês uma pedra, uma coluna em nossa vida[5].

Existe uma Mulher que hoje nos preside com os apóstolos, como imagem da Igreja, e que sustém os apóstolos na pregação[6].

Eu hoje sou testemunha do tempo que passei sobre a rocha de Pedro, em Tiberíades. Tudo o que estou vendo agora escutei antes do Senhor, porque o revelou antes a nós, como fez também com a Virgem Maria. Tudo o que estou vendo hoje não é outra coisa senão um testemunho da fidelidade de Deus, que está trabalhando conosco. Na rocha de Pedro, experimentei que o Senhor nos chamava verdadeiramente a renovar sua Igreja, a ajudar sua Igreja. É o Concílio o que Deus previu para ajudar sua Igreja. A Igreja não morreu: lutou durante séculos e séculos contra numerosíssimos inimigos. Foi ela que ajudou a ciência no mundo, porque é certo que na Igreja estão as raízes de toda a cultura europeia: na fé e no cristianismo. Mas o Senhor nos chama a renovar tudo através do Concílio. Eu penso que estamos chamados a isso, porque tenho muitíssimas cartas... Esta não é a única. Em casa, tenho mais de 100 cartas fantásticas nas quais se vê a obra de Deus, como essas jovens estão levando ao interior dos conventos o Concílio, a Palavra de Deus, a Eucaristia renovada, a oração existencial, tudo aquilo a que nos chama o Senhor. Com isso, digo-lhes que as mulheres não são mais importantes ou menos importantes que os padres: no céu, não haverá nem homem nem mulher, nem casados, nem nada disso[7]: será Deus em tudo[8].

A virgindade sempre foi muito importante[9]. Termino com isso, não acredito que seja muito tarde para os garotos acostumados a ficar nas boates até as quatro da manhã, com uma palavra que quero dizer sobre a virgindade. Deus não necessita de nenhum espermatozoide do exterior para gerar seu Filho: tem uma maternidade virginal. Por isso, a Virgem Maria representará sempre, no interior do cristianismo, a *Shekiná* de Deus, a parte maternal de Deus.

Este é o mistério cristão que diferencia o cristianismo de todas as religiões, a ressurreição dentre os mortos e a Vida Eterna. E este é o único

---

5. *Documentos Carmen Hernández*, XVI: Encontro vocacional depois da IV Jornada Mundial da Juventude, Santiago de Compostela, na Plaza del Pilar, Saragoça, em 21 de agosto de 1989, 9.
6. *Documentos Carmen Hernández*, XVI: Encontro preparatório da JMJ, em Czestochowa, Estádio Torwar, Varsóvia, em 8 de junho de 1990, 11.
7. Cf. Mateus 22,30.
8. Cf. 1 Coríntios 15,28.
9. Cf. 1 Coríntios 7,25ss.

anúncio que fizeram os apóstolos, que também demoraram a se convencer, até que experimentaram realmente esta vida sobrenatural acima da morte, com o Espírito Santo no Dia de Pentecostes, ao qual estamos indo. A Igreja acompanhada pela Virgem Maria, como esteve no meio dos apóstolos que estavam cheios de medo, que é a que os sustentou na espera do Espírito Santo.

O lugar da mulher na Igreja

A preocupação de Carmen em relação ao "lugar da mulher na Igreja" está direta e intimamente associada à obra que o Senhor realizou com ela. É, sem dúvida, sua contribuição mais pessoal, não somente para este catecumenato de adultos que iniciou com Kiko Argüello, mas para a Igreja atual. São as numerosas catequeses dirigidas aos jovens do Caminho, e particularmente às moças, as que melhor mostram o mais peculiar de Carmen.

Já em agosto de 1991, durante a VI Jornada Mundial da Juventude, lembrou a todos os presentes a história maravilhosa que o Senhor havia feito com ela. Após recordar-se de sua história, falou de sua vocação, animando cada um dos jovens, rapazes e moças que ali estavam a seguir o plano de Deus, descrevendo estes matizes e características científicas com os quais ela conseguia se expressar:

> E é maravilhoso o chamado com o qual Deus previu este universo fantástico, imenso e este nosso planeta pequeno e azul, como o veem os astronautas; como deste tão pequenininho tenha querido fazer um paraíso impressionante e um homem livre; que pode se opor a todo o plano paradisíaco de Deus e que aqui estejamos tantíssimos, tantíssimos e todos tenhamos olhos, coração, pele e ninguém seja igual ao outro. Deus não faz as coisas em série, como a Fiat ou a Seat, mas a sério.
>
> Cada um de nós aqui é completamente único e livre... Não há, e o demonstra a Escritura, não há "congenidade"[10] nem *códex*[11] que determinem um homem, por mais idiota que nasça, que condicionem absolutamente sua liberdade, por mais que a ciência queira dizer isso hoje. E Deus demonstrou isso muito bem, a partir de dois filhos da mesma mãe, gêmeos, com o mesmíssimo *códex*, que são Esaú e Jacó[12], que representam duas vias, duas formas completamente diversas de se realizar a história, com o mesmo *códex*. Porque o homem é livre... Deus, como diz Kiko, que é um

---

10. "Congenidade" refere-se a que não há nada "congênito" na pessoa que determine ou condicione sua liberdade.
11. Fala de *códex*, o código genético para se opor a qualquer determinismo.
12. Cf. Gênesis 25,24-26.

artista, oxalá um artista pudesse... Deus é um superartista, escolheu uma forma fantástica de se manifestar, e não o fez com bibliotecas, mas sim com feitos e com história e uma cenografia[13].

Digo-lhes tudo isso porque o homem, que Deus fez à sua imagem, que à imagem de Deus o criou, homem e mulher os criou, e lhe deu a possibilidade de ser criador com ele, de dar a vida, não fez como faz nossa indústria, as coisas em série, mas os fez a sério; e tão a sério os fez que os fez livres[14]!

É uma boa mostra de sua síntese antropológica fundada no encontro da liberdade do homem com a criatividade de Deus, seu poder, sua manifestação gloriosa. A geografia, a cosmologia, a física, a biologia, sempre as vê como lugares de manifestação dessa magnífica glória de Deus, que chama o homem e a mulher a uma liberdade maior. Carmen nunca deixa de se admirar com a Escritura, com o poder da Palavra, como lugar privilegiado desse encontro. Carmen, da mesma forma, vê o Senhor em tudo, vê seu amor e sua grandeza e não deixa de se maravilhar e convidar os jovens a esse assombro maravilhoso da imensa glória de Deus:

Lembro-lhes que, embora a América pareça tão grande e a Rússia pareça tão grande, tanto os projetos das nações como o progresso do homem hoje na terra são nada de nada... e que agora mesmo o Universo, mesmo com o que a ciência já conhece, é imenso, imenso, imenso; então como não será Deus? É a aventura maravilhosa de peregrinação que chama o homem, e eu lhes digo que, não por casualidade, Deus tem planos e projetos que não passam, que tenhamos estado aqui em Denver, com Pedro, com o Papa, com a voz de Deus que se manifestou na Igreja através de todos os séculos[15].

Mas Carmen sempre presta uma atenção especial ao falar para as moças. Qual é o seu lugar na Igreja de hoje?

E por que sempre a serpente, que é o símbolo rastejante do mal, vai atacar a mulher? Vemos isso desde a primeira página do Gênesis[16] e nesta

---

13. Encontro vocacional depois da VI Jornada Mundial da Juventude de Czestochowa, no Estádio do Exército Polonês, em Varsóvia, em 16 de agosto de 1991.
14. *Documentos Carmen Hernández*, XVI: Encontro de preparação para a reunião do Papa com os jovens da Europa em Loreto, 7 de maio de 1995. Parque Juan Carlos I, Madri.
15. *Documentos Carmen Hernández*, XVI: Palavras de Carmen aos jovens no Encontro vocacional depois da VIII Jornada Mundial da Juventude, Fort Collins, Denver (Colorado), Estados Unidos da América, em 16 de agosto de 1993, 30-31.
16. Cf. Gênesis 3,1ss.

que vamos ler agora[17]. E por quê? Porque a mulher tem uma coisa que a faz grande, grande e criativa, como se fosse uma imagem imensa do poder de Deus, que é o útero. A fábrica da vida! E então a morte buscará sempre matar a mulher. Para estragar o plano terá sempre que entrar em luta com a mulher.

Ou seja, que o demônio, revestindo-se sempre de feminismo, e de maravilha, e de inteligência e de poder, ataca e engana a mulher.

Já estão preparando algo — no Cairo fizeram todo o possível — para a pobre mulher africana, como eles dizem, para lhe dar cultura, para tirá-la do Terceiro Mundo, como eles chamam, ensinando-a e educando-a para tornar-se uma assassina. Essa é a maneira de educá-la.

E eu sempre lhes digo: por que não fazem o contrário, não educam o homem para que não seja um animal? Porque para isso tem a inteligência: para dominar as paixões; então se faz mais homem e mais inteligente. Ou seja, que, em vez de se dedicarem a educar a mulher para que aborte, que eduquem o animal do homem para ser mais homem e mais inteligente, e se solucionariam todos os problemas.

O que atrapalha é o homem, o que atrapalha é a vida. E a quem atrapalha o homem e a vida? Ao capital. Tudo é propaganda dos capitalistas para colocar o Terceiro Mundo sob seu jugo e fazer da mulher uma assassina; no fundo, o demônio, o príncipe deste mundo, que é o dinheiro, engana os homens e as nações... Não se deixem enganar por todas essas propagandas do feminismo, que são as primeiras tontas do mundo, essas mulheres feministas, que não se dão conta da grandeza imensa da mulher.

E por que a mulher é tão importante? Por que a serpente e o dragão — vimos nesta manhã — perseguem a mulher e não perseguem o homem? O Papa entende tudo isso muito bem. Hoje beatificou uma série de mulheres, como lhes disse nesta manhã, e há muito tempo todos os dias está falando da mulher no Ângelus, colocando uma série de nomes — cada dia o faz com uma —, como influenciaram em toda a história, e também em Israel. Lembrem-se de que Débora é a que se coloca em marcha, e assim sempre a mulher.

E por quê? Porque o próprio Deus tem um rosto com que se manifesta ao povo, ao povo de Israel, que é a "sua Misericórdia"[18].

---

17. Cf. Apocalise 12,1-17.
18. *Documentos Carmen Hernández*, XVI: Encontro de preparação para a reunião do Papa com os jovens da Europa em Loreto, 7 de maio de 1995. Parque Juan Carlos I, Madri, 44-47.

O amor de Carmen à Igreja: Convivências internacionais com bispos

A partir dos anos 1990, os iniciadores do Caminho Neocatecumenal viram a importância de organizar Convivências Internacionais com os bispos. O Caminho havia se convertido em uma realidade eclesial muito difundida nos cinco continentes e frequentemente os itinerantes não tinham oportunidade de informar adequadamente os bispos sobre o que essa "iniciação cristã" estava realizando nas dioceses e nas paróquias. Por essa razão, Kiko e Carmen pensaram em realizar convivências nas quais, mais do que dar explicações, os pastores da Igreja pudessem "saborear" o que é o Caminho: sua pregação, a síntese teológica e catequética, a forma de celebrar a liturgia e de escrutar as Escrituras.

Eis aqui algumas dessas convivências: em 1992, em Santo Domingo, para os bispos da América; em 1993, em Viena, para os bispos da Europa; em Roma, em 1994, com os bispos da África; novamente em Roma, em 1996, com os bispos do Oriente Próximo; em Washington, em 1997, com 253 bispos da América; em Kota Kinabalu (Indonésia), em 2002; e, em seguida, desde 2005, quando o centro da Domus Galilaeae — no Monte das Bem-Aventuranças — estava preparado, quase todos os anos foram realizadas ali essas convivências internacionais de bispos.

Kiko e Carmen "propuseram" esses encontros. Ao longo dos anos, compareceram mais de 2.300 bispos, acompanhados dos responsáveis itinerantes das diferentes regiões dos cinco continentes. A estrutura dessas convivências sempre foi a mesma: inicia-se com o anúncio do *kerygma*, seguido de um tempo de perscrutação da Palavra; segue-se uma celebração penitencial e, depois, a Eucaristia, com o cuidado e a atenção de todos os sinais para que a liturgia possa se realizar plenamente.

À liturgia — e sempre em um contexto de oração — segue-se uma jornada de estudo com um questionário, em pequenos grupos, para entrar no coração dessas jornadas e propor à assembleia sugestões, possíveis perguntas e problemas. A essa jornada segue-se a apresentação do próprio Caminho, como contribuição direta suscitada pelo Espírito Santo para a renovação da Igreja, feita diretamente por seus iniciadores, com sua experiência direta de conversão e aplicação na diocese e nas paróquias. Também é de especial interesse para os bispos a apresentação dos Seminários Missionários Diocesanos *Redemptoris Mater*. A convivência geralmente termina com o testemunho de alguns dos bispos presentes.

A participação de Carmen nessas convivências foi fundamental, com suas "monições" nas celebrações penitenciais e sua experiência da Eucaristia, da Páscoa: a profundidade teológica, litúrgica e eclesial de suas intervenções, a força da pregação do *kerygma* e a beleza das celebrações, enriquecidas pela sensibilidade artística de Kiko Argüello — muitos dos bispos presentes fizeram eco disso —, mostraram realmente como o Concílio Vaticano II foi um presente de Deus para a Igreja de nosso tempo, que urge levar às paróquias em sua plenitude através de um caminho de iniciação cristã.

Sempre foi muito importante a contribuição de Carmen como mulher não somente para a renovação da liturgia como também para a própria teologia. Por exemplo, ela ofereceu a alguns bispos da Europa, reunidos em Viena, em 1993, uma breve e muito densa reflexão sobre a imagem feminina de Deus, em relação com o sacramento da penitência, com a Igreja e com o ministério dos bispos:

> Ao longo do Antigo Testamento aparece o aspecto maternal deste Deus maravilhoso, poderoso e impressionante que se manifestou no Sinai, que fez história com este povo de escravos, que abriu a liberdade. Este é o caminho que Jesus Cristo percorre, este é o caminho da conversão, o caminho da "*Teshuvá*", uma palavra intraduzível. Nem a palavra "*metanoia*", nem a palavra penitência são suficientes. É muito mais. "*Teshuvá*" é uma mudança, uma transformação total do interior do homem para outra vida, que é a vida divina. E o amor do Pai se manifesta em todo o Antigo Testamento com características maternas, femininas. A mãe, a ternura, o poder feminino da maternidade, o peito da mãe, de que todos necessitamos, ainda que sejamos velhos. Esse sentido maternal e feminino de Deus já aparece muito claro no Antigo Testamento. Israel tem uma palavra precisa para expressá-lo. Quero ler para vocês um escrito muito bom de um jesuíta que diz: "Não se pode expressar com mais força a ternura maternal de Deus, embora os autores bíblicos tenham expressado essa intuição do feminino em Deus através da palavra hebraica que se converteu no símbolo de um amor multiforme, como a piedade, a ternura, a compaixão, a misericórdia, mas que segue sendo especificamente feminina e maternal em sua raiz". A palavra "*rahamim*" evoca, em si mesma, o calor e a segurança do peito materno e do amor de que é símbolo. Essa segurança do peito materno e do amor é essa palavra, "*rahamim*". É intraduzível. Por isso, inclusive a palavra misericórdia não está bem traduzida, sempre deveríamos dizer "entranhas de misericórdia". A misericórdia relaciona-se com o coração, enquanto em hebraico se relaciona com "*rehem*", com o útero, com o ventre. Digo essas coisas pela doçura da regeneração que tem o sacramento. Por isso a piscina batismal tinha a forma de útero. E por que desaparece a palavra "*rahamim*" no Novo Testamento? Porque essa maternidade, essa ternura maternal de Deus, será apresentada, como um ícone, pela Virgem Maria, que será não somente Mãe de Jesus, mas Mãe de Deus mesmo. Essa maternidade da Igreja está neste sacramento cheio de doçura, é um sacramento maternal, maravilhoso, de pegar o homem ferido e curá-lo, ressuscitá-lo, amá-lo com essas entranhas maternais da Igreja. A Igreja teve o Concílio e renovou este sacramento que teve tantas vicissitudes ao longo

da história e voltou a uma forma eclesial maravilhosa na qual a Igreja se apresenta como uma mãe que chama o homem. Onde está hoje a pregação que chama o homem a entrar nesse sentido da cura?

Pois bem, quero dizer que este Caminho que Deus nos deu é para ajudar a levar adiante o Concílio Vaticano II. Não estamos fazendo coisas estranhas de movimentos, associações nem nada, estamos levando o sacramento da reconciliação dentro das paróquias, dentro da Igreja, e estamos vendo os frutos da conversão e da mudança. Vocês, os bispos, têm um imenso poder para presidir, para perdoar e para curar esse povo enfermo e reconciliá-lo. Acreditamos que este encontro não seja somente para falar do Caminho, mas para saboreá-lo. O Caminho Neocatecumenal tem um tripé, e um desses pés é a celebração da conversão, da reconciliação.

Essas convivências de bispos foram — e continuam sendo — muito importantes para a vida, para a compreensão do Caminho, para que se possa realizar essa missão de renovação para a qual este foi suscitado na Igreja.

31
TEOLOGIA E ESTUDO

Uma vida de investigação a serviço da evangelização

Carmen Hernández mostrou um grande interesse pela renovação teológica promovida pelo Concílio Vaticano II não somente na liturgia e na pastoral como também em todos os aspectos em que tal renovação pudesse enriquecer a iniciação cristã. Ela leu e estudou muitíssimo durante toda a sua vida, já desde seus tempos de religiosa em Valência, quando fez seus primeiros estudos teológicos. Os livros sempre foram fonte de inspiração importante para sua pregação e seu trabalho apostólico. Autores como Louis Bouyer ou Jean Daniélou, Romano Guardini, Dietrich Bonhöffer, Oscar Cullmann e tantos outros são citados ocasionalmente em sua pregação. Carmen manteve uma grande variedade de leituras que vão desde a Teologia até as ciências naturais, passando pela grande literatura. Em suas catequeses e intervenções, sempre fez referência a algum livro ou artigo que havia lido recentemente ou que estava estudando naquele momento. Numerosas vezes, em convivências e encontros, lia textualmente passagens desses textos para os participantes. Quando viajava, uma de suas malas era a dos livros, que todos conheciam por seu "enorme peso". No presente, catalogaram-se os livros de Carmen Hernández[1], que se conservam hoje em quatro bibliotecas e em lugares diferentes:

1. Uma se encontra no seminário *Redemptoris Mater* de Madri, em uma sala adequada para isso no primeiro andar do seminário. Nela estão os livros que Carmen mantinha na casa de sua irmã Elisa, onde morava, em Madri. Há ali um total de 1.578 livros, 633 revistas, 18 boletins, 21 caixas com documentos volumosos e outros documentos históricos e recortes de jornais e revistas.

2. Outra se encontra no quarto que Carmen usava no apartamento onde se alojava em Roma. Nela, há um total de 1.778 livros, algumas revistas e 99 pastas grandes com documentos históricos e recortes de jornais e revistas.

---

1. Cf. *Documentos Carmen Hernández*, LV: Livros e bibliotecas de Carmen Hernández, 3-4.

3. A terceira é o quarto que Carmen usava na casa do Centro Neocatecumenal Internacional Servo de Iahweh, de Porto San Giorgio (Itália). Encontra-se ali um total de 215 livros e alguns recortes de jornais e revistas.

4. Uma quarta biblioteca se localiza no quarto de trabalho que Carmen usava na casa de Madri, onde habitualmente moravam Kiko e Pe. Mario, na qual há um total de 93 livros juntos a muitos documentos.

No total, existem 4.314 livros e revistas catalogados, junto a mais de 125 caixas e pastas de documentos, sem contar anotações e arquivos volumosos de etapas do Caminho Neocatecumenal, convivências, reuniões, encontros, que aparecem sublinhados e com os quais preparava suas intervenções.

Os livros são principalmente em espanhol, italiano e francês, idiomas nos quais ela lia habitualmente e com fluidez. Há também numerosos textos em inglês, português e alguma outra língua. Pertencem em sua maioria a todos os ramos da Teologia, e podem ser divididos em: Comentários à Escritura, Patrística, Liturgia, História da Igreja, Documentos do Magistério da Igreja, Documentos dos papas, Bíblias de várias edições e em vários idiomas, Liturgia das Horas em vários idiomas, textos sobre o Povo de Israel (história de Israel, festas e tradições judaicas, midraxes, guias atuais e atlas históricos sobre Israel) etc. Nota-se seu particular interesse pela Liturgia e pela Teologia da História.

Também descobrimos que 95% desses livros foram usados e lidos, alguns deles, várias vezes, e eles contêm anotações nas margens. Encontramos notas e papéis que, como índices, ela colocava entre suas páginas. Muitos dos livros estão profusamente sublinhados. Às vezes, ela escrevia algo na margem do livro; também grafava a letra "K", em vermelho ou em preto, para se referir a certas passagens dos livros que ela desejava ensinar a Kiko Argüello ou algo importante que gostaria de comentar com ele.

Em suas bibliotecas de Roma, impressiona o quanto os livros estão bem ordenados por assuntos e temas; assim, ela podia encontrar qualquer livro rapidamente pela ordem precisa que havia estabelecido nas prateleiras de suas livrarias. Algumas pessoas destacaram: "Era uma mulher muito organizada, classificava tudo, tinha o quarto sempre muito organizado. Também era muito organizada para fazer sua mala em todas as suas viagens"[2].

Com certeza, também tinha livros na Biblioteca de Madri, mas esses livros foram levados em caixas da casa de sua irmã até o seminário *Redemptoris Mater* depois de sua morte.

---

2. Testemunho das irmãs consagradas que estavam cuidando de Carmen. Entrevista realizada em 20 de outubro de 2019, em Madri.

Lia o *L'Osservatore Romano* diariamente (sublinhando e recortando os artigos mais importantes), tanto as edições diárias, em italiano, como as semanais, em espanhol, e escutava também diariamente a Rádio Vaticana, acompanhando todos os discursos dos papas.

Carmen, que vem do mundo da ciência com essa formação e inquietude teológica, desde seus estudos de Ciências Sagradas, em Valência, e seu particular aprofundamento na liturgia e na renovação do Concílio Vaticano II, alcança uma síntese peculiar, cujos aspectos mais importantes foram apresentados ao longo desses capítulos.

Um conceito renovado, evangelizador e verdadeiramente cristão

Carmen e Kiko Argüello proporcionaram à Igreja atual um itinerário de iniciação cristã sobre o tripé *Palavra*, *Liturgia* e *Comunidade*, uma base que propõe justamente os grandes elementos de renovação do Concílio Vaticano II em suas Constituições fundamentais: *Dei Verbum* (Palavra), *Sacrosanctum Concilium* (Liturgia) e *Lumen Gentium* (Comunidade).

Além disso, Kiko, um artista multifacetado, incorporou e plasmou essas intuições de ambos em diferentes manifestações: uma *nova estética*, uma *arte sacra*, através da pintura, a escultura, a arquitetura, o desenho e, inclusive, a música (desde os cantos que se rezam nas comunidades até a composição de uma sinfonia catequética). Kiko transmitiu uma pregação carismática e enormemente expressiva, à qual se somam seus escritos, suas anotações, sua poesia. Carmen conciliou com Kiko muitos aspectos importantes, e, mesmo sendo reservada e introvertida, foi ela quem canalizou este Caminho impulsionado por essa torrente expressiva de Kiko Argüello. A compreensão da renovação do Concílio Vaticano II, de um modo "não teórico", mas sim *existencial*, sua compreensão singular e vivida da Páscoa como fonte eucarística, seu amor à oração[3], cuja virtude exercitou desde criança e transmitiu aos irmãos do Caminho, sua paixão pela Escritura com a qual mantém uma forte conaturalidade e companhia e, em primeiro lugar, seu amor a Cristo.

---

3. O Pe. Ezechiele Pasotti, que, com o Pe. Javier Sotil, editou uma parte de seus diários (cf. C. HERNÁNDEZ, *Diários 1979-1981*, Rio de Janeiro, Vozes, 2018), confirma que sua vida cotidiana está tão nutrida com a *Liturgia da Igreja* que é possível reconstruir, com base nos diários desses anos, a *Liturgia das Horas*, sobretudo os Salmos de cada dia.

Podemos dizer que Kiko e Carmen conciliaram uma forma autêntica de vida cristã segundo o Vaticano II, como assinalou o cardeal Rouco Varela:

> O tempo histórico-espiritual de uma experiência conciliar de dimensão epocal na história da Igreja. Um tempo cheio de perguntas, dúvidas e confusões pastorais, mas também de muita valentia decidida no terreno pastoral e teológico. Naquele momento de história de salvação da Igreja, doou-a o Senhor [...] com aqueles dons particulares do Espírito Santo, quer dizer, com esses *Dona, charismata claríssima*, dos quais fala o Concílio Vaticano II de uma forma clarividente na Constituição dogmática sobre a Igreja *Lumen gentium*[4]. O novo carisma do Caminho Neocatecumenal desenvolveu-se desde o ponto de vista espiritual, eclesial, pastoral e canônico nas últimas cinco décadas da história da Igreja contemporânea. Diante da incompreensão teológica e, sobretudo, pastoral por parte de muitos na Igreja — tanto clérigos como leigos —, encontra-se a acolhida entusiástica de muitos sacerdotes e fiéis, para os quais se abriu um novo horizonte espiritual e apostólico. Um horizonte no qual se fez cada vez mais evidente que era possível e acessível um conceito evangelizador renovado e verdadeiramente cristão, sem dúvida no sentido de uma assunção autêntica e fiel do ensinamento do Concílio Vaticano II, como se apresenta tanto na *Lumen gentium* como na *Gaudium et spes* sobre a Igreja no mundo atual[5].

O reconhecimento desta síntese acompanhado de um enorme trabalho apostólico de Kiko e Carmen vai ser encontrado, além de seu próprio processo na Igreja que conduz aos Estatutos, através das várias distinções acadêmicas, que os iniciadores do Caminho Neocatecumenal recebem de algumas instituições católicas, ainda que, às vezes, graças a algumas circunstâncias, elas recaiam somente na pessoa de Kiko Argüello, como cabeça da equipe iniciadora desse catecumenato.

É claro que em todos os casos o reconhecimento é para ambos ou para a obra em seu conjunto, e fica patente que a contribuição de Carmen Hernández está presente. Assim foi visto quando o Pontifício Instituto João Paulo II sobre o Matrimônio e a Família outorgou a Kiko Argüello o Doutorado *honoris causa*, algo que já indicamos anteriormente ao tratar do carisma das Famílias em Missão.

O Professor José Noriega, fazendo a *Laudatio* de Kiko, expressou que tal reconhecimento dirigia-se a este "Itinerário de formação cristã pós-batismal

---

[4]. *Lumen gentium*, 12.
[5]. Cf. A. Mª ROUCO VARELA, "Apresentação da edição alemã do livro *Anotações*, de Kiko Argüello", na Academia Católica de Berlim, em 10 de julho de 2018.

iniciado por Kiko Argüello e Carmen Hernández e que gerou frutos abundantes em todo o mundo". E, em resposta, Kiko, quando começou sua aula doutoral, pediu explicitamente o aplauso para Carmen Hernández, assegurando que, "sem ela, o Caminho Neocatecumenal não teria sido o mesmo"[6].

Outro momento importante chegou-lhes em 26 de junho de 2013, quando no claustro da Universidade Católica João Paulo II, de Lublin, na Polônia, Kiko Argüello recebeu o título de Doutor *honoris causa* em Sagrada Teologia, como iniciador e responsável do Caminho Neocatecumenal em todo o mundo. Em um primeiro momento, ambos seriam investidos, Kiko e Carmen, mas, por circunstâncias logísticas, durante aquelas datas, concentrou-se esse reconhecimento na pessoa de Kiko. O reconhecimento, sem dúvida, dirige-se aos dois iniciadores; referem-se assim na deliberação do Senado da Universidade: "Kiko Argüello com Carmen Hernández iniciaram uma formação espiritual pós-batismal chamada universalmente Caminho Neocatecumenal". Na recensão, acrescentam:

> Kiko e Carmen contribuíram validamente para a renovação da Igreja, seguindo atentamente as indicações do Concílio Vaticano II, reconduzindo os cristãos afastados da comunidade eclesial às fontes da fé, que brotam da Bíblia e da Liturgia. [...]
>
> Tal forma de iniciação cristã, enriquecida pela beleza da nova estética, faz com que surja uma obra de evangelização e reevangelização no nosso tempo, em todo o mundo; prepara a *Missio ad gentes*; intervém ativamente a fim de que o cristianismo e o judaísmo aproximem-se um do outro; defende os valores da vida e da dignidade do homem, do matrimônio e da família cristã.

Kiko, em sua lição, insistiu: "Carmen Hernández merece este Doutorado muito mais que eu"... "Hoje eu o recebo por ela, que é a que contribuiu com toda a liturgia pascal e nos aproximou do povo hebraico, entre muitas outras coisas".

Por fim, sim, chegou este reconhecimento à pessoa de Carmen Hernández quando, em 16 de maio de 2015, a Catholic University of America (CUA) outorgou a Francisco José Gómez-Argüello Wirtz e a Carmen Hernández Barrera o grau de Doutor em Teologia *Honoris causa*: "Devido à sua dedicação aos pobres, que conduz tantos à comunhão com Cristo e à fé católica".

Na concessão do *honoris causa* em Teologia a Carmen Hernández, sublinha-se: "Sua contribuição fundamental na formação da síntese teológico-

---

6. Pontifício Instituto João Paulo II, 13 de maio de 2009, Doutorado *honoris causa* a Kiko Argüello, iniciador do Caminho Neocatecumenal.

catequética do Caminho: sem seu conhecimento existencial e profundo da Escritura, da renovação do Concílio Vaticano II e da história da Igreja, não se poderia ter criado este itinerário de iniciação cristã".

Um sonho realizado: a Domus Galilaeae

Um traço que caracteriza a vida de estudo de Carmen, as suas inquietações, e que unifica toda a sua espiritualidade é seu vínculo com a Terra Santa e com o povo de Israel. Sua paixão pela palavra de Deus, algo que sente desde sua juventude, a levou a viajar por todo o Israel com nada além de uma barraca de acampamento para descansar à noite e uma Bíblia:

> O Senhor concedeu-me, em Israel, que as Escrituras me fossem abertas. Toda a exegese que eu havia estudado pareceu-me nada diante daquilo que é abrir as Escrituras por obra do Espírito Santo, sempre iluminadas em um contexto pascal. À luz da ressurreição do Senhor, tudo adquire uma força, desde o Gênesis até a última palavra do Apocalipse, com um esplendor maravilhoso da intervenção de Deus na história[7].

Para ganhar a vida, encontrou um trabalho humilde com algumas famílias judaicas, entrando em contato com sua experiência vital, com sua vida de oração. Assim, o significado de Israel, sua missão na história, também se fez muito claro para ela: "O mistério deste povo que não prova a existência de Deus, mas que, como testemunha viva, proclama sua presença ao longo de sua história", como já vimos em capítulos anteriores.

Carmen fez do sonho do Papa Paulo VI o seu sonho — ela também esteve presente em Nazaré durante a visita do Papa no início de janeiro de 1964 —, que almejava um lugar na Terra Santa para conhecer o mistério de Deus que quis se revelar nesta terra concreta, entrar em contato direto com ela, captar todo o seu encanto, toda a sua maravilha, e ser capaz de transmiti-la ao mundo moderno.

Esse sonho se enraizará nesta mulher, capaz de uma grande intuição e de uma profunda espiritualidade bíblica; ela saberá muito bem comunicar isso a Kiko (sempre atento a suas intuições mais profundas), e, juntos, poderão mover os franciscanos e as autoridades judaicas para obter a concessão de um terreno sobre o Monte das Bem-Aventuranças, a fim de construir um centro ao qual

---

7. *Documentos Carmen Hernández*, XVI: Convivência de bispos europeus. Viena (Áustria), 13-17 de abril de 1993, 22.

muitos futuros sacerdotes e bispos — mas também muitos cristãos simples, muitos irmãos do Caminho — poderão ir para saciar sua sede nas fontes da Escritura: uma verdadeira fonte de renovação pessoal e teológica. Assim nasceu a Domus Galilaeae. Seguindo as pegadas de vários padres da Igreja e de muitos santos (desde São Justino, passando por Orígenes, São Jerônimo..., até o Beato Charles de Foucauld) — muitos dos quais se sentaram aos pés dos rabinos de seu tempo para aprender a tradição oral da Torá, essencial para a exegese viva das Escrituras e para compreender o sentido da oração, das festas e liturgias judaicas, o alimento diário de nosso Senhor Jesus Cristo —, todos aqueles que desejem, que estejam à procura de Deus, podem ter aqui um contato direto com a tradição viva em Israel.

Um centro que tem "duas vias de comunicação": permite aos cristãos redescobrir as raízes de sua fé e permite a Israel conhecer mais profundamente Jesus Cristo e sua Igreja.

O amor de Carmen e Kiko pelas Escrituras e o povo de Israel também contribuiu, em grande medida, para a viagem de São João Paulo II a Israel no ano 2000:

> Fui testemunha — conta-me D. Ezechieli Pasotti — de seu entusiasmo, durante um almoço na Nunciatura de Jerusalém no fim de 1999, na presença do núncio, Mons. Pietro Sambi, ao lançar a ideia de uma viagem do Papa João Paulo II à Terra Santa, onde, no Monte das Bem-Aventuranças, poderia ser feito um chamado vocacional e enviar muitos jovens à evangelização do mundo moderno. Prometeram trabalhar para levar 50 mil jovens do Caminho a Israel para que esta viagem fosse realmente significativa e única.

E o acontecimento teve lugar entre 20 e 26 de março de 2000, com uma imensa emoção de muitos, especialmente dos judeus, que viram nesse gesto o cumprimento do que o Concílio Vaticano II já havia esperado: "Sendo assim tão grande o patrimônio espiritual comum aos cristãos e aos judeus, este sagrado Concílio quer fomentar e recomendar entre eles o mútuo conhecimento e estima, os quais se alcançarão sobretudo por meio dos estudos bíblicos e teológicos e com os diálogos fraternos" (*Nostra aetate*, 4).

Esse serviço foi reconhecido diretamente por São João Paulo II, que, por ocasião da inauguração da Biblioteca, em 31 de março de 2005, quis estar presente com uma Carta na qual afirmava, entre outras coisas:

> A "Domus Galilaeae" se enriquece de uma nova importante estrutura, a biblioteca, que justamente no seu centro hospeda o Livro da Torá com a finalidade de simbolizar, também arquitetonicamente, a centralidade

da Palavra de Deus. Que esta casa, construída pelos responsáveis do Caminho Neocatecumenal, possa favorecer com oportunas iniciativas uma profunda formação religiosa e um proveitoso diálogo entre o Judaísmo e a Igreja Católica. [...]

O Verbo, sabedoria eterna de Deus, fez-se carne, colocou a sua tenda entre nós e com a sua morte e ressurreição nos redimiu. Contemplamos com alegria, nestes dias santos de Páscoa, este mistério fundamental da nossa fé. Cristo, primogênito de toda a criação, cume da Torá, ressuscitou e agora vive e caminha conosco, continuando a nos iluminar com a sua palavra de salvação.

E, continuando, o Santo Papa assinalou:

Como são profundos os seus ensinamentos! Como é sempre atual o Sermão da Montanha inscrito no Universo! A beleza de Cristo que encontra a coroação nas bem-aventuranças, a beleza de Cristo que refulge na Igreja, seu Corpo Místico, se manifestou de modo eminente no amor que une os fiéis: esta é a mensagem que a estrutura arquitetônica da construção da "Domus Galilaeae" tenta comunicar aos seus hóspedes e aos peregrinos. Desejo de coração que todos aqueles que tenham a oportunidade de residir nela ou visitá-la possam crescer na consciência e no amor de Cristo, Sabedoria em que se encontra o princípio de tudo[8].

O Centro Domus Galilaeae leva quase vinte anos realizando esse serviço de comunhão entre cristãos e judeus, acolhendo a cada ano milhares de irmãos e irmãs de todo o mundo que vão passar alguns dias na terra do Senhor, oferecendo a cardeais, bispos e sacerdotes um lugar de oração e de estudo.

O amor de Carmen e Kiko por esse povo os levará também a iniciar uma catequese, tanto em Nazaré como em Belém, e Kiko explicitará esse amor de forma profunda e direta com a "Sinfonia dos Inocentes", uma obra catequético-sinfônica que ele apresentará aos judeus tanto na Domus Galilaeae como em Jerusalém.

A relação de Carmen Hernández com o Papa Bento XVI

Kiko e Carmen tiveram uma relação muito próxima e de longa trajetória com o Papa Bento XVI, recolhendo durante seu papado diversos frutos e reconhecimentos. Com Joseph Ratzinger já havia bom e duradouro relacionamento:

---

8. *Carta do Papa João Paulo II por ocasião da inauguração da Biblioteca da Domus Galilaeae*, dada no Vaticano em 24 de março de 2005.

de quando ele ensinava na Universidade de Tubinga e alguns itinerantes da Itália participavam de seus cursos, como foi o caso de Franco Ferrarese[9], Stéfano Genarini[10] e o matrimônio formado por Antonio e Bruna Spandri[11]. Naquele tempo, o futuro papa já era um professor de Teologia reconhecido e pôde conhecer, por intermédio desses irmãos, alunos seus, a práxis do Caminho Neocatecumenal. Deles dirá: "Esses jovens haviam descoberto que, depois do batismo, era necessário um novo catecumenato, um novo aprofundamento pessoal e comunitário do batismo em um caminho comum"[12]. Assim, surpreso com essa nova realidade, Joseph Ratzinger foi o primeiro a ajudar nos inícios desse novo catecumenato na Alemanha — quando o matrimônio Spandri começava sua itinerância naquela região — ao apresentar essa iniciação cristã a alguns sacerdotes amigos seus na cidade de Munique, afirmando estar convencido de que se tratava "de uma autêntica esperança de renovação que, procedente do espírito da Bíblia e dos padres, firmemente arraigada na Igreja concreta e que quer se vincular ao pastor, mas que, ao mesmo tempo, abre novas formas de viver na fé"[13].

Durante o pontificado de João Paulo II, e já sendo Joseph Ratzinger o prefeito da Congregação para a Doutrina da Fé, ajudará muito, como detalhamos antes, no processo de revisão dos Diretórios Catequéticos (ou dos chamados "mamotretos"), que contêm as catequeses iniciais e os conteúdos das diferentes etapas do Caminho Neocatecumenal[14]. O futuro papa encontrava nos movimentos, entre eles, o próprio Caminho Neocatecumenal, o impulso necessário para a renovação da Igreja, como reconhece em 1985: "O que em toda parte da Igreja universal ressoa com tons de esperança é o florescimento de novos movimentos", e, diante da pergunta do jornalista "Em que pensa em particular?", a resposta não se faz esperar: "Penso no Movimento carismático, nas Comunidades Neocatecumenais, nos Cursilhos, no Movimento dos Focolares, no Comunhão e Libertação, etc."[15].

---

9. Itinerante na Itália e um dos pioneiros como professor itinerante em ensinar nos diferentes Seminários *Redemptoris Mater*.
10. Itinerante italiano da primeira hora, responsável da região Triveneto na Itália e itinerante responsável de evangelização na Polônia. Faz parte dos 12 Céfalos.
11. Matrimônio de Veneza, que serão itinerantes e responsáveis do Caminho Neocatecumenal na Alemanha e na Holanda. Toni Spandri faleceu em 28 de fevereiro de 2011.
12. Cf. BENTO XVI, *Kirchliche Bewegungen und neue Gemeinschaften*, Munique-Zurique, Verlag Neue Stadt, 2007.
13. Assim se expressa J. Ratzinger, por exemplo, em uma carta de 22 de junho de 1974 dirigida a seu amigo P. Kurt Gartner.
14. Um processo de trabalho já detalhado no capítulo anterior.
15. J. RATZINGER; V. MESSORI, *Informe sobre la fe*, Madri, BAC, 1985, 49-50.

Também ajudou na abertura do seminário *Redemptoris Mater* de Berlim, facilitando os contatos necessários para a formação dos candidatos ao presbiterado ali, e, graças à sua mediação, abriu a relação acadêmica com a Pontifícia Universidade Gregoriana de Roma, por intermédio do Pe. Luis Ladaria, SJ, então decano da Faculdade de Teologia e hoje cardeal prefeito da Congregação para a Doutrina da Fé.

Bento XVI teve sempre com Carmen uma relação cordial e simpática, na qual frequentemente mostra, como bom alemão de caráter reservado e formal, um temor diante de sua espontaneidade e franqueza tão direta. Mas, ao mesmo tempo, conseguia compreender o profundo desejo de Carmen de levar a renovação do Concílio Vaticano II às paróquias, algo em que concordavam. Também percebia o profundo amor de Carmen pela Igreja e pelos papas. Um momento muito significativo dessa relação aconteceu na celebração do 40º aniversário do Caminho Neocatecumenal, em 12 de janeiro de 2009, na Basílica de São Pedro, onde Carmen lhe manifestou expressamente seu sincero e profundo amor pelo Papa e pela Igreja:

> Padre, consolou-me todo este tempo aquela pomba que está sobre a cátedra de Pedro e gostei muito que o Senhor tenha dito que os apóstolos lhe dizem: Tu és o Cristo! Mas o que mais me emociona é que Jesus Cristo diz: "Tu és Pedro e sobre esta pedra edificarei minha Igreja". A mim, Padre, o Senhor me deu sempre uma fé muito grande na Igreja.

Em seguida, foi enumerando um por um, desde Pio XII, o bem tão grande que todos os papas que ela conheceu fizeram à Igreja. Carmen ensinou e transmitiu incessantemente e com muita força, dentro do Caminho Neocatecumenal, o amor à figura de Pedro e a fidelidade aos papas como algo essencial no Caminho.

Uma questão pessoal, que destacamos da relação de Carmen com o cardeal Joseph Ratzinger, enquanto este era prefeito da Congregação para a Doutrina da Fé, foi a tenaz intercessão que Carmen susteve para que fosse reabilitada uma venerável religiosa espanhola do século XVII, por quem ela teve uma devoção especial ao longo de sua vida: trata-se da irmã Maria de Jesus (1602-1665), de nome María Coronel y Arana, que foi a abadessa do convento das Madres Concepcionistas de Ágreda, onde antes havia sido sua própria casa. Foi escritora, mística e conselheira do rei da Espanha, Felipe IV, com quem manteve uma rica relação epistolar. Essa figura atrai Carmen Hernández porque, desde criança, ela ia de Ólvega à vizinha Ágreda para venerar essa extraordinária mulher, por quem manterá, durante sua vida, uma forte devoção.

A venerável Madre Maria de Jesus[16] havia sido uma grande defensora do dogma da Imaculada Conceição em um tempo de controvérsias a esse respeito e muito antes que o dogma fosse decretado, em 1854. Também, entre seus feitos extraordinários, destaca-se o amor que essa religiosa teve pelas missões, nas quais participou através do dom da bilocação, precedendo os missionários franciscanos na evangelização da Nova Espanha. Foi uma mulher pioneira, em todos os sentidos, mas, sobretudo, no auge da evangelização e na renovação da Igreja de seu tempo. A admiração e a devoção de Carmen por essa venerável madre a impulsionou também a revisar sua causa de beatificação, que havia ficado em silêncio séculos atrás.

Kiko Argüello conta-nos brevemente em que consistiu a mediação de Carmen Hernández nesta causa:

> Esta religiosa venerável escreveu um livro intitulado *Mística ciudad de Dios*[17], que é um livro fantástico sobre a vida da Virgem Maria. Mas a Igreja, para que esse livro não fosse considerado, naquele tempo, como uma

---

16. A Madre Maria de Jesus de Ágreda é hoje "venerável", quer dizer, suas virtudes e seus feitos extraordinários estão constatados, mas, apesar disso, seu processo não prosperou por uma série de mudanças históricas. A irmã Maria é considerada uma das maiores místicas da história da Igreja: em 28 de janeiro de 1673, o Papa Clemente X introduziu a causa de canonização. Todavia, passado um século, a obra de irmã Maria de Jesus foi objeto de análise e controvérsia e, finalmente, de condenação. Mais tarde, em 1756, Bento XIV aprovou o processo canônico das virtudes em geral desta Serva de Deus e, em 31 de março de 1774, declaravam essa religiosa de Ágreda "venerável". Porém, o processo não seguiu seu curso devido ao conteúdo de sua obra, de caráter "imaculado" e incompreendido naquele tempo. "Aí fica o testemunho de uma vida exemplar e os bons conselhos e considerações de uma escritora espiritual, para quem a Virgem Imaculada era o centro de sua vida, consagrada plenamente a seu esposo, Jesus Cristo" (cf. *Nuevo Año Cristiano*. V: *Mayo*, Madri, Edibesa, 2001, 456-459).

17. Esta obra reúne as visões que a venerável Irmã Maria de Ágreda acreditou receber por inspiração da Virgem Maria. A obra apresenta-se em forma de narrativa e se divide em três partes: a infância da Virgem; o mistério da Encarnação e a vida de Jesus; e o resto da existência terrena da Virgem até sua Assunção e Coroação no Céu. A linguagem é claramente barroca e abundam as descrições e as imagens. Trata de mostrar a profundidade da vida espiritual de Maria. Descreve com certa análise os favores e dons especiais que Deus outorgou à Virgem por sua condição de Mãe de Deus, e que a preparam espiritualmente para os acontecimentos mais importantes de sua vida. (Cf. *Mística ciudad de Dios; vida de María*: texto de acordo com o escrito original; Irmã Maria de Jesus de Ágreda; introdução, notas e edição por C. Solaguren, OFM; com a colaboração de Á. Martínez Moñux, OFM, e L. Villasante, OFM; Sória: MM. Concepcionistas de Ágreda, 2009.)

coisa histórica e para que não se acreditasse com literalidade nas coisas que se diziam nele, proibiu-o. Inclusive, introduziu-o no *Índice*.

Quando o cardeal Ratzinger foi prefeito da Doutrina da Fé, formou uma comissão de teólogos para estudar o caso da Venerável. E, graças a Carmen, o livro da Venerável foi tirado do "Índice". A comissão teológica concordou em tirar este livro do *Índice*, pois era como uma espécie de midraxe. *Mística ciudad de Dios* é como um midraxe que conta coisas da Virgem, mas não é que se deve acreditar em todas.

Carmen também queria que fosse reaberto o processo de beatificação da Venerável. O problema é que, quando tudo já estava aprovado, o cardeal Ratzinger nos disse que, naquele momento, "não era oportuno" e então tudo ficou parado porque ainda não era um momento oportuno[18].

Durante seu pontificado, Bento XVI sempre acolheu com afeto e alegria a Kiko e Carmen em algumas audiências privadas e ao Caminho:

> Saúdo os responsáveis do Caminho Neocatecumenal: o senhor Kiko Argüello, a quem agradeço as palavras que me dirigiu em vosso nome; a senhora Carmen Hernández e o Pe. Mário Pezzi. [...]
>
> Prezadas famílias, o crucifixo que haveis de receber será o vosso inseparável companheiro de caminho, enquanto proclamareis com a vossa ação missionária que somente em Jesus Cristo, morto e ressuscitado, há salvação. Dele sereis testemunhas mansas e jubilosas, percorrendo com simplicidade e pobreza os caminhos de todos os continentes, sustentados pela oração incessante e pela escuta da palavra de Deus, e alimentados pela participação na vida litúrgica das igrejas particulares para as quais sois enviados[19].

Ou na celebração do 40º Aniversário do início do Caminho em Roma, quando assinalou:

> Como deixar de bendizer o Senhor pelos frutos espirituais que, através do método de evangelização por vós levado a cabo, puderam ser recolhidos nestes anos? Quantas novas energias apostólicas foram suscitadas, tanto entre os sacerdotes como entre os leigos! Quantos homens e mulheres e quantas famílias que haviam se afastado da comunidade eclesial ou tinham abandonado a prática da vida cristã foram ajudados, através do *kerygma* e do itinerário de redescoberta do Batismo, a reencontrar a alegria da fé e o entusiasmo do testemunho evangélico! A recente aprovação

---

18. Testemunho de Kiko em entrevista realizada para este livro no dia 13 de junho de 2018.
19. *Discurso à Comunidade do Caminho Neocatecumenal*, Cidade do Vaticano, Sala Paulo VI, 12 de janeiro de 2006. Cf. *L'Osservatore Romano* (13-1-2006).

dos Estatutos do Caminho por parte do Pontifício Conselho para os Leigos veio consolidar a estima e a benevolência com que a Santa Sé acompanha a obra que o Senhor suscitou através dos vossos iniciadores. O Papa, Bispo de Roma, agradece-vos o generoso serviço que prestais à evangelização desta Cidade e a dedicação com que vos prodigalizais por levar o anúncio cristão a todos os seus ambientes[20].

---

20. *Discurso aos membros do Caminho Neocatecumenal*, Basílica de São Pedro, 10 de janeiro de 2009. Cf. *L'Osservatore Romano* (11 e 12-1-2009).

32
VOU A TODA PARTE

O tempo de enfermidade

A atividade itinerante de Kiko, Carmen e Pe. Mario pelos cinco continentes é impressionante. E, continuando nos anos 1990 e na primeira década do novo milênio, poderíamos preencher várias páginas tão somente relacionando numerosíssimas viagens pelo mundo; encontros; visitas às comunidades, aos seminários, a Famílias em Missão, a Famílias enviadas em missão *ad gentes*; acompanhamento dos diversos eventos organizados pela Santa Sé e realizados pelos papas — como as Jornadas Mundiais da Juventude ou os Encontros Mundiais da Família —; inumeráveis encontros e etapas com as comunidades; convivências com os itinerantes das nações, com as famílias, com bispos, com rabinos, com presbíteros, com seminaristas. No final, completamos este trabalho com anexos cronológicos de toda a trajetória dos iniciadores do Caminho, onde se pode apreciar seu inestimável trabalho apostólico.

Em todo esse tempo, Carmen padeceu diferentes momentos de enfermidade que pouco afetaram sua intensa ação missionária. Em 1999, Carmen teve cólica biliar e precisou ser operada:

> Eu escolhi o dia 3 de dezembro porque é o dia de São Francisco Xavier — do qual fui muito devota desde meu nascimento por causa dos jesuítas e do colégio de Xavier de Tudela — para que me receba na glória se me matarem. Dizem: Não acontecerá nada! Pois acontece que comprei duas camas dessas que se movem. Trouxeram-me uma e se rompeu uma tábua; o que a trouxera me disse: "Jamais aconteceu isso!". Vou a El Corte Inglés na semana seguinte para comprar outra: "Ah, é que aquela não era tão boa como esta, esta é a melhor que existe, feita na Suíça, etc.". Levaram-na ontem, e o motor que não funciona: "Isso nunca aconteceu!", diz o que a trouxera. Assim que essa vesícula, que é uma besteira... de qualquer modo eu já me confessei nos Sacramentinos[1].

---
1. Anúncio do Advento de 1999, na Espanha.

Uma intervenção que foi feita em Bréscia e que teve complicações:

> Acontece que me fazem subir meio morta ao formoso quarto que haviam preparado para mim. Mas o grande especialista não pudera fazer a operação que tinha pensado e fizera outra coisa. Assim, levaram-me para outro lugar onde as camas estavam separadas umas das outras. E a freira vem com um montão de alunos e não sei o quê: "Ah, você tem que ficar aqui dois dias, em seguida veremos se fazemos uma coisa ou outra". Sabem quem foi realmente fantástico em tudo isso? Uma irmã chamada Piera, de Gottolengo, que vinha todas as noites para dormir comigo sem me dizer nada, mas me fazia companhia o tempo todo, pela manhã e pela tarde. E como, quando alguém está assim, não tem forças nem para ler os Salmos, ela me leu os salmos com toda tranquilidade. E me consolou, sobretudo, porque veio com um sacerdote que me trouxe a comunhão... Piera ficou fielmente comigo sempre, celebramos a Eucaristia e tudo[2].

Mas, chegados já ao ano 2010, ocorreu um acontecimento que afetará seriamente a saúde de Carmen. A partir desse momento, sua relação com a enfermidade e a dor física será crônica: Kiko, Carmen e Pe. Mario viajaram para Seul, na Coreia, entre os dias 1º e 6 de setembro de 2010, a fim de acompanhar alguns atos do Conselho Pontifício para os Leigos[3]. Ali, Carmen sofreu uma queda ao tropeçar em uma tubulação provisória que não era visível na entrada da Catedral de Myeongdong, em Seul. Era o sábado 4 de setembro, antes de participar na missa da manhã, celebrada pelo cardeal Telesphore Toppo.

O Pe. Mario relata-nos esses acontecimentos em primeira mão:

> Isso da Coreia foi um drama, porque me convidaram para concelebrar e não ia ao lado de Carmen e Kiko. Carmen, ao entrar na basílica, tropeçou e caiu, rompendo várias costelas. Ao acabar, um médico a visitou e não se deu conta de que tinha essas costelas quebradas. E devíamos voltar de avião por Paris. Ela voltou nesse voo com muitíssima dor e, em Paris (na escala), devíamos percorrer vários quilômetros. Kiko procurou uma cadeira de rodas, tendo-a finalmente encontrado, mas chegamos e o voo de Paris-Roma já tinha partido. Então, falamos com os responsáveis, e alguns irmãos de Paris vieram nos buscar, levaram-nos para um hotel próximo. E ela sofria uma dor terrível. Não sabia que tinha as costelas quebradas. (Isso se recupera com o tempo, não há nada que se possa fazer). Sofria em silêncio, lamentava-se um pouco. No sofrimento, sempre abandonada ao Senhor, mesmo quando sentia dor, só dizia: "Ai! Ai!", o normal.

---

2. Contado por Carmen na Convivência de Início de Curso do ano 2006, na Itália.
3. Congresso dos Leigos Católicos da Ásia, em Seul (Coreia), de 31 de agosto a 5 de setembro de 2010.

Já em Roma, fomos a Porto San Giorgio de carro. Pode imaginar como chegou dolorida.

Em seguida, rompeu-se também a quarta e a quinta vértebra em uma queda no banheiro em Madri, isso foi depois. Em Porto San Giorgio, voltou a cair e a fratura agravou-se. O nosso médico trouxe-lhe um especialista, um médico de Cerdeña, e lhe aconselhou fazer uma operação inovadora onde lhe faziam umas infiltrações para melhorar as vértebras. Mas essa intervenção não foi boa; porque apesar de sair melhor das vértebras, nos movimentos e na manipulação que fizeram, para essa intervenção, danificaram mais costelas. Eu me lembro — diz-nos Mario — que eu estava no hospital com ela, e sofria muita dor.

Apesar de seu estado e de suas dores contínuas, depois de 2010, não deixou de nos acompanhar. Fizemos, depois de tudo isso, várias viagens, visitas às comunidades, reuniões e convivências, e Carmen vinha sempre.

É verdade que, já nos seus últimos três anos, entre 2014 e 2016, ela ia piorando. E tudo se agravou em decorrência das varizes e da circulação, o que lhe provocava úlceras nas pernas. Além de sua dor habitual nas costas, acrescentaram-se os tratamentos dolorosos aos quais devia submeter-se, uns tratamentos dolorosíssimos durante esses últimos dois ou três anos. Mas ela não deixou a equipe, sempre vinha conosco, estava até ciente de tudo. Em seu último ano, em 2016, foi com Kiko e comigo para celebrar a Páscoa na Galileia; depois teve de acompanhar de seu quarto, onde tinham colocado uma tela[4], toda a convivência de bispos e também a de rabinos.

Sempre unida a Jesus

Durante esses anos, entre 2010 e 2016, a saúde de Carmen foi afetada por diferentes doenças que nos detalha seu médico, na Itália, o doutor Francesco Astorri:

— Insuficiência cardíaca secundária e fibrilação auricular em 1994, com hospitalização na clínica Villa Verde.
— Insuficiência respiratória caracterizada por bronquite obstrutiva crônica e pneumonia.
— Fratura de um corpo vertebral dorsal (limitante anterior) com graves sintomas dolorosos e imobilização, em decorrência do acidente de 2010.
— Realização de cirurgia plástica vertebral; durante a intervenção, perda de pulso cardíaco com marcada bradicardia com risco de parada cardíaca.

---

4. Testemunho do Pe. Mario para este livro, de 20 de outubro de 2019.

— Episódios recorrentes de fibrilação auricular com descompensação cardíaca e insuficiência respiratória, edema declinante (para isso, submeteu-se a terapia com anticoagulantes, diuréticos e antiarrítmicos).
— Arteriopatia obliterante dos membros inferiores com grandes úlceras arteriais que afetam 2/3 das pernas, muito dolorosas, com medicação diária; arteriografia com angioplastia periférica e terapia hiperbárica.
— Curativos sempre dolorosos, aos quais Carmen nunca resistia.

No que diz respeito ao padecimento dessas doenças, temos o testemunho das pessoas próximas que cuidaram dela e conviveram com ela. Lina Turri[5], que a ajudou frequentemente em suas estadas em Porto San Giorgio, conta:

> Em relação à coluna vertebral, que lhe causava muita dor porque as vértebras estavam esmagadas, foi necessário submeter-se a uma cirurgia. Durante a operação, também teve problemas cardíacos, razão pela qual tiveram de reanimá-la, mas a operação foi bem-sucedida e [ela] não se queixou. O único inconveniente foi ter de permanecer no hospital de Villa Verde durante alguns dias.
>
> Foi operada na clínica Villa Verde, no ano em que o Pe. Mario e Kiko foram à Índia: no dia 30 de novembro de 2010.
>
> Havia sofrido duas quedas, uma na Coreia e outra vez [na Espanha], no banho, depois, não me lembro onde. Na Coreia, tinha as costelas fraturadas, que foram curadas somente com repouso. Além disso, as microlesões nas vértebras lombares, tendo em conta a grave osteoporose de que padecia, a impediam de caminhar ou se sentar porque eram muito dolorosas. O ortopedista recomendou-lhe uma cimentação das vértebras lombares; do contrário, não teria conseguido continuar caminhando. Durante a cirurgia, teve uma pequena complicação com o coração, que já estava enfermo por causa da arritmia. Tiveram que reanimá-la, mas tudo saiu bem[6].

Outra complicação que teve foram as úlceras nas pernas em decorrência da má circulação:

> Em relação à perna, começou com uma pequena ferida que não cicatrizou. Essa ferida foi um pouco subestimada e, com os dias, se estendeu a vários pontos até se converter em uma úlcera muito grande, de pelo menos 20 cm. O tratamento realizou-se depois de várias tentativas, e finalmente decidiram administrar gazes de prata, fazer limpeza diária com lavagens de clorexidina e, com um bisturi, tirar a parte escura, que era um pouco

---

5. Lina é a esposa da Família em Missão que atende na casa de Porto San Giorgio, onde se encontra o Centro Internacional "Servo de Iahweh".
6. Testemunho de Lina Turri, recebido em 2 de fevereiro de 2021, para este livro.

"cancerosa". Em seguida, em Madri, realizaram uma operação de *by-pass* nela, na veia da perna, para que o sangue fluísse, mas demorou mais de um ano e meio para que ela se curasse porque a úlcera era muito grande. Os médicos em Madri experimentaram a câmara hiperbárica, e isso fez muito bem. Com o tempo, houve também na outra perna uma pequena úlcera que se curou em menos tempo. Outro tratamento era manter a pele das pernas sempre hidratada com gel de babosa. Uma irmã enfermeira, Cristina, de Madri, também ajudou muito.

Ela fez os tratamentos mais simples e ficou muito contente comigo. Então, tinha muita confiança no doutor Astorri, e foi o único com o qual aceitou fazer os exercícios de caminhada para a reabilitação.

Outro problema que Carmen tinha, além de seu coração, era sua falta de ar ao caminhar e seus problemas respiratórios, que não eram fáceis de tratar porque [ela] não suportava os exercícios respiratórios e os remédios antibrônquicos. O mais importante é que deixou de fumar. No último ano, pelo menos, fumava muito pouco.

No último ano, falava pouco e comia muito pouco, razão pela qual necessitava de suplementos de proteínas, que tomava com facilidade. Gostava muito do "pandoro" no café da manhã. A nós nunca se queixou das dores. E, mesmo que não falasse muito, sempre sorria.

Isso sim, nunca deixou de rezar e, quando não podia rezar com o saltério todos os dias, acompanhava a santa missa e o santo rosário pela televisão e escutava tudo o que dizia o Papa. Embora não pudesse participar presencialmente das convivências, escutava tudo via cabo e se interessava muito e falava disso. Sempre que podia, alegrava-se de receber as visitas dos itinerantes e os presenteava a todos com um sorriso. Quanto a mim, atuei como uma espécie de enfermeira para ela.

Minha experiência com ela é a de uma pessoa enferma com quem, às vezes, era difícil lidar, mas que nunca se queixava; todavia, era amável, agradecia e tinha estima por mim[7].

Lucio e Maria José são um matrimônio itinerante, responsáveis pela região sul da Espanha. Conviveram com Carmen durante alguns períodos de sua vida e nos ofereceram este testemunho:

Carmen em seus últimos anos no corpo sofreu com fé, coragem e verdade infinitas. Padeceu muito nos últimos anos, mas não deixou de trabalhar, de cumprir sua missão, de fazer a vontade de Deus. Viveu tudo de uma maneira verdadeiramente celeste; não vi coisa semelhante em ninguém. Dias, dias e dias com dor no corpo. As costas, com a queda que sofrera em Seul... Lembro-me de que não encontravam voo, que não havia conexões, que os enviaram por Paris, que não podia caminhar no aeropor-

---

7. Idem.

to... Quando chegou a Madri, sinceramente, não sei como pôde resistir. E, em seguida, não é que se detivesse, repousasse e descansasse; continuava, continuava, continuava sua missão e com Kiko. Seu amor pelo Evangelho a levou a dar sua vida a Jesus Cristo, e, ao se entregar a Ele, ela O deu a todos nós.

A época em que sofreu com a perna está também escrita no céu. Tantas coisas que descobrimos quando estivemos ali e víamos como ela vivia. Isso sim que é coragem, heroísmo, silêncio; algo escatológico. Esteve trabalhando até o último momento, e com 86 anos foi a Israel para celebrar a semana *in albis* na convivência de bispos. Algo inacreditável[8].

As irmãs consagradas Giselda e Nancy, que cuidaram dela de modo muito constante durante todo esse tempo, também relatam o seguinte:

A ferida da perna era tão grande e profunda que chegava até o osso. A ferida aberta durou mais de um ano, com curativos diários muito dolorosos. Por ser tão grave a situação, os médicos aconselharam a câmara hiperbárica, para que a circulação melhorasse e, com isso, a ferida. A ferida só melhorou quando aconselharam uma operação de *by-pass*. Graças à câmara hiperbárica descobriu-se que tinha uma artéria em boas condições para a operação, tendo sido possível realizar com êxito o *by-pass*. Recebeu tratamento em uma câmara hiperbárica durante uns três meses, como preparação para a operação e também para a recuperação. As sessões da câmara duravam uma hora, e Kiko a acompanhava todos os dias. A operação realizou-se na clínica São Francisco de Assis, de Madri, recuperando-se, em seguida, da ferida. Essa operação foi em julho de 2015.

Carmen tinha de se submeter a curativos muito dolorosos, mas aceitava, abandonava-se ao Senhor no sofrimento. Chamava-me muito à fé ver como ela sempre estava apaixonadíssima por Jesus Cristo[9].

---

8. Testemunho de Maria José, recebido em 19 de janeiro de 2021, para este livro.
9. Testemunho das irmãs consagradas Giselda e Nancy, que estavam cuidando de Carmen. Entrevista realizada em 20 de outubro de 2019, em Madri.

33
CARMEN PARTIU

Nosso Senhor Jesus veio levar sua alma

O Pe. Mario Pezzi nos confirma que, apesar de todas as suas doenças, Carmen não deixa um só momento a equipe nem a missão até o final de sua vida, no verão de 2016:

> Nesses anos, sempre participava da equipe. Naquele ano, em 2016, tivemos, em março, uma convivência mundial e ela até proclamou uma leitura. Em seguida, foi de carro à Audiência do Papa até Roma e, depois, voltamos de carro a Porto San Giorgio (cinco horas). Como disse, após essa convivência, em março, foi à Páscoa na "Domus Galilaeae" e, depois daquelas convivências, voltamos a Madri. Até o final esteve com a equipe sem perder nada. Perto do verão de 2016 já estava pior. Eu a assisti por dez dias estando aqui com as irmãs que cuidavam dela. Depois, em 1º de julho, Kiko e eu tivemos uma Audiência com o Papa, e eu liguei para Carmen:
> — Carmen, o Papa quer saudar você.
> O Papa pegou o telefone e lhe disse, brincando:
> — Como vai, Carmen? Ânimo! Erva ruim não morre. Quando você vier, vou lhe dar um maço de cigarros.
> Em seguida, nós saímos de férias. Seu último mês foi tranquilo. Kiko chegou a tempo de vê-la; eu, uma hora depois. Com ela de corpo presente rezamos o *Magnificat*[1].

O Pe. Ezechiele Pasotti, que acompanhou frequentemente Kiko, Carmen e Pe. Mario, conta-nos também, em primeira mão, como ocorreu esse momento:

> Em 3 de julho, presidi a celebração da Eucaristia em sua casa. Foi minha última celebração com Carmen, e ela participou com plena consciência. Em seguida, acompanhei Kiko para passar alguns dias de férias na Áustria. Kiko lhe telefonava todos os dias, várias vezes, para ver como estava e para pedir notícias de seu estado de saúde. Em 18 de julho, recebemos a notícia de que Carmen não estava bem, e Kiko decidiu regressar

---

[1]. Testemunho do Pe. Mario Pezzi para este livro. Entrevista realizada no domingo, 20 de outubro de 2019, em Madri.

imediatamente à Espanha. Em 19 de julho, eu o acompanhei na viagem de avião de Veneza a Madri. Chegamos à primeira hora da tarde; e o irmão de Kiko, Félix Argüello, nos buscou no aeroporto, como de costume. Kiko pediu para ir diretamente à casa de Carmen na rua Samaria. Chegamos às 15h45. Ela estava com oxigênio, mas consciente, mesmo que não falasse. Kiko sentou-se a seu lado e permaneceu ali durante uma hora, acariciando seu rosto e suas mãos, com uma ternura comovedora, e lhe dizia:

— Anime-se, Carmen, o Senhor a ama! Anime-se!

Esteve todo esse tempo ao seu lado. Tive a clara sensação de que Carmen esperava Kiko e queria vê-lo ao seu lado antes de fechar os olhos e ser chamada pelo Senhor.

Muitas vezes estive perto deles, em diferentes momentos de sua vida, com altos e baixos, mas nessa tarde vi e quase toquei com a mão a profunda comunhão que existia entre eles, uma comunhão espiritual enorme. A comunhão própria de duas almas que levavam 50 anos juntos, vividos na vontade do Senhor e com uma entrega total à evangelização, ao amor dos irmãos, à Igreja, renunciando a si mesmos, até a morte[2].

Sua morte aconteceu nessa mesma tarde da terça-feira, 19 de julho de 2016, e quem a esteve acompanhando junto às consagradas que cuidavam dela era Félix Argüello, irmão de Kiko, que nos conta:

Carmen havia entrado, no dia anterior, em uma espécie de coma, por isso chamamos Kiko. Nessa mesma manhã, estava um pouco melhor. As irmãs limparam-na e levantaram-na, como sempre, em uma poltrona reclinável onde podia estar cômoda, mesmo que estivesse muito fraca. Eu fui buscar meu irmão Kiko e Ezechiele no aeroporto. Quando Kiko chegou e a encontrou assim, abraçou-a e começou a lhe falar:

— Ânimo, Carmen! Ânimo! O Senhor a ama!

Uma das mãos já estava muito branca, a outra ainda tinha cor. Logo, eles saíram para deixar sua bagagem, e nesse tempo ela faleceu[3].

O doutor Ángel Del Palacio é quem a atendia mais frequentemente, com o doutor Isidoro Mínguez, que era o especialista do coração. O doutor Del Palacio conta que iniciou o processo normal de uma falha multiorgânica, o que requer um processo final de umas 72 horas aproximadamente; "pensou-se, com a melhor intenção, em aumentar a sedação, mas não se fez, e tudo seguiu um processo natural". Outra preocupação era que Kiko regressasse a tempo de se despedir, como assim foi.

A notícia de sua morte passou à imprensa imediatamente:

---

2. Testemunho de Ezechiele Pasotti, recebido em 5 de janeiro de 2021.
3. Testemunho de Félix Argüello, de 25 de fevereiro de 2021.

Seu estado de saúde havia piorado consideravelmente no último ano e meio, sem que fosse diagnosticada nenhuma enfermidade específica... A última vez que ela pôde ser vista em público foi no último dia 18 de março, na Audiência que o Papa Francisco concedeu às famílias missionárias do Caminho. O Santo Padre falou com ela pessoalmente por telefone no último dia 1º de julho durante uma Audiência privada concedida a Kiko Argüello e ao Pe. Mario Pezzi, para animá-la em seus últimos dias[4].

Nesse último tempo de enfermidade, o mais importante é que não abandonava a oração, e tanto Kiko como o Pe. Mario estavam muito atentos a ela em todo momento. Se saíam, telefonavam para ela pela manhã e pela tarde para saber sobre seu estado. Carmen tinha sempre esta oração em seus lábios: *Meu Jesus, te amo!* Expressão que não deixava de dizer várias vezes cada dia. Participava da Eucaristia e comungava diariamente; a última foi celebrada pelo Pe. Manolo García[5], que, com Félix Argüello, também estava atento a ela.

As duas irmãs consagradas que a atenderam em todo esse tempo de enfermidade ressaltam algumas coisas:

> Ela, mesmo que fosse muito direta e falasse de maneira seca, era do mesmo modo carinhosa, e a nós sempre se mostrava muito agradecida. Nós a víamos sempre muito unida a Kiko e Mario, estava sempre atenta a eles, e não se desligou deles até o final. Kiko e Mario também estavam sempre muito atentos a ela; se tinham de viajar, telefonavam continuamente.

De seus últimos dias, destacam sua constância na oração. Essas duas irmãs continuam:

> Carmen não se desligava da oração nem sequer estando muito enferma ou com fortes dores. Era uma mulher de oração. Muito apaixonada por Jesus Cristo. Antes de ficar enferma, estava sempre em oração. Ela tinha muitos livros, lia e estudava diariamente, mas, sobretudo, rezava. Não havia dia que não rezasse. Esse contínuo momento com Jesus a ajudou muito a superar suas dores. Sempre dizia: "Meu Jesus, te amo!". Sempre estava em contato com Ele, na oração e com a Escritura. Não se desesperava no sofrimento. Sempre a vi muito unida ao Senhor. Chamava-me muito à fé ver como ela sempre estava apaixonadíssima por Jesus Cristo.

---

4. Notas de imprensa que apareceram em alguns meios. Cf. *ABC* (21-7-2016); *El País* (21-7-2016).
5. Manolo García pertence à primeira comunidade de San José, de Madri. É presbítero itinerante e responsável pela equipe da região noroeste da Espanha. Acompanhou frequentemente Kiko e Carmen durante as férias.

Na noite anterior à sua morte, piorou com agonia, mas estava em paz. Por estar tão unida ao Senhor Jesus Cristo, ela passou muita dor, mas estava tão unida a Jesus Cristo que não se desesperou nunca e morreu em paz. Carmen esteve consciente até o final. Kiko chegou nesse dia a tempo de vê-la[6].

Após sua morte, Kiko fez imediatamente um comunicado a todos os irmãos do Caminho Neocatecumenal:

> Queridos irmãos:
> Dou-lhes uma grande notícia: hoje, às 16h45, nossa irmã Carmen partiu para o céu. É certo que Nosso Senhor Jesus veio para tomar sua alma e levá-la com Ele.
> Enquanto sofremos por sua falta, sobretudo eu, estamos contentes de saber que Nosso Senhor Jesus a levou consigo.
> Carmen, que ajuda enorme para o Caminho! Nunca me adulou, sempre pensando no bem da Igreja. Que mulher forte! Nunca conheci ninguém parecido. Nos anúncios, com os jovens, e com o Papa, como agora em Cracóvia, sempre lhes dizia: "A mulher é o mais importante da Igreja, porque leva em seu seio a fábrica da vida. Por isso, da primeira página do Gênesis até o final do Apocalipse, o demônio sempre persegue a mulher". E terminava dizendo: "Dou Kiko de presente a vocês".
> Espero morrer logo e me juntar a ela. Carmen foi para mim um acontecimento maravilhoso; a mulher, seu grande gênio, seu carisma, seu amor ao Papa e, sobretudo, seu amor à Igreja.
> Bem, irmãos, tenho a alma dolorida, porque já não está conosco. Mas a fé me ajuda e me afirma que está com Cristo. Rezem por ela. Podem celebrar uma missa todos juntos em memória de Carmen.
> O arcebispo de Madri aceitou que se faça o funeral de Carmen, com o corpo presente, na Catedral. Os itinerantes da Europa, se podem vir, estão convidados para o funeral.
> Diremos o dia exato a vocês.
> Ânimo! Cristo ressuscitou e venceu a morte por nós.
> Para mim, foi comovedor que ela tenha esperado que eu chegasse, beijasse-a e lhe dissesse "Ânimo!". E depois de lhe dar um beijinho, faleceu.
> Kiko Argüello

---

6. Testemunho das irmãs consagradas que estavam cuidando de Carmen. Entrevista realizada em 20 de outubro de 2019, em Madri.

Uma existência marcada por seu amor a Jesus

O Pe. Mario Pezzi, que esteve ao lado de Carmen e Kiko desde 1970, fez um relato rico da trajetória da coiniciadora do Caminho, a quem ele estava muito unido:

> Em primeiro lugar, acredito que os historiadores se aprofundarão neste fato: uma realidade eclesial que foi iniciada e realizada por um homem e uma mulher que colaboraram constantemente juntos.
>
> Quero dizer que Carmen estava apaixonada por Deus, e Deus apaixonado por ela, porque já havia conquistado seu coração desde pequena, quando quis ir como missionária à Índia, tendo por isso uma vez fugido de casa.
>
> Colaborou com Kiko, trazendo em uma bandeja, como ela disse, a renovação do Concílio Vaticano II, que se baseia, sobretudo, nas três Constituições: Liturgia, Palavra de Deus e Igreja. Carmen lutou muito pelo que considerava fundamental para a realização do Concílio: a Vigília Pascal, em todo o seu esplendor. Mons. Casimiro Morcillo ajudou-a nisso. Além disso, quis recuperar a riqueza do Batismo, como diz muitas vezes o Papa Francisco, através de um caminho gradual e progressivo de conversão, durante o qual as pessoas, atingidas pelo anúncio do *kerygma*, pelo amor de Deus, deixaram que se produzisse um caminho sob a Palavra.
>
> E finalmente aqui há muitas irmãs, muitas mulheres. Uma coisa que permitiu a Carmen e Kiko colaborarem durante esses anos, pelo que posso ver, é o fato de que estavam enraizados em Deus, no amor de Deus. E essa realidade do caráter de ambos ajudou muitas mulheres a serem livres, a dizerem a verdade a seus maridos. Porque, como disse Bento XVI e agora Francisco repetiu na *Amoris laetitia*: o amor é o respeito à alteridade, o outro é uma pessoa, não há amor sem liberdade, sem verdade.
>
> Um amor que deu seus frutos. Hoje, como recordou Kiko, o Caminho Neocatecumenal conta com mais de 21 mil comunidades em 128 países de todo o mundo, distribuídas em 6 mil paróquias, com um milhão e meio de irmãos. Já existem 105 seminários *Redemptoris Mater*, com 2.200 seminaristas, nos quais se formaram mais de 2.100 presbíteros já ordenados. Há 1.500 Famílias em Missão, com 6 mil filhos, evangelizando em 108 nações. Os frutos são imensos[7].

O funeral foi celebrado na tarde de quinta-feira, 21 de julho de 2016, na Catedral de Santa María la Real de la Almudena[8], presidido pelo cardeal arcebispo de Madri Carlos Osoro, que destacou, em sua homilia, aspectos muito importantes da vida de Carmen:

---

7. Os dados que Pe. Mario destaca correspondem, naturalmente, com os do ano 2016.
8. Cf. SIC (Serviço de Informação da Igreja Católica), 22-7-2016.

Crer na Ressurreição de Jesus Cristo provocou em Carmen "um desejo missionário irresistível" que se manifestou em "três grandes paixões": em primeiro lugar, "colocou a vida a serviço deste anúncio"; em segundo, "sentiu a urgência de viver com um testemunho sincero e corajoso, realizado a partir de seu caráter franco e com uma linguagem direta", e em terceiro lugar, "viveu tudo desde um grande amor à Igreja", cujos exemplos mais claros foram o seu papel na redação do Estatuto do Caminho, aprovado pela Santa Sé, sua defesa da mulher e seu sincero amor ao Sucessor de Pedro.

Nessa Eucaristia, o cardeal Osoro foi acompanhado pelos cardeais Ryłko, Rouco Varela, Blázquez e Amigo, bem como pelo Núncio de Sua Santidade na Espanha, Mons. Renzo Fratini, que leu uma mensagem do Santo Padre, o Papa Francisco:

> Ao Sr. Francisco (Kiko) Argüello
> Caminho Neocatecumenal
> Madri
>
> Recebi com emoção a notícia da morte da Sra. Carmen Hernández, depois de uma longa existência marcada por seu amor a Jesus e por um grande entusiasmo missionário. Neste momento da dolorosa separação, estou espiritualmente próximo, com meu afeto, de todos os familiares e de todo o Caminho Neocatecumenal, do qual ela foi coiniciadora, como também de quantos apreciaram seu ardor apostólico concretizado, sobretudo, na proposta de um itinerário de redescoberta do batismo e de educação permanente na fé. Agradeço ao Senhor pelo testemunho desta mulher, animada por um sincero amor à Igreja, que dedicou sua vida ao anúncio da Boa Notícia em cada lugar, também naqueles mais afastados, não se esquecendo das pessoas mais marginalizadas.
> Confio sua alma à Divina Bondade, para que a acolha no gozo da Páscoa Eterna e anime aqueles que a conheceram e a quantos fazem parte do Caminho Neocatecumenal a manterem vivo seu anseio evangelizador, em uma comunhão ativa com os bispos e sacerdotes e exercitando a paciência e a misericórdia com todos.
> Com esse desejo, invoco a materna intercessão da Virgem Maria e concedo a todos os presentes no rito de exéquias a bênção apostólica.
>
> Papa Francisco
> Vaticano, 20 de julho de 2016

Carmen Hernández Barrera está sepultada no seminário *Redemptoris Mater* de Madri. Nesses anos, desde que aconteceu sua morte, mais de 36 mil pessoas passaram para visitar seu túmulo. Essas pessoas vieram de 70 países diferentes, incluídos bispos, presbíteros, leigos, famílias inteiras, peregrinações paroquiais e de comunidades. Todos eles foram visitar esse lugar para rezar por Carmen, pedir sua intercessão ou dar graças a Deus por ter recebido algum favor por parte dela.

Nos livros de assinaturas de quem visitou sua sepultura, que se recolhem no seminário, ficaram registrados 20 mil petições, testemunhos e graças em numerosos idiomas.

Carmen Hernández morre deixando um grande legado na história da Igreja, cujo depósito fica no que hoje é o Caminho Neocatecumenal, uma realidade eclesial florescente, um "itinerário de iniciação cristã" que se estende por todo o mundo com frutos abundantes no desenvolvimento da nova evangelização do terceiro milênio.

Carmen sempre foi uma mulher cuja vida interior e proximidade com o Senhor mantiveram-se intensas, desde sua infância, com um amor diário, contínuo, a Jesus Cristo; ela não teve nenhum amor maior do que o amor que teve por Jesus; foi uma mulher de oração constante ao longo de sua vida, como destacaram todas e cada uma das pessoas que foram entrevistadas para escrever estas páginas. Era uma mulher cuja vida foi a missão, a evangelização; muito livre em suas relações com os outros, sem laços, que dizia sempre o que pensava, mesmo que fosse considerada incômoda e fosse incompreendida, inclusive tida por incorreta. Nada mais longe da realidade. Amou muito a Igreja, os papas, os bispos. Interiorizou a renovação do Concílio Vaticano II muito singularmente e a encarnou em todos os aspectos de sua vida. Carmen não deixou de ser uma mulher de seu tempo, enormemente preocupada com o lugar das mulheres no mundo atual e, fundamentalmente, na Igreja. Apresentou uma profunda reflexão, manifestada em sua pregação dedicada à "mulher" no meio de uma cultura cada vez mais difícil para as mulheres. Mostrou um grande amor por Jesus Cristo, algo que se destaca acima de tudo e que se encarnou sempre em seu serviço à evangelização das nações:

> Eu penso que todos vocês sentem já um pouco o rumor, o ruído dessas asas, a alegria deste chamado do Senhor a anunciar boas notícias ao mundo: de esperança, de alegria, de liberdade; o mundo de hoje que suspira pela liberdade, pela vida, que está querendo buscar a vida nos laboratórios; levamos o germe da Vida, da Ressurreição, da Imortalidade, de tantíssimas coisas que temos de anunciar ao mundo, grandes, grandes coisas[9].

---

9. Palavras de Carmen na Convivência de Início de Curso do ano 1978, animando os catequistas para a evangelização.

ANEXOS

Anexo I
BREVE CRONOLOGIA DA VIDA DE CARMEN HERNÁNDEZ BARRERA

1930	24 nov.: Nasce em Ólvega (Sória).
	3 dez.: Batismo na paróquia de Santa María la Mayor de Ólvega.
1930-1935	Infância entre Tudela e Ólvega.
1935-1945	Carmen estuda no Colégio da Companhia de Maria, em Tudela.
1945	A família Hernández Barrera muda-se para Madri.
1945-1948	Continua seus estudos no Colégio Jesus-Maria, em Madri.
1948-1952	Estudos de Ciências Químicas na Complutense de Madri.
1953	Por intermédio do Pe. Domenzáin, entra em contato com as Missionárias de Cristo Jesus, em Xavier (Navarra).
1954	Carmen ingressa nas Missionárias de Cristo Jesus.
1955-1956	Noviciado no Instituto Missionário em Xavier.
1956	3 out.: Faz os votos.
1957-1959	Carmen entra na casa de formação das Missionárias de Cristo Jesus, em Valência, e começa os estudos de Ciências Sagradas.
1960	Conclui os estudos de Ciências Sagradas com qualificação de "Summa cum laude".
1960-1961	Estada em Londres, para estudar e aperfeiçoar o Inglês.
1962	Carmen vai de Londres para Barcelona, onde conhece o Pe. Pedro Farnés.
	28 ago.: Carmen sai das Missionárias de Cristo Jesus.
	Outono: Carmen, com as outras companheiras que saíram das Missionárias, vai viver na favela de "Casa Antúnez" (Can Tunis), na rua Tragura, em Barcelona.
1962-1963	Continua na Tragura, entre os pobres.
1963	7 ago.: Sai de barco de Marselha com destino a Israel.
1964	Visita do Papa Paulo VI à Palestina. Carmen vê e escuta Paulo VI, em 5 de janeiro, em Nazaré, e conhece o Pe. Gauthier.

1964	12 jul.: Retorna a Madri para se encontrar com sua família e com suas companheiras e ir à Bolívia.
15 jul.: Pilar, sua irmã, lhe fala de Kiko Argüello.
Set.: Entra em contato com Kiko Argüello.
Nov.: Kiko Argüello vai viver nos barracos de Palomeras Altas.
1965	Kiko forma uma pequena comunidade entre os pobres e Carmen começa a frequentar essa comunidade. Decide ir viver próximo dali.
28 ago.: Derrubam o barraco de Carmen; e Kiko consegue que o arcebispo de Madri, D. Casimiro Morcillo, vá ajudá-los.
18-22 set.: Primeira Convivência com a comunidade de Palomeras em Fuentes.
1966	Carmen e Kiko começam a dar catequeses na paróquia de Cristo Rei (Argüelles).
1967	Iniciam as catequeses em Zamora, na paróquia de San Frontis. Simultaneamente catequizam em Madri.
26 mar.: Primeira Páscoa em Fuentes com todos os irmãos.
Nov.: Iniciam as catequeses em Ávila. Neste momento, conhecem D. Dino Torreggiani, que os convida a ir a Roma.
1968	Jun.: Kiko e Carmen viajam para Roma. Acompanha-lhes o Pe. Francesco Cuppini como presbítero da equipe.
Set.-nov.: Primeiras catequeses em Roma, nos Mártires Canadenses.
24 nov.: Chegam a Lisboa e catequizam na paróquia da Penha de França.
1969	3-23 ago.: Primeira Convivência Internacional de Itinerantes em Fuentes (Segóvia).
1970	28 fev.: Falece Antonio Hernández Villar, pai de Carmen.
1971	1º jul.: Francesco Cuppini regressa a sua diocese de Bolonha. O jovem presbítero Jesús Blázquez o substitui como presbítero da equipe.
O Pe. Mario Pezzi é convidado para acompanhar Kiko e Carmen nos períodos em que evangelizam na Itália.
1982	O Pe. Mario Pezzi é chamado para fazer parte da equipe responsável pelo Caminho Neocatecumenal com Kiko e Carmen até o dia de hoje.
1983	28 set.: Falece Clementa Barrera Isla, mãe de Carmen.

1988	14 fev.: Decreto de Elevação do seminário *Redemptoris Mater* de Roma. 19 dez.: Nota da Congregação do Culto Divino sobre a Eucaristia do Caminho Neocatecumenal. 30 dez.: Dia da Sagrada Família. São João Paulo II celebra a Eucaristia e envia 72 Famílias em Missão, em Porto San Giorgio.
1990	30 ago.: Carta de São João Paulo II *Ogniqualvolta* a Mons. Paul Joseph Cordes, sobre o Caminho Neocatecumenal.
2002	29 jun.: Decreto do Pontifício Conselho para os Leigos em que são aprovados os Estatutos do Caminho Neocatecumenal *ad experimentum*.
2008	11 maio: Aprovação definitiva dos Estatutos do Caminho Neocatecumenal.
2010	4 set.: Queda de Carmen na entrada da Catedral de Seul (Coreia).
2015	16 maio: Kiko e Carmen recebem o Doutorado *honoris causa* em Teologia pela Catholic University of America (CUA).
2016	19 jul.: Às 16h45, Carmen Hernández é chamada à presença de Deus aos 85 anos de idade. 21 jul.: Funeral por sua alma na Catedral de la Almudena. Seu corpo jaz em uma cripta no jardim do seminário *Redemptoris Mater* de Madri e é visitado por milhares de pessoas de todo o mundo.

Anexo II
ATIVIDADE APOSTÓLICA COMO INICIADORA DO CAMINHO NEOCATECUMENAL

Esta seção supõe um importante complemento à vida de Carmen relatada nos capítulos que compreendem sua atividade pastoral como iniciadora do Caminho Neocatecumenal, com Kiko Argüello, acompanhados pelo Pe. Mario. Enumera-se cronologicamente todo o trabalho apostólico de Kiko e Carmen em sua evangelização, condução e direção como equipe responsável pelo Caminho Neocatecumenal.

1. Catequeses de Kiko e Carmen em paróquias

Em janeiro de 1966, Kiko e Carmen começaram as primeiras catequeses na paróquia de Cristo Rei, do bairro de Argüelles, Madri. Essa foi a primeira paróquia onde Kiko e Carmen catequizaram após a experiência e a formação da comunidade dos barracos, em Palomeras Altas (Madri).

Kiko e Carmen abriram o Caminho Neocatecumenal nas seguintes paróquias:

Out. 1966: Cristo Rei (Argüelles, Madri)
Fev. 1967: San Frontis (Zamora)
Mar. 1967: São Tiago Apóstolo (Ávila)
Out. 1967: N. Sra. do Sagrado Coração (Pio XII, Madri), N. Sra. do Caminho (Canillejas, Madri)
Out. 1968: Santíssimo Sacramento e Santos Mártires Canadenses (Roma)
Dez. 1968: Nossa Senhora da Penha de França (Lisboa)
Jun. 1969: São Bartomeu in Tuto (Scandicci, Florença)
Dez. 1969: Senhor Jesus dos Navegantes (Paço de Arcos)
Jan. 1970: San Salvatore (Ivrea)
Abr. 1970: Santa Francisca Cabrini, São Luiz Gonzaga, Natividade de Nosso Senhor Jesus Cristo (Roma)
Jun. 1970: Virgem da Paloma e São Pedro el Real (Madri)
Jan. 1971: São José, São Roque, São Sebastião, Santa Catalina Labouré (Madri)

Nov. 1971: Maria Auxiliadora, São Isidoro (Barcelona)
Fev. 1972: Santíssimo Sacramento (Madri)
Jan. 1973: Saint Germain des Prés (Paris)
Nov. 1974: Santa Catalina (Belém)
Abr. 1975: A Anunciação (Nazaré)
Jan. 1978: Saint Honoré d'Eylau (Paris)

2. Convivências com os itinerantes da Itália e da Europa

Estas convivências foram o motor da evangelização no Caminho Neocatecumenal. Delas participaram as equipes itinerantes das diferentes regiões da Itália e das nações da Europa onde se iniciou o Caminho. Os membros das equipes narram as experiências da evangelização no período entre a última convivência e a presente, prestando contas da evangelização, das etapas, das convivências, informando a situação das dioceses, o número de paróquias e de comunidades, a situação dos bispos e dos párocos. Ou seja, todas as atividades da evangelização e também a situação pessoal, dizendo se querem continuar prestando esse serviço e se estão disponíveis para mudar de equipe. Dessas convivências participam também novos presbíteros, irmãos, irmãs e famílias que ofereceram sua vida à evangelização. Com eles completam-se as equipes que necessitem. Os iniciadores do Caminho viram a importância de organizar convivências internacionais com os bispos: o Caminho havia se convertido em uma realidade eclesial muito difundida nos cinco continentes, mas muitas vezes não havia oportunidade de informar adequadamente os bispos sobre o que essa iniciação cristã estava realizando nas dioceses e nas paróquias. Kiko e Carmen pensaram em realizar convivências nas quais, mais que dar explicações, os pastores da Igreja pudessem "saborear" o que é o Caminho, o núcleo de sua pregação, a síntese teológica e catequética, a forma de celebrar a liturgia e de perscrutar as Escrituras.

Reunião com itinerantes em Roma: 23 abr. 1971
Reunião com itinerantes em Roma: 1º maio 1973
Convivência de itinerantes em Roma: 17-20 jan. 1974
Convivência de itinerantes em Roma: 20-22 jun. 1975
Convivência de itinerantes em Roma: 1º-5 out. 1975
Convivência de itinerantes em Bocca di Magra: 4-8 jan. 1976
Convivência de itinerantes em Arcinazzo: 1º-14 set. 1976
Convivência de itinerantes em Hotel Midas, Roma: 15-16 jan. 1977
Convivência de itinerantes na Domus Mariae, Roma: 25-29 ago. 1977

Convivência de itinerantes em Porto San Giorgio, Roma: 2-4 jan. 1979
Convivência de itinerantes em Ostia, Roma: 3-5 nov. 1979
Convivência de itinerantes em Porto San Giorgio: 18-22 jun. 1980
Convivência de itinerantes em Porto San Giorgio: 16-20 out. 1980
Convivência de itinerantes em Porto San Giorgio: 8-11 jan. 1981
Convivência de itinerantes em Arcinazzo, Roma: 8-12 out. 1981
Convivência de itinerantes em Arcinazzo: 26-29 jan. 1982
Convivência de itinerantes em Porto San Giorgio: 2-5 jul. 1982
Convivência de itinerantes em Porto San Giorgio: 22-25 jun. 1983
Convivência de itinerantes em Arcinazzo, Roma: 13-16 jan. 1984
Convivência de itinerantes em Porto San Giorgio: 29 jun.-2 jul. 1984
Convivência de itinerantes no Hotel Ergife, Roma: 11-14 jan. 1985
Convivência de itinerantes em Porto San Giorgio: 24-28 out. 1985
Convivência de itinerantes em Porto San Giorgio: 10-12 jan. 1986
Convivência de itinerantes em Porto San Giorgio: 26-29 jun. 1986
Convivência de itinerantes em Porto San Giorgio: 9-12 out. 1986
Convivência de itinerantes em Porto San Giorgio: 26-29 jan. 1987
Convivência de itinerantes em Porto San Giorgio: 26-29 jun. 1987
Convivência de itinerantes em Porto San Giorgio: 7-9 jan. 1988
Convivência de itinerantes em Porto San Giorgio: 30 jun.-3 jul. 1988
Convivência de itinerantes em Porto San Giorgio: 31 out.-1º nov. 1988
Convivência de itinerantes e famílias em Porto San Giorgio: 28 jun.-2 jul. 1989
Convivência de itinerantes e famílias em Porto San Giorgio: 1º-7 nov. 1989
Convivência de itinerantes em Porto San Giorgio: 18-21 jan. 1990
Convivência de itinerantes e famílias em Porto San Giorgio: 29 jun.-3 jul. 1990
Convivência de itinerantes em Porto San Giorgio: 1º-4 nov. 1990
Convivência de itinerantes em Porto San Giorgio: 27-30 jun. 1991
Convivência de itinerantes em Porto San Giorgio: 21-26 out. 1991
Convivência de itinerantes em Porto San Giorgio: 25-30 jun. 1992
Convivência de itinerantes em Porto San Giorgio: 19-23 jan. 1993
Convivência de itinerantes em Porto San Giorgio: 28 out.-1º nov. 1993
Convivência de itinerantes em Porto San Giorgio: 29 jun.-3 jul. 1994
Convivência de itinerantes em Porto San Giorgio: 31 out.-6 nov. 1994
Convivência de itinerantes em Porto San Giorgio: 26 jun.-2 jul. 1995
Convivência de itinerantes em Porto San Giorgio: 10-14 nov. 1995
Convivência de itinerantes em Porto San Giorgio: 25-30 jun. 1996
Convivência de itinerantes em Porto San Giorgio: 6-11 nov. 1997
Convivência de itinerantes em Porto San Giorgio: 23-29 jun. 1998
Convivência de itinerantes em Porto San Giorgio: 22-27 jun. 2000

Convivência de itinerantes em Porto San Giorgio: 6-12 nov. 2000
Convivência de itinerantes em Porto San Giorgio: 21-25 jun. 2001
Convivência de itinerantes em Porto San Giorgio: 15-21 nov. 2001
Convivência de itinerantes em Porto San Giorgio: 1º-8 nov. 2002
Convivência de itinerantes em Porto San Giorgio: 26-30 jun. 2003
Convivência de itinerantes em Porto San Giorgio: 4-10 nov. 2003
Convivência de itinerantes em Porto San Giorgio: 22-26 jun. 2004
Convivência de itinerantes em Porto San Giorgio: 26-30 jun. 2005
Convivência de itinerantes em Porto San Giorgio: 2-9 nov. 2005
Convivência de itinerantes em Porto San Giorgio: 25-30 jun. 2006
Convivência de itinerantes em Porto San Giorgio: 2-7 nov. 2006
Convivência de itinerantes em Porto San Giorgio: 25-30 jun. 2007
Convivência de itinerantes em Porto San Giorgio: 24-30 jun. 2009
Convivência de itinerantes em Porto San Giorgio: 27 out.-1º nov. 2009
Convivência de itinerantes em Porto San Giorgio: 26-30 jun. 2010
Convivência de itinerantes em Porto San Giorgio: 29 jun.-3 jul. 2011
Convivência de itinerantes em Porto San Giorgio: 10-16 nov. 2011
Convivência de itinerantes em Porto San Giorgio: 25-30 jun. 2012
Convivência de itinerantes em Porto San Giorgio: 12-17 jun. 2013
Convivência de itinerantes em Porto San Giorgio: 14-21 nov. 2013
Convivência de itinerantes em Porto San Giorgio: 24-29 jun. 2014
Convivência de itinerantes em Porto San Giorgio: 14-21 dez. 2014
Convivência de itinerantes em Porto San Giorgio: 23-29 jun. 2015
Convivência de itinerantes em Porto San Giorgio: 8-15 nov. 2015
Convivência de itinerantes em Porto San Giorgio: 21-26 jun. 2016

3. Convivências com os itinerantes da Espanha e de Portugal

Nestas convivências falam todos os membros das equipes itinerantes da Espanha e de Portugal, contando as experiências da evangelização realizada desde a última convivência: etapas, convivências, situação das dioceses, número de paróquias e comunidades, situação dos bispos e párocos, ou seja, todas as atividades da evangelização e também a situação pessoal, dizendo se querem continuar prestando esse serviço e se estão disponíveis para mudar de equipe. Elas se realizam antes ou depois das convivências da Itália e da Europa, de acordo com os anos, como pode ser visto na cronologia. Dessas convivências participam também novos presbíteros, irmãos, irmãs e famílias que estão disponíveis para a evangelização. Com eles completam-se as equipes que necessitem.

Reunião com itinerantes em Madri: 19 jun. 1972
Reunião com itinerantes em Madri: 13 jun. 1973
Convivência de itinerantes em Madri: 28-30 jun. 1974
Convivência de itinerantes em Madri: 7-8 maio 1975
Convivência de itinerantes em El Espinar, Segóvia: 10-14 jan. 1976
Convivência de itinerantes em El Espinar, Segóvia: 17-27 set. 1976
Convivência de itinerantes no Valle de los Caídos: 28-30 jan. 1977
Convivência de itinerantes no Valle de los Caídos: 19-24 jun. 1977
Convivência de itinerantes no Valle de los Caídos: 1º-27 set. 1977
Convivência de itinerantes em Madri: 2-3 jan. 1978
Convivência de itinerantes no Centro Neocatecumenal: out. 1978
Convivência de itinerantes nas Damas Apostólicas, Madri: 9-10 jan. 1979
Convivência de itinerantes no Hotel Convención: 30-31 out. 1979
Convivência de itinerantes no Valle de los Caídos: 17-19 jan. 1980
Convivência de itinerantes no Valle de los Caídos: 26-29 jun. 1980
Convivência de itinerantes no Valle de los Caídos: 23-27 out. 1980
Convivência de itinerantes nos Sagrados Corações de El Escorial: 15-18 jan. 1981
Convivência de itinerantes no Valle de los Caídos: 15-19 out. 1981
Convivência de itinerantes no Valle de los Caídos: 23-24 jan. 1982
Convivência de itinerantes no Valle de los Caídos: 24-27 jun. 1982
Convivência de itinerantes em Majadahonda: 19-25 out. 1982
Convivência de itinerantes no Valle de los Caídos: 16-19 jun. 1983
Convivência de itinerantes em Gandía: 3-8 jan. 1984
Convivência de itinerantes no Valle de los Caídos: 18-20 jun. 1984
Convivência de itinerantes em El Escorial: 18-20 jan. 1985
Convivência de itinerantes no Valle de los Caídos: 14-16 jun. 1985
Convivência de itinerantes no Valle de los Caídos: 14-17 out. 1985
Convivência de itinerantes no Valle de los Caídos: 17-19 jan. 1986
Convivência de itinerantes no Valle de los Caídos: 19-22 jun. 1986
Convivência de itinerantes no Valle de los Caídos: 20-22 out. 1986
Convivência de itinerantes no Valle de los Caídos: 2-4 fev. 1987
Convivência de itinerantes no Valle de los Caídos: 21-24 jun. 1987
Convivência de itinerantes no Valle de los Caídos: 9-12 nov. 1987
Convivência de itinerantes no Valle de los Caídos: 29-31 maio 1988
Convivência de itinerantes no Valle de los Caídos: 25-26 out. 1988
Convivência de itinerantes no Valle de los Caídos: 12-15 jun. 1989
Convivência de itinerantes no Valle de los Caídos: 24-27 out. 1989
Convivência de itinerantes no Valle de los Caídos: 25-28 jan. 1990

Convivência de itinerantes em Gandía: 20-24 jun. 1990
Convivência de itinerantes no Valle de los Caídos: 21-24 jan. 1991
Convivência de itinerantes no Valle de los Caídos: 14-17 jun. 1991
Convivência de itinerantes em São Pedro del Pinatar: 1º-4 nov. 1991
Convivência de itinerantes no Valle de los Caídos: 12-16 jun. 1992
Convivência de itinerantes em Pilar de la Horadada: 17-20 jun. 1993
Convivência de itinerantes em Pilar de la Horadada: 18-21 out. 1993
Convivência de itinerantes em Pilar de la Horadada: 23-26 jun. 1994
Convivência de itinerantes no Valle de los Caídos: 24-28 out. 1994
Convivência de itinerantes em São Pedro del Pinatar: 16-20 jun. 1995
Convivência de itinerantes no Valle de los Caídos: 3-6 nov. 1995
Convivência de itinerantes no Valle de los Caídos: 10-14 jun. 1996
Convivência de itinerantes no Valle de los Caídos: 28-30 out. 1996
Convivência de itinerantes no Valle de los Caídos: 13-16 jun. 1997
Convivência de itinerantes no Valle de los Caídos: 21-24 nov. 1997
Convivência de itinerantes em São Pedro del Pinatar: 19-22 jun. 1998
Convivência de itinerantes no Valle de los Caídos: 11-14 nov. 1998
Convivência de itinerantes no Valle de los Caídos: 14-16 jun. 1999
Convivência de itinerantes no Valle de los Caídos: 13-15 jun. 2000
Convivência de itinerantes em São Pedro del Pinatar: 25-29 out. 2000
Convivência de itinerantes no Valle de los Caídos: 14-17 jun. 2001
Convivência de itinerantes no Valle de los Caídos: 1º-5 nov. 2001
Convivência de itinerantes no Valle de los Caídos: 22-25 out. 2002
Convivência de itinerantes em São Pedro del Pinatar: 18-22 jun. 2003
Convivência de itinerantes no Valle de los Caídos: 27-30 out. 2003
Convivência de itinerantes no Valle de los Caídos: 14-16 jun. 2004
Convivência de itinerantes no Valle de los Caídos: 25-28 out. 2004
Convivência de itinerantes no Valle de los Caídos: 19-22 jun. 2005
Convivência de itinerantes no Valle de los Caídos: 26-30 out. 2005
Convivência de itinerantes no Valle de los Caídos: 14-18 jun. 2006
Convivência de itinerantes no Valle de los Caídos: 14-17 nov. 2006
Convivência de itinerantes no Valle de los Caídos: 15-17 jun. 2007
Convivência de itinerantes no Valle de los Caídos: 5-9 nov. 2008
Convivência de itinerantes no Valle de los Caídos: 17-20 jun. 2009
Convivência de itinerantes no Valle de los Caídos: 19-21 out. 2009
Convivência de itinerantes no Valle de los Caídos: 17-20 jun. 2010
Convivência de itinerantes no Valle de los Caídos: 3-5 nov. 2010
Convivência de itinerantes no Valle de los Caídos: 15-17 jun. 2011
Convivência de itinerantes no Valle de los Caídos: 25-27 out. 2011

Convivência de itinerantes no Valle de los Caídos: 14-17 jun. 2012
Convivência de itinerantes no Valle de los Caídos: 4-6 jun. 2013
Convivência de itinerantes no Valle de los Caídos: 29 out.-2 nov. 2014

4. Convivências mundiais

Kiko e Carmen sempre viram a necessidade dessas convivências periódicas, normalmente anuais, alternando-se com períodos mais ou menos longos de evangelização mundial, como o movimento de sístole e diástole do coração humano. Essas convivências produzem outro fruto enorme entre todas as equipes que estão evangelizando: a comunhão entre todos os catequistas itinerantes, provenham de onde quer que provenham e evangelizem onde quer que o Senhor os tenha enviado.

Nessas convivências falam todos os membros das equipes itinerantes das nações, contando as experiências da evangelização realizada desde a última convivência: etapas, convivências, situação das dioceses, número de paróquias e comunidades, situação dos bispos e párocos, ou seja, todas as atividades da evangelização e também a situação pessoal, dizendo se querem continuar prestando esse serviço e se estão disponíveis para mudar de equipe.

Essas convivências são momentos imprescindíveis de oração, de formação, de trabalho sobre a evangelização e também de descanso e comunhão por meio da liturgia.

Convivência de itinerantes em Fuentes, Segóvia: 1º-20 ago. 1969
Convivência de itinerantes em Israel: 25 jul.-10 ago. 1970
Convivência de itinerantes em Roma: 28-30 dez. 1971
Convivência de itinerantes em Cison de Valmarino, Itália: 22 ago.-7 set. 1973
Convivência de itinerantes em Burriana: 27 dez. 1973-2 jan. 1974
Convivência de itinerantes em Ostia: 20-26 ago. 1974
Convivência de itinerantes no Sinai, Egito: 26 ago.-2 set. 1974
Convivência de itinerantes em Capri: 11 ago. 1975
Convivência de itinerantes em Porto San Giorgio: 27-30 jun. 1976
Convivência de itinerantes em Pugnochiuso: 15-16 abr. 1977
Convivência de itinerantes em Acireale, Catânia: 2-16 abr. 1978
Convivência de itinerantes, com os Céfalos, no Sinai: 12-13 maio 1978
Convivência de itinerantes em Porto San Giorgio: 21-28 ago. 1978
Convivência de itinerantes da América, em Puebla, México: fev. 1979
Convivência de itinerantes em Israel: 25 abr.-6 maio 1979
Convivência de itinerantes em Chantilly e Paris: 5 set. 1979

Convivência de itinerantes em Porto San Giorgio: 21-23 set. 1979
Convivência de itinerantes em Porto San Giorgio: 23 dez. 1981-6 jan. 1982
Convivência de itinerantes em Ostia e M. Canadenses: 8-10 jan. 1982
Convivência e envio de itinerantes em Porto San Giorgio: 4-29 set. 1984
Convivência de itinerantes no Hotel Ergife, Roma: 12-18 dez. 1985
Convivência de itinerantes em Porto San Giorgio: 23 dez. 1986-11 jan. 1987
Convivência de itinerantes em Porto San Giorgio: 27-30 set. 1987
Convivência de itinerantes em Porto San Giorgio: 31 dez. 1988-9 jan. 1989
Convivência de itinerantes da América em Callao, Peru: 12-22 dez. 1989
Convivência de itinerantes e famílias da América em Santo Domingo: 10-20 jan. 1992
Convivência de itinerantes da África em Livingstone, Zâmbia: 11-20 fev. 1993
Convivência de itinerantes em Porto San Giorgio: 10-19 jan. 1994
Convivência de itinerantes em Porto San Giorgio: 29 dez. 1994-9 jan. 1995
Convivência de itinerantes no Sinai: 16-23 jan. 1997
Convivência de itinerantes e famílias da América no Brasil: 1º-9 out. 1997
Convivência de itinerantes no Hotel Ginnosar, Israel: 8-23 jan. 1999
Convivência de itinerantes em Porto San Giorgio: 14-23 jan. 2000
Convivência de itinerantes em São Pedro del Pinatar — El Escorial: 10-20 jan. 2001
Convivência de itinerantes em Porto San Giorgio, em razão dos Estatutos: 26-30 jun. 2002
Convivência de itinerantes em Porto San Giorgio: 2-12 jan. 2003
Convivência de itinerantes em Porto San Giorgio: 9-19 jan. 2004
Convivência de itinerantes em Porto San Giorgio: 10-18 jan. 2005
Convivência de itinerantes em Porto San Giorgio: 13-18 jan. 2006
Convivência de itinerantes em Porto San Giorgio: 11-21 jan. 2007
Convivência de itinerantes em Porto San Giorgio: 20-30 jan. 2008
Convivência de itinerantes em Porto San Giorgio, em razão dos Estatutos: 9-15 jun. 2008
Convivência de itinerantes em Porto San Giorgio: 8-20 jan. 2009
Convivência de itinerantes em Porto San Giorgio: 11-21 jan. 2010
Convivência de itinerantes em Porto San Giorgio: 7-19 jan. 2011
Convivência de itinerantes em Porto San Giorgio: 10-22 jan. 2012
Convivência de itinerantes em Porto San Giorgio: 9-20 jan. 2013
Convivência de itinerantes em Porto San Giorgio: 6-16 jan. 2014
Convivência de itinerantes em Porto San Giorgio: 26 fev.-8 mar. 2015
Convivência de itinerantes em Porto San Giorgio: 14-24 jan. 2016

Anexo III
VIAGENS INTERNACIONAIS
FORA DA ESPANHA E DA ITÁLIA

1. Apostolado nas diferentes nações em ordem cronológica

1970
25 jul.-10 ago.: Israel

1972
— Israel

1974
13 maio-2 jun.: Nova York
— Israel
1º-25 dez.: Catequeses em Belém

1975
10-27 set.: Belém

1976
13 fev.-19 mar.: Catequeses em Nazaré e Belém

1978
12-20 maio: Convivência em Israel

1979
7-12 fev.: Puebla
24 maio-6 jun.: Viagem à Terra Santa

1981
9-16 fev.: Viagem à Terra Santa

1982
16-23 abr.: Moscou, Leningrado

1983
16-23 maio: Viagem a Israel 1ª Mártires Canadenses

1984
4-11 jun.: Viagem a Israel 1ª Santa Francesca Cabrini
9-20 set.: Viagem a Moscou, envio dois a dois

1985
6-14 fev.: Lima. Convivência Pan-Americana

1989
30 nov.-5 dez.: Nova York
6-13 dez.: Bogotá, Medelín
14-28 dez.: Lima
29 dez.-3 jan.: Medelín

1990
4-8 jan.: Nova York, Newark

1991
16-20 fev.: Brasília
20-24 fev.: Lima
24-28 fev.: Medelín, Bogotá
28 fev.-3 mar.: Santo Domingo
3-7 mar.: Nova York
7 mar.-8 abr.: Paris

26-30 abr.: Londres
30 abr.-8 maio: Florença
20-22 jun.: Estrasburgo
23-25 jun.: Londres
12-19 ago.: Varsóvia, Czestochowa, Cracóvia, Wadowice
17-18 nov.: Barcelona
26-27 nov.: Paris

1992
10-22 jan.: Santo Domingo
22-25 jan.: Nova York
26-28 jan.: Tóquio
28-31 jan.: Manila
31 jan.-2 fev.: Taiwan
2-9 fev.: Mumbai, Bangalore, Goa
1º-5 mar.: Paris
19-21 mar.: Florença
21-24 mar.: Ivrea
24-26 mar.: Florença
4-7 abr.: Florença
7-9 abr.: Ivrea
9-13 abr.: Florença
15-16 abr.: Florença
17 abr.: Ivrea
18-20 abr.: Florença
21-30 abr.: Santo Domingo
9-21 maio: Viena
31 maio-9 jun.: Tiberíades, Jerusalém
15 set.: Castel Gandolfo
9-19 out.: Santo Domingo
19-22 out.: Quito, Guayaquil
22-27 out.: Santiago, Valparaíso, Concepción, Coronel
27-30 out.: Brasília
30 out.-3 nov.: Caracas
3-6 nov.: Guatemala, Zacapa
6-9 nov.: San Salvador
9-13 nov.: Ciudad do México, Puebla
13-16 nov.: Denver
16-19 nov.: Newark
19-23 nov.: Paris
14 dez.: Florença
14-15 dez.: Ivrea
15-22 dez.: Paris

1993
4-17 jan.: Ciudad de México
31 jan.-3 fev.: Abiyán, Yamusukro
3-6 fev.: Douala, Yaundé
7-8 fev.: Nairóbi
8-22 fev.: Ndola, Lusaka, Livingstone
3-5 mar.: Berlim
13-20 abr.: Viena
20-22 abr.: Varsóvia
27-28 abr.: Estrasburgo
28-29 abr.: Amsterdã, Harlem
29 abr.-1º maio: Pula
22 mai.-1º jun.: Tiberíades, Jerusalém
7 jul.-13 ago.: Califórnia
13-19 ago.: Denver
19-21 ago.: Dallas
21-22 ago.: San Antonio
22-24 ago.: Washington
24-26 ago.: Newark
24-26 out.: Amsterdã
26-27 out.: Marselha
15-21 nov.: Florença
25-28 nov.: Florença
3-5 dez.: Florença
12-15 dez.: Berlim

1994
11-12 fev.: Florença
15-18 fev.: Paris
5-10 mar.: Barcelona
13-15 mar.: Zamora
17-21 mar.: Barcelona

28 mar.: Zamora
30-31 mar.: Barcelona
3-12 abr.: Tiberíades, Jerusalém
18-20 abr.: Zamora
21-25 abr.: Barcelona
10-13 maio: Barcelona
14-25 maio: Zamora
30 maio-1º jun.: Londres
1º-3 jun.: Pula
7-10 jun.: Tiberíades, Jerusalém
9-11 jul.: Cork
12-28 jul.: Rock House

1995
15-19 jan.: Manila
20-24 jan.: Sydney
25-27 jan.: Perth
28-31 jan.: Osaka, Takamatsu
1º-3 fev.: Taipé, Kaoshiung, Chisan
3-5 fev.: Hong Kong
5-8 fev.: Kota Kinabalu
8-10 fev.: Singapura
10-15 fev.: Seul, Pusan
15 fev.: Macau
16-17 fev.: Hong Kong
28 fev.-3 mar.: Paris
20-30 abr.: Tiberíades, Jerusalém
9-14 jun.: Paris
14-16 jun.: Barcelona
13 jul.-13 ago.: Kota-Kinabalu
14 ago.: Macau, Sanchón
16-19 ago.: Hong Kong
21-31 ago.: Xangai, Hangzhou, Xian, Pequim
7-14 out.: Quebec, Montreal, Toronto
15-17 out.: Newark
17-21 out.: Denver
22-25 out.: Guadalajara
25-28 nov.: Montreal
28 nov.-5 dez.: Newark

1996
1º-14 jan.: Sinai, Dahab
4-5 mar.: Bonn, Colônia
6-7 mar.: Berlim
7-10 mar.: Viena
14-16 mar.: Barcelona
17-23 mar.: Paris
26-28 mar.: Cairo
29-31 mar.: Paris
1º-2 abr.: Londres
3 abr.: Estrasburgo
4-8 abr.: Paris
5-9 mai.: Istambul
16-21 jun.: Colônia, Bonn
21-22 jun.: Paris
22 ago.: Rimini
28-31 dez.: Cairo, Dahab

1997
1º-22 jan.: Cairo, Dahab
21 fev.-2 mar.: Paris
31 mar.-12 abr.: Nova York, Newark
13-16 abr.: Santo Domingo
16 jul.-16 ago.: Sinai, Dahab
22-26 ago.: Paris
29 set.-14 out.: Brasília
15-18 out.: Callao, Lima
19-21 out.: Tegucigalpa
21-24 out.: Manágua
25-27 out.: San Salvador
17-18 dez.: Barcelona

1998
22 jan.: Pádua, Veneza
26-28 jan.: Amsterdã
29-30 jan.: Copenhague
1º-3 fev.: Berlim, Colônia
3-5 fev.: Estocolmo
5-8 fev.: Helsinque, Oulu
8-14 fev.: Moscou

15-17 fev.: Varsóvia
7-10 mar.: Caracas
10-14 mar.: Bogotá, Medelín
14-17 mar.: Denver
20-31 mar.: Paris
3-5 jun.: Viena
6-17 jun.: Paris
21-28 out.: Tiberíades, Jerusalém
18-30 nov.: Paris, Estrasburgo
13-16 dez.: Florença
23-31 dez.: Tiberíades

1999
1º-28 jan.: Tiberíades, Ginosar, Jerusalém
6-9 mar.: Lisboa, Fátima
19-25 mar.: Paris
30 mar.-15 abr.: Tiberíades
25-26 abr.: Palermo, Catânia
4-11 jun.: Tiberíades, Jerusalém
29 nov.-22 dez.: Hospital de Bréscia

2000
22-31 mar.: Tiberíades, Jerusalém
4-12 abr.: Paris
17-20 abr.: Zamora
28 abr.-3 maio: Barcelona
17-19 maio: Varsóvia
20-22 maio: Estrasburgo
28 jun.-1º jul.: Colônia, Berlim
19-22 nov.: Ivrea
22-26 nov.: Paris

2001
3-25 mar.: Tiberíades, Jerusalém
5-7 abr.: Paris
7-9 abr.: Colônia
13-30 abr.: Tiberíades, Kinar, Jerusalém
3-6 jun.: Fiuggu, Ferrara, Bolonha
30 nov.-3 dez.: Paris

2002
23-25 mar.: Paris
27 mar.-4 abr.: Galileia, Jerusalém
9-17 abr.: Kota-Kinabalu
17-19 abr.: Hong Kong
19-25 abr.: Pequim, Xiam
26 abr.-1º maio: Takamatsu, Nagasaki, Fukuoka
2-4 maio: Kaoshiung
25-31 jul.: Toronto
14-20 out.: Galileia, Jerusalém
17-19 nov.: Florença
5-9 dez.: Paris
10 dez.: Namur
11-12 dez.: Colônia

2003
17-28 jan.: Manila
29 jan.-2 fev.: Guam
3-7 fev.: Perth, Sydney
7-9 fev.: Hong Kong
9-14 fev.: Seul, Pusan
15-16 abr.: Paris
16 abr.-2 maio: Galileia, Jerusalém
30 set.-2 out.: Barcelona
7 out.: Pompeia
8-14 out.: Kiev
15-18 out.: Moscou
3-6 dez.: Paris

2004
5-24 jan.: Galileia, Jerusalém
28-30 jan.: Veneza
2-4 mar.: Londres
30 abr.-4 maio: Manágua
4-5 maio: Costa Rica
6-10 maio: Denver
11-14 maio: Newark, Washington
15-17 maio: Montevidéu
18-21 maio: Buenos Aires

7-9 jun.: Paris
24 ago.-4 set.: Galileia, Jerusalém

2005
15-24 fev.: Paris
11-16 mar.: Paris
20-29 mar.: Paris
29 mar.-5 abr.: Galileia, Jerusalém
10-18 abr.: Galileia, Jerusalém
29 abr.-3 maio: Amsterdã, Haia
8-11 maio: Paris
19-26 ago.: Colônia, Bonn
27-28 ago.: Cracóvia, Varsóvia
23-28 nov.: México
29-30 nov.: Santo Domingo
3-5 dez.: Paris
11-23 dez.: Paris

2006
26 fev.-3 mar.: Paris
9-15 mar.: Bogotá, Medelín
16-18 mar.: Manágua
19-20 mar.: Panamá
21-24 mar.: Washington
14 abr.-1º maio: Galileia, Jerusalém
2-6 maio: Newark, Dallas, Denver
7-9 maio: Washington
9-11 jul.: Valência
11-14 out.: Sardenha
17-24 out.: Moscou
19-28 nov.: Galileia, Jerusalém
5-9 dez.: Paris
10 dez.: Namur
10-13 dez.: Amsterdã, Almere
14-19 dez.: Bonn, Chemnitz

2007
19-20 fev.: Paris
23-24 fev.: Zamora
25-26 fev.: León
3-9 mar.: Barcelona
10-14 mar.: Avignon, Toulon
15-21 mar.: Paris
27-28 mar.: Paris
5-17 abr.: Galileia, Jerusalém
13-16 maio: Aparecida
17-24 maio: Galileia, Jerusalém
3-4 jun.: Pula
9-13 nov.: Varsóvia, Cracóvia
2-3 dez.: Paris

2008
10-12 fev.: Paris
16-17 mar.: Paris
19 mar.-1º abr.: Galileia, Jerusalém
18-20 abr.: Bilbao
1º-4 maio: Manágua
19-26 maio: Galileia, Jerusalém
18-24 jul.: Sydney
2-3 nov.: Paris
4-15 dez.: Paris

2009
27 fev.-1º mar.: Paris
9-11 mar.: Varsóvia
14-24 mar.: Galileia, Jerusalém
3-4 abr.: Paris
13-17 maio: Galileia, Jerusalém
21-27 maio: Denver
29 maio: Ólvega
29 maio-2 jun.: Washington
9-18 nov.: Galileia, Jerusalém
29 nov.-1º dez.: Paris
6-15 dez.: Galileia, Jerusalém

2010
15-19 fev.: Paris
24 fev.-2 mar.: Washington
3-10 mar.: Tóquio
10-14 mar.: Hong Kong

14-16 mar.: Pequim
16-22 mar.: Xangai
6-24 abr.: Galileia, Jerusalém
2-4 maio: Varsóvia
12-16 maio: Fátima
1º-6 set.: Seul

2011
26 jan.-19 fev.: Galileia, Jerusalém
18-28 mar.: Paris
15-29 abr.: Galileia, Jerusalém
28-30 maio: Dusseldorf
5-11 jun.: Santo Domingo

2012
15-20 mar.: Paris
20-21 mar.: Berlim
22-24 mar.: Paris

5-19 abr.: Galileia, Jerusalém
9-11 jun.: Budapeste
5-25 nov.: Galileia, Jerusalém
5-6 dez.: Paris
11 dez.: Zamora

2013
21-24 fev.: Paris
25-26 mar.: Paris
27-30 jul.: Rio de Janeiro
3-4 dez.: Paris

2014
2-3 mar.: Paris
20-26 abr.: Galileia, Jerusalém

2015
16 maio: Washington

2. Encontros com jovens e encontros vocacionais

a) *Cronologia*

    Jubileu dos jovens, São Paulo Extramuros, Roma: 13-4-1984
    IV JMJ Encontro vocacional, Saragoça: 21-8-1989
    Encontro preparatório, Varsóvia: 8-6-1990
    VI JMJ Encontro vocacional, Varsóvia: 16-8-1991
    VIII JMJ Encontro vocacional, Denver: 16-8-1993
    X JMJ Encontro vocacional, Manila: 16-1-1995
    Encontro preparatório Parque Juan Carlos I, Madri: 7-5-1995
    Encontro preparatório, Palacur, Roma: 28-5-1995
    Encontro vocacional, Porto San Giorgio: 11-9-1995
    Encontro preparatório XII JMJ, IFEMA, Madri: 4-5-1997
    Encontro preparatório XII JMJ, Sala Paulo VI, Roma: 25-5-1997
    XII JMJ Encontro vocacional, Paris: 25-8-1997
    Encontro preparatório viagem a Israel, Roma: 20-6-1999
    Encontro preparatório viagem a Israel, Madri: 29-9-1999
    Encontro vocacional e visita do Papa à Galileia, Israel: 24-3-2000
    Encontro preparatório XV JMJ, Campo de las Naciones, Madri: 28-5-2000

XV JMJ Encontro vocacional, Circo Máximo, Roma: 21-8-2000
Encontro preparatório XVII JMJ, Plaza de Toros, Leganés: 16-2-2002
Encontro preparatório XVII JMJ, Circo Máximo, Roma: 24-2-2002
XVII JMJ Encontro vocacional Toronto, Midland: 29-7-2002
Encontro vocacional e visita do Papa a Madri: 4-5-2003
Encontro preparatório XX JMJ, Amsterdã: 30-4-2005
XX JMJ Encontro vocacional em Colônia-Bonn: 23-8-2005
Encontro preparatório peregrinação a Loreto, Madri: 9-6-2007
Encontro vocacional e visita do Papa, Montorso, Loreto: 3-9-2007
XXIII JMJ Encontro vocacional em Sydney: 21-7-2008
Encontro vocacional na Domus Galilaeae: 15-5-2009
Encontro vocacional e visita do Papa a Fátima: 15-5-2010
XXVI JMJ Encontro vocacional, Madri: 22-8-2011
Encontro vocacional, Nápoles: 20-5-2012
Encontro vocacional, Budapeste: 10-6-2012
XXVIII JMJ Encontro vocacional, Rio de Janeiro: 29-7-2013

b) *Encontros de Kiko, Carmen e Pe. Mario com os jovens por ocasião das Jornadas Mundiais da Juventude (em números)*

Na tabela da página seguinte, estão reunidos os dados dos encontros de jovens por ocasião das JMJ. Os dados do número de moços e moças presentes foram recolhidos das previsões de assistência no encontro ou das apresentações do próprio encontro por parte de Kiko.

Os dados dos irmãos e irmãs que responderam ao chamado de oferecer sua vida ao Senhor provêm da contagem aproximada que se faz ao final do encontro, durante a bênção que esses moços e moças recebem dos bispos presentes. Os moços que se sentem chamados ao presbiterado e as moças chamadas à vida religiosa são depois acompanhados nos centros vocacionais de suas regiões ou nações de procedência.

Data	JMJ com o Papa	Data	Encontro vocacional Kiko, Carmen, Pe. Mario	Data	Preside	Card. e bispos	Jovens presentes	Moços levantados	Moças levantadas
16/8/1989	IV JMJ Espanha — Santiago de Compostela	21/8/1989	Espanha — Saragoça — Plaza del Pilar		Card. Cordes		22.000	400	250
13/8/1991	VI JMJ Polônia — Czestochova	16/8/1991	Polônia — Varsóvia — Estádio Exército polonês		Card. Glemp	16	40.000	700	500
15/8/1993	VIII JMJ EUA — Denver	16/8/1993	EUA — Denver — Fort Collins		Card. Stafford		30.000	1.200	1.000
15/1/1995	X JMJ Filipinas — Manila	16/1/1995	Filipinas — Manila — Estádio Amoranto (Jovens da Ásia)		Card. Sin	7	20.000	350	300
9/9/1995	X JMJ Encontro Papa Itália — Loreto	11/9/1995	Itália — Porto San Giorgio (Jovens da Europa)		Card. Javierre	52	70.000	2.500	2.500
24/8/1997	XII JMJ França — Paris	25/8/1997	França — Paris — Bois de Boulogne		Card. Lustiger		50.000	2.000	1.500
24/3/2000	Jubileu 2000 Viagem do Papa a Israel	24/3/2000	Israel — Domus Galilaeae		Card. Rouco	112	48.000	2.500	2.500
20/8/2000	XV JMJ Itália — Roma Tor Vergata	21/8/2000	Itália — Roma — Circo Máximo		Card. Ruini	102	100.000	3.000	2.000
28/7/2002	XVII JMJ Canadá — Toronto	29/7/2002	Canadá — Toronto — Santuário Mártires Midland		Card. Stafford	30	35.000	2.800	2.000

21/8/2005	XX JMJ Alemanha — Colônia	22/8/2005	Alemanha — Bonn	Card. Meisner	50	90.000	1.200	800
3/9/2007	Encontro do Papa com jovens Loreto	3/9/2007	Itália — Loreto — Montorso	Card. Ryłko	20	70.000	2.000	1.200
20/7/2008	XXIII JMJ Austrália — Sydney	21/7/2008	Austrália — Sydney	Card. Pell	40	32.000	1.500	800
26/3/2010	XXV Aniversário JMJ Itália — Roma	26/3/2010	Itália — Roma — Divino Amore	Card. Vallini	2	26.000	320	200
21/8/2011	XXVI JMJ Espanha — Madri	22/8/2011	Espanha — Madri — Praça Cibeles	Card. Rouco	62	150.000	2.000	1.200
29/7/2013	XXVIII JMJ Brasil — Rio de Janeiro	29/7/2013	Brasil — Rio de Janeiro	Card. Tempesta	63	90.000	3.000	1.500
30/7/2016	XXXI JMJ Polônia — Cracóvia	1º/8/2016	Polônia — Cracóvia	Card. Dziwisz	60	150.000	3.000	4.000
28/1/2019	XXXIV JMJ Panamá — Cidade do Panamá	29/1/2019	Panamá — Cidade do Panamá	Card. O'Malley	10	25.000	700	650
				TOTAIS	626	1.048.000	29.170	22.900

ANEXO III. Viagens internacionais fora da Espanha e da Itália

3. Convivências com cardeais e bispos e convivências de rabinos

Os iniciadores do Caminho Neocatecumenal, Kiko e Carmen, e o Pe. Mario viram a importância de organizar Convivências Internacionais com bispos porque o Caminho havia se tornado uma realidade muito ampla nos cinco continentes, mas era difícil informar os bispos adequadamente sobre essa forma de iniciação cristã e sua ação nas dioceses e nas paróquias. Kiko e Carmen pensaram em realizar essas convivências, nas quais, mais do que explicar ou teorizar, os pastores das dioceses pudessem "saborear" e conhecer em primeira mão o que é o Caminho Neocatecumenal: sua pregação, sua síntese teológica e catequética, seu modo de celebrar a liturgia e de adentrar a Escritura etc. Segundo os dados disponíveis, o número de bispos que parecem ter participado das convivências até a data da morte de Carmen ultrapassa 2.300.

	Dados	Convidados	Lugar da Convivência	Nº de bispos presentes
1	21/4 a 1º/5/1992	AMÉRICA: Bispos, itinerantes e famílias	Santo Domingo	150
2	13 a 17/4/1993	EUROPA: Bispos, itinerantes e famílias	Áustria — Viena	130
3	27 a 31/1/1994	ÁFRICA: Bispos, itinerantes e famílias	Itália — Roma	120
4	16 a 20/4/1996	ORIENTE MÉDIO: Bispos, itinerantes e famílias	Itália — Sabáudia	50
5	2 a 6/4/1997	AMÉRICA: Bispos, itinerantes e famílias	EUA — Nova York	250
6	9 a 13/4/2002	ÁSIA: Bispos, itinerantes e famílias	Malásia — Kota Kinabalu	125
7	20/3 a 3/4/2005	Sem. *Red. Mater*: Bispos, itinerantes e Reitores	Israel — Domus Galilaeae	59
8	19 a 22/11/2006	ÁSIA: Bispos e itinerantes	Israel — Domus Galilaeae	120
9	14 a 19/5/2007	ÁFRICA: Bispos e itinerantes	Israel — Domus Galilaeae	174

10	24 a 29/3/2008	EUROPA: Bispos e itinerantes	Israel — Domus Galilaeae	145
11	9 a 14/11/2009	AMÉRICA LATINA: Bispos e itinerantes	Israel — Domus Galilaeae	153
12	7 a 12/12/2009	ÁFRICA: Bispos e itinerantes	Israel — Domus Galilaeae	91
13	6 a 11/4/2010	FRANÇA E AMÉRICA LATINA: Bispos e itinerantes	Israel — Domus Galilaeae	nd
14	26/1 a 1º/2/2011	AMÉRICA: Bispos e itinerantes	Israel — Domus Galilaeae	170
15	25 a 29/4/2011	Sem. *Red. Mater*: Bispos, itinerantes e Reitores	Israel — Domus Galilaeae	30
16	15 a 21/4/2012	Sem. *Red. Mater*: Bispos, itinerantes e Reitores	Israel — Domus Galilaeae	43
17	6 a 12/11/2012	ÁSIA: Bispos e itinerantes	Israel — Domus Galilaeae	115
18	21 a 26/4/2014	NAÇÕES: Bispos, itinerantes e alguns reitores	Israel — Domus Galilaeae	130
19	7 a 11/4/2015	NAÇÕES: Bispos, itinerantes e alguns reitores	Israel — Domus Galilaeae	155
20	28/3 a 2/4/2016	NAÇÕES: Bispos, itinerantes e alguns reitores	Israel — Domus Galilaeae	115
21	18 a 22/4/2017	NAÇÕES: Bispos, itinerantes e alguns reitores	Israel — Domus Galilaeae	167
22	10 a 15/4/2018	NAÇÕES: Bispos, itinerantes e alguns reitores	Israel — Domus Galilaeae	50
23	23 a 28/4/2019	NAÇÕES: Bispos, itinerantes e alguns reitores	Israel — Domus Galilaeae	130
			Total	**2.672**
			Total com Carmen presente	2.325

— **Convivências de rabinos realizadas na Domus Galilaeae**

4-7 de maio de 2015 (300 participantes): rabinos (120), cardeais (7), bispos (10), presbíteros (55), itinerantes e convidados (80).

Em vida, Carmen somente participou dessa primeira convivência; houve uma segunda, de 1º a 5 de maio de 2017.

BIBLIOGRAFIA

Fontes de Carmen Hernández Barrera

Na atualidade, os centros neocatecumenais de Madri e Roma dispõem de uma ampla documentação compilada em Madri, distribuída em diferentes tomos e volumes. Tal registro histórico já ultrapassa as 16 mil páginas e é editado sob o título *Documentos Carmen Hernández*.

Esse trabalho de documentação desenvolveu-se paralelamente à investigação e à redação desta biografia; assim, de tudo o que foi catalogado até hoje, fizemos a citação de acordo com o tomo, o volume e o número da página; em outros casos ainda não catalogados ou determinados, fizemos a citação de acordo com o lugar, o contexto e a data. Até hoje essa documentação não foi publicada nem está aberta ao público, pois segue à espera do processo canônico correspondente.

Os volumes compilados até agora são:

— Volume I: Intervenções de Carmen Hernández no Diretório Catequético do Caminho Neocatecumenal, Arquivo do Caminho Neocatecumenal de Madri © Pro Manuscrito, 2020.

— Volume II: Intervenções de Carmen Hernández no Diretório Catequético do Caminho Neocatecumenal, Arquivo do Caminho Neocatecumenal de Roma © Pro Manuscrito, 2020.

— Volume III: Peregrinação à Terra Santa, eucaristias pascais e Matrimônio Espiritual, Arquivos do Caminho Neocatecumenal de Madri e Roma © Pro Manuscrito, 2020.

— Volume IV: Outras monições e catequeses nas Etapas e nos Escrutínios não incluídas no Diretório Catequético, Arquivos do Caminho Neocatecumenal de Madri e Roma © Pro Manuscrito, 2020.

— Volume V: Convivências de Início de Curso na Espanha, Arquivo do Caminho Neocatecumenal de Madri © Pro Manuscrito, 2020.

— Volume VI: Convivências de Início de Curso na Itália, Arquivo do Caminho Neocatecumenal de Roma © Pro Manuscrito, 2020.

— Volume VII: Anúncios do Advento na Espanha e na Itália, Arquivos do Caminho Neocatecumenal de Madri e Roma © Pro Manuscrito, 2020.

— Volume VIII: Anúncios de Quaresma na Espanha e na Itália, Arquivos do Caminho Neocatecumenal de Madri e Roma © Pro Manuscrito, 2020.
— Volume IX: Anúncios de Páscoa na Espanha e na Itália, Arquivos do Caminho Neocatecumenal de Madri e Roma © Pro Manuscrito, 2020.
— Volume X: Convivências de Itinerantes da Espanha e Portugal, Arquivo do Caminho Neocatecumenal de Madri © Pro Manuscrito, 2020.
— Volumes XI/1 e XI/2: Convivências de Itinerantes da Itália e do restante da Europa, Arquivo do Caminho Neocatecumenal de Madri © Pro Manuscrito, 2020.
— Volumes XII/1 e XII/2: Convivências de Itinerantes Mundiais, Arquivo do Caminho Neocatecumenal de Madri © Pro Manuscrito, 2020.
— Volume XIII: Convivências e Encontros com Famílias, Arquivo do Caminho Neocatecumenal de Madri © Pro Manuscrito, 2020.
— Volume XIV: Convivências com Bispos, Arquivo do Caminho Neocatecumenal de Madri © Pro Manuscrito, 2020.
— Volume XV: Convivências e Encontros com Párocos, Presbíteros, Reitores, Seminários, Seminaristas, Arquivo do Caminho Neocatecumenal de Madri © Pro Manuscrito, 2020.
— Volume XVI: Encontros com Jovens, JMJ, Arquivo do Caminho Neocatecumenal de Madri © Pro Manuscrito, 2020.
— Volume XVII: Outros encontros: responsáveis, comunidades, vicariatos, nações, Arquivo do Caminho Neocatecumenal de Madri © Pro Manuscrito, 2020.
— Volume XVIII: Cartas de Carmen. Arquivo CNC. Arquivo do Caminho Neocatecumenal de Madri © Pro Manuscrito, 2020.
— Volume XXV: Primeiros diários e escritos até 1954, Arquivo do Caminho Neocatecumenal de Madri © Pro Manuscrito, 2020.
— Volume XXXII: Diários íntimos 1968-1977, Arquivo do Caminho Neocatecumenal de Madri © Pro Manuscrito, 2020.
— Volume XXXIV: Diários íntimos 1982-1984, Arquivos do Caminho Neocatecumenal de Madri e Roma © Pro Manuscrito, 2020.

HERNÁNDEZ BARRERA, C., *Necesidad de la oración en el pensamiento de Pío XII*, Valência, Instituto Sedes Sapientiae, 1960.

_____. *Diarios 1979-1981*, Madri: BAC, 2017. Edição italiana: *Diari 1979-1981*, Sena: Cantagalli, 2017.

Il Neocatecumenato. Un'esperienza di evangelizzazione e catechesi in atto in questa generazione. Sintesi delle sue linee di fondo, editado pelo Centro Neocatecumenal de Roma, © Pro Manuscrito, Roma, 1976. Foi o texto apresentado ao Papa Paulo VI em ocasião da audiência geral de 12 de janeiro de 1977 e está publicado parcialmente na *Rivista di Vita Spirituale* 1 (1977) 98 ss e em *Communio* 32 (1977) 58 ss.

HERNÁNDEZ, C.; ARGÜELLO, K., "Introdução", em E. PASOTTI, *O Caminho Neocatecumenal segundo Paulo VI e João Paulo II*, São Paulo: Loyola, 1993, 7-15.

Arquivos e fundos

Parte da documentação consultada encontra-se nos seguintes arquivos e fundos:

ACV	Arquivo da Catedral de Valência
ACV.FO	Fundo Olaechea, no ACV
ACV.FJM	Fundo Joaquín Mestre, no ACV
FCN	Fundo do Centro Neocatecumenal
FCN.CNC	Cartas pessoais, no FCN
FCN.C	Cadernos, no FCN

Papas e Magistério da Igreja

JOÃO PAULO II, Carta *Gratissimam sane* às Famílias (2 de fevereiro de 1994).

_____. Carta *Ogniqualvolta* ao venerável irmão Monsenhor Paul Josef Cordes (30 de agosto de 1990).

_____. Exortação Apostólica Pós-Sinodal *Reconciliatio et paenitentia* sobre a reconciliação e a penitência na missão da Igreja hoje (2 de dezembro de 1984).

BENTO XVI, *Discurso por ocasião dos 40 anos dos inícios do Caminho Neocatecumenal em Roma* (10 de janeiro de 2009).

FRANCISCO, Exortação Apostólica *Gaudete et exsultate* (19 de março de 2018).

_____. *Discurso por ocasião do 50º Aniversário do início do Caminho Neocatecumenal em Roma* (5 de maio de 2018).

Fontes referentes ao Caminho Neocatecumenal

ARGÜELLO, K., *O kerigma. Nas favelas com os pobres*, Rio de Janeiro: Vozes, 2014.

_____. *Anotações (1988-2014)*, Rio de Janeiro: Vozes, 2017.

_____. *Los inicios del Camino*, Madri: Centro Neocatecumenal de Madri, 2001.

_____. *Concessão do Doutorado* honoris causa *a Kiko Argüello* (Pontifício Instituto João Paulo II para Estudos sobre o Matrimônio e a Família — Centro Neocatecumenal de Roma, 2009).

_____. *Concessão do Doutorado* honoris causa *a Kiko Argüello* (Universidade Católica de Lublin, Lublin, 2013).

BLÁZQUEZ, R., *Iniciación cristiana y nueva evangelización*, Bilbao: DDB, 1992.
_____. *La Iglesia del Concilio Vaticano II*, Salamanca: Sígueme, 1991.
_____. *Las comunidades neocatecumenales. Um discernimento teológico*, Bilbao: DDB, 1988.
_____. *Jesús sí. La Iglesia también*, Salamanca: Sígueme, 1983.
BONETE, E., "Reflexiones sobre la relación entre el Camino Neocatecumenal y el Concilio Vaticano II": *Communio. Revista Católica Internacional* (nov.-dez. 1996), 545-555.
CALLES, J., *El Camino Neocatecumenal. Un catecumenado paroquial*, Salamanca: Universidade Pontifícia de Salamanca, 2005.
_____. *Catecumenado y comunidad cristiana en el Episcopado español 1964-2006*, Salamanca: Universidade Pontifícia de Salamanca, 2006.
_____. *Resucitó. Fundamentos de una teología cantada*, Salamanca: Universidade Pontifícia de Salamanca, 2012.
_____. *La vigilia Pascual, corazón de la Iglesia*, Salamanca: Universidade Pontifícia de Salamanca, 2013.
CAMINO NEOCATECUMENAL, *Il Cammino Neocatecumenale nei discorsi di Paolo VI, Giovanni Paolo II e Benedetto XVI*, Roma: Centro Neocatecumenal, 2011.
_____. *Neocatechumenale Iter Statuta*, Bilbao: DDB, 2002, em espanhol.
_____. *Neocatechumenale Iter Statuta* (Roma, 2008), em italiano.
PASOTTI, E., *Il Cammino Neocatecumenale. 50 anni di iniziazione cristiana degli adulti*, Sena-Nápoles: Cantagalli-Chirico, 2018.
_____. *O Caminho Neocatecumenal segundo Paulo VI e João Paulo II*, São Paulo: Loyola, 1993.
_____. "L'itinerario del Cammino Neocatecumenale. La Parola di Dio celebrata": *Rivista Liturgica 6* (1997), 853-866.
_____. "Predicazione itinerante", em M. SODI; A. M. TRIACCA (eds.) *Dizionario di Omiletica*, Turim: Elle Di Ci, Leumann, 1998, 1.201-1.206.
_____. "L'expérience du Chemin néocatéchuménal", em AA.VV., *Paroisses et nouvelle évangélisation. Actes du IV Colloque de Rome*, Dijon-Quetigny: Ed. de l'Emmanuel, 2009.
_____. "La communauté chrétienne et la 'Missio ad gentes' dans le Chemin néocatéchuménal", em AA.VV., *Prêtres et laïcs dans la mission. Actes du V Colloque de Roma*, Dijon-Quetigny: Ed. de l'Emmanuel, 2011.
ZANNI, T., *Intervista a Francesco Cuppini. Frammenti di storia del Cammino Neocatecumenale e della Chiesa di Bologna*, Nápoles: Chirico, 2016.

Referências bibliográficas gerais

BOTTE, B., *El movimento litúrgico. Testimonio y recuerdos*, Barcelona: Cuadernos Phase 211; CPL, 2013.
BOUYER, L., *La iniciación cristiana*, Madri: Fax, 1961.

_____. *Le mystère pascal*, Paris: Cerf, 1965.

_____. *Liturgia renovada. Comentario espiritual-doctrinal a la Constitución Conciliar sobre la Sagrada Liturgia*, Estella: Verbo Divino, 1967.

CASEL, O., *El misterio del culto Cristiano*, San Sebastián: Dinor, 1953.

_____. *El misterio de la Cruz*, Madri: Guadarrama, 1961.

_____. *El misterio de la "Ekklesia". La comunidad de todos los redimidos em Cristo*, Madri: Guadarrama, 1964.

CAYUELA, A., *¿Providencia o destino? Ética y razón universal em Tomás de Aquino*, Barcelona: Erasmus Ediciones-El Cobre, 2008.

_____. *La Providencia en el pensamiento de Santo Tomás de Aquino. Su estudio en las Sumas*, València: Siquem-Pontifício Instituto João Paulo II, 2000.

CIERVA, R. DE LA, *Jesuitas, Iglesia y Marxismo 1965-1985*, Barcelona: Plaza & Janés, 1986.

DANIÉLOU, J., *Dios y nosotros*, Madri: Cristiandad, 2003.

DOMENZÁIN, M., SJ, *El Japón. Su evolución — Cultura — Religiones*. Prólogo do Exmo. Sr. Yakichiro Suma, ministro do Império do Japão na Espanha. Bilbao-Madri: El Siglo de las Misiones-Estudios Clásicos y Electromecánicos, 1942.

DRAKE, V., *Kiko Argüello. El Camino Neocatecumenal: 40 años de apostolado 1968-2008*, Madri: La Esfera de los Libros, 2009.

EGIDO, T. (coord.), *Los jesuitas en España y en el mundo hispânico*, Madri: Marcial Pons, 2004.

GAUTHIER, P., *I poveri, Gesù e la Chiesa*, Roma: Borla, 1963.

_____. *Con queste mie mani. Diario di Nazareth*, Roma: Borla, 1965.

_____. *La Chiesa dei poveri e il Concilio*, Florença: Vallechi, 1965.

GUARDINI, R., *El Señor. Meditaciones sobre la persona y la vida de Jesucristo*, Madri: Cristiandad, 2005.

INIESTA CORREDOR, A., *Hijo de obrero, arzobispo de Valencia*, València: Asociación Católica de Maestros, 1993.

KOLODIEJCHUK, B., MC, *Ven, sé mi luz. Las cartas privadas de la Santa de Calcuta*, Barcelona: Planeta, 2009.

MARÍA DE JESÚS DE ÁGREDA, *Mística ciudad de Dios. Vida de María* (texto conforme o manuscrito original; introdução, notas e edição por C. Solaguren, OFM; com a colaboração de Á. Martínez Moñux, OFM, e L. Villasante, OFM), Sória: MM. Concepcionistas de Ágreda, 2009.

MARTÍNEZ, G., OCSO *Bernardo de Claraval. Pinceladas de una vida santa*, Madri: Perpetuo Socorro, 1964.

MONTERO MORENO, A., *Historia de la persecución religiosa en España (1936-1939)*, Madri: BAC, 1961, ²2004.

O'NEILL, CH. E., SJ; DOMÍNGUEZ, J. Mª, SJ, *Diccionario histórico de la Compañía de Jesús*, Roma-Madri: Institutum Historicum Societatis Iesu-Univ. Pontificia Comillas, 2001.

PAYNE, G. S., *El catolicismo español*, Barcelona, Planeta, 1984.

PUENTE, L. DE LA, *Meditaciones espirituales de los misterios de nuestra santa fe*, Madri: Apostolado de la Prensa, [10]1953.

RATZINGER, J.; MESSORI, V., *Informe sobre la fe*, Madri: BAC, 1985.

ROBINSON, N.; RECHNITZER, D., "The Influence of Clothing on the Cooling Power (mainly its Solar Components) measured by minds of cylindrical frigorimeters", em AA.VV *Biometeorology: Proceedings of the Second International Bioclimatological Congress*, Oxford: Pergamon Press, 1962.

RODRÍGUEZ, A., *Ejercicio de perfección y virtudes cristianas*, Madri: Apostolado de la Prensa, [7]1950.

SANTA TERESA DO MENINO JESUS, *Obras completas, escritos e últimos colóquios*, São Paulo: Paulus, 2002.

SANZ-ORRIO ARRAIZA, Mª E., *Camino de Jesús. Tras las huellas de Javier*, València: EDICEP, 2015.

SAURAS GARCÍA, E., OP, *El Cuerpo místico de Cristo*, Madri: BAC, 1952.

_____. *Comentarios al Tratado de la Eucaristía de santo Tomás*, Madri: BAC, 1957.

_____. *Comentarios al Tratado de los Novísimos en la Suma Teológica de santo Tomás de Aquino*, Madri: BAC, 1960.

_____. *Teologia del Corpo Mistico*, Roma: Città Nuova, 1964.

_____. *Teología y espiritualidad del Sacrificio de la Misa*, Madri: Palabra, 1980.

TAGORE, R., *Obras selectas*, Barcelona: Edicomunicación, 1986.

TERESA BENEDICTA DE LA CRUZ (EDITH STEIN), *Vida escondida y epifania*, em *Obras completas*, V, Burgos: Monte Carmelo, 2007.

TERESA DE JESUS, *As moradas. Castelo interior*, Dois Irmãos: Minha Biblioteca Católica, 2019.

UBILLOS, G., SJ, *Vida de San Francisco Javier*, Madri: Apostolado de la Prensa, 1964.

VÁZQUEZ DE PRADA, A., *El fundador del Opus Dei*, Madri: Rialp, 1983.

Edições Loyola

editoração impressão acabamento

Rua 1822 nº 341 – Ipiranga
04216-000 São Paulo, SP
T 55 11 3385 8500/8501, 2063 4275
www.loyola.com.br